續資治通鑑

第九册

宋孝宗淳熙十年癸卯七月起
宋理宗紹定二年己丑九月止

卷一百四十九
至一百六十四

中華書局

續資治通鑑卷第一百四十九

賜進士及第兵部尚書兼都察院右都御史總督湖北湖南等處地方軍務兼理糧餉世襲二等輕車都尉 畢沅 編集

宋紀一百四十九 起昭陽單閼（癸卯）七月，盡閼逢執徐（甲辰）十二月，凡一年有奇。

孝宗紹統同道冠德昭功哲文神武明聖成孝皇帝

淳熙十年 金大定二十三年。（癸卯、一一八三）

1 秋，七月，乙丑，知廣州鞏湘以任帥閫，備著效勞，除龍圖閣，（校者按：龍圖閣下有缺文，似應補「待制」二字。）令再任。

2 庚午，禮部太常寺言：「開寶通禮，州縣水旱則祈社稷，典禮具存。見今朝廷或遇水旱，亦行祈禱。今欲依臣僚所陳，遇有水旱，令州縣先祈社稷，請朝廷指揮行下。」詔從之。先是臣僚言：「州縣遭水旱，神祠、佛宮，無不徧走，而社稷壇壝，闃然莫或顧省。彼五土、五穀之神，百代尊奉，豈應祈報獨不得與羣祀同饗精純！」於是下禮寺看詳而有是命。

3 甲戌，以旱，詔求直言。

尤袤上言：「天地之氣，宣通則和，壅遏則乖；人心舒暢則悅，抑鬱則憤。催科峻急而農民怨，關征苛察而商旅怨，差法留滯而士大夫有失職之怨，廩給朘削而士卒有不足之怨，奏讞不時報而久繫者怨，幽枉不獲伸而負罪者怨，強盜殺人多特貸命，使已死者怨，有司買納不即酬價，使負贓者怨。人心抑鬱，所以感傷天和者，豈特一事而已！方今救荒之策，莫急於勸分，輸納既多，朝廷吝於推賞，乞詔有司檢舉行之。」

戶部尚書韓彥直，請廣糴爲備；且言冤濫爲致旱之由，乞追究部曲曾誣陷岳飛者以慰忠魂。

4乙亥，詔：「曾任知州而爲郎官、卿監，曾任卿監、郎官而復出爲監司之人，陳乞關陞者，依兩任無人薦舉條例，特與免用舉主，理爲資序。」

5丁丑，詔除災傷州縣淳熙八年稅。

6癸未，宰相王淮、梁克家，知樞密院事周必大，簽書樞密院兼權參知政事施師點，以旱乞避位，不許。帝曰：「數日羣臣應詔言事，並無及朕過失，但多言刑獄事；然刑獄自有成法也。」

7甲申，雨。

8乙酉，金平章政事伊喇（舊作移剌。）道、參知政事張仲愈並罷。

以道爲咸平尹，金主曰：「數年前嘗乞致仕，朕不許卿。卿今老矣，卿故鄉地涼事少，老者所宜。」賜通犀帶，復遣近侍慰勞之。

9金御史大夫張汝霖，坐失糾舉，降棣州防禦使。

10八月，乙未，金以女直字孝經千部分賜護衞親軍。

11甲辰，帝與宰臣論人才曰：「平平無才略者不難得，須有材而不刻，慈善而不謬。」王淮對曰：「大抵有材者多失之刻，慈善者多失之謬。」

12乙巳，楊安誠劄言：「請遵仁宗之制，采用司馬光之言，覈實浮費，量加撙節。」帝曰：「近日臣僚言，多用司馬光撙節之說，蓋仁宗時亦自乏用，故司馬光有是言。朕嘗見老內臣云，『哲宗極愛惜錢物，不肯多賞。』」王淮等曰：「節用，裕民之本。陛下常以祖宗爲法，天下之幸也。」

13金以戶部尚書程煇爲參知政事。金主諭之曰：「卿年雖老，猶可宣力，事有當言，毋或隱默。」

一日，煇侍朝，金主曰：「人嘗謂卿言語荒唐，今遇事輒言，過於王蔚。」顧謂宰臣曰：「卿等以爲何如？」皆曰：「煇議政無隱情。」煇曰：「臣年老耳聵，第患聽聞不審，或失奏對。苟有所聞，敢不盡心！」

14戊申，詔：「侍從、兩省、管軍、知閤、御帶及在內觀密使以上，於武官中各舉有威儀、善應對、堪充奉使、接送伴者一人聞奏；其已被差人，不許薦舉。」

15以施師點參知政事兼同知樞密院事，以御史中丞黃洽參知政事。

16庚戌，以史浩爲太保、魏國公，致仕。

17庚申，詔：「左藏南庫撥隸戶部，提領所事務，限五日結局。」

先是戶部具南庫收支項目，帝謂輔臣曰：「見在錢三十五萬餘貫，盡撥付戶部。其餘金銀等物，令陳居仁點檢，具數以聞。」帝又曰：「欲併南庫歸左藏，令版曹自理會，朕亦省事。卿等可細具南庫五年間出入帳，親自檢點。」故有是詔。

南庫者，本御前椿管激賞庫也；休兵後，秦檜取戶部窠名之所取者盡入此庫，戶部闕乏則予之，檜死，屬之御前，由是金帛山積。帝卽位之始，納右正言袁孚之請，遂改爲左藏南庫，專一椿管應副軍期，然南庫移用，皆自朝廷，非若左帑直隸於版曹而爲經費也，至是始併歸戶部。

既而尙書王佐言：「南庫歸版曹，無益而有損，請就撥歸封椿庫支，朝廷年例合還戶部錢，卻於封椿庫支。」不從。

佐又言：「經總制錢歲額一千五百萬貫，年來寖生姦弊，或偶無收，則便於帳內豁除，而創生窠名，更不入帳分隸，遞年積壓，直待赦放，恐暗失經費。」詔：「淳熙八年以前，並特除放，自今收起虧額，其知、通並提刑司官屬，委本部覺察，依條施行。」

是月，宰執奏封樁庫見管錢物已及三千餘萬緡，帝曰：「朕創此庫以備緩急之用，未嘗敢私也。」

封樁庫者，帝所創也；其法，非奉親，非軍需不支。先是六年夏四月，提領本庫言共管見錢五百三十貫，其後往往以犒軍或造軍器爲名，撥入內庫或睿思殿或御前庫或修內司，有司不敢執。

尋又奏內外樁積緡錢四千七百餘萬，帝曰：「易曰『何以聚人曰財』，周以冢宰制國用，周禮一書，理財居其半。後世儒者尙清談，以理財爲俗務，可謂不知本矣。祖宗勤儉，方全盛時，財賦亦自不足，至變更鹽法，浸及富商。朕奉親之外，未嘗一毫妄取，亦無一毫妄費，所以帑藏不至空虛，緩急不取之民，非小補也。」

先是帝以諸路財賦浩煩，令兩侍郎分路管認，王佐請於次年四月，將諸路監司、守倅所起上供錢比較，以定賞罰，自是罕有逋欠。

19 九月，己巳，金譯經所進所譯易、書、論語、孟子、孝（老）子、揚子、文（中）子、劉子及新唐書。金主謂宰臣曰：「朕所以令譯五經者，正欲女直人知仁義道德所在耳。」命頒行之。

20 辛未，金主秋獵。

21 壬午，詔：「諸路州軍拖欠內藏庫諸色窠名錢物，自淳熙九年以前並除放，以後常切催納，不得違慢。」遂蠲六十萬緡。

22 癸未，興元都統制吳挺上言：「同安撫司增置賞錢，募人告捉盜賊、解鹽入界，見係出戍官兵把截搜捕。其不係戍地，請令沿邊州郡督捕盜官司搜捕。」詔：「利路安撫、提舉，各申嚴階、成、西和、鳳州，毋得透漏。」

23 丁亥，禁內郡行鐵錢。

24 冬，十月，癸巳，金主還都。

25 乙未，右正言蔣繼周言：「自范成大倡爲義役之說，處州六邑之民，擾擾十有六年。夫使鄉民貧富相助，以供公上之役，是特鄉里長厚之情。成大張大其事，標以義民，且欲改賜縣名，行之諸路，朝廷固已察其情狀不可行矣；成大再有所陳，囑其代者使遂其說。至陳孺知處州，親受其弊，乃始備言其實，陛下即可其奏，於是處州之民始獲息肩。三兩年來，舊說復作，一二布衣之上書，未必公言，朝廷令省臣李翔看詳，蓋欲其詳酌可否；翔不能參照案牘，博詢民言，辨范成大、陳孺所奏之虛實，乃從而附會其說，斷以己見。官民僧道，出田一等，他日貧富，置之不問，人以爲重擾。望特降旨，將處州及兩浙有見行助役去處，聽從民便，官司不得干預其間。仍乞罷翔以謝處州、兩浙十五六年義役之擾。」從之。

26丁未，大理寺奏，內侍之子賈俊民等代筆事覺，俊民當降一官勒停。帝初欲貸其勒停而更降一官，又恐餘人亦援此爲比，乃曰：「人有私心，法便不行。」遂令如奏。次日，王淮等言：「陛下用法至公。」帝曰：「不怕念起，惟恐覺遲。然所以念起者，正以行有未到。」淮曰：「陛下每言『唐太宗未嘗無過，只是覺得早』，陛下可謂早覺矣。」帝曰：「凡事順其自然，無容私其間，豈不心逸日休！」

27先是詔廣鹽復行鈔法，罷官搬官賣。是月，廣東提舉常平茶鹽韓璧奏：「廣西民力至貧，歲入至薄，官兵備邊之費，盡取辦於般賣，猶懼弗給。今一年住賣，束手無策，全仰給於漕司。往年改行鈔法，自是有漕司應副，逐州取撥，窠名數目，可舉而行。又，朝廷須降祠部及會子錢計四十萬，下西路漕司，通融爲十年支遣，及諸州各有漕司寄椿錢，以此隨其多寡，應副諸州闕乏之數，使足以供公上，贍官吏，養兵備邊，則可以堅客鈔之行，上副陛下改法裕民之意。」尋詔於支降四十萬數內權支二萬貫，付靜江府五萬貫，分給諸州軍，充淳熙十一年歲計支遣一次。續又從諸司申請，撥廣東增賣鹽鈔剩錢五萬貫及令封椿庫支會五萬貫，充廣西十二年分歲計。

28十一月，壬戌朔，日有食之。

敷文閣學士兼侍講李燾條上古今日食於是月者三十四事，因奏曰：「心，天王位，其分爲宋；十一月，於卦爲復；方潛陽時，陰氣乘之，故比他月爲重。宜察小人害政，兼修邊備。」

29丙寅，金平章政事富察(舊作蒲察。)通罷。壬申，以樞密副使崇伊爲平章政事。

30癸酉，帝閱犒賞例，命就內庫支錢。諭廷臣曰：「士氣須激厲，朕嘗戒主將云：『卒伍遇戰，未可便用大陣，且以小陣試之。每一捷，卽加賞賚，將見人人自奮。』」

31甲戌，帝幸龍山教場，大閱，厚犒之。

32是月，賑京西饑。

33閏月，甲午，金以尚書左丞襄爲平章政事，右丞張汝弼爲左丞，參知政事鈕祜祿額特喇(舊作粘割斡特剌。)爲右丞，禮部尚書張汝霖爲參知政事。

金主謂宰臣曰：「帝王之政，固以寬慈爲德，然如梁武帝專務寬慈，以至綱紀大壞。朕嘗思之，賞罰不濫，卽寬政也，餘復何爲！」

34乙未，帝曰：「諸軍近日教閱，間得錢甚喜，多買柴作歲計。」王淮等曰：「緣此街上見錢甚多。」帝曰：「聞外間米麪甚平，街上多有醉人。朕得百姓歡樂，雖自病亦何害！所謂吾雖瘠，天下肥矣。」

35壬寅，廣西經略安撫使奏安南進象，帝曰：「象乃無用之物，經由道路，重擾吾民，其弗受。」

36戊午，金主謂宰臣曰：「女直進士，可依漢兒進士補省令史。夫儒者操行清潔，非禮不行。以吏出身者，自幼爲吏，習其貪墨，至於爲官，性不能遷改。政道興廢，實由於此。」又曰：「起身刀筆者，雖有才力可用，其廉介之節，終不及進士也。」

37十二月，丙子，車駕詣德壽宮，行慶壽禮。大赦。

38丁亥，金召眞定尹烏庫哩（舊作馬古論。）元忠，復爲右丞相。

39是月，敷文閣直學士、致仕李椿卒。

椿嘗爲樞密院檢討文字，時張說爲簽書，會小吏有持南丹州莫酋表來，求自宜州市馬者，因說以聞，椿曰：「邕遠宜近，人所知也，故迂之者，豈無意哉！莫氏方横，柰何道之以中國地理之近！請治小臣引致邊事之罪。」說又建議募民爲兵，以所募多寡定賞罰格，以勸沮州郡，椿白說：「若此，則恐有以捕爲募而致驚擾者，願毋限額。」

爲司農卿日，嘗言於制國用者曰：「今倉庾所用，一月營一月之聚；帑藏所給，一旬貸一旬之錢。朝廷之與戶部，遂分彼此；告借之與索價，有同市道；此陽城所以惡裴延齡者，願革而正之。」

椿又論渡江以來茶法之弊，謂官執空券，市之園戶，州縣歲額，配之於民，卒有賴文政之寇。

初，廣西鹽法，官自鬻之，後改鈔法，漕計大窘，乃盡以一路田租之米二十二萬斛令民戶折，而輸錢至五倍。其估米既爲錢，二十餘州吏祿兵稍無以給，則又損其估以市於民，曰「和糴」，曰「招糴」，民愈病而鈔亦弗售。椿請改法從舊，除民折苗、和糴、招糴，官民俱便。

40 權知和州錢之望言：「歷陽含山縣有麻、澧二湖，灌溉民田，爲利甚溥。乾道二年，守臣胡昉鑿千秋澗以設險，澗既開通，而二湖之水始洩入江；積十餘年，澗水日洩，灌溉之利遂廢。今欲於千秋置斗門以防湖水之洩，遇大浸則啓之以出外，遇旱暵則用之以瀦水，俾二湖可資灌溉，又不妨千秋澗之險。」從之。

41 是歲，知遂寧府李燾上續資治通鑑長編，至靖康，全書共九百八十卷，舉要六十八卷。

淳熙十一年金大定二十四年。(甲辰、一一八四)

1 春，正月，辛卯朔，雨土。

2 戊戌，金主如長春宮春水。

3 辛丑，詔：「浙東提舉司將開過白馬湖田，並立板榜，每季檢舉，自後不得侵占，監司仍加覺察。」

4 安化蠻蒙光漸等犯宜州思立砦，廣西兵馬鈐轄沙世堅討之，獲光漸。

5丙午，監察御史謝諤言：「去年臣僚因處州守臣不合將義役置册，假以藉手干求差遣，力陳其弊，得旨依奏。其所奏係兩事：一云『將處州及兩浙有見行助役去處，聽從民便，官司不得干預』；二云『其民間自難久行，不能息爭訟者，州縣依見行條法，照民力貲次從公差募』。其一項是行義役，其二（項）是行差役也。言者之意，欲差役、義役二者並行，原不曾言盡罷義役；亦但言兩浙之弊，不曾言及別路也。近聞江東、西諸路，民間有便於義役之處，官司乘此頗有搖動。蓋民間舊因差役，吏緣爲姦，當差之時，枚舉數名，廣行追擾，望其脫免，邀求貨賂，使之爭訟，至有累月而不定者，緣行義役，遂頗便之。自此法之行，胥吏縮手無措，日夕伺隙，思敗其謀，近日饒州德興縣、吉州吉水縣人戶，赴臺控訴。請飭諸路監司州縣，應有義役當從民便外，其不願義役及自有爭訟，乃行差役。兩項並合遵守，違者許提舉司按奏。其德興縣人戶并齎到本縣舊刊義役石碑，可見經久之計，民情所甚便，正不必撓其成法也。」帝曰：「前蔣繼周言處州專行義役之弊，今謝諤欲義役各從民便，法意更爲完善。」

6是月，戶部上去歲旱傷減放之數，帝初欲下漕臣覈實，既而曰：「若爾，則來年州郡必懷疑，不與檢放矣。」

7二月，甲子，宰臣進卿寺差除，帝曰：「今後有正卿不除少卿，有少卿不除正卿，所謂官不必備。」又諭：「今後蜀中監司，不可專差蜀人，恐人情宛轉，甚非法度。」

8 壬申，金主還都。

9 癸酉，帝謂宰臣曰：「熊克赴台州，卿等當以朕意宣諭。克爲人性緩，古人有韋弦之戒，緩者勉之，急者緩之，全在抑揚之道。」

10 詔：「前以溫、台被水，守臣王之望、陳巖肖不卽聞奏，賑卹遲緩；之望特降一官，巖肖落職放罷。近台州獲海賊首領，溫州獲次首領，王之望、陳巖肖各有捕賊之勞；以功補過，之望放罷，巖肖與宮觀。」

11 甲申，樞密院奏：「兩淮、京西湖北路民兵萬弩手，始自淳熙七年，後不曾拘集教閱。請令逐路安撫司行下所部州軍，常令不妨本業，在家閱習，俟農隙，照年例拘集比試。其有材武者，每州許解發一二人，從帥司津發赴樞密院，依四川義士條例試授，以示激勸。」從之。

12 三月，辛卯，耿延年進鑄錢樣，帝曰：「且用舊樣，不必頻改。」

13 刑部侍郎曾逮，請依乾道九年指揮，令刑部長貳、郎官及監察御史每月通輪錄囚，具名件聞奏，庶得糾察之職，帝曰：「可令每仲月錄囚。」

14 甲午，金尚書省以金主將如上京，奏定太子守國儀：其遣使祭饗，五品以上官及利害重事，遣使馳奏；六品以下官，其餘常事，悉聽裁決，每三日一次於集賢殿受尚書省啓事。京朝官遇朔望，具朝服問候。車駕在路，每二十日一遣使問起居；已達上京，每三十日一問起居。

丙申，尚書省進太子守國寶。金主召太子授之，且諭之曰：「上京，祖宗興王之地，欲與諸王一到，或留二三年，以汝守國。譬之農家種田，商人營財，但能不墜父業，即爲克家子。況社稷任重，尤宜畏慎。常時觀汝甚謹，今日能紓朕憂，乃見中心孝也。」太子對曰：「臣在東宮二十餘年，過失甚多，陛下以明德皇后之故，未嘗見責。臣誠愚昧，不克負荷，乞備扈從。」金主曰：「凡人養子，皆望投老得力。朕留太尉、左·右丞相輔汝，彼皆國家舊人，可與商議。且政事無難，但用心公正，無納讒邪，久之自熟。」太子流涕，左右皆爲之感動。太子乃受寶。【考異】金史顯宗世紀作二月，今從世宗本紀。

丁酉，金主如山陵。己亥，還都。

壬寅，如上京，太子允恭守國。癸卯，宰執以下奉辭於通州，金主謂樞密使圖克坦舊作徒單，今改。克寧曰：「朕巡省之後，脫或有事，卿必親之。毋忽細微，大難圖也。」又顧六部官曰：「朕聞省部文字，多取小不合而駁之，苟求自便，致累年不能結絕，朕甚惡之。自今可行則行，可罷則罷，毋使在下有滯留之歎。」

時諸王皆從，以趙王永中留輔太子。初，太子在東宮，或攜諸侍中步於芳苑，諸侍中出入禁中，未嘗限沮；及太子守國，諸從游者皆自得意。太子知之，謂諸侍中曰：「我向在東宮，不親國政，日與汝輩語。今既守國，汝等有召然後得入。」

16 乙巳，詔知福州趙汝愚除敷文閣待制，再任，以汝愚在福州甚宣力也。

17 丙午，詔知泉州司馬伋除龍圖閣待制，再任；兩浙運判張杓〔枃〕除（直）徽猷閣、運〔擢〕副使，再任。

18 丁未，禁淮民招溫、處州戶口。

19 除職田、官田八年逋租。

20 知太湖縣趙傑之，有言其不丁繼母憂者，帝諭宰臣曰：「士大夫一被此名，終身不可贖。行遣中稍爲宛轉，不須明言其罪。」乃降一官，放罷。

21 夏，四月，己未朔，金咸平尹伊喇道薨。金主道過咸平，遣使致祭，擢其子光祖爲閤門祗候。

22 辛酉，詔：「金州依見行鹽法，聽從便買賣，不得依前置場拘榷。」

23 甲子，以興元義勝軍移戍襄陽。

24 丙寅，金主次東京；丁卯，朝謁孝寧宮。東京百里內給復租稅一年，曲赦徒以下罪，賜高年爵。

25戊辰，賜禮部進士衞涇以下三百九十四人及第、出身。

26癸酉，詔：「廣西經略詹儀之、運判胡庭直，開具到見行鹽鈔，已爲詳細，可恪意奉行。」

先是知容州范德勤奏廣西賣鹽不便，詔儀之、庭直共詳議具奏。於是儀之等條析奏議：「靜江府等一十六州，官賣鹽以救一十六州之害，住罷高、化等五州敷賣二分食鹽，令轉運司置鋪出賣，從便請買，以爲五州之利，所有五州歲計，令轉運司計度抱認應副。如是，則一路二十五州，無不均被聖澤，折苗科敷之弊可以永革，而民力裕。」又言：「淳熙十年七月改行客鈔，至今年三月已招賣過鹽鈔六萬二千籮，見今客人不住般販，措置自有次序。」故有是詔。

高、化、雷、廉、欽五州產鹽地，客鈔不行，尋又奏：「欽州白皮鹽場，事體與雷、廉、高、化一同，請依舊興復，以備本司取撥作鈔鹽支付客旅般請。」

27丙子，定進士習射日分。

王淮曰：「孔子射於矍相之圃，觀者如堵牆。古人以射爲重，後世乃廢而不講。」帝曰：「古者有文事必有武備，後世不知其意，所以朕舉行之。」

28癸未，重頒紹興申明刑統。

29乙酉，權知均州何惟清，言解鹽除京西客販外，更有均、房界入川者甚多，皆是取馬官兵附帶，請嚴約束，從之。

30金主覩〔觀〕漁於混同江。

31五月，己丑，金主至上京，居於光興宮；庚寅，朝謁慶元宮。

32辛卯，知龍州張熹以廉吏見舉，帝曰：「廉吏最難得，屢有懲戒而貪黷甚多。張熹果如何？」王淮等對曰：「蜀士皆稱其操履。」帝曰：「可與提刑差遣，仍報行所薦劄子以厲士俗。」

33乙未，權知和州錢之望奏屯田事，帝謂王淮等曰：「之望言課耕無法，士卒惰者無以勵而勤者無所勸，卿等可詳議。」旋令淮西總漕同建康副統制詳議以聞。

34戊戌，金主宴於皇武殿，賜諸王、妃、主、宰執、百官、命婦各有差。宗戚皆霑醉起舞，竟日乃罷。

35右正言蔣繼周言：「比朝議監司、守卒〔倅〕接送等物，嚴爲制限，所以節浮費，寬民力也。其有諸路藩府及列郡暫差監司或他州通判等兼攝，上下馬饋送并借諸公用，亦已約束。而偏方小壘，間有違戾，或權官被差而不就，或已權不便而求歸，須申上司又別差官；年歲之間，接送數次，郡計有限，誠何以堪！請詔遠郡闕守處，令監司選差，以次官兼權，庶免將迎之責，以蘇郡計。」從之。

36 丙午，蔣繼周言：「溫、處流民，丁籍尚存，諸縣催科，無人供納；或其家丁壯既去，老弱獨留，監繫輸塡，急如星火；因而多糾未成丁人，名爲充代，追擾不能安居。請令溫、處守臣，將屬縣流移人戶覈實，除落丁籍，不得存留抑勒陪頓，如違，監司覺察以聞。」從之。

37 甲寅，詔：「四川駐劄御前諸軍將士，戍邊滋久，常軫朕懷，可令總領所管特與犒設一次。傳鈞、彭杲，守邊累年，軍政修舉，鈞與陞都統制，杲可帶吉州刺史。」

38 乙卯，以建康、太平、寧國、池、饒、廣德、南康、建昌被水，各支常平錢米賑卹之。

39 金太子謂圖克坦克寧曰：「車駕巡幸，以國事見屬。刑名事重，人之死生繫焉，凡有可議，當盡至公，比主上還都，勿有廢事。」自是凡啓稟刑名，太子自披閱，召都事委曲辨正，常至移晷。

40 六月，戊午朔，詔：「諸軍陞差，蓋擇將之根本，必有智勇勞效，乃能服衆，今後宜精選，毋得循習苟且。仍令樞密院，自準備將以上至統制官，每全軍各爲一籍，逐月揭帖進入，朕當間點二三人，審觀識略事藝，隨其能否，議主帥之賞罰。」從知樞密院周必大之請也。

41 臣僚言：「諸州軍受納夏稅，聞官吏邀阻，間有將好絹強退卻置場，用低價收買；不卹民病，利其贏餘，望與嚴禁。」從之。

42 蠲建寧府二稅逋緡。

43 庚申，以周必大爲樞密使。帝謂必大曰：「若有邊事，宣撫使惟卿可耳，他人不能也。」

44 辛酉，敕令所上編類寬卹詔令，乞頒降，帝曰：「凡事在人，斟酌輕重，盡之矣。」

45 金主幸安春水舊作按出虎水，今改。臨潢亭。

46 壬戌，校書郎奚商衡，請制科取士勿拘三歲之制，帝曰：「賢良得人，國家盛事。可令學士院降詔，有合召試人，舉官卽以名聞。」

47 金主閱馬於綠野淀。

48 甲子，王淮奏小路蠻擊虛狠〔恨〕事，帝論及恩威之意，且曰：「國家兵威，不及漢、唐遠甚，所恃者其天乎！澶淵之役，辛巳之役，匪天而何！」王淮曰：「人君平時仁心厚澤，固結民心，我無失德，而天之所助者順，蓋以理勝，不以力勝。」帝曰：「漢武帝時，兵威震懾萬里之外，又何可當！但失之已甚。」

49 丙寅，詔：「諸路總領各密舉偏裨將校可爲將帥者，不限員數，列其所長，密院籍記考察，不如所舉，坐繆舉之罰。」

50 是日，趙汝誼言屯田事，遇一圩水退，諸圩兵卒併力耕種，秋成穀熟，施工力者皆預分穀之數，帝曰：「若將來所收不多，朕不惜給米，使之亦如豐年，則更相勸勉。」

51 己巳，詔：「雨澤稍愆，屢降寬卹指揮，其人戶夏稅、和買，催納起綱，自有條限。聞官司趣辨追擾，致傷和氣，監司嚴行禁止。倘或違戾，御史臺彈劾。」

52 丙子，鄂州江陵都統制郭杲言：「昨蒙降錢措置屯田，除節次收買牛具，創造寨舍，請於上件錢內存留三分之一，付牛僕準備接續，餘錢回納。」詔：「郭杲將回納會子付牛僕貼充犒軍，餘錢就行樁留，準備屯田支用。」

53 庚辰，知臨安府張杓（枃），請蠲浙西、江東諸縣錢米，從之。

54 癸未，戶部韓彥質言：「各郡財賦場務、縣道所入財穀，皆有名色，在法不得移易。而守臣不憚竭公帑之儲以快私欲，至於終更席卷而去，不卹後人。請今後守臣任滿，將所留諸色錢穀交割，不正其數，申戶部置籍。」帝曰：「須令後政限一月具數申戶部照會。」王淮言：「前政只言數贏，後政只言數縮，合令前後政各具數申。」帝曰：「過限不申，令戶部以聞。」

55 是夏，知婺州洪邁言：「負郭金華縣，田土多沙，勢不受水，五日不雨，則旱及之，故境內陂湖最當繕治。而本縣丞江士龍，獨能以身任責，深入阡陌，諭使修築，令耕者出力，而田主出穀以食之。凡爲官私塘堰及湖，總之爲八百三十七所，田之被澤者二千餘頃，皆因其故跡，葺而深之，於官無所費，於民不告勞，三二十年之中，度亦未至隳廢。士龍上不因官司之督責，下不因邑民之訴請，自以職所當爲，勇於立事，乞加獎激，以爲州縣小吏赴功趨事之勸。」從之。

56 秋，七月，戊子，右正言蔣繼周，言諸軍將佐屯駐，宜禁其私置田宅、房廊、質庫、邸店及私自興販營運，從之。

57 己丑，郭杲言：「木渠下荒田，實有堪耕種者百餘頃，已差撥官兵開荒。自餘不通水利高低田，亦令耕種官兵差去。合諸錢米，就屯田官所管稻穀內借支，將來收子課折還。」詔：「郭杲將高低田段更切措置開耕，毋致荒閒，餘依所乞。」

58 校書郎羅點言：「比年以來，所在流配人甚衆，强盜之獄，每案必有逃卒，積此不已，爲害不細。欲戢盜賊，不可不銷逃亡之卒，欲銷逃亡之卒，不可不減刺配之法。望詔有司，于見行刺配情輕者，從寬減降，別定居役或編管之令。其應配者，檢會淳熙元年五月指揮，其强壯刺充屯駐大軍，庶幾州郡黥配之卒漸少。」帝曰：「近歲配隸稍多，後當如何？」王淮等曰：「如雜犯死罪，猶可從輕，至如刦盜六項，指揮之行，爲盜者莫不知之。故將爲盜，必先虛立爲首之名，殺人姦濫之罪皆歸之，以故爲首者不獲而犯者免死，盜何由懲！」帝令刑寺集議。

既而刑部、大理寺奏上，帝曰：「朕夜來思配法，雜犯死罪只配本州守城；犯私茶鹽之類，不必遠配，只刺充本州廂軍，令著役；若是刦盜已經三次，便可致之死。可以此諭刑寺官。」

59乙未，金主謂宰臣曰：「巡狩所至，當舉善罰惡。凡有孝弟姻睦者舉用之，無行者教戒之，不悛則加懲罰。」

60丙午，金主獵於勃野淀。

61乙卯，金主謂宰臣曰：「今時之人，有罪不問，則謂人不及知；有罪必責，則謂尋求其罪。風俗之薄如此，不以文德感之，安能復於古也！」

62甲寅，築黎州要衝城。

63是月，以泉、福、興化饑，興元旱，並賑之。

64金太子遺子金源郡王瑪達格，舊作麻達葛，今改。奉表請金主還都。

65八月，辛酉，詔：「浙西諸州府，各將管下圍田明立標記，仍諭官民不得於標記外再有圍裹。」

66戊辰，趙汝誼奏販米不得阻遏，其以喝花爲名，故作留滯者，許赴監司、臺部越訴，重置典憲，從之。

67帝聞隴、蜀軍陣，向用純隊，近易爲花裝，令利州三路都統制條具二者孰便。既而興州吳挺奏：「行軍用師，惟尚整肅，其花裝隊，未戰先已錯雜。」興元府彭杲奏：「四川諸軍，昨自紹興之初，團結皆爲純隊，以五十六人爲隊，止是教習純隊事藝，兵刃相接，取便應用。」

金州傅鈞奏：「隴、蜀山川，平陸少而險阻多，兩軍相遇，或我高而彼下，必須純用弓弩；狹隘相遇，則純用干戟。遇有緩急，全隊呼索，易於應集。」九月，戊子，詔並依舊純隊。

68 辛丑，帝諭宰臣曰：「每月財賦册，今後便令進入，欲加增減。」

69 戊申，勸會諸路州軍義倉米，合隨正苗交納，詔：「諸路提舉常平官行下所部，隨鄉分豐歉，依條收納入倉，不得侵隱他用。歲終，具數申尚書省。」

70 是月，敷文閣學士致仕李燾卒。

燾性剛大，特立獨行，著書外無嗜好。帝聞其卒，嗟悼，謂侍臣曰：「朕嘗許燾大書續資治通鑑長編七字，且用神宗賜司馬光故事，爲序冠篇，不謂其遽止(亡)。」

71 冬，十月，甲子，初舉改官人犯贓者，舉主降二官。

72 乙丑，侍讀張大經等言：「陛下因講泰之九二，有曰：『君子以其類進而爲善，小人以其類進而爲惡。未有無助者也。』講萃之上六，有曰：『盛極則衰，亂極則治。』皆深得大易之旨，乞宣付史館。」

73 丙寅，吏部奏賓州三縣請通差文武臣，帝曰：「武臣中極難得人，小使臣尤不歷練，委以一縣，是害及一縣也。」

74 丙子，盱眙軍言得金人牒，以上京地寒，來歲正旦、生辰人使權止一年。

時金主保境息民，非有他意，而一時聞金人卻使，人情大駭。邊境姦民，因妄傳邊報以覬多得金帛，或云金人內亂，或云有邊部之擾，或又云繕汴京城，開海州漕渠，河南、北簽兵且南下矣。朝野自相恫嚇，迄無定論，而金人晏然不知也。及次年，金主還都，浮言始息。

75 辛巳，詔：「宇文虛中特更與恩澤二人，令曾孫承受。」

76 太常博士歸安倪思言：「舉人輕視史學，今之論史者，獨取漢、唐混一之事，以三國、六朝、五代爲非盛世而恥談之。然其進取之得失，守禦之當否，籌策之疎密，區處兵民之方，形勢成敗之迹，若加討究，有補國家。請諭春官，凡課試命題，雜出諸史，無所拘忌。考覈之際，請以論策爲重，毋止以初場定去留。」從之。

77 十一月，丙戌朔，宰執謝賜太上皇稽山詩石刻。帝曰：「太上詩『屬意種、蠡臣』，卿等當仰體此意，勿分別文武，當視之如一，擇才行兼備者用之。」

78 戊子，知婺州洪邁，請蠲豐儲倉積欠米，從之。

79 利州路帥奏知鳳州余永弼、知文州鄧樞政績，帝曰：「邊郡政要得人，永弼、樞各轉一官，候任滿與再任。」

80 辛卯，置萬州南浦縣漁陽井鹽官一員。初以主簿兼監，於是始專置官。

81 辛亥，淮西總領趙汝誼，奏和州屯田所收物斛未曾均給，帝曰：「可令總領所、都統司將屯田力耕官兵，斟量工力多寡，拘今年收物斛實數，分作三等，次第均給。」

82是月，兩浙運副劉敏士，運判姚憲，並降官落職；新江東提刑王彥洪，別與差遣；並以溫、台二州災澇，失於按劾守臣也。

83十二月，丁巳，修湖南府城。

84兩浙運判錢沖之言：「奉詔相視開濬常、潤等運河，請令諸州將運河兩岸支港地勢卑下洩水之處，牢築堰壩，仍申嚴啓閉之法，令守臣措置。」從之。

85己未，詔祕閣修撰、知隆興府程叔達除集英殿修撰，再任。

86丁卯，帝閱知府軍除目，謂宰臣曰：「選擇人才，治道之急者；州郡若不得人，雖諄諄日降詔令，亦是徒然。卿等今後每遇一闕，須是徧選，終竟有得。」因言：「今之議者，多言邊郡太守須是久任，今邊郡無兵，雖久任何益！大軍皆在江南，若是創置，又費衣糧。卻是萬弩手、民兵，無養兵之費，有養兵之實，緩急亦可用。」

87己卯，解元振乞令光州依舒州、蘄州置監鑄錢，帝不許，命俟鑄到鐵錢時，令分二三萬與光州。

88是月，知台州熊克上九朝通略。

89是歲，知鎭江耿秉，奏三縣歲額畸零欠錢，今以公庫所節浮費代解，若非得旨，恐後人斂之於民，帝曰：「以寬剩錢爲民代納，固善；後人若無餘，則必別作名色科配。此事州郡自行則可，朝廷難爲施行。」

90 金主欲甃上京城。右丞相烏庫哩元忠諫曰：「此邦遭正隆軍興，百姓凋弊，陛下休養二十餘年，尙未完復。況土性疏惡，甃之恐難經久。風雨摧壞，歲歲繕完，民將益困矣。」乃止。

續資治通鑑卷第一百五十

賜進士及第兵部尚書兼都察院右都御史總督湖北湖南等處地方軍務兼理糧餉世襲二等輕車都尉畢沅編集

宋紀一百五十

起旃蒙大荒落（乙巳）正月，盡柔兆敦牂（丙午）十二月，凡二年。

孝宗紹統同道冠德昭功哲文神武明聖成孝皇帝

淳熙十二年金大定二十五年。（乙巳、一一八五）

1春，正月，乙酉，金太子以金主在上京，免羣臣賀禮。太子自守國，深懷謙抑，宮臣不庭拜，啓事時不侍立，免朔望禮；京朝官朔望日當具公服問候，並停免；至是羣臣當賀，亦不肯受。

2丁亥，金主宴妃嬪、親王、公主、文武從官於光德殿，宗室、宗婦及五品以上命婦與坐者千七百餘人，賞賚有差。

3己丑，廣西提舉胡廷直言：「邕州賣官鹽，並緣紹興間一時指揮，於江左永平、太平兩寨置場，用物帛博買交趾私鹽，夾雜官鹽出賣，緣此谿峒之人，亦皆販賣交鹽。近雖改行鈔法，其本州尙仍前弊。」詔經略司及知邕州陳士英措置聞奏。既而經略司言：「初置博易場，以人情所便；而博易交鹽，亦祖宗成法。請只嚴禁博販等不得販鬻交鹽，攙奪官課，餘仍舊。」從之。

4 戶部言：「明州東錢湖溉田五十餘萬畝，昨緣茭草延蔓，開淘茭葑，堆積沿湖山灣，遂成葑地，資教院僧承佃，墾成田三百餘畝。恐有人戶以增租承佃爲名，培疊增廣，有妨積水。請將彼處葑地不許請佃，仍開爲湖，庶免向後堙塞。」詔勾昌泰相視開湖。

5 辛執言諸州獄案有督促十餘而未報者，帝曰：「自今不須催促，多則愈玩，只擇其怠慢者懲之。」辛卯，潼川運司以岳霖稽緩，特降一官。

6 初，青羌努兒結，（舊作奴兒結。）越大渡河，據安靜砦，侵漢地幾百里。龍圖閣直學士、四川制置使留正，密授諸將方略，壬辰，擒努兒結以歸，盡俘其黨，青羌平。進正敷文閣學士。

7 癸巳，王淮等請湯思謙與六院差遣，帝曰：「思退退縮，其弟不可與在內差遣。」淮等言：「思謙作兩郡皆有可稱，不知與提舉何如？」帝曰：「在外不妨。編修官湯碩，亦與外任。」

8 甲寅，金太子如春水。

二月，庚申，金太子還都。

9 丁卯，帝語王淮等曰：「自唐、虞而下，人君知道者少；唯漢文帝知道，專務安靜，所以致富庶。自文帝之外，人君非唯不知道，亦不知學。」淮等曰：「道從學中來。」帝曰：「知學者未必盡知道，但知學者亦少。」淮等曰：「若唐太宗末年，寖不克終，豈是知道！」帝曰：「人君富有天下，易得驕縱。」淮等曰：「若治安日久，每事留意，則是愈久愈新。」

帝又曰：「天下全賴良監司，若得良監司，則守令皆善。」淮等曰：「監司、郡守，皆在得人。」帝曰：「先擇監司爲要，若郡守亦當選擇。卿等今後除授監司須留意。」又曰：「近日來郡守亦勝如已前。若是資序已到，其人不足以當監司、郡守，則監司且作郡守，郡守且作通判，亦何害！」

淮等因問興居，帝曰：「朕尋常飲食亦不敢過。」淮等曰：「易於頤卦稱謹言語，節飲食。」帝曰：「觀頤，觀其所養也。」

10 壬申，吉州乞將旱傷最重太和、吉水、廬陵縣見欠夏稅，並與蠲放，從之。

11 癸酉，金主以東平尹烏庫哩（舊作烏古論。）思列怨望，殺之。

12 丙子，殿中侍御史陳賈言：「財計之入，率費於養兵，然所得常不能贍給；而自將佐等而上之，則有至數十倍之多。姑取殿步兩司言之，殿司額外，自統制而至準備將，凡一百二十員，而數內護聖步軍全添統制三員，步司額外，自統制而至準備將，亦一十八員，兩司歲支，除逐官本身請俸外，供給茶湯猶不下一千萬緡。養軍之須，固已不訾，而額外重費，又復如此，無惑乎財計之不裕也。且以增創額外，謂可儲養將材耶？然諸將或有闕員，未見取之於此；若謂其人不足以備采擇，則高廩厚俸，自不宜輕以與之。請軫慮國計，責實政，將內外額名色一切住差；其在冗食之人，宜賜甄別。如有可備軍官之選，則存留以俟正官有闕日補之；或其人不任使令，亦請隨宜沙汰，勿使渾雜，無補國事。」從之。

13 丁丑，金主如春水。

14 三月，乙酉，進封皇孫擴爲平陽郡王。

15 辛卯，禁習渤海樂。

16 是春，詔制舉免出注疏。

17 夏，四月，丙辰，侍讀蕭燧言：「廣西最遠，其民最貧。在法，民年二十一爲丁，六十爲老。官司按籍計年，將進丁或入老疾應免課役者，縣役親觀顏狀注籍，知、通按丁簿，考歲數，收附銷落，法非不善。柰並海諸郡，以身丁錢爲巧取之資，有收附而無銷落。輸納之際，邀求亡藝，錢則倍收剩利，米則多量加耗。一戶計丁若干，每丁必使之折爲一鈔，一鈔之內，有鈔紙錢，息本錢，糜費公庫錢，是以其民苦之，百計避免，或改作女戶，或徙居異鄉，或捨農而爲工匠，或乏（泛）海而逐商販，曾不得安其業。請令帥臣、監司措置行下，從收附銷落之制，革違法過取之害。如或仍前科擾，卽令按劾。」從之。

18己未，金主仍至上京。

右丞相烏庫哩思忠曰：「鑾輿駐此已閱歲，倉儲日少，市買漸貴，禁衞暨諸局署多逃者，有司捕置諸法，恐傷陛下仁愛。」金主納之。

19辛未，右正言蔣繼周言：「南庫撥付戶部，於今二年，而南庫之名尚存，官吏如故。請令戶部將南庫廢併，其官吏並從省罷。按太宗分左藏北庫爲內庫，并以講武殿後封樁庫屬焉，又改封樁庫爲景福內庫。近年南庫分爲上下，尋併上庫入封樁庫。今所存南庫，係前時下庫。」帝曰：「盡廢必至淆亂，可以左藏西上庫爲名。官吏可與裁減。」於是諸路歲發南庫窠名錢一百九十八萬餘緡，改隸本庫。後又改稱封樁下庫，仍隸戶部焉。

20壬申，金主曲赦會寧府，放免今年租稅。百姓年七十以上者，補一官。甲戌，以會寧府官一人兼大宗正丞，以治宗室之政。

21金主謂羣臣曰：「上京風物，朕自樂之；每奏還都，輒用感愴。祖宗舊邦，不忍舍去，萬歲之後，當置朕於太祖之側，卿等毋忘朕言。」丁丑，宴宗室、宗婦於皇武殿，賜官賞賚有差，曰：「尋常朕不飲酒，今日甚欲成醉，此樂不易得也。」宗室、宗婦女及羣臣、故老，以次起舞進酒。金主曰：「吾來數月，未有一人歌本曲者，吾爲汝等歌之。」其詞道王業艱難及繼述之不易，至慨想祖宗，宛然如覩。歌畢，泣下，羣臣宗戚捧觴上壽，皆稱萬歲。諸夫人更歌本曲，如私家之會。既醉，金主曰：「太平歲久，國無征徭，汝等皆奢縱，往往貧乏，朕甚憐之。當務儉約，無忘祖宗艱難。」因泣下數行，宗室親屬皆感泣而退。

22 是月，邊諜言西遼假道於西夏以伐金。帝密詔吳挺、留正議之，周必大勸帝持重，勿輕動。既而所傳果妄，帝謂必大曰：「卿眞有先見之明。」

23 五月，丁亥，臣僚言：「諸處夏稅和買，止有折帛、折錢二色；惟安吉縣獨多折絲、折帛、折綾，民間困於輸納。朝廷以其既納紬絹，又以細絲織綾，許以粗絲織絹，謂之屑絹；自前任顏度申請改屑絹爲絲絹，遂使此邑重困。續經邑民詣闕陳訴，已仍許納屑絹，而夏稅產絹，猶用細絲。乞令產絹亦依舊用粗絲織造。」從之。

24 庚寅，地震。

尙書左司郎官楊萬里應詔上書曰：「南北和好，踰二十年，一旦絕使，敵情不測。或謂金主北歸，可爲中國之賀，臣以中國之憂正在乎此。將欲南之，必固北之，或者以身塡撫其北，而以其子與壻經營其南也。論者或謂緩急淮不可守，則棄淮而守江，是大不然。既棄淮矣，江豈可得而守！陛下以今日爲何等時耶？金人日逼，疆場日擾，而未聞防金人者何策，保疆場者何道，但聞某日修禮文，某日進書史，是以鄉飲理軍，以干羽解圍也。

臣聞古者人君，人不能悟之，則天地能悟之。今也國家之事，敵情不測如此，而君臣上下，處之如太平無事之時，是人不能悟之矣。故天見災害，春正月日昝無光，若兩日相摩者，茲不曰大異乎？然天猶恐陛下不信也，春日載陽，復有雨雪殺物，茲不曰大異乎？然天恐陛下又不信也，五月庚寅，又有地震。天變頻仍，而君臣不聞警懼，朝廷不聞咨訪，臣不知陛下悟乎否乎？

古者足國裕民，惟食與貨。今之所謂錢者，富商、巨賈、閹宦、權貴，皆盈室以藏之，至於百姓、三軍之用，惟破楮券耳。萬一如唐涇原之師，因怒糲食，蹴而覆之，出不遜語，遂起朱泚之亂，可不爲寒心哉！

古者立國，必有可畏，非畏其國也，畏其人也。故苻堅欲圖晉，而王猛以爲不可，謂謝安、桓沖江左之望，是存晉者二人而已。異時名相如趙鼎、張浚，名將如岳飛、韓世忠，此金人所憚也。近時劉珙可用則早死，張栻可用則沮死，萬一有緩急，不知可以督諸軍者何人？可以當一面者何人？而金人之所素畏者又何人也？

願陛下超然遠覽，勿以天地之變異爲適然，勿以臣下之苦口爲逆耳，勿以近習之害政爲細故，勿以仇讐之包藏爲無他。以重蜀之心重荆襄，使東西形勢之相接；以保江之心保兩淮，使表裏脣齒之相依。姑置不急之務，唯專備敵之策，庶幾上可消夫天變，下不墮於敵姦。

然天下之事，有本根，有枝葉。臣前所陳，枝葉而已；所謂本根，則人主不可以自用。人主自用，則人臣不任責。傳曰：『水木有本源。』聖學高明，願益思其所爲本源者。」時帝臨御久，事皆上決，宰執唯奉旨而行，臣下多恐懼顧望，故萬里於疏末言之。太常丞徐誼亦諫帝曰：「人主日聖，則人臣日愚，陛下誰與共功名乎？」帝不能用。

25 辛卯，以福州地震，命帥臣趙汝愚察守令，擇兵官，防盜賊。

26 壬寅，金主次天平山好水川。

27 癸卯，金遣使臨潢、泰州勸農。

28 庚戌，帝謂王淮等曰：「聞總司糴米，皆散在諸處，萬一軍興而屯駐處卻無米，臨時豈不誤事！可便契勘。大抵賑糴可逐歲循環備荒，若樁積米，須留要害屯軍所在，庶軍民皆有其備。」

29 六月，甲寅，金主獵近山，見田壠不治，命笞田者。

30 庚申，金皇太子允恭薨。金主命太子妃及諸皇孫服喪，並用漢儀。

太子天性仁厚，嘗奏曰：「東宮賀禮，親王及一品皇族皆北面拜伏，臣但答揖。望聖慈聽臣答拜，庶敦親親友愛之道。」金主從之，遂爲定制。

一日，侍宴於常武殿，典食進粥。將食，有蜘蛛在粥盌中，典食恐懼失措。太子從容曰：「蜘蛛吐絲，乘空忽墮此中耳，豈汝罪哉！」在東宮十五年，恩德浹人者深。及卒，侍衞軍士爭入臨於承華殿下，聲應如雷，百姓皆於市門巷端爲位慟哭。時諸王妃主入臨，多從奴婢，奴婢頗喧雜不嚴，樞密使圖克坦（舊作徒單。）克寧遣出之，身護宮門，嚴飭禁衞如法，然後聽入，從者有數。謂東宮官屬曰：「主上巡幸未還，太子不幸至於大故，汝等此時以死報國乎？吾亦不敢愛吾生也！」辭色俱厲，聞者肅然敬憚。

皇孫金源郡王瑪達格（舊作麻達葛。）哀過甚，克寧諫曰：「哭泣，常禮也。身居冢嗣，豈以常禮而忘社稷之重乎？」召太子侍讀完顏匡謂曰：「爾侍太子日久，親臣也。郡王哀毀過甚，爾當固諫。謹視郡王，勿去左右。」

金主聞克寧嚴飭宮衞，謹護皇孫，喜其忠誠，愈重之。

31 壬戌，淮東總領吳琚奏：「欲將鎭江都督（校者按：督字衍。）統司諸軍官兵日前所欠激賞鋪、軍須子鋪布帛錢並與除放，庶幾官兵得其全請贍家。此令一下，足以感士心，足以正師律，足以戒掊克，足以示陛下知行伍之微，卹士卒之至。」帝曰：「軍政刻削，楊存中以來便如此，可依琚所奏。」仍降指揮，其他有無似此去處及別有侵刻營運錢等，並詔還之。

32 丙寅，金烏庫哩元忠，罷爲北京留守。金主責之曰：「汝強愎自用，覬權而結近密，汝心叵測。其速之官！」

33己巳，臣僚言：「臣聞一定不易之謂法，循習引用之謂例，故昔人嘗守法以廢例，未嘗用例以廢法。今天官諸選，條目猥多，法例參錯，吏姦深遠，法無已行而或廢，例有已行而必得，此其爲弊，固非一日。請詔銓部，凡七司所行之事，條法具載分明，可以遵用；而偶無已行者，並令長貳、郎官據法施行，若於法窒礙而偶有已行之例，並不得引用。」從之。

34丁丑，帝謂宰執曰：「秋季在近，獄案有稽緩者，可擇數事議行遣。今州郡職事，弛慢不一，難爲一例，須知寬猛相濟，政是以和。前此岳霖降官印榜，行下已久，誨爾諄諄，聽我藐藐，豈可不明賞罰！使賞罰不明，朝夕諄諄，無益也。」是日，諸路監司、帥臣以所部郡守考察臧否上，惟浙東未具聞，帝曰：「近來廢弛事多，須當懲戒，帥臣鄭丙，提舉勾昌泰，各降一官。」

35秋，七月，壬午朔，金賜太子謚曰宣孝。

36癸未，臣僚言：「淮上州軍，逐處皆有樁管米斛，建康、鎭江大軍屯駐，又有總司錢糧。惟太平州、采石鎭沿江要害去處，去歲民間艱食，州郡必無儲備，聞淮上去秋成熟，淮人多有載米入浙中出糶不行。今來秋成在近，望先支降本錢付總領所，及時和糴。」詔：「趙汝誼於建康務場見樁管會子，委官就采石倉措置。」

37詔罷荆門軍淛河、武寧、黃泥稅場，以前知軍陸洸言豪民買撲擾民故也。

38壬寅，內藏庫奏和州、無爲軍、常德府所欠分錢，乞再限一季起發。帝曰：「近日和州卻以三千緡賂內侍求免。事覺，所免只五千緡，卻用三千緡屬托，謂何？」王淮等對曰：「其意以爲可長久得免，故不憚一時之費。」帝曰：「守臣張士僑、張臨、趙公頤，各展二年磨勘，更與展限半年，須管發納數足。」

39吏部言：「二廣考試補攝官人，請依本部銓試出官指揮，將考校到合格人，以十分爲率取五分。」從之。

先是廣東提舉韓壁言：「二廣兩薦之士，許試攝官，謂之『試額』；二年再試，謂之『待次』；累至三試，謂之『正額』；然後就祿，或任鹽稅，或受簿尉，至有闕官之處，雖待次亦得以濫授。其試攝程度，大略如銓試之五場，自非雜犯，雖文辭鄙俚，亦在所錄，僥倖太甚。請自今，一如銓試法，下吏部勘當。」而有是請。

40甲辰，罷常德府、復州稅場，從提舉趙善譽之請也。乙巳，罷江都、泰興、山陽、天長、高郵稅場，從提舉趙不流之請也。

帝曰：「此皆有益於民之事，日行一事，歲計則有餘矣。」

41臣僚言：「竊見浙運耿秉，近因屬邑版帳錢額太重，乞與屬郡評議，將額重處量減，詔從其請。兩浙版帳錢額之重，實與江西之月椿相似，二浙州郡亦自窘匱，就諸縣之額太重者與之斟酌，縣有毫釐之減，則民有毫釐之惠。若諸路得一賢轉運使，則不待冠蓋交馳，而裕民之說行矣。望出此疏付版曹，行之浙運，更令耿秉與諸郡守臣悉心講究，次第行之，諸路得爲楷式；更願陛下不惜少裨版曹以蘇民力。」從之。

42 戊申，金主發好水川。

43 八月，甲寅，監察御史冷世光言：「監司歲出巡閱，吏卒誅求，所過騷然，一縣之中，凡數百緡僅能應辦，否卽掊〔捃〕摭生事。請明詔諸路監司，今後巡閱，力革此弊，所用隨行吏卒，各於州郡差撥，逐州交替。」從之。

44 丁己，帝諭宰執，二廣鹽事當併爲一司，王淮等曰：「外議，併司後恐廣西漕既不預鹽事，卽無通融錢物，或至支吾不行。」帝曰：「如此，須更商量。蓋天下事全在致思，思之須有策。窮則變，變則通，譬如弈棊，視之如無著，思之既久，著數自至。」

45 辛酉，詔：「提領封椿庫所支降會子，付淮東、淮西、湖廣總領所，並充今年和糴椿管米本錢支用。」

46 壬戌，詔：「封椿庫支降會子，委浙西提舉羅點和糴。」

47 乙丑，詔曰：「朕惟差役之法，爲日蓋久；近年以來，又創限田之令，可謂備矣。然州縣奉行不公，豪貴兼并太甚，隱寄狹戶，弊端益滋。一鄉之中，上戶之著役者無幾，貧民下戶，畏避棄鬻，至不敢蓄頃畝之產。莫若不計官民戶，一例只以等第輪差，如此，則不惟貧富均一，且稅籍之弊不革而自去。可令戶部、給舍、臺諫詳議聞奏。」

48丙寅，提舉常平茶鹽公事趙翠朝辭，帝曰：「鹽事利害稍重，凡事可親臨，勿容官吏滋弊。至贓吏不可不按。」

49癸酉，知建康府錢良臣，奏秋教按閱禁軍，路鈐、訓武郎胡斌，恃酒無禮，望賜罷黜，帝曰：「胡斌素多口，以舊在潛邸，故略假借，乃敢輒犯階級，可降兩官，放罷。」

50甲戌，秦熺奏德安府巡檢張革，慢棄本職，於公所詈前任守臣，乞罷黜，帝曰：「此風不可長。放罷輕典，更降兩官。」

51丙子，詔蠲會稽借貸官米。

52九月，甲申，詔蘭溪借過常平錢收買稻種，並蠲放。

53金主次遼水，召見百二十歲女直老人，能道太祖開創事，金主嘉歎，賜食，并賜帛。乙（己）酉，還中都，臨宣孝太子於熙春園。（校者按：此條應移60前。）

54丙戌，國子祭酒顏師魯，請獎進節義之士，帝然之。

55辛卯，禮部言太史局與成忠郎楊忠輔所陳曆法異同，請差監視楊忠輔同太史局不干礙官測驗施行。帝曰：「日月之行有疏數，故曆久不能無差。大抵月行道遠，多是不及，無有過者。至日可遣臺官並禮部官看驗。」乃命禮部侍郎顏師魯監視測驗。

先是忠輔言：「南渡以來，嘗改造統元及乾道二曆，皆未三年，已不可用。目今見行淳熙曆，乃因陋就簡，苟且傅會而已，驗之天道，百無一合。淳熙曆朔差者，自戊戌以來，今八年矣。忠輔因讀易粗得太〔大〕衍之旨，創立日法，撰衍新曆，凡日月交會，氣候啓閉，無不契驗。今己巳歲九月望，月蝕在晝，而淳熙曆法當在夜。在晝者蝕晚而不見，在夜者蝕早而見，若以晝夜辨兩曆之是非，斷可決矣。」故有是詔。尋命官測驗。是夜，陰雲，不見。

56 壬辰，臣僚言：「吏部差注知州，請並令長貳同共銓量其人材堪與不堪應選，保明聞奏。或前任有過犯者，亦酌其輕重，爲之去取，其人材不堪應選者，即予報罷，庶幾不致冒濫。」詔：「自今吏部差注知州，同共銓量，先次保明聞奏。」

57 癸巳，起居舍人李巘言：「郊禋之際，命官行事，皆所以尊天禮神；贊導之吏，利於速集，往往先引就位以待行禮。立俟既久，筋力有限，徙倚疲頓，或至倒側，及當行禮，多不如儀，肅敬之誠，何從而生！」帝曰：「此說誠然。朕往在潛邸爲亞獻時，催班亦早，時風緊簾疏，頗覺難待。況百官既無幕次，又立班太早，所謂雖有肅敬之心，皆倦怠矣。蓋引班吏只欲早畢他事，寧顧時之未可，今只須先二刻催班。」

58 丁酉，郭杲申襄陽府木渠下屯田二麥數，帝曰：「下種不少，何所收如此之薄？可令郭杲細具因依。」帝又曰：「所在屯田，二麥於六月終，稻穀於十月終，可具數聞奏，仍先申尚書省。」繼以湖廣總領趙彥逾、知襄陽府高夔、京西運判劉立義、鄂州江陵副都統閻世雄奏襄、漢之間麥稻熟時，乃詔二麥於七月終，稻穀於十一月終，具數聞奏。

59中書門下省言前知綿州史祁，得替之日，將本州見在錢指爲羨餘，獻總領所，希求薦舉，詔史祁特降一官，放罷。

60冬，十月，丙辰，諭建康府副都統制閻仲曰：「朕惟將帥之弊，每在蔽功而忌能，尊己而自用，故下有沈抑之歎，而上無勝算之助。殊不知兼收衆善，不揜其勞，使智者獻其謀，勇者盡其力，迨夫成功，則皆主帥之功也。昔趙奢解閼與之圍，始令軍中有諫者死，及許歷進北山之策而奢許諾，卒敗秦師，卿當以奢爲法。仍刊石給賜殿帥以下。」

61金尚書省奏親軍數多，宜稍減損，詔定額爲二千。宰臣退，金主謂左右曰：「宰相年老，艱於久立，可置小榻廊下，使少休息。」

62庚申，詔：「兩淮並沿邊州軍歸正人請占官田，昨累降指揮與免差稅賦；今限滿，理宜優卹，可自淳熙十三年爲始，更與展免三年。」

63甲子，金主謂宰臣曰：「護衞年老，出職而授臨民，字尚不能書，何以治民！人胸中明暗，外不能知，精神昏耄見於外，是強其所不能也。天子以兆民爲子，不能家家而撫，在用人而已。知其不能而強授之，百姓其謂我何！」

64乙亥，知隆興府程叔達，請將淳熙十年分百姓未納稅苗蠲放，其上供及分隸之數，自行管認，帝曰：「不虧公家，又有利於百姓，可依奏。仍令出榜曉諭。」王淮曰：「以此觀之，州郡若得人，財賦自不至匱乏。」帝曰：「此須守臣自不妄用。若妄用，何以表率胥吏，使財賦有餘！」

65十一月，甲申，司農少卿吳燠言：「宜令有司集議，冗食之吏散在百司者，務從減省，先自省部始。若夫不急之官，宜汰之兵，亦可以次第省廢，其於大農歲計，不爲小補。」帝曰：「遽然省罷，人必怨懼。可行赦令所參照條法，合省減人數，且令依舊，俟離司或事故，更不作闕。其合減兵卒，亦許存留，如事故更不差撥。」

66前將作監朱安國言：「文思院製造，有物料未到者，轉移以應急切之須。願明詔，自今文思院製造，不得轉料。又，皇城司差親從官二人充本院監作，動輒脅持，邀取常例，宜罷差。」帝曰：「然。親從官誠宜罷之。」

67以知漳州黃啓宗清廉律己，撫字有勞，除祕閣，（校者按：「祕閣」上似應有「直」字。）再任。

68庚寅，金葬宣孝太子於大房山。

金主欲加以帝號，問於羣臣，翰林修撰趙可對曰：「唐高宗追謚太子弘爲孝敬皇帝。」

左丞張汝弼曰：「此蓋出於武后。」遂止。乃建廟於衍慶宮。

69 戊戌，金以皇子曹王永功爲御史大夫。

70 辛丑，冬至，郊。先是詔史浩、陳俊卿陪祠，皆辭。【考異】四朝聞見錄云：阜陵慶上皇八袠，召故相陳福國，史越王陪位，陳力以疾辭，史聞命，渡江陪祀。既竣事，以史舊學，曲爲勉留；時相疑其迫己，風言者去之。陳聞史入，謂客曰：「史直翁只好莫去。」陳之多智，此其一也。按宋史本紀不載召史浩、陳俊卿陪祠事，據宋史全文，則浩、俊卿皆辭不至，故不書於本紀也。聞見錄以爲浩至而俊卿不至，疑傳聞之誤，今不取。

71 十二月，庚戌朔，加太上皇尊號「紹業興統明謨盛烈」八字，皇太后「備德」二字。壬子，王淮等賀册寶禮成。帝曰：「前日慈顏甚歡。」淮曰：「陛下奉親至誠，載籍所未聞。」帝曰：「太上賜朕銷金背子一領，但色差淺，此便是昔人斑衣。來歲慶壽日，更服以往。」淮等曰：「洵盛事也！」

72 癸丑，尚書右司郎中何萬言：「今之風俗，視舊日侈，此家給人足不能如往時也。本朝自淳化後，已號極治，仁宗深慮風俗易奢，景祐二年詔：『天下士庶之家，非品官無得起門屋；非宮室寺觀毋得綵繪門宇；器用毋得純金及表裏用朱；非三品以上及宗室、戚里家毋得金稜器及用玳瑁器；非命婦毋得金爲首飾及眞珠裝綴首飾、衣服；凡有牀褥之類，毋得用純錦繡；民間毋得乘檐子，其用兜子者，舁無過四人；非五品以上毋得乘鬧裝銀鞍。

達者，物主、工匠並以違制論。』今請考其違戾於禮法者，開具名件，嚴立禁戢，始自中都，以至四方，則用度有制，民力自寬。」詔禮部參照景祐詔書並見行條令討論聞奏。

73甲寅，茶馬司言宕昌馬場歲額所管，皆是遠蕃入中，其間多蹄黄怯瘦之類，若行排撥，必致損斃。令於西和州置豐草監，并宕昌良馬監，務應歇養。

金樞密使圖克坦克寧請立金源郡王爲皇太孫，以繫天下之望，曰：「此事貴果斷，不可緩也。緩則起覬覦之心，來讒佞之言，豈惟儲位久虛，而骨肉之禍恐自此始矣。」金主以爲然。戊午，詔起復皇孫金源郡王瑪達格判大興尹，進封原王。

74庚申，知成都府留正以病告，帝曰：「留正病，可即擇人知成都。」王淮等薦趙汝愚，帝曰：「朕亦思之，無如汝愚，其處事不偏，可任也。」

75癸亥，權發遣簡州丁逢朝辭，論今日財賦，窠名之數多，養兵之費重，民力有限，而州縣之吏，並緣名色，巧計侵移，重困民力，請嚴行禁止，帝曰：「卿到簡州，當遵守所言。」

76丙寅，金左丞相完顏守道，左丞張汝弼，右丞鈕祜祿額特喇，（舊作粘割斡特剌。）參知政事張汝霖，坐擅增東京諸皇孫食料，各削官一階。

77丁卯，湖北提舉趙善譽言：「江陵府高陂河渡，請盡廢官課，聽從近便居民各以舟船渡載，庶幾豪民不得專其利，而民力無迫脅阻滯之患。」從之。

78甲戌，金主謂宰臣曰：「太尉守能，論事止務從寬，犯罪罷職者多欲復用。若懲其首惡，後來知畏；罪而復用，何以示戒！」

79金主聞有司市麪，不時酬直，怒監察不舉劾，杖之，以問參知政事程輝，輝曰：「監察君之耳目，所犯罪輕，不贖而杖，亦一時之怒也。」金主曰：「職事不舉，是故犯也。杖之何不可！」輝曰：「往者不可諫，來者猶可追。」

80乙亥，忠翊郎、殿前司左翼軍統制盛雄飛，特降兩官，送隆興府居住，以不親臨教閱，添置回易，泉州以其事來上，故有是詔。

81丙子，金主謂宰臣曰：「原王大興行事如何？」額特喇對曰：「聞都人皆稱之。」金主曰：「朕令察於民間，咸言見事甚明，予奪皆不失常，曹、豳二王弗能及也。又聞有女直人訴事，以女直語問之，漢人訴事，漢語問之。大抵習本朝語爲善，不習則淳風將棄。」張汝弼對曰：「不忘本者，聖人之道也。」額特喇曰：「以西夏小邦，崇尙舊俗，猶能保國數百年。」金主曰：「事當任實。一事有僞，則喪百眞，故凡事莫如眞實也。」

金主嘗與宰臣議古有監軍之事，平章政事襄曰：「漢、唐初無監軍，將得專任，故戰必勝，攻必克。及叔世始以內臣監軍，動爲所制，故多敗而少功。若將得其人，監軍誠不必置。」金主嘉納之。

82 是歲，知龍州王偁上東都事略。

83 詔舒、蘄二州鐵錢監歲鑄並以二十萬貫爲額。

淳熙十三年 金大定二十六年。（丙午、一一八六）

1 春，正月，庚辰朔，帝詣德壽宮行慶壽禮。大赦，推恩。

2 戊戌，詔：「淮東、淮西、湖廣總所并江、池州、襄陽、江陵府大軍庫見在金銀錢會，並限半月具申尚書省。」

3 甲辰，金主如長春宮春水。

4 二月，庚戌，詔潼川運判岳霖職事修舉，除直徽猷閣，再任。

5 知靜江府詹儀之爲通判沈作器乞宮觀，帝曰：「此門亦不可開。監司按通判則可，知州於通判按舉皆不可。若通判只是隨州，焉用通判！其改差別處通判。」

6 乙卯，步軍都虞候梁師雄，奏射鐵簾合格官兵人數，帝曰：「聞射鐵簾諸軍，鼓躍奮勵，可作士氣。」周必大對曰：「兵久不用則氣惰。今陛下以此激勸，將見人人皆勝兵矣。」

7 癸酉，帝謂侍臣曰：「朕觀唐世大將，得人頗多，蓋緣內討方鎮，外有吐蕃、回紇，無時不用兵，所以人皆習熟。國朝仁厚，不動兵革餘三五十年，故名將少。」王淮曰：「人材遇事乃見。但中外多事，用兵不已，亦非美事也。」

8金主還都。乙亥，詔曰：「每季求仕人，問以疑難，令剖決之。其才識可取者，仍察訪政迹，如其言行相符，即加陞用。」

9丙子，帝曰：「自古人主讀書，少有知道，知之亦罕能行之。且如『與人不求備，檢身若不及』二語，人君豈不知之！然所行不至。陸贄論諫諄複不已者，正欲德宗知而行之；如魏徵於太宗，則言語不甚諄複。且德宗之時何時也？而與陸贄論事，皆是使中人傳旨。且事有是非，當面反覆詰難，猶恐未盡，投機之會，間不容髮，豈可中人傳旨！朕每事以太宗爲法，以德宗爲戒。」

10三月，丙戌，淮東、淮西總所具到軍庫見錢、會子及務場錢數，詔：「就本府認數樁管，非朝旨，不得擅行支使。」

11己丑，金尙書省擬奏除授，金主曰：「卿等在省，未嘗薦士，止限資級，安能得人！古有布衣入相者，聞宋亦多用山東、河南流寓疏遠之人，皆不拘於貴近也。以本朝境土之大，豈無其人！朕難徧知，卿又不舉，自古豈有終身爲相者！外官三品以上，必有可用之人，但無故得進耳。」左丞張汝弼曰：「下位雖有才能，必試之乃見。」參政程輝曰：「外官雖有聲，一旦入朝，卻不稱任，亦在沙汰而已。」

12辛卯，以福建運判王師愈職事修舉，除直祕閣，再任。

13夏，四月，庚戌，帝讀陸贄奏議論度支折稅事狀，蕭燧言：「自古聚斂之臣，務爲欺誕以衒己能，未有不先紛更制度者。」帝曰：「天下本無事，庸人自擾之耳。」讀贄所論裴延齡書，燧言：「人君未嘗不欲去小人，然嘗爲小人所勝，如蕭望之爲恭、顯所勝，張九齡爲李林甫所勝，裴度爲皇甫鎛所勝。」帝曰：「皇甫鎛亦延齡之徒也。」

14詔：「沒官田產，合拘收租入常平，違者科罪。」

15壬子，金主謂侍臣曰：「朕嘗〔常〕御膳務從簡省，若欲豐腆，雖日用五十羊亦不難，然皆民之脂膏，不忍爲也。遼主聞民間乏食，謂何不食乾腊，蓋幼失師保之訓，及即位遂不知民間疲苦。想前代之君，享富貴而不知稼穡艱難者甚多，其失天下，皆由此也。」又曰：「隋煬帝時，楊素專權行事，乃不慎委任之過。與正人同處，所知必正道，所聞必正言，不可不慎也。今原王府屬，當選純謹秉性正直者充之，勿用有權術之人。」

16戊午，金左丞張汝弼罷。汝弼奏事阿順，金主謂左右曰：「卿等每事多依違苟避，不肯盡言，高爵厚祿，何以勝任！如烏庫哩元忠，剛直敢言，義不顧身，誠可尙也！」於是徙元忠知眞定尹。

17壬戌，金太尉、左丞相完顏守道致仕，爲咸平尹，封華國公。金主遣人諭之曰：「咸平自斡罕舊作窩斡，今改。亂後，民業尙未復舊。朕聽卿歸鄉里，所以安輯一境也。」

18五月，己卯，蕭燧奏讀陸贄奏議聖語，帝曰：「朕每見贄論德宗事，未嘗不寒心，正恐未免有德宗之失，卿等言之。」又曰：「德宗不肯推誠待下，雖更奉天離亂，終不悔悟，此以知其不振也。」

19甲申，金以大興尹原王瑪達格爲尚書右丞相，賜名璟，以司徒、樞密使圖克坦克寧爲太尉、尚書左丞相，判大宗正事、趙王永中復爲樞密使。

參知政事程輝致仕。輝喜雜學，尤好論醫。神童常添壽者，方數歲，輝召與語，因書「醫非細事」。添壽塗「細」字，改作「相」字，輝大慚。

20戊子，盧溝決於上陽村，金主命集議。

先是決顯通寨，發中都三百里內民夫塞之；至是復決，議者恐枉費工物，遂弗治。【考異】金史河渠志作二十五年，今從世宗本紀。

21庚寅，金御史大夫曹王永功罷，以豳王永成爲御史大夫。

22戊戌，金以尚書右丞鈕祜祿額特喇爲左丞，參知政事張汝霖爲右丞。

23六月，己未，臣僚言：「臨安守臣將本府胥吏除合存留外，罷逐百餘人，更有不曾根括不得姓名人，盡行汰斥，亦幾二百餘。臨安在輦轂之下，而吏輩額外增置，私自存留，如此其衆，況四方郡邑之廣，胥徒之冗，何可勝計！請令提舉將此縣人吏，照紹興二十六年指揮存留正額外，其餘盡行罷逐。其合存留之人，不係過犯，不經斷勒，方許存役。」從之。

24 己巳，金主謂宰執曰：「朕與卿等皆老矣，薦舉人才，當今急務，人之有幹能固不易得，然不若德行之士最優也。」

25 秋，七月，丙申，金以御史中丞馬惠迪爲參知政事。

26 是月，詔：「諸路州縣並以見錢、會子中半交收。」帝因言：「聞軍民不要見錢，卻要會子，朕聞之甚喜。但會子不可更增見在之數。」

27 閏月，己酉，令淮、浙提鹽約束逐州主管官：「遇亭戶納鹽，在官須管，卽時稱下，支還本錢，不得縱容官吏掊克。如聽用（以待鹽官饋遺、宴集之用。）花帶（以待各路鹽官秋滿裹糧之費。）等錢及上戶兜請折除等事，並嚴覺察按劾，仍許亭戶越訴。」

28 戊申，以敷文閣學士留正簽書樞密院事。

己酉，施師點乞免兼同知樞密院事，許之。

29 八月，乙亥朔，日月五星聚軫。

30 丁丑，金主謂宰臣曰：「親軍雖不識字，亦令依例出職，若涉贓賄，必痛繩之。」圖克坦克寧曰：「依法則可。」金主曰：「朕於女直人未嘗不體卹，然涉贓罪，雖朕子弟亦不能恕。

太尉之意，欲姑息女直人耳。」

31戊寅，金尚書省奏河決衞州，城壞，命戶部侍郎王寂、都水少監王汝嘉徙衞州於胙城縣。寂馳傳視被災之處，不爲拯救，乃專集衆以網魚、取官物爲事，民甚怨之。金主聞而惡之，遣戶部劉瑋往行部事，從宜規畫，黜寂爲蔡州防禦使。【考異】王寂拙軒集有夢賜帶笏表云：「忿羣言交搆，擠臣於不測之淵。」蓋託詞於夢中以自解也。其蔡州詩云：「老夫爲政拙，雅志與時乖。」其丁未肆眚詩云：「平生自信不謀伸，媒蘖那知巧亂眞，暗有鬼神應可鑒，遠投魑魅若爲隣？」是寂以蔡州之貶爲由於媒蘖也。金史世宗紀祇書寂之奉命徙胙城縣，而不言其後事。中州集所載寂傳，於中間仕履，言之甚略。金人記事之書，無可旁證，今仍從金史河渠志連書之，摘錄寂詩文數語於此，以備參覈。

32辛巳，詔：「集英殿修撰、知隆興府程叔達，久任閫寄，治行有聞，除敷文閣待制，再任。」

33壬午，新築江陵城成。

34甲午，金主秋獵。庚子，次薊州。【考異】金史作九月庚子。按庚子迺八月二十六日也，金史重出九月二字，今刪。

九月，甲辰朔，金主如盤山，因徧閱中盤諸寺。庚申，還都。

35丙寅，金主謂宰臣曰：「呼喇台舊作呼哩改，今改。叛亡，已遣人討之，可益以甲士，毀其船栰。」馬惠迪曰：「得其人不可用，有其地不可居，恐不足煩聖慮。」金主曰：「朕亦知此類無用，所以毀其船栰，欲不使再窺邊境耳。」

36 庚午，江西安撫等請將上供米折納價錢，帝曰：「是何言也！食與貨自不同，本是納米，今教納錢，可乎？」

37 辛未，知靜江府詹儀之，言知宜州王侃盡心邊備，蠻徭知畏，請優加旌別，仍令再任，詔王侃特轉一官，減三年磨勘，令再任。

38 是月，詔求遺書。

39 詔裁有司冗食。

40 冬，十月，甲午，金詔增河防禦（校者按：禦字衍。）軍數。

41 金圖克坦克寧，以原王未正太孫之位，屢請於金主。時諸子趙王永中最長，而克寧又與永中有連，金主歎曰：「克寧眞社稷臣也！」

42 戊戌，金寧昌節度使崇肅，行軍都統忠道，以討呼喇台不待見敵而還，崇肅杖七十，削官一階，忠道杖八十，削官三階。

43 十一月，辛亥，中書舍人陳居仁劄言乞略細務，帝曰：「其言甚當。今之要務，不過擇人材，正紀綱，明賞罰。多降指揮，徒見繁碎。」

44 甲寅，司農寺言已分委西倉糴事，帝謂宰臣曰：「此等便可自劄下。凡指揮須教人信畏，若是玩瀆，何補於事！當取其大者、要者留意，至於小事，姑從闊略。如除授監司、太守，卿等須反覆留意。」帝又曰：「少降指揮，不唯專簡，又且人信，所謂一舉而兩得之。」

45 庚申，金立右丞相原王璟爲皇太孫。

46 甲子，王淮等上仁宗、英宗玉牒，神、哲、徽、欽四朝國史列傳，皇帝會要。

47 金主謂宰臣曰：「朕聞宋軍自來教習不輟，今我軍專務游惰。卿等勿謂天下既安，而無預防之心，一旦有警，兵不可用，顧不敗事耶！其令以時訓練。」

48 丙寅，右丞相梁克家罷，爲觀文殿大學士、醴泉觀使兼侍讀。

49 庚午，金主謂宰臣曰：「朕方前古明君，固不可及；至於不納近臣讒言，不受戚里私謁，亦無愧矣。朕嘗自思，豈能無過！朕之過，頗喜興土木之工，自今不復作矣。」

50 辛未，敕令所進審定裁減吏額，帝曰：「革弊以漸，且依舊存留，只是將來不作額，最爲良法，亦不至咈於人情。」

51 十二月，辛巳，臣僚言汀州科鹽之害，詔漕臣趙彥操、王師愈同提舉應孟明措置聞奏。彥操等尋奏：「汀州六邑，長汀、清流、寧化則食福鹽，上杭、連城、武平則食漳鹽，亦各從其俗耳。夫食鹽者既異，則鈔法難於通行。今欲將舊欠鹽錢盡與蠲放及減鹽價，其所蠲舊欠與所減鹽價，本司卻多方措置那充，應補其數。如此，則州縣之力卽日可紓，立價卽平，貿鹽者衆，私販遂息，官賣益行，價雖裁減，用無所虧。是汀州與六邑歲減於民者三萬九千緡有奇，減於官者一萬緡有奇，所補州用與所放舊欠又在此外。加以利源不壅，財力自豐，救弊之本，無以尙此。」並從之。

52 甲申，金左諫議大夫黃久約言遞送荔枝非是，金主曰：「朕不知也，今令罷之。」丙戌，謂宰臣曰：「有司奉上，惟沽辦事之名，不問利害如何。朕嘗欲得新荔枝，兵部遂於道路特設鋪遞，比因諫官黃久約言，朕方知之。夫爲人無識，一旦臨事，便至顚沛。宮中事無大小，朕嘗觀覽者，以不得人故也；如便得人，寧復他慮！」

53 甲午，少師致仕陳俊卿薨，命諸子勿祈恩澤，勿請謚碑。帝聞，嗟悼，謚正獻。

54 丙申，金主謂宰臣曰：「比聞河水泛溢，民罹其害者，資產皆空。今復遣官於彼推排，何耶？」右丞張汝霖曰：「今推排皆非被災之處。」金主曰：「雖然，必其隣道也。既隣水而居，豈無驚擾遷避者！計其貲產，豈有餘哉，尙何推排爲！」【考異】金史河渠志載在十月，今從本紀。

55 戊戌，大理寺奏獄空。

56 是月，利州路饑，賑之。

續資治通鑑卷第一百五十一

賜進士及第兵部尚書兼都察院右都御史總督湖北湖南等處地方軍務兼理糧餉世襲二等輕車都尉畢沅編集

宋紀一百五十一 起強圉協洽（丁未）正月，盡屠維作噩（己酉）十二月，凡三年。

孝宗紹統同道冠德昭功哲文神武明聖成孝皇帝

淳熙十四年 金大定二十七年。（丁未、一一八七）

1 春，正月，丙午，眞州運司乞展限收換銅錢，帝曰：「久相玩習，不成號令矣。」王淮等請令漕司措置，帝曰：「頻降指揮，人亦不信。今且教措置以觀其後。」帝又曰：「賢者不待賞罰而自勸勉；至於中人，無賞罰不得。天下大抵皆中人耳。」

2 己酉，金以襄城令東平趙渢爲應奉翰林文字。渢入謝，金主謂宰臣曰：「此党懷英所薦耶？」對曰：「諫議黃久約亦嘗薦之。」金主曰：「學士院比舊殊無人材，何也？」右丞張汝霖曰：「人材須作養；若令久任練習，自可得人。」

8庚戌，金主如長春宮、春水。

4二月，乙亥，金主還都。

5己卯，金改閔宗廟號曰熙宗。

6庚辰，知福州賈選言：「福州瀕海諸寨，皆係海道要害，今巡檢乃有以蔭官及雜流出身，或素不知兵，或年已垂老，緩急不可倚仗。請今後應沿海巡檢，須武舉或軍功出身，年未五十，諳曉兵機行陣之人，方許注差。勘會先曾經海道捕賊立功諸會船水人，次注武舉出身人；如無，卽依見行法差注，止不注流外出身之人。」從之。

7癸未，金以曲陽縣置錢監，賜名利通。

8丁亥，以樞密使周必大爲右丞相。

時封事多言大臣異同，必大曰：「各盡所見，歸於一是，豈可尙同！陛下復祖宗舊制，命三省覆奏而後行，正欲相維，非止奉行文字也。」

9金御史臺言：「自來沿河京府州縣官，有坐視管內河防缺壞，略不介意者。請令沿河京府州縣長貳官，皆於名銜加管句河防事。如規措有方，能禦大患，或守護不謹，以致疎虞，隨時聞奏，議賞罰。」金主從之。仍命每歲將泛之時，令工部官一員沿河檢視。沿河府州之長貳皆提舉河防事，縣令、佐皆管句河防事。

10戊子，以施師點知樞密院事。

11丙申，金命：「罪人在禁，許親屬入視。」

12三月，辛亥，金皇太孫受册，赦。

13乙卯，金尚書省言：「孟家山金口牐，下視都城百四十餘尺，恐暴水爲害，請閉之。」詔可。

14庚申，陳居仁言：「祖宗加意斯民，見於役法，先〔尤〕爲詳備。其後臣僚州郡申明衝改，寖失法意。請下敕令所取祖宗免役舊法，并於戶部取括紹興十八年以後續指揮，本所官精加攷核，其有與舊法抵牾，即行删去，修爲一書，名曰役法撮要，候成，鏤板頒天下。」從之。

15夏，四月，壬午，趙伯䃴請添差軍中屬官差遣，帝曰：「軍中豈可添差，虛請給占！當時不合開端，遂使源源陳乞不已。除見任添差人許滿今任，日後更不差人。」

16丙戌，金以刑部尚書崇浩爲參知政事。

17戊子，賜禮部進士王容等四百三十五人及第、出身。翰林學士洪邁言：「貢舉令賦限三百六十字，論限三百字。今經義、論策一道有至三千字，賦一篇幾六百言。寸晷之下，唯務貪多，累牘連篇，何由精妙！宜俾各遵體格，以返渾淳。」

18 丙申，金主如金蓮川。

19 辛丑，金中都地震。

20 五月，庚午，金人〔主〕以所進御膳味不調適，使人問之。尚食局直長言：「臣聞老母病劇，私心憒亂，以此有失嘗視。」金主嘉其孝，即令還家侍疾。

21 六月，戊寅，以久旱，頒晝龍祈雨法。

22 金免中都、河北等路被河決水災軍民租稅。

23 甲申，駕詣太乙宮祈雨，次詣明慶寺。

24 丁亥，觀文殿大學士、特進梁克家卒，謚文靖。

25 庚寅，臨安火。

26 癸巳，王淮等以旱求罷，不許。

27 詔修炎帝陵，陵在衡州茶陵縣，從衡州之請也。

28 己亥，省釋兩浙路罪囚。

29 秋，七月，丙午，太白經天。

30 詔曰：「政事不修，旱暵爲虐，可令侍從、臺諫、兩省、卿監、郎官、館職疏陳闕失及當今急務，毋有所隱。」己酉，詔監司條上州縣弊事、民間疾苦。辛亥，避殿，減膳，徹樂。

31 壬子，金主秋獵。
32 癸丑，命檢正都司看議羣臣封事，有可行者以聞。
33 詔權減秀州經總制糴本錢半年。
34 何澹言省吏改易都司簽擬文字，帝謂宰臣曰：「卿等可自以意問之，前後改易者何事？亦欲官吏各有所警。」
35 丙辰，命臨安府捕蝗，募民輸米賑濟，除紹興新科下户今年和市布帛二萬八千匹。
36 辛酉，以江西、湖南饑，給度牒，糴米備賑。
37 戊辰，雨。命給、舍看詳監司具到州縣弊事。
38 八月，辛未，賜度牒百道，米四萬餘石，備賑紹興府饑。
39 王淮言：「石萬等所造曆，與淳熙戊申曆差兩朔。又，淳熙曆十一月下弦在二十四日，恐曆法有差。」帝曰：「朔豈可差！朔差，則所失多矣。可令禮部、太常寺、祕書省參定以聞。」
40 癸未，以留正參知政事兼同知樞密院事。
41 丙戌，金主次雙山；九月，己亥朔，還都。
42 己酉，金主謂宰臣曰：「朕今歲春水所過州縣，其小官多幹事，蓋朕嘗有賞擢，故皆勉力。以此見專任責罰，不如用賞之有激勸也。」

43乙丑，罷增收水渠民田租。

44冬，十月，辛未，以太上皇不豫，帝罷朝，視疾。赦。

乙亥，太上皇崩於德壽殿，遺誥太上皇后改稱皇太后。帝號痛躃踊，謂王淮等曰：「晉孝武、魏孝文實行三年喪服，何妨聽政！司馬光通鑑所載甚詳。」淮對曰：「晉武雖有此意，後來在宮中止用深衣練冠。」帝曰：「當時羣臣不能順其美，光所以議之。自我作古，何害！」

45丙子，以韋璞等爲金告哀使。

46庚辰，金祫饗於太廟。

47辛巳，詔曰：「大行太上皇帝奄棄至養，朕當衰服三年，羣臣自遵易月之令。有司討論儀制以聞。」

尤袤據典禮，定大行太上皇廟號高宗，翰林學士洪邁獨請號世祖。袤率禮官顏師魯等奏曰：「宗廟之制，祖有功，宗有德。藝祖規創大業，爲宋太祖。太宗混一區夏，爲宋太宗。自眞宗至欽宗，聖聖相傳，廟制一定，萬世不易。在禮，子爲父屈，示有尊也。太上親爲徽宗子，子爲祖，父爲宗，失昭穆之序。議者不過以漢光武爲比。光武以長沙王後，布衣崛起，不與哀、平相繼，其稱無嫌。太上中興，雖同光武，然實繼徽宗正統。以子繼父，非光武比。將來祔廟在徽宗下而稱祖，恐在天之靈有所不安。」詔羣臣集議，袤上議如初，邁論逡屈，詔從其議。【考異】萬柳溪邊舊話：太上崩，文簡公定號高宗，洪邁請易世祖，公率顏師魯奏：「太上親爲徽宗子，子爲祖，父爲宗，失昭穆之序，在天之靈不安。」邁論逡屈，卒如公議。文簡，即尤袤之謚。宋史尤袤傳同。是高宗之謚，定於尤袤也。本紀作用禮官顏師魯等言，廟號稱宗，則以師魯爲主矣。今從尤袤傳。

48 乙酉，羣臣五上表，請帝還內聽政。丙戌，詔：「俟過小祥，勉從所請。」

49 戊子，帝衰絰，御素輦還內。以顏師魯充金國遺留國信使。

50 庚寅，金主謂宰臣曰：「朕觀唐史，惟魏徵善諫，所言皆國家大事，且得諫臣之體。近時臺諫，唯指摘一二細碎事，姑以塞責，未嘗有及國家大利害者。豈知而不言歟，無乃也不知〔不知也〕？」

51 十一月，己亥，太上皇大祥，帝始以白布巾袍視事於延和殿，朔望詣德壽宮，則衰絰而杖。因詔皇太子惇參決庶務，侍讀楊萬里上書太子曰：「民無二王，國無二君，今陛下在上，又置參決，是國有二君也。自古未有國貳而不危者。蓋國有貳，則天下向背之心生；向背之心生，則彼此之黨立；彼此之黨立，則讒間之言啓；讒間之言啓，則父子之隙開。開者不可復合，隙者不可復全。昔趙武靈王命其子何聽朝而從旁觀之，魏太武命其子晃監國而自將於外，間隙一開，四父子皆及於禍。唐太宗使太子承乾監國，旋以罪廢。國朝天禧亦嘗行之，若非寇準、王曾，幾生大變。蓋君父在上而太子監國，此古人不幸之事，非令典也。

一履危機，悔將何及！」太子覽之悚然，庚子，三辭參決，不許。

52 辛丑，帝詣德壽宮禮祭，百官釋服，甲辰，羣臣三上表，請御殿聽政。詔：「俟過祔廟。」

53 甲寅，金詔：「河水泛濫，農夫被災者與免差稅一年。衞、懷、孟、鄭四州塞河勞役，並免今年差稅。」

54 十二月，庚午，大理寺奏獄空。

55 乙酉，制司言：「夔路大寧監四分鹽，遞年科在恭、涪等八州，委實擾民。請據運司措置，止就夔州以時變賣，誠爲利便。」從之。

56 戊子，金禁女直人不得改稱漢姓，學南人衣裝，犯者抵罪。

57 金主在位久，熟悉天下事，思得賢才與圖致治，而大臣皆依違苟且，無所建達。一日，謂宰臣曰：「古來宰相率不過三五年而退，罕有三二十年者。卿等將不舉人，甚非朕意。」他日，又謂宰臣：「卿等老矣，殊無可以自代者乎？必待朕知而後進乎？」平章政事襄、右丞張汝霖對曰：「臣等苟有所知，豈敢不言！但無人耳。」金主曰：「春秋諸國分裂，土地褊小，皆稱有賢，卿等不舉而已。今朕自勉，庶幾致治，至他日子孫，誰與共治者乎！」

淳熙十五年金大定二十八年。（戊申、一一八八）

1 春，正月，戊戌，開議事堂，以內東門司改充。命皇太子隔日與宰執相見議事，如有差擢，在內館職、在外部刺史以上，乃以聞。

先是林栗言：「諫諍之官，尚有闕員。居其官者，往往分行御史之事，至於箴規闕失，寂無聞焉。乞親擢端方質直、言行相副、堪充補闕拾遺者，召見而命之，以遺補爲名，不任糾劾之職。」帝曰：「朕每欲增置諫員，但以言官多任意論人。向者初除臺諫，人已預知必論其人，既而果然。若諫官止於規朕過舉，朝廷闕政，誠合古人設官之意。卿等更攷求前代興置本末以聞。」王淮等以唐六典所載與舊制進呈，帝曰：「朕樂聞闕失，若諫官專規正人主，不視〔事〕抨彈，雖增十員亦可。」辛丑，詔復置左右補闕、拾遺。

2 癸卯，金遣宣徽使富察（舊作蒲察。）克忠爲宋弔祭使。

3 甲辰，金主如春水。

4 乙巳，帝諭宰臣曰：「皇太子參決未久，已自諳知外方物情。自今每遇殿朝，令皇太子侍立。」

於是太常少卿兼左諭德尤袤言於太子曰：「大權所在，天下所爭趨，甚可懼也！願殿下事無大小，一取上旨而後行；情無厚薄，一付衆議而後定。」又曰：「利害之端，常伏於思慮之所不到；疑間之萌，常闕於隄防之所不及。儲副之位，止於侍膳問安，不交外事。撫軍監國，自漢至今，多出權宜，事權不一，動有觸礙。請俟祔廟之後，便行懇辭，以昭殿下之令德。」【考異】朝野雜記及聖政記，尤袤書在此年，楊萬里書在上年。薛氏通鑑前後倒置，今更正。

尋以胡晉臣兼諭德，鄭僑兼侍讀，羅點兼侍講。

5 户部申會慶節諸州軍合有進奉，帝諭太子曰：「朕與免二年，如何？」王淮言此係屬户部歲計，帝曰：「可用封樁庫錢撥還户部，自十七年爲始，依格進奉。如諸路循例科歛充他用，御史臺覺察彈奏。」

6 辛亥，方有開請措置屯田，帝諭施師點等曰：「二十餘年不用兵，一旦使之屯田，其樂從乎？」師點對曰：「軍兵久佚，初令服田，必以爲勞。纔過一二年，得其利，則樂矣。」帝曰：「事須樂從，卿等更可詢訪。」師點曰：「屯田本意，非止積穀，蓋欲諸軍布在邊陲，緩急有以爲用。」帝曰：「此乃寓兵於農之意。」

7 庚申，知樞密院事施師點罷。

師點每謂諸子曰：「吾生平任官，皆任其升沈，未嘗附麗求進，獨人主知之，遂至顯用。夫人窮達有命，不在巧圖，惟忠孝乃吾事也。」

8 甲子，以黃洽知樞密院事，吏部尚書蕭燧參知政事。

9 二月，乙亥，金主還都。

10 丁丑，禮部郎鄭僑言：「淮東鹽場開墾，自淳熙四年以來，按其所耕之地，履畝而稅之，十取其五，名曰「子斗」，價錢悉歸公庫，歲約可得二萬緡。緣此亭户肆意開耕，遂致柴薪減少，妨廢鹽業。臣昨任提舉日，嘗罷收子斗錢，禁約亭民，將已耕地不得布種。今已連年，恐禁戢不謹，此弊復興，請令監司覺察。」從之。

11庚辰，趙汝愚、李大正奏黎州買馬，乞照舊法不拘尺寸，帝問樞密院曰：「所引舊法，是紹興間舊法，或京師舊法？」黄洽曰：「係祖宗時舊法。」帝曰：「祖宗時有西北馬可用，黎馬止是羈縻。今則黎馬分作戰馬，不可不及格尺也。」

12丁亥，金弔祭使富察克忠行禮於德壽殿，次見帝於東楹之素幄。

13癸巳，顔師魯等自金廷辭歸，金主以遺留物中玉器五、玻璃器二十及弓劍之屬使持歸，曰：「此皆爾國前主珍玩之物，所宜寶藏以無忘追慕，今受之，義有不忍也。」

14遣京鏜等使金報謝。

15三月，丁酉朔，金主萬春節，宴羣臣於神龍殿，諸王、公主以次奉觴上壽。金主歡甚，以本國音自度曲，言臨御久，春秋高，渺然思國家基緒之重，萬世無窮之託，以戒太孫當修身養德，善於持守，及命左丞相圖克坦(舊作徒單。)克寧盡忠輔導之意。於是金主自歌之，太孫與克寧和之，極歡而罷。

16庚子，王淮等上太上皇謚曰聖神武文憲孝皇帝，廟號高宗。

17癸丑，用翰林學士洪邁議，以呂頤浩、趙鼎、韓世忠、張俊配饗高宗廟廷。時論有以張浚大類漢諸葛亮，亦宜預列。邁謂：「亮斬馬謖，已爲失計。浚襲其事斬曲端，幾於自壞萬里長城。至於詐張端旗，尤爲拙謀，徒足以召敵人之笑，沮我師之氣。」帝是其議。

吏部侍郎章森乞用岳飛及浚，祕書少監楊萬里乞用浚，皆不報。

18辛酉，樞密院言：「紹興初，吳玠、楊政晝蜀、漢之地以守，自散關以西付之玠，梁、洋付之政。蜀中諸邊，散關爲重。願與二三大臣講求蜀中守邊舊跡，令制置司同都統司公共相度經久利便。據興元都統制彭杲申，大散關邊面，係鳳州地界，隸西路安撫所管，淳熙二年，鳳州改隸興元。竊以大散關係對境衝要，最爲重害，兼緣鳳州郡事見係文官，即無屯守之兵，各無統領，亦非本司號令所及，緩急之際，議論不合，或有乖違，即誤國事。請將本州知州令本司選擇奏辟，彈壓戍兵。」詔：「彭杲於統制官精選練于邊防、民政之人，具名聞奏。」

19丙寅，權攢高宗於永思陵，改謚懿節皇后曰憲節。

20夏，四月，壬申，帝親行奉迎虞主之禮；自是七虞、八虞、九虞、卒哭、奉辭皆如之。

21癸酉，金增外任小官及繁難局分承應人俸。

22楊萬里以洪邁駁張浚配饗，斥其欺專，禮官尤袤等請詔羣臣再集議。帝諭大臣曰：「呂頤浩等配饗，正合公論，更不須議。洪邁固輕率，楊萬里亦未免浮薄。」於是二人皆求去，邁守鎮江，萬里守高安。

23 丁丑，金以陝西統軍使富珠哩鄂爾罕舊作孛术魯阿魯罕，今改。爲參知政事。

24 癸未，金建女直太學。

25 丙戌，詔曰：「朕昨降指揮，欲衰絰三年，羣臣屢請御殿易服，故以布素視事內殿。雖有俟過祔廟勉從所請之詔，然稽諸禮典，心實未安，行之終制，乃爲近古。宜體至意，勿復有請。」於是大臣乃不敢言。

是時執政近臣皆主易月之議，諫官謝諤、禮官尤袤知其非而不能爭。惟敕令所删定官沈清臣，嘗上書贊帝之決，且言：「將來祔畢日，乞預將御筆，截然示以終喪之志，杜絕朝臣來章，勿令再有奏請，力全聖孝，以示百官，以型四海。」帝頗納用。

陳亮上疏曰：「高宗皇帝於金有父兄之仇，生不能以報之，則歿必有望於子孫，何忍以升遐之哀告之仇哉！遺留、報謝三使繼發，而金人僅以一使，如臨小邦。義士仁人，痛切心骨，豈陛下之聖明智勇而能忍之乎？意者執事之臣，憂畏萬端，有以誤陛下也？」疏萬數千言，大略欲激帝恢復。時帝已將內禪，由是在廷交怒，以亮爲狂怪。

26 五月，丙申朔，宰臣進請司諫之差遣，帝曰：「司諫之差，恐是初官，不當放行。」顧太子曰：「切不可啓此僥倖之門。」太子對曰：「僥倖之門，啓之則使有攀援源源而來，誠不可啓。」

27 己亥，左丞相王淮罷，以左補闕薛叔似論之也。帝旋諭叔似曰：「卿等官以拾遺、補闕爲名，不任糾劾。今所奏乃類彈擊，甚非設官命名之意，宜思自警。」

28 丙午，金制：「諸教授必以宿儒高才者充，給俸與丞、簿等。」

29 戊申，京鏜等至金。故事，南使至汴京則賜宴。至是鏜請免宴，郊勞使康元弼等不從。鏜謂必不免宴，則請徹樂，遺之書曰：「鏜聞鄰喪者舂不相，里殯者不巷歌。今鏜銜命而來，繄北朝之惠弔，是荷是謝。北朝勤其遠而憫其勞，遣郊勞之，使勤式宴之儀，德莫厚焉。外臣受賜，敢不重拜！若曰而必聽樂，是於聖經爲悖禮，於臣節爲悖義，豈惟貽本朝之羞，亦豈昭北朝之懿哉！」相持甚久。鏜即館，相禮者趣就席，鏜曰：「若不徹樂，不敢即席。」金人迫之，鏜弗爲動，乃帥其屬出館，甲士露刃相向，鏜叱退。已而金主聞之，歎曰：「南朝直臣也。」特命免樂。自是恒去樂而後宴。【考異】薛氏通鑑以京鏜使金事統於四月，今從金史本紀及宋史全文前後分載。

30 丁巳，詔修高宗實錄。

31戊午，浙西提舉石起宗，言海鹽蘆瀝場催煎官蔡瀵，裹〔裒〕斂亭戶，不能舉職，乞與岳廟，帝曰：「此須放罷。」仍令吏部契勘蔡瀵得差遣年月之侍郎，吏部言係買選，帝曰：「選已罷，姑已之。自後吏部如銓量巡尉等當知警。」

32庚申，殿中侍御史冷世光言：「縣令親民之選，昨吏部措置被案放罷之人，滿半年方許參部，不許注繁難大縣，止注小縣，小縣之民何罪焉！請令吏部遵守淳熙五年指揮，凡經彈劾之人，且與祠祿；知縣曾經放罷，半年後亦且與岳廟；兩次作縣，兩經罷黜者，不得再注親民差遣。」詔吏部看詳措置。

33壬戌，始御後殿。

34敕令所刪定官沈淸臣言：「陛下臨御以來，非不論相也，始也取之故老重臣，既而取之潛藩舊傅，或取之詞臣翰墨，或取之時望名流，或取之刑法能吏，或取之刀筆計臣，或取之雅重詭異，或取之行實自將，或取之跅弛誕慢，或取之謹畏柔懦，或取之狡猾俗吏，或取之句稽小材；間有度量沈靜而經畫甚淺，心存社稷而材術似疎，表裏忠讜而規制良狹。其後以空疎敗，以鄙猥敗，以欺誕敗，以姦險敗，以浮夸敗，以貪墨敗，以詭詐敗，以委靡敗。若此者，豈可謂相哉？甚至於誤國，有大可罪者。海、泗，國家之故地也，私主和議，無故而棄之敵國；騎兵，天子之宿衞也，不能進取，無故而移之金陵；汲引狂誕浮薄之流以扼塞正塗，擅開佞倖權嬖之門以自固高位。而今也猶習前轍，寖成欺弊，國有變故，略無建明，事有緩急，曾不知任，然則焉用彼相哉！」

35禮部言：「國學進士石萬並楊忠輔指淳熙十五年太史局所造曆日差忒。今據石萬等造成曆，與見行曆法不同，請以其年六月二日、十月晦日月不應見而見爲驗。」詔尤袤、宋之端監視測驗。

36先是詔省減百司冗食，至是共裁減七百餘人，從吳澳之奏也。

37六月，戊辰，給事中鄭僑疏言：「陛下創法立制，犂然當於人心，可萬世遵行而無弊者，文臣出官銓試，武臣出官呈試是也。歷歲以來，有司謹守奉行，偶緣淳熙十一年有進義副尉何大亨者，以蔭補出官，自陳元係效用人，乞免呈試參部，遂蒙特旨與免。此弊一開，遞相攀援，遂使一時特旨，直作永例。在法，免呈試者，惟江海戰船立功補官之人及諸軍揀汰離軍之人，則法許免呈試；即未嘗有初投效用，後因蔭補出官，與免試參部之法也。若曰彼嘗從軍，何必呈試！聽其展轉相承，用例廢法，則他日徼幸之徒，必有竄名冒籍於軍伍之中以爲免試張本者。望申嚴此法，將特免試指揮更不施行，仍詔有司恪守成法。」

帝以問樞密院，周必大對曰：「舊法呈試中方得出官，淳熙十年放行曾經從軍免試一兩人，遂以爲例。」帝曰：「鄭僑言：『既曾從軍，自合習熟武藝，何憚呈試！如不能呈試，前此從軍所習何事！』此說甚當，可依舊法行之。」

88 壬辰，報謝使京鏜自金還。

先是帝謂宰臣曰：「京鏜堅執不肯聽樂，此事可嘉。士大夫居常孰不以節義自許，有能臨危不變如鏜者乎？」及入見，帝慰勞之。故事，使還，當增秩，帝曰：「京鏜專對，可轉兩官。」周必大曰：「增秩，常典爾。鏜奇節，惟陛下念之。」帝曰：「鏜，今之毛遂也。」乃命鏜權工部侍郎。

89 周必大薦朱熹爲江西提刑。熹入奏事，或要於路曰：「正心誠意之論，上所厭聞，慎勿復言。」熹曰：「吾生平所學，惟此四字。熹可隱默以欺吾君乎！」及入對，帝曰：「久不見卿，卿亦老矣。浙東之事，朕自知之。今當處卿以清要，不復以州縣煩卿。」獎諭久之，乃出。

熹奏言：「近年以來，刑法不當，輕重失宜，甚至係於人倫風化之重者，有司議刑，亦從流宥之法，則天理民彝，幾何不至於泯滅也！

提刑司管催經總制錢，起於宣和末年，倉卒用兵，權宜措畫。自後立爲比較之說，甚至災傷檢放倚閣，錢米已無所入，而經總制錢獨不豁除。州縣之煎嗷〔熬〕，何日而少紓！斯民之愁歎，何時而少息哉！

陛下卽位二十有七年，而因循荏苒，無尺寸之效，可以仰酬聖志。嘗反覆思之，無乃燕閒淵蠖之中，虛明應物之地，天理有未純，人欲有未盡？天理未純，是以爲善未能充其量；人欲未盡，是以除惡不能去其根；一念之頃，公私邪正，朋分角立，交戰於其中。故體貌大臣非不厚，而便嬖側媚得以被腹心之寄；寤寐英豪非不切，而柔邪庸繆得以竊廊廟之權；非不樂聞公議正議（校者按：二字衍。）正論，而有時不容；非不欲聖讒說殄行，而未免誤聽；非不欲報復陵廟讐恥，而不免畏怯苟安；非不欲愛養生靈財力，而未免歎息愁怨。凡若此類，不一而足。願陛下自今以往，一念之頃，則必謹而察之，此爲天理邪，爲人欲邪？果天理也，則敬以充之，而不使其少有壅遏；果人欲也，則敬以克之，而不使其少有凝滯。推而至於言語動作之間，用人處事之際，無不以是裁之，則聖心洞然，中外融徹，無一毫之私欲得以介乎其間，而天下之事，將惟陛下之所欲爲，無不如志矣。」

翌日，除兵部郎官。熹方以足疾乞祠，兵部侍郎林栗，前數與熹論易、西銘不合，遂論「熹本無學術，徒竊張載、程頤之緒餘，爲浮誕宗主，謂之道學，私自推尊，所至輒攜門生數十人，習爲春秋、戰國之態；繩以治世之法，則亂人之首也。今采其虛名，俾之入奏；而熹聞命之初，遷延道途，得旨除官，輒懷不滿，傲睨累日，不肯供職。是豈張載、程頤之學教之然也！熹既除兵部郎官，在臣合有統攝，若不舉劾，厥罪維均。望將熹停罷，以爲事君無禮者之戒。」

帝謂栗言過當，旋命熹依舊江西提刑。周必大言：「熹上殿之日，足疾未愈，勉強登對。」帝曰：「朕亦見其跛曳。」薛叔似亦奏援之。太常博士葉適曰：「攷栗劾熹之辭，始末參驗，無一實者。至於其中『謂之道學』一語，則無實最甚。利害所係，不獨朱熹，自昔小人殘害良善，率有指名，或以爲好名，或以爲立異，或以爲植黨。近又創爲道學之目，鄭丙唱之，陳賈和之，居要路者密相付授，見士大夫有稍務潔修，粗能操守，輒以道學之名歸之，以爲善爲玷闕，以好學爲罪愆，賢士惴惴，中材解體。往日王淮表裏臺諫，陰廢正人，蓋用此術。栗爲侍從，無以達陛下之德意，而更襲用鄭丙、陳賈密相付授之說，以道學爲大罪，從此讒言橫生，良善受禍，何所不有！望陛下奮發剛斷，以慰公言。」疏入，不報。【考異】水心集有辨兵部郎官朱元晦狀。宋史全文云：或曰適疏不果上。據宋史本紀云：以新江西提點刑獄朱熹爲兵部郎官，熹以疾未就職。侍郎林栗劾熹慢命，熹乞奉祠。太常博士葉適論栗襲王淮、鄭丙、陳賈之說，爲道學之目，妄廢正人。是適固上言之矣，今從適本傳書之。

40 秋，七月，戊戌，上高宗廟樂曰大勳，舞曰大德。

41 辛亥，金尙書左丞鈕祜祿額特喇（舊作粘割斡特剌。）罷。

42 侍御史胡晉臣劾林栗喜同惡異，無事而指學者爲黨。己未，出栗知泉州。朱熹除（直）寶文閣，請祠，未入。

43 壬戌，恩平郡王璩（璩）薨。帝天性友愛，賜予無算，至是追封信王。

44 八月，甲子朔，日有食之。

45 庚辰，金主謂宰臣曰：「近聞烏底改有不順服之意，若遣使責問，彼或抵捍不遜，則邊境生事，有不可已者。朕嘗思招徠遠人，於國家殊無所益。彼來則聽之，不來則勿強其來，此前代羈縻之長策也。」

46 金參知政事富珠哩鄂爾罕罷。壬午，以山東路統軍使完顏博勒和舊作婆盧火，今改。參知政事。

甲申，金主謂宰臣曰：「用人之道，當自其壯年心力精強時用之。若拘以資格，則往往至於耄老，此不思之甚也。鄂爾罕使其早用，必得輔助之力，惜其已衰老矣。凡有可用之材，汝等宜早思之。」

47 是月，湖北運判孫紹遠朝辭，帝曰：「祖宗時廣西鹽如何？」對曰：「係官賣。」帝曰：「若廣西客鈔可行，祖宗當已行。」紹遠又言：「鈔法蠹國害民。」帝曰：「所聞不一，因卿言，得其實矣。」

48 九月，辛丑，大饗明堂。

先是禮官請明堂畫一。帝曰：「配位如何？」周必大言：「禮官昨已申請，高宗几筵未除，用徽宗故事，未應配坐，且當以太祖、太宗並配。他日高宗几筵既除，當別議。大抵前後儒者多因孝經嚴父之說，便謂宗祀專以考配。殊不知周公雖攝政，而主祭則成王，自周公言之，故曰嚴父耳。晉紀瞻答秀才策曰：『周制，明堂崇其祖以配上帝，故漢武帝汾上明堂，捨文、景而遠取高祖爲配。』此其證也。」留正言：「嚴父莫大於配天，則周公其人也。是嚴父專指周公而言，若成王則其祖也。」帝曰：「有紹興間典故在，可以參照無疑。」

49 庚申，帝諭太子曰：「當今禮文之事，已自詳備，不待講論。惟財賦未嘗從容，朕每思之，須是省卻江州或池州一軍，則財賦稍寬。若議省軍，則住招三年，人數便少，卻將餘人併歸建康，事亦有漸。當今天下財賦，以十分爲率，八分以上養兵，不可不知。」

50 許浦水軍統制胡世安言：「許浦一軍，本在明州定海，後因移駐許浦。是時港道水深，可以泊船。後來湖沙淤塞，遂移戰船泊在顧涇，人船相去，近二百里，遇有緩急，如何相就！合依舊移歸定海。」帝曰：「定海用舟師甚便，當時自是不合移屯也。」

51 是月，錄中興節義後，用吏部尚書顏師魯等之言也。於是引赦書，放行中興初節義顯著之家合得恩數，令吏部開具奏聞。

52 冬，十月，丙寅，知湖州趙思言：「湖州實瀕太湖，有隄爲之限制，且列二十七浦瀆，引導湖水以溉民田，各建斗門以爲蓄泄之所，視旱潦爲之啓閉。去歲之旱，高下之田俱失霑濊，委官訪求遺跡，開濬浦漊，不數日間，湖水通徹，遠近獲利，而於斗門因加甃葺。請詔守臣，逐歲差官親詣湖隄相視，開濬浦漊，補治斗門，庶幾永久。」從之。

53 己巳，廣西提刑趙伯遏奏本路鈔法五弊，且曰：「曩者建議之臣，以官般官賣科敷百姓，害及一路。於是改行鈔法，上以足國，下以裕民，莫不以爲便。今六年矣，諸郡煎熬益甚，民旅困於科抑，名曰足國，實未嘗足；名曰裕民，實未嘗裕。所最可慮者，緣邊及近裏州軍，兵額耗減已極，更不招塡；所在城壁頹圮，無力修築，卒有緩急，何所倚恃！臣嘗徧詢吏民，向者官般官賣之時，廣西諸郡誠有科敷百姓去處，然不過產鹽地分，所謂高、化、欽、廉、雷五州是也。海鄉鹽賤不肯買，故有科抑。如靜江、鬱林、宜、融、柳、象、昭、賀、梧、藤、邕、容、横、貴、潯、賓近裏一十六州，去鹽場遠，若非官賣，無從得鹽。舊時逐州祗是置鋪出賣，民間樂於就買，不待科抑。自改行鈔法以來，近裏一十六州，徒損於官，無補於民。民食貴鹽，又遭科鹽鈔之苦；沿海五州，雖名賣鈔，其舊賣二分食鹽，元不曾禁，計戶計口，科擾如故。切〔竊〕謂今日之法，正當講究沿海五州利病，杜絕科敷，不當變近裏一十六州官般官賣之法。」詔：「應孟明、朱晞顏同林岊相度條具奏聞。」

54 戊子，臣僚言：「祖宗之時，士尙恬退，張師德兩詣宰相之門，遂遭譏議；豈若今日，紛至沓來！臺諫之門，猥雜尤甚，終日酬對，亦且厭苦，而無說以拒其來。願明詔在廷止遏奔競，其有素事干謁者，宰執從而抑之，臺諫從而糾之。至於私第謁見之禮，一切削去；果有職事，非時自許相見。庶幾在上者可以愛惜日力，不爲賓客之所困；在下者可以恪恭職業，不爲人事之所牽。」從之。

55 乙丑，司農寺言：「豐儲倉初爲額一百五十萬石，不爲不多，然積之既久，寧免朽腐！異時緩急，必失指擬。宜相度每歲諸州合解納行在米數及諸處坐倉收糴數，預行會計，以俟對兌。不盡之數，如常平法，許其於陳新未接之時，擇其積之久者盡數出糶，俟秋成日盡數補糴，則是五十萬石之額，永無消耗，此亦廣蓄儲之策也。」從之。

56 是月，置煥章閣，藏高宗御集。

57 十一月，丙申，帝謂皇太子曰：「恩數不可汎濫。將來皇太后慶八十與朕慶七十相近。若是恩例太汎，添多少官！如皇太后慶壽，只得推恩本殿官屬方是。」

58 戊戌，金改葬熙宗於峨嵋谷，仍號思陵。

59 金詔：「南京、大名府等處被水逃移不能復業者，官與賑濟，仍量地頃畝，給以耕牛。」

60 壬子，楊倬上書，言廣西州郡役使土丁之弊，帝曰：「既屢有約束，何用申嚴！便可責問其違戾。」因謂太子曰：「後有如此等事，便須直行，不必再三申嚴，徒爲文具。」

61 十二月，乙亥，金主有疾。庚辰，大赦。乙酉，詔皇太孫璟攝政，居慶和殿東廡。

62 丙戌，金以太尉、左丞相圖克坦克寧爲太尉兼尚書令，平章政事襄爲右丞相，右丞張汝霖爲平章政事。參知政事博斯〔勒〕和罷，以戶部尚書劉暐爲參知政事。

63 戊子，金詔圖克坦克寧、襄、張汝霖宿於內殿。

64 先是朱熹以奉祠去，至是再召，熹再辭，遂具封事投匭以進，其略曰：

「陛下之急務，則輔翼太子，選任大臣，振舉綱維，變化風俗，愛養民力，修明庶政，六者是也。

至於左右便嬖之私，恩遇過當，往者淵、覿、說、抃之流，勢焰熏灼，傾動一時，今已無可言矣。獨前日臣所開陳者，雖蒙聖恩委曲開譬，然臣竊以爲此輩但當使之守門、傳命，供掃除之役，不當假借崇長，使得逞邪媚，作淫巧，立門庭，招權勢。臣竊聞之道路，自王抃既逐之後，諸將差除，多出此人之手。陛下竭生靈膏血以奉軍旅，而軍士顧乃未嘗得一溫飽，是皆將帥巧爲名色，奪取衣糧，肆行貨賂於近習，以圖進用，出入禁闥，腹心之臣，外交將帥，共爲欺蔽，以至於此。而陛下不悟，反寵暱之，使宰相不得議其制置之得失，給諫不得論其除授之是非，則陛下之所以正其左右者，未能及古之聖王明矣。

至於輔翼太子，則自王十朋、陳良翰之後，宮僚之選，號爲得人，而能稱其職者，蓋已鮮矣。而又時使邪佞、儇薄、闒冗、庸妄之輩，或得參錯於其間。所謂講讀，亦姑以應文備數，而未聞其有箴規之效。至於從容朝夕，陪侍遊宴者，又不過使臣、宦者數輩而已。夫立太子而不置師傅、賓客，則無以發其隆師、親友、尊德、樂義之心。宜討論前典，置師傅、賓客之官，去春坊使臣，而使詹事、庶子各復其職。

至於選任大臣，以陛下之聰明，豈不知天下之事，必得剛明公正之人而後可任哉？其所以常不得如此之人而反容鄙夫竊位者，直以一念之間未能徹其私邪之蔽，而宴私之好，便嬖之流，不能盡由於法度。是以除書未出，而物色先定，名姓未顯，而中外已知其決非天下第一流矣。

至於振肅紀綱，變化風俗，則今日宮省之間，禁密之地，而天下不公之道，不正之人，顧乃得以窟穴盤據於其間，而陛下目見耳聞，無非不公不正之事。及其作姦犯法，陛下又不能深割私愛，付諸外廷之議，論以有司之法，是以紀綱不能無所撓敗。紀綱不振於上，是以風俗頹弊於下，蓋其爲患之日久矣。而浙中爲尤甚，大率習爲軟美之態，依阿之言，以不分是非，不辨曲直爲得計，惟利之求，無復廉恥。一有剛毅正直守道循理之士出乎其間，則羣議衆排，指爲道學，而加以矯激之罪。十數年來，以此二字禁錮天下之賢人君子，復如崇、觀之間所謂元祐學術者，排擯詆辱，必使無所容其身而後已。嗚呼！此豈治世之事，而尚復忍言之哉！

至於愛養民力，修明軍政，則自虞允文之爲相也，盡取版曹歲入窠名之必措（指）擬者，號爲歲終羨餘之數而輸之內帑，顧以其有名無實，積累挂欠，空載簿籍，不可催理者，撥還版曹以爲內帑之積，將以備他日用兵進取不時之須。宰相不得以式貢均節其出入，版曹不得以簿書句考其存亡，徒使版曹闕乏日甚，督趣日峻，造爲比較監司、郡守殿最之法以誘脅之。於是中外承風，競爲苛急，此民力之所以重困也。

諸將求進也，必先掊克士卒以殖私財，然後以此自結於陛下之私人，而祈以姓名達於陛下之前。陛下但見其等級推先，案牘具備，則誠以爲公薦，而豈知其論（諧）價輸錢，已若晚唐之債帥矣。夫將者，三軍之司命，而其選置之方，乖刺如此。則彼智勇才力（材略）之人，孰肯抑心下首於宦官、宮妾之門！而陛下之所得以爲將帥者，皆庸夫、走卒，而猶望其修明軍政，激勸士卒，以強國勢，豈不誤哉！

凡此六事，皆不可緩，而本在於陛下之一心。一心正，則六事無不正，一有人心私欲以介乎其間，則雖欲勵（憊）精勞力以求正夫六事者，亦將徒爲文具，而天下之事愈至於不可爲矣。」

疏入，夜漏下七刻，帝已就寢，亟起，秉燭讀之。明日，除主管太乙宮兼崇政殿說書。時帝已倦勤，蓋將以爲燕翼之謀也。會執政有指道學爲邪氣者，乃辭新命，除祕閣修撰，仍奉祠。

淳熙十六年金大定二十九年。（己酉、一一八九）

1春，正月，癸巳，金主殂於福安殿，年六十七。

金主在位二十八載，南北講好，與民休息，躬節儉，崇孝弟，信賞罰，重農桑，羣臣奉職，上下相守，家給人足，倉廩有餘，刑部斷罪，多不踰二十人，國中號稱「小堯舜」。

皇太孫璟，承遺詔卽皇帝位。

2丙申，知樞密院事黃洽罷，知隆興府。

3己亥，以周必大、留正爲左、右丞相，王藺參知政事，葛邲同知樞密院，參知政事蕭燧兼權知樞密院。未幾，燧奉祠。

4先是命廣西經略應孟明等究實鹽法利害，至是孟明奏鹽鈔抑勒民戶，流毒一方，欲得復舊以解愁怨。帝曰：「初議行此事，先差胡廷直去，商度非不詳密，只是符同詹儀之之說。今爲所誤，鹽法可依舊。」運判朱晞顏奏：「廣西鹽名曰『客鈔』，元無客也。自乾道間變法，富商失業，無復客商矣。今鈔以客爲名，乃強稅戶之家，使之承認，至於破家而止。」壬寅，詔：「詹儀之罔上害民，責授安遠軍節度行軍司馬，袁州安置。」

5丙午，皇太后遷慈福宮。春坊姜特立見周必大，問曰：「宮中人人知上元後舉行典禮，今悄然，何也？」必大謝曰：「此非外廷所敢與聞。」特立不悅而退。

6 辛亥，帝諭周必大等曰：「朕年來稍覺倦勤，欲旬日間禪位於皇太子，退就休養，以畢高宗三年之制。有合施行事，卿等可理會進呈。」因令必大、留正進呈詔草。

7 丁巳，金參知政事崇浩罷。

8 戊午，金名皇太后宮曰仁壽，尋改隆興。

9 蠲紹興府和買絹四萬匹之半。

10 己未，更德壽宮爲重華宮。

11 二月，辛酉朔，日有食之。

12 蔡戡除尙書左司員外郎。

帝勤庶政，遜位前一日，猶自除吏也。

13 壬戌，帝吉服，御紫宸殿，宣詔曰：「爰自宅憂以來，勉親聽斷，不得日奉先帝之几筵，躬行聖母之定省。皇太子仁孝聰哲，久司匕鬯，軍國之務，歷試參決，宜付大寶，撫綏萬邦，俾予一人獲遂事親之心，永膺天下之養。皇太子可卽皇帝位，朕稱太上皇，移居重華宮。」宣詔訖，百官赴殿庭立班，皇太子卽皇帝位，側立不坐，如紹興三十二年之禮，百官稱賀畢，三省、樞密院奏事，退，放仗。

帝反喪服，御後殿，新皇帝侍立，尋登輦，同詣重華宮。新皇帝還內，上尊號曰至尊壽皇聖帝，皇后曰壽成皇后。

14 癸亥，金主始聽政，追尊其考宣孝太子爲皇帝，廟號顯宗，尊母妃圖克坦氏爲皇太后。

15 甲子，帝朝重華宮，大赦。

16 乙丑，金赦：「登聞鼓院，所以達冤枉，舊嘗鎖戶，其令開之。」

17 丙寅，以閤門舍人譙熙載、姜特立並知閤門事，帝東宮舊臣也。

18 辛未，尊皇太后曰壽聖皇太后。

19 壬申，詔內外臣僚陳時政闕失，四方獻歌頌者勿受。

20 遣羅點等使金告卽位。

21 乙亥，遣諸葛瑞等使金弔祭。

22 己卯，詔：「官吏贓罪顯著者，重罰無貸。」

23 辛巳，以生日爲重明節。

24 乙酉，金詔：「有司稽攷典故，許引用宋事。」

25 己丑，詔編壽皇聖政。

26 庚寅，詔中書舍人羅點具可爲臺諫者，點以葉適、吳鎰、孫逢吉、張體仁、馮震武、鄭湜、劉崇之、沈清臣八人上之。時帝意欲罷周必大，而黜所薦，皆意向與必大類者，由是不果用。

27 詔職事官日輪對。祕書郎兼權吏部郎官鄭湜，首言：「三代以還，本朝家法最正，一曰事親，二曰齊家，三曰教子，此家法之大經也。自昔帝王，雖有天下之富，而不及以天下養其親。惟高宗享天下之養，壽皇躬天子之孝，二十有七年，人無間言。陛下率而行之，當如壽皇，然後無愧也。本朝歷世以來，未嘗有不賢之后，蓋祖宗家法最嚴，子孫持守最謹。后家待遇有節，故無恩寵盈溢之過；妃嬪進御有序，故無忌嫉專恣之行；宮禁不與外事，故無斜封請謁之私；此三者，漢、唐所不及也。皇子岐嶷之性，過人遠甚。然講讀之官，進見有時，志意不通，休沐之日，或至多於講讀，曾不若左右前後之人與王親狎，朝夕無間，一日暴之，十日寒之，未有能生之物也。願陛下盡事親之道以全帝王之大孝，嚴家法之義以正內治之紀綱，明教子之方以壽萬世之基本。」又曰：「竊聞道路之言，頗謂宮中宴飲頻仍，費用倍加，便嬖使令，往往親昵，中外章奏，付出稽緩。願陛下奮發乾剛，一洗舊習，省宴飲，節用度，親正人，勤省覽。」

28 是月，壽皇詔立帝元妃李氏爲皇后。

后性妒悍，壽皇屢訓敕，令以皇太后爲法，不然，行當廢汝。后疑其說出於太后，憾之。

29 三月，丙申，遣沈揆等使金賀即位。

30 己亥，進封平陽郡王擴爲嘉王，李后所生也。

31 己酉，金以生日爲天壽節。

32 甲寅，以史浩爲太師。

33 戊子，金遣張萬公等來致遺留物。

34 己未，廢拾遺、補闕官，改薛叔似爲將作監，許及之爲軍器監。御史中丞謝諤論其不可廢，不聽。自是近臣罕進言者。

35 夏，四月，丙寅，有事於太廟。

36 癸酉，改封皇姪嘉國公抦爲許國公。

37 乙酉，金葬光天興運文德武功聖明仁孝皇帝於興陵，廟號世宗。

38 戊寅，以兵部侍郎何澹爲右諫議大夫。

39 丙戌，有事於景靈宮。

40 五月，甲午，以王藺知樞密院事兼參知政事。

41 丙申，左丞相周必大罷。

初，何澹與必大厚，爲司業，久不遷，留正奏遷爲祭酒，澹由是憾必大而德正，及爲諫議大夫，首上疏攻之。必大再疏求去，以觀文殿大學士判潭州，尋以舊官爲醴泉觀使。

42 常德府、辰、沅、靖州大水入其郛。

43 初開講筵，侍講尤袤，言天下萬事失於初，則後不可救，書曰：「愼厥終，惟其始，」又舉唐太宗不私秦府舊人爲戒。知閤門事姜特立，疑其爲己而發，使言者目爲周必大之黨，逐之。

44 丙午，金以祔廟禮成，大赦。

45 戊申，以和義郡夫人黄氏爲貴妃。

46 知閤門事姜特立罷。

特立與譙熙載並用事，恃恩無所忌憚，時謂曾、龍再出。留正列其招權預政之罪，請斥逐之，帝意未決。會參知政事闕，特立謁正曰：「上以丞相在位久，欲遷左揆；葉、張二尙書，當擇一人執政，未知孰先？」正奏之，帝大怒，遂奪職，與外祠。壽皇聞之曰：「留正眞宰相也！」帝念特立，復除浙東馬步軍副總管，賜錢二千緡爲行裝。【考異】兩朝綱目備要以姜特立之貶爲紹興（熙）元年事，又云此事不得其歲月，考之當在劉光祖未罷職之前。按宋史本紀作是年五月，與佞倖傳同，今從之。

47 戊午，金河決曹州。

48 閏月，庚申朔，詔內侍陳源許任便居住。

49 金主封兄珣爲豐王，琮爲鄆王，瓌爲瀛王，從彝爲沂王，弟從憲爲壽王，玠爲溫王。

50 壬戌，以趙雄判江陵府，封衞國公。雄疾甚，旋改判資州。

51 癸未〔酉〕，詔：「季秋有事於明堂，以高宗配。」

52 丙子，金進封趙王永中爲漢王，曹王永功爲翼王，豳王永成爲吳王，虞王永升爲隨王，徐王永蹈爲衞王，滕王永濟爲潞王，薛王永德爲瀋王。

53 己卯，階州大水入其郛。

54 壬午，大理寺奏獄空。

55 六月，己丑朔，金有司言：「律科舉人止知讀律，不知教化之源；必使通知論語、孟子，涵養氣度。請遇府會試，委經義試官出題別試，與本科通定去留。」從之。

56 庚寅，鎭江大水入其郛。

57 辛卯，金修起居注完顏烏珠、舊作烏者，今改。知登聞檢院孫鐸，上書諫囿獵，金主納其言。

58 金拾遺馬升上儉德箴。

59 乙未，金初置提刑司，分按九路，並兼勸農采訪事，屯田、鎭防諸軍皆屬焉。

60 秋，七月，辛卯，金減民地稅十之一，河東、南、北路十之二，下田十之三。

61 丁卯，金以太尉尙書令東平郡王圖克坦克寧爲太傅、金源郡王。金主旋諭尙書省曰：

「太傅年高，每趨朝而又入省，恐不易。自今旬休外，四日一居休，庶得調攝，常事他相理問，惟大事白之可也。」

62 庚辰，詔卹刑。

63 辛巳，金詔京府、節鎮、防禦州設學養士。

64 八月，壬辰，金左司諫郭安民上疏論三事，曰崇節儉，去嗜欲，廣學問。

65 甲午，升恭州爲崇(重)慶府。

66 丙申，減兩浙月樁等錢歲二十五萬五千緡。

67 丁酉，金主如大房山；戊戌，謁諸陵；己亥，還都。

68 觀文殿大學士王淮卒。

淮居臺諫，論劾皆當；爲相，能盡心事上；惟以唐仲友故，擢陳賈爲御史，鄭丙爲吏部尚書，協力攻朱熹，啓後來僞學之禁，大喪生平。

69 甲辰，金參知政事劉瑋，出知濟南府。

70 九月，癸亥，減紹興和買絹歲額四萬七千餘匹。

71 乙丑，戒執政、侍從、臺諫，毋移書薦舉、請託。

72 丁卯，金禁強族大姓不得與所屬官吏交往。

73丙子，金主獵於近郊。戊寅，監察御史焦旭劾太傅克寧、右丞相襄不應請車駕田獵。金主曰：「此小事，不須治之。」

74乙酉，金主如大房山；冬，十月，丁亥朔，謁諸陵；己丑，還都。

75辛卯，金主謂宰臣曰：「翰林闕人。」平章政事張汝霖曰：「鳳翔治中郝俣可也。」汝霖諫田獵，金主曰：「如卿能每事如此，朕復何憂！然時異世殊，得中爲當。」

丙申，金主冬獵；癸丑，還都。

76甲寅，大閱。

77十一月，庚午，詔改明年爲紹熙元年。

78乙亥，金命參政知事伊喇（舊作移剌。）履提控刊修遼史。

79詔：「陳源毋得輒入國門。」

80丁丑，減江、浙月樁錢額十六萬千餘緡。

81金御史臺言：「故事，臺官不得與人相見，蓋爲親王、宰執、形勢之家，恐有私徇；然無以訪知民間利病，官吏善惡。」詔：「自今許與四品以下官相見，三品以上如故。」

82辛巳，金詔有司：「今後諸處或有饑饉，令總督（管）、節度使及提刑司先行賑貸，然後言上。」

83 改朱熹知漳州。

熹至部，奏陳屬縣無名之賦七百萬，減經總制錢四百萬。又以俗未知禮，采古喪葬嫁娶之儀，揭以示之，命父老解說，以教其子弟。漳俗崇信釋氏，男女聚僧舍爲傳經會，女不嫁者爲菴以居，熹悉禁之。

84 十二月，特詔知隆興府黄洽言事。

洽奏用人之道，屢乞歸田，尋命提舉洞霄宫。方未得請也，人勸之治第，洽曰：「吾書生，蒙拔擢至此，未有以報國，而先營私乎！使吾一旦罪去，猶有先人敝廬可庇風雨，夫復何憂！」

85 戊戌，金賑寧化、保德、嵐州饑。

86 壬子，金主諭臺臣曰：「提刑司所舉劾多小過，行則失大體，不行則恐有所沮。其以此意諭之。」

續資治通鑑卷第一百五十二

賜進士及第兵部尚書兼都察院右都御史總督湖北湖南等處地方軍務兼理糧餉世襲二等輕車都尉畢沅編集

宋紀一百五十二 起上章閹茂（庚戌）正月，盡玄黓困敦（壬子）十二月，凡三年。

光宗循道憲仁明功茂德溫文順武聖哲慈孝皇帝 諱惇，孝宗第三子也，母曰成穆皇后郭氏，紹興十七年九月乙丑，生于藩邸。孝宗即位，封恭王。及莊文太子薨，孝宗以帝英武類己，欲立爲太子，而以其非次，遲之。乾道七年二月癸酉，乃立爲皇太子；四月甲子，命判臨安府，尋領尹事。

紹熙元年 金明昌元年。（庚戌，一一九〇）

1 春，正月，丙辰朔，帝朝重華宮，奉上册寶。

2 金改元明昌。

3 金主朝於隆慶宮，以後每月四朝或五六朝。

4 丁巳，金詔諸王任外路省（者）許游獵五日，過此禁之；仍令戒約人從無擾民。

5 辛酉，金主諭尚書省曰：「宰執所以總持國家，不得受人餽遺。或遇生辰，受所獻毋過萬錢；若大功以上親及二品以上官不禁。」

6壬戌，金以知河中府事王蔚爲尙書右丞，刑部尙書完顏守貞爲參知政事。時金主新卽政，頗銳意於治，嘗問：「漢宣帝綜核名實之道，其施行之實果如何？」守貞誦樞機周密品式，詳備以對。金主曰：「行之果何始？」守貞對曰：「在陛下厲精無倦爾。」

7甲子，金主如大房山；乙丑，謁興陵、裕陵；丙寅，還都。

8金上封事者言：「自古以農桑爲本；今商賈之外，又有佛、老與他游食，浮費百倍，農歲不登，流殍相望，此末俗傷農者多故也。」戊辰，乃詔禁自披剃爲僧道者。

9壬申，再蠲臨安府民身丁錢三年。

10己卯，金主如春水。

11壬午，諫議大夫何澹，請置紹熙會計錄，詔澹同戶部尙書葉翥等檢正都司稽考財賦出入之數以聞。【考異】兩朝綱目備要以請置會計錄爲二年事，宋史本紀繫於此年。據葉翥以元年二月被論去位，則作元年正月者是也，今從之。

12是月，起浙西提點刑獄瑞安陳傅良爲吏部員外郎。傅良自太學錄去朝十四年，須髮盡白，因輪對，言曰：「太祖垂裕後人，以愛惜民力爲本。熙寧以來，用事者取太祖約束一切紛更之，諸路上供歲額，增於祥符一倍；崇寧重修上供格，頒之天下，率增至十數倍；其他雜斂，則熙寧以常平寬剩、禁軍闕額之類，別項封樁而無額。上供起于元豐，經制起于宣和，總制、月椿起于紹興，皆迄今爲額，折帛、和買之類又不與焉。茶引盡歸于都茶場，鹽鈔盡歸于榷貨務，秋苗斗斛十八九歸於綱運，皆不在州縣。州縣無以供，則豪奪于民，於是取之斛面、折變、科敷、抑配、贓罰，而民困極矣。天命之永不永，在民力之寬不寬耳，豈不甚可畏哉！

今天下之力竭于養兵，而莫甚于江上之軍，都統司謂之御前軍馬，雖朝廷不得知；總領所謂之大軍錢糧，雖版曹不得與。於是中外之勢分而事權不一，施行不專，雖欲寬民，其道無繇。誠使都統司之兵與向者在制置司時無異，總領所之財與向者在轉運司時無異，則內外爲一體；內外一體，則寬民力可得而議矣。」

帝從容嘉納，且勞之曰：「卿昔安在？朕思見久矣。」遷祕書少監兼實錄院編修官、嘉王府贊讀。【考異】宋史儒林傳：傅良去朝四十年，薛氏通鑑改作二十年，據水心集所撰傅良墓志作十四年。蓋宋史文有倒互，薛氏以意減其年數，而不知其仍復不符也。又傳載光宗勞之曰：「卿昔安在？朕不見久矣。」按傅良在孝宗時未嘗爲東宮官，光宗何以遽歎其久而不見？墓志作「朕思見久矣」，較得其實。又，傳作實錄檢討官，墓志作編修官，薛氏通鑑俱仍傳文之誤，今悉從墓志改正。

13 二月，丙申，金命諸王出獵毋越本境。

14 壬寅，金給有司寒食假五日，著爲令。

15 甲辰，金主還都。

16 辛亥，殿中侍御史劉光祖言：「近世是非不明，則邪正互攻；公論不立，則私情交起。此固道之消長，時之否泰，而實國家之禍福，社稷之存亡係焉者也。

本朝士大夫，學術最爲近古，咸平、景德之間，道臻皇極，治保太和，至于慶曆、嘉祐盛矣。不幸而壞于熙、豐之邪說，疎棄正士，招徠小人。幸而元祐君子起而救之，末流大分，事故反覆。紹聖、元符之際，羣凶得志，絕滅綱常，其論既勝，其勢既成，崇、觀而下，尚復何言！

臣始至時，聞有譏貶道學之說，而實未覩朋黨之分。中更外艱，去國六載，已憂兩議之各甚，而恐一旦之交攻也，逮臣復來，其事果見。因惡道學，乃生朋黨，因生朋黨，乃罪忠諫。夫以忠諫爲罪，其去紹聖幾何？

陛下卽位之初，凡所進退，率用人言，初無好惡之私，而一歲之內，斥逐紛紛，以人臣之私意，累天日之清明。往往納忠之言，謂爲沽名之舉；至于潔身以退，亦曰憤懟而然；欲激怒于至尊，必加之以訐訕。事勢至此，循默成風，國家安賴！伏冀聖心豁然，永爲皇極之主，使是非由此而定，邪正由此而別，公論由此而明，私意由此而熄，道學之議由此而消，朋黨之迹由此而泯，和平之福由此而集，國家之事由此而理，則生靈之幸，社稷之福也。不然，相激相勝，輾轉反覆，爲禍無窮，臣實未知稅駕之所。」

帝下其章，何澹見之，數日恍惚無措。

光祖又劾「戶部尙書葉翥，中書舍人沈揆，結近習以圖進取。比年以來，士大夫不慕廉靜而慕奔競，不尊名節而尊爵位，不樂公正而喜軟美，習以成風。良由老成零落殆盡，晚進議論無所據依，正論益衰，士風不競。幸詔大臣，妙求人物，必朝野所共屬，賢愚所同敬者一二十人，參錯立朝，國勢自壯。今日之患，在於不封植人才，臺諫但有摧殘，廟堂無所長養。臣處當言之地，豈以排擊爲能哉！」帝善之。

初，殿中侍御史闕，帝方嚴其選。一日，謂留正曰：「卿監、郎官中有一人焉，卿知之乎？」正沈思久之，曰：「得非劉光祖耶？」帝笑曰：「是久在朕心矣。」及居官，果稱職。

先是淳熙中定御史彈奏格三百五條，至是光祖摘其有關於中外臣僚、握兵將帥、后戚、內侍與夫禮樂訛雜、風俗奢侈之事，凡二十條，請付下報行，令知謹恪，從之。光祖，陽安人也。

17 甲寅，金主如大房山；三月，乙卯朔，謁興陵；丙辰，還都。

18 癸酉，金詔：「內外五品以上歲舉廉能官一員，不舉者坐蔽賢罪。」

19 乙亥，金初設應制及弘祠〔詞〕科。

20 辛巳，金詔修曲阜孔子廟學。

21 夏，四月，乙丑，以伯圭爲太保、嗣秀王，卽湖州秀國立廟，奉神主。

伯圭謙謹，不以近屬自居，每入見，帝行家人禮，宴私隆洽。伯圭執臣禮愈恭，帝益愛重之。

22 丁未，殿中侍御史劉光祖罷。

初，何澹劾免周必大，光祖素與澹相厚善，嘗過澹，澹曰：「近日之事，可謂犯不韙。」光祖曰：「周丞相豈無可論！第其門多佳士，不可並及其所薦者。」澹不聽。時姜特立、譙熙載方用事，光祖屛人語澹曰：「曾、龍之事不可再。」澹曰：「得非姜、譙之謂乎？」光祖曰：「然。」既而澹引光祖入便閤，有數客在焉，覘之，皆姜、譙之徒也，光祖始悔失言。至是澹同知貢舉，光祖除臺官，首上學術邪正之章。及奏名，光祖被旨入院拆號，澹曰：「近日風采一新。」光祖曰：「非立異也。但嘗爲大諫言者，今自言之耳。」既出，同院謂光祖曰：「何自然見君所上章，數日恍惚，餌定志丸，他可知也。」未幾，謝深甫除右正言，而光祖以論吳端忤旨罷，澹遷御史中丞，議論自此分矣。自然，澹字也。

吳端者，舊以巫醫爲業，帝在潛邸時，端療壽皇疾有功，李后德之。帝既受禪，擢閤門宣贊舍人，又還帶御器械。澹三上疏論之，不報；給事中胡紘亦封還錄黃，帝以御筆諭止之；澹、紘皆聽命。光祖再上疏言：「小人踰分干請，而使給諫不得行其職，輕名器，虧綱紀，褻主權，是一舉而兩失。」帝命大臣諭止之，光祖言益力，帝不樂。先是光祖監拆號，差誤士人試卷，既舉覺，放罪矣；至是乃用前事，徙光祖爲太府卿。求去不已，除潼川轉運判官。

23 戊申，賜禮部進士余復以下五百三十七人及第、出身。從留正言，免進士廷射。

24 金館陶主簿王庭筠，有才名。金主嘗謂張汝霖曰：「王庭筠文藝頗佳，然語句不健，其人才高，亦不難改也。」是月，召試館職中選。御史臺言庭筠在館陶嘗犯贓罪，不當以館職處之，遂罷。庭筠，熊岳人也。【考異】金史文藝傳：庭筠，河東人；據中州集，係熊岳人，今從之。

25 五月，乙卯，前丞相趙雄，坐所舉以賄敗，降秩。

26 己未，出吳端爲浙西馬步軍副總管。

27 丙寅，修楚州城。

28 丙子，金以祈雨，望祭岳鎭、海瀆於北郊。

29 戊寅，金命內外官五品以上，任內舉所知才能官一員以自代。

30 壬午，以參知政事伊喇（舊作移剌。）履爲尚書右丞，御史大夫圖克坦（舊作徒單。）鎰爲參知政事。尚書右丞襄罷。
31 秋，七月，癸丑，詔秀王諸孫並授南班。
32 甲寅，以葛邲參知政事，給事(中)胡晉臣簽書樞密院事。
33 乙卯，以留正爲左丞相，王藺爲樞密使。
34 癸酉，建秀王祠堂于臨安以藏神御，如濮王故事。
35 八月，乙酉，金始設常平倉。
36 己丑，金以判大睦親府事宗寧爲平章政事。
37 戊戌，金主諭宰臣曰：「何以使民棄末而務本，以廣儲蓄？」令集百官議。戶部尚書鄧儼等曰：「今風俗侈靡，宜使服用、居室各有差等，抑婚喪過度之禮，禁追逐無名之費。」右丞伊喇履、參知政事完顏守貞曰：「人情見美則願，若不節以制度，將見奢侈無極。民之貧乏，殆由此致。方今承平之際，正宜講究此事，爲經久法。」金主然之。
38 己亥，帝率羣臣上壽皇玉牒、日曆於重華宮。
39 己酉，詔造新曆。
40 九月，丙辰，金以廉能擢北海縣令張翱等十八人官。
41 己未，升劍州爲隆慶府。

42 壬戌，金主如秋山；冬，十月，丁亥，還都。

43 戊戌，金以有司言，登聞院、記注院勿有所隸。

44 丙午，詔：「內外軍帥各薦所部有將才者。」

45 十一月，丁巳，金制：「諸職官讓蔭兄弟子姪者，從所請。」

46 壬戌，潼川轉運判官王溉，撙節漕計，代輸井戶重額錢十六萬緡，詔獎之。

47 戊辰，金主召禮部尚書王翛、諫議大夫張暐詣殿門，諭之曰：「朝廷可行之事，汝諫官、禮官卽當辨析。小民之言有可采者，朕尚從之，况卿等乎！自今所議，毋但附合於尚書省。」

48 丙子，金主冬獵；己卯，次雄州。判眞定府吳王永成、判武定軍節度使隨王永升來朝。

49 十二月，壬午，金免獵地今年稅。

50 丙戌，樞密使王藺罷。

時帝厲精初政，藺亦不存形迹；除自中出，未愜人心者輒留之，納諸御坐，每事盡言無隱。然疾惡太甚，同列多忌之，竟爲中丞何澹所論罷。

戊子，以葛邲知樞密院事；胡晉臣參知政事，仍同知樞密院事。

51 陳賈以靜江守臣，將入奏；殿中侍御史林大中，極論其庸回無識，嘗表裏王淮，創爲道學之目，陰廢正人。儻許入奏，必再留中，善類聞之，紛然引去，非所以靖國。命遂寢。

52 己丑，金平章政事張汝霖卒。汝霖通敏習事，凡進言，必揣上微意，及朋附多人爲說，故言似忠而不見忤。金主之初即位也，有司言改造殿庭諸陳設物，日用繡工一千二百人，二年畢事。金主以多費，欲輟造，汝霖曰：「此末爲過侈，將來外國朝會，殿宇壯觀，亦國體也。」其後奢用浸廣，蓋汝霖有以導之。

53 丁酉，金主還都。

54 甲辰，金以圖克坦克寧爲太師、尙書令，封淄王。

55 金大定初，戶口纔三百餘萬，至二十七年，戶口六百七十八萬九千。是歲，戶部奏戶口六百九十三萬九千。

紹熙二年 金明昌二年。（辛亥、一一九一）

1 春，正月，庚戌朔，命兩淮行義倉法。

2 詔：「守令到任半年後，具水源湮塞合開修處以聞。任滿日，以興修水利圖進，擇其勞效著明者賞之。」

3 壬子，詔尊高宗爲萬世不祧之廟。

4 甲寅，金始許宮中稱聖主。

5 庚申，修六合城。

6 辛酉，金皇太后圖克坦氏殂於慶隆宮，年四十五。

太后，廣平郡王貞之女也。素謙謹，每畏其家世崇寵，見父母，流涕而言曰：「高明之家，古人所忌，願善自保持。」其後家果以海陵事敗，蓋其遠慮如此。世宗嘗謂諸王妃、公主曰：「皇太子妃容止合度，服飾得中，爾等當法效之。」及尊爲太后，愈加敬儉。嘗誡諸姪曰：「皇帝以我故，乃推恩外家。當盡忠報國，勿謂小善爲無益而弗爲，小惡爲無傷而弗去。毋藉吾之貴，輒肆非道以干國憲也。」性好詩、書及老、莊學，造次必于禮。嬪御有生子而母亡者，視之如己出。

7 庚午，金太師尚書令淄王圖克坦克寧薨。

遺表略言：「人君往往重君子而反疏之，輕小人而終昵之，願陛下愼終如始，安不忘危。」金主命有司護喪事，歸葬萊州，謚忠烈。

8 戊寅，雷電，雨雹。

9 二月，庚辰朔，大雨雪。

10 壬午，遣宋之瑞等使金弔祭。

11 癸未，名新曆曰會元。

12甲申，福建安撫使趙汝愚等，以盜發所部，與守臣、監司各降秩一等，縣令追停。以辛棄疾爲安撫使。

棄疾嘗攝帥，每歎曰：「福州前臨大海，爲賊之淵藪。上四郡民，頑獷易亂，府藏空竭，緩急柰何！」至是務爲鎭靜，未期歲，積鏹至五十萬緡，牓曰備安庫，謂「閩中土狹民稠，歲儉則糴于廣。今幸連稔，令宗室及軍人入倉請米，出卽糴之，候秋價賤，以備安錢糴二萬石，則有備無患矣。」又欲造萬鎧，招強壯，補軍額，嚴訓練，則盜賊可以無虞。事未行，臺臣劾其用錢如泥沙，殺人如草芥，遂丐祠歸。

13祕書郎普城黃裳爲嘉王府翊善，每勸講，必援古證今，卽事明理，凡可以開導王心者，無不言也。至是遷起居舍人。

帝方寵任潘景珪，臺諫交章論之，多被斥逐，裳奏言：「自古人君不能從諫者，其蔽有三：一曰私心，二曰勝心，三曰忿心。事苟不出于公，而以己見執之，謂之私心。私心生，則以諫者爲病而求以敗之；勝心生，則以諫者爲仇而求以遂之。因私而生勝，因勝而生忿，忿心生，則事有不得其理者焉。如潘景珪，常才也，陛下固亦以常人遇之，特以臺諫攻之不已，致陛下庇之愈力，事勢相激，乃至于此。宜因事靜察，使心無所係，則聞臺諫之言無不悅，而無欲勝之心；待臺諫之心無不誠，而無加忿之意矣。」

聞。

14乙酉，詔以陰陽失時，雷雪交作，令侍從、臺諫、兩省、卿監、郎官、館職各具時政闕失以聞。

監察御史林大中，以事多中出，乃上疏曰：「仲春雷電，大雪繼作，以類求之，則陰勝陽之明驗也。蓋男爲陽，女爲陰；君子爲陽，小人爲陰。當辨邪正，毋使小人間君子；當思正始之道，毋使女謁之得行。」

吏部侍郎陳騤疏三十條，如「宮闈之分不嚴，則權柄移；內謁之漸不杜，則明斷息；謀臺諫於當路，則私黨植；咨將帥于近習，則賄賂行；不求讜論，則過失彰；不謹舊章，則取舍錯；宴飲不時，則精神昏；賜予無節，則財用竭。」皆切時病。

15出米五萬石賑京城貧民，權罷修皇后家廟。

16辛卯，布衣錢塘余古上書曰：「陛下卽位以來，星已再周，當思付託之重，朝夕求治爲急。間者側聞宴游無度，聲樂無絕，晝日不足，繼之以夜，宮女進獻不時，伶人出入無節，宦官侵奪權政，隨加寵賜，或至超遷。內中宮殿，已歷三朝，何陋之有！奚用更建樓臺，接于雲漢，月榭風亭，不輟興作！深爲陛下不取也。甚者奏蕃部樂，習齊郎舞，乃使倖臣、嬖妾，雜以優人，聚之數十，飾怪巾，拖異服，備極醜惡，以致戲笑，至亡謂也。自古宦官敗國，備載方册。臣觀宦者之盛，莫如方今，上而三省，下而百司，皆在此曹號令之下。蓋自副將以致殿步帥，各爲高價，不問勞績、過犯，驍勇、怯弱，但如價納賄，則特旨專除。故將帥率皆貪刻，軍士不無飢寒，兵器朽鈍，士馬羸瘠，未嘗過而問焉。設有緩急，計將安出！良由公卿持祿保位，備員全身，如漢之石慶，唐之蘇味道，滿朝皆是小人，求海內不盜賊，民生不塗炭，日月不食，水旱不作，其可得乎！臣願陛下以漢文帝爲法，唐莊宗爲戒，問安視膳之餘，宮庭燕閒，講讀經史，無爲南面，或鼓琴、投壺、習射以頤養神性，享名教不窮之樂，固嵩岳無涯之壽，豈不休哉！」

帝覽書震怒。始擬編管，言者救之，乃送筠州學聽讀。【考異】薛氏通鑑筠州作秀州，今從宋史光宗紀。

17 壬辰，金主始視朝。敕：「親王及三品官之家，毋許僧、尼、道士出入。」

18 金制：「進士程文，但合格者，有司即取之，毋限人數。」

19 丙申，金以樞密副使瓜勒佳清臣瓜勒佳，舊作夾谷，今改。爲尚書左丞。時清臣女爲昭儀，眷倚益重。

20 丙午，金初置王府傅尉官，名爲官屬，實檢制之也。

21 丁未，金遣完顏亶等來告哀。

22 三月，丁巳，詔：「邊事令宰相與樞密院議，仍同簽書。」

23癸亥，金敕有司：「國號犯漢、唐、遼、宋等名者，不得封臣下。」有司議以遼爲恒，宋爲汴，秦爲鎬，晉爲幷，漢爲益，梁爲邵，齊爲彭，殷爲譙，唐爲絳，吳爲鄂，蜀爲夔，陳爲宛，隋爲涇，虞爲澤，制可。

24丙寅，詔福建提點刑獄陳公亮、知漳州朱熹同措置漳、泉、汀三州經界。

熹初爲泉之同安簿，知閩中經界不行之害，至是訪問講求，纖悉備至。乃奏言：「經界爲民間莫大之利，紹興已推行處，公私兩利，獨漳、泉、汀未行。臣不敢先一身之勞逸而後一州之利病，竊獨任其必可行也。然必推擇官吏，度量步畝，算計精確，畫圖造帳，費從官給，隨產均稅，特許過鄉通縣均租，庶幾百里之內，輕重齊同。今欲每畝隨九等高下定計產錢，而合一州租稅錢米之數，以產錢爲母，每文輸米幾何，其於一倉一庫，受納既輸之後，卻是原額，分隸爲省計，爲職田，爲學糧，爲常平，各撥入諸倉庫，版圖一定，則民業有經矣。此法之行，貧民下戶，固所深喜，然不能自達其情；豪家猾吏，皆所不樂，善爲說辭以惑羣聽；賢士大夫之喜安靜、厭紛擾者，又或不深察而望風沮怯，此則不能無慮。」

帝詔監司條具其事，且令公亮與熹協力奉行。會農事亦興，熹益加講究，冀來歲行之。細民知其不擾而利於己，莫不鼓舞。而貴家豪右，占田隱稅，侵漁貧弱者，胥爲異論以搖之，前詔遂格。熹請祠去。

25癸酉，建寧雨雹（雹），大如桃李，壞民居五千餘家。溫州大風雨、雷雹，田禾桑果蕩盡。
26夏，四月，戊寅朔，金尙書省言：「齊民與屯田戶往往不睦，若令遞相婚姻，實國家長久安寧之計。」從之。
27乙酉，金葬孝懿皇太后於裕陵。
28戊子，金制：「諸部內災傷，主司應言而不言及妄言者，杖七十。檢視不以實者，罪如之。因而有傷人命者，以違制論。致枉有徵免者，坐贓論。妄告者，戶長坐詐下，以實罪計贓，從詐匿不輸法。」
29癸巳，金諭有司：「自今女直字直譯爲漢字，國史院專寫契丹字者罷之。」
30甲午，金改封永中爲幷王，永功爲魯王，永成爲兗王，永升爲曹王，永蹈爲鄭王，永濟爲韓王，永德爲豳王。
31五月，己酉朔，福州水。
32辛亥，詔：「六院官許輪對，仍入雜壓。」自龔茂良爲謝廓然所攻，六院官始不入雜壓，至是乃復班在五寺主簿之下，太學博士之上。
33庚申，詔：「侍從、經筵、翰苑官，自今並不時宣對，庶廣咨詢以補治道。」

34 戊辰，金詔：「諸郡邑文宣王廟、風師、雨師、社稷神壇，隳廢者復之。」

35 己巳，潼川、崇慶二府，大安、石泉、淮安三軍，興、利、果、合、綿、漢六州大水。

36 六月，戊子，金平章政事崇寧卒。

37 癸巳，詔：「宰臣、執政，俱不時內殿宣引奏事。」

38 丙午，金尚書右丞伊喇履卒，謚文獻。

履精曆算，先是舊大明曆舛誤，履上乙未曆，以金受命於乙未也。世服其善。

39 右司諫鄭驛，以言事罷，爲將作監。御史林大中言：「臺諫以論事不合而遽遣，臣恐天下以陛下爲不能容。」不聽。

40 秋，七月，丁未朔，詔：「故容州編管人高登，追復元官。」

41 丁巳，金以參知政事圖克坦鎰爲尚書右丞，御史中丞瓜勒佳衡爲參知政事。

42 己未，出會子百萬緡，收兩淮私鑄鐵錢。

43 己巳，興州大水，漂沒數千家。

44 八月，戊寅，御史中丞何澹，有本生繼母喪，乞有司定所服。禮寺言當解官，澹上疏引禮不逮事之文，請下臺諫、給、舍議之。

于是太學生喬嘉、朱九成、黃會卿移書責之，其略曰：「人之大倫莫重于父母，禮有出繼，其服雖降異，而鍾于天性者，未嘗不同也。故所承父母則三年終喪，而所生父母則心喪三年。閤下自長成均而更長臺諫，此三綱五常之所繫者也。今閤下有所生繼母之喪，初請解官，莫不義之；繼上疏稱逮事不逮事之異，中外鬨然。夫禮經所謂『逮事父母則諱王父母，不逮事父母則不諱王父母』，非謂無恩於先祖也。蓋逮事父母，則親聞父母之言所嘗諱其祖，不逮事父母，則不聞父母之言所嘗諱其祖，是以子莫知其所諱也。故本朝方慤解此一節，以謂特庶人之禮耳。若學士大夫，則知尊祖矣，何逮事不逮事之拘乎！今聞閤下引此欲不持喪，恐與禮經相反。何者？禮經謂『逮事父母則從父母』之言，今閤下所生之父，果以繼室爲正乎？若所生之父果以繼室爲正，則閤下亦當從而爲正，不得黜之也。今四十餘年，以所生繼母事之，及其終也，反以爲生不逮事而不持心喪，可乎？夫閤下之意，必謂所生繼母無生我之恩，則不當爲之服，抑不思黜其所生之母，是賤其所生之父也，爲人子者，尚忍言哉！不然，必以生我者爲正而繼之者爲不正，是閭巷小人知有母而不知有父者，非天理之公，人倫之正也。閤下爲天子耳目之官，將以厚人倫，移風俗，正宜致辨于此。」澹方待命六和塔，得書乃去。

45 甲申，寬兩浙榷鐵之禁。

46 己亥，金敕：「山東、河南闕食處，許納粟補官。」

47九月，壬子，以知福州趙汝愚爲吏部尚書。

時知潭州趙善俊得旨奏事殿中，侍御史林大中疏劾之，且言宗室汝愚之賢，嘗召。帝用其言，召汝愚而出善俊。

48己未，金以左丞瓜勒佳淸臣爲平章政事，封芮國公，參知政事完顔守貞爲左丞，知大興府事張萬公爲參知政事。

49庚申，金主如秋山。

50乙丑，以久雨，命大理寺、三衙、臨安府及兩浙決繫囚，釋杖以下。

51冬，十月，丁丑，築福州外城。

52甲申，復吳瑞帶御器械。

53己丑，金主還都。

54十一月，丙午朔，金制：「諸女直人不得以姓氏譯爲漢字。」

55甲寅，金禁伶人不得以歷代帝王爲戲及稱萬歲，犯者以不應爲重法科。

56戊午，夏人殺金邊將阿嚕岱。舊作阿魯帶，今改。

夏人肆牧于鎭戎之境，邏卒逐之，夏人執邏卒而去。阿嚕岱率兵詰之，夏廂官吳明契、信陵都卜祥、徐餘立伏兵三千于澗中，阿嚕岱中流矢死。詔索殺阿嚕岱者，夏人處以徒刑。

索之不已，夏乃殺明契等。
57 甲子，金制：「投匿名書者，徒四年。」
58 己巳，加謚高宗曰受命中興全功至德聖神武文昭孝皇帝。
59 初，帝欲誅宦者，近習皆懼，遂謀離間三宮，帝疑之，不能自解。會帝得疾，壽皇購得良藥，欲因帝至宮授之。宦者遂訴于皇后曰：「太上合藥一丸，俟宮車過，卽授藥。萬一不虞，柰宗社何！」后心銜之。

頃之，內宴，后請立嘉王擴爲太子，壽皇不許，后曰：「妾六禮所聘，嘉王，妾親生也，何爲不可？」壽皇大怒。后退，持嘉王泣訴於帝，謂壽皇有廢立意，帝惑之，遂不朝壽皇。

一日，浣手宮中，覩宮人手白，悅之；他日，后遣人送食合于帝，啓之，則宮人兩手也。

黃貴妃有寵，因帝祭太廟宿齋宮，后殺貴妃，以暴卒聞；及郊，風雨大作，黃壇燭盡滅，不能成禮而罷。帝既聞貴妃卒，又值此變，震懼增疾，自是不視朝，政事多決于后，后益驕恣。

壽皇聞帝疾，亟往南內視之，且責后，后怨愈深。
60 十二月，庚辰，築荆門軍城，從知軍陸九淵之言也。

荆門爲次邊而無城，九淵以爲荆門居江、漢之間，爲四集之地，南捍江陵，北援襄陽，東護隨、郢之脅，南當光化、彝陵之衝，荆門固則四隣有所恃，否則有胸脅心腹之虞，雖四山環合而城池闕然，將誰與守！乃請於朝，築之。自是民無邊慮，商賈畢集，稅入日增。舊用銅錢，以其近邊，以鐵錢易之，而銅有禁，復令貼納，九淵曰：「既禁之矣，又使之輸耶？」盡蠲之。平時教軍士射，居民得與中者均賞，薦其屬不限流品，嘗曰：「古者無流品之分，而賢不肖之辨嚴；後世有流品之分，而賢不肖之辨略。」踰年，政行令修，民俗爲變。未幾卒。

61 乙酉，金罷契丹字。

62 丁亥，帝始召對輔臣于內殿。

63 己丑，金右丞圖克坦鎰罷。

64 乙未，增楚州更戍兵一千五百人。

65 甲辰，詔：「內侍省都知楊浩，懷姦凶惡，刺面杖脊，配吉州；押班黃邁，私相朋附，決杖，編管撫州。」尋送浩撫州、邁常州居住。

66 馬大同爲戶部，侍御史林大中劾其用法嚴峻，帝欲易置他部，大中曰：「是嘗爲刑部，固以深刻稱。」章三上，不報。又論大理少卿宋之瑞，章四上，亦不報。大中以言不行求去，改吏部侍郎，不拜；乃除直寶謨閣，與大同、之瑞俱出知外郡。

紹熙三年（金明昌三年。）（壬子、一一九二）

1 春，正月，乙巳朔，帝有疾，不視朝。

起居舍人陳傅良奏曰：「一國之勢猶身也，壅底則致病。今日遷延某事，明日阻節某事，即有姦險，乘時爲利，則內外之情不接矣。」

2 庚戌，蠲四川鹽酒重額九十萬緡。

3 出度僧牒二百，收淮東鐵錢。

4 壬戌，金主如春水。

5 二月，甲戌朔，金敕：「明安（舊作猛安。）、穆昆（舊作謀克。）許於冬月率所屬戶畋獵二次，每出不得過十日。」

6 壬辰，金主還都。

7 金以王庭筠爲應奉翰林文字。

先是金主歎學士乏材，完顏守貞曰：「王庭筠其人也。」故有是命。

8 丁酉，申嚴錢銀過淮之禁。

9 閏月，丙午，禁郡縣新作寺觀。

10 壬戌，詔：「州縣未斷之訟，監司毋得移獄；違者許執奏。」

11 甲子，成都路轉運判官王溉以代民輸激賞等捐錢三十三萬緡，詔進一官，仍令再任。

12 三月，辛巳，帝疾稍愈，始御延和殿聽政。封子濟爲安定郡王。帝自有疾，重華溫凊之禮以及誕辰節序，屢以壽皇傳旨而免。至是宰輔百官下至韋布之士，以過宮爲請者甚衆，至有叩頭引裾號泣者，帝開悟，有命駕意，竟不果行，都人始以爲憂。

13 甲申，築峽州城。

14 丁亥，金賜孝子劉瑜、劉慶祐絹粟，旌其門閭，復其身。瑜，棣州人；慶祐，錦州人也。金主因問宰臣曰：「從來孝義之人，曾官使者幾何？」完顏守貞對曰：「世宗時有劉政者，嘗官之。然若輩多淳質，不及事。」金主曰：「豈必盡然！孝義之人，素行已備，稍可用，即當用之。後雖有希覬作僞者，然僞爲孝義，猶不失爲善。可檢勘前後所申孝義之人，如有可用者，具以聞。」

15 癸巳，金尚書省奏：「言事者謂釋、道之流不拜父母、親屬，敗害風俗，莫此爲甚。禮官言唐開元二年敕云：『聞道士、女冠、僧、尼不拜二親，是爲子而忘其生。自今以後，並聽拜父。其有喪紀輕重及尊屬禮數，一準常儀。』臣等以爲宜依典故行之。」制可。

16 金左丞完顏守貞言：「上嘗命臣問忻州陳穀上書所言事，其一，極論守令之弊，臣面問所以救之之道，莫之能言。」金主曰：「方今政欲知其弊也。彼雖無救弊之術，但能言其弊，亦足嘉矣。如毅言及隨處有司不能奉行條制，爲人傭僱尙須出力，況食國家祿而乃如是，得無虧臣子之行乎！其令檢會前後所降條理舉行之。」

17 己亥，定雜藝不許任子法。

時伶人胡永年，積官至武功大夫，以去年郊恩乞任子。吏部尙書趙汝愚言：「永年樂藝出身，難以任子；請立爲定法，今後似此雜藝補授之人，不許奏補。」從之。【考異】胡永年不許任子，薛氏通鑑繫於二年十一月，兩朝綱目備要作三年三月，宋史全文作三月己亥。據宋史本紀云：三年三月己亥詔：「技藝補授之法，毋得奏補，著爲令。」與全文月日悉合，今從之。

18 四月，壬寅朔，金定宣聖春秋釋奠三獻官以祭酒、司業、博士充，祝詞稱「皇帝謹遣」，及登歌改用太常樂工。其獻官並執事與饗者並法服，陪位學官公服，學生儒服。

19 戊申，金瀛王瓌卒，鄆王琮之同母弟也。重厚寡言，內行修飭，工詩，精騎射，金主令在左右。及卒，三臨奠，哭之慟，謚文敬。

20 乙卯，以戶部侍郎丘崈爲四川安撫制置使。

初，留正帥蜀，慮吳氏世將，謀去之，不果。至是議更蜀帥，正言西邊三將，惟吳氏世襲兵權，號爲吳家軍，不知有朝廷，遂以戶部侍郎丘崈往。崈陛辭，奏曰：「臣入蜀後，吳挺脫至死亡，兵權不可復付其子，臣請得以便宜撫定諸軍。」許之。

21戊午，帝朝重華宮。

22金賜雲內孝子孟興絹粟，賜同州民妻師氏謚曰節。

23金地旱，參知政事張萬公等，乞依漢故事免官，金主曰：「卿等何罪！殆朕行事有不逮者。」萬公曰：「天道雖遠，實與人事相通，惟聖人言行可以動天地。昔成湯以六事自責，周宣遇災而懼，側身修行，莫不修飾人事。方今宜崇節儉，不急之役，無名之費，可俱罷去。」金主曰：「災異不可專言天道，蓋必先盡人事耳。故孟子言王無罪歲。」左丞完顏守貞曰：「陛下引咎自責，社稷之福也。」丙寅，金主下詔責躬。

24丁卯，蠲臨安逋賦。

25戊辰，金主遣御史中丞吳鼎樞等會決中都冤獄，外路委提刑司處決。完顏守貞等上表乞解職，不允。入謝，金主曰：「前所謂罷不急之役、省無名之費及議裁冗官、決滯獄四事，其速行之。」

26五月，帝有疾，不視朝。

27戊寅，金出宮女一百八十三人。

28乙酉，金以雨足，致祭於社稷。

29戊子，金左丞完顏守貞出知東平府事。金主命參知政事瓜勒佳衡諭之曰：「卿勳臣之裔，才用聲績，朕所素知，擢任政府，毗贊實多，久任繁劇，宜均逸安。東平素號雄藩，兼比年饑饉，正賴經畫，卿其爲朕往綏撫之。」

30 庚子，常德大水入其郛。（校者按：此條應移32前。）

31 己亥，蠲四川水旱郡縣租賦。

32 安豐軍大水，平地三丈餘，漂田廬絲麥皆空。（校者按：此條應移下卷紹熙四年五月23前。）

33 六月，辛丑朔，下詔戒飭風俗，禁民奢侈，與士爲文浮靡、吏苟且飾僞者。

34 以禮部尚書陳騤同知樞密院事。

35 癸卯，金宰臣請罷提刑司，金主曰：「諸路提刑司官，止三十餘員，猶患不得其人。州郡三百餘處，其能盡得人乎！」弗許。

36 戊午，以嗣秀王伯圭爲太師。

37 乙丑，金以知大名府事劉瑋爲右丞。

38 金主以民乏食，詔戶部預給百官冬季俸，令就倉以時值糶與貧民。

39 秋，七月，己巳，刺沿邊盜萬人爲諸州禁軍。

40 壬申，監文思院常良孫，坐贓配海外；前丞相周必大，坐舉良孫降秩。

41 壬午，瀘州騎射卒張信等作亂。

騎射營者，州之禁兵也。淳熙末，王卿月知瀘州，賜予諸軍甚厚，軍士浸驕。張孝芳代爲帥，欲矯其弊，訓練無日，又多役使之，廩賜或不時給。是日，信等作亂，晨，入帥府，殺孝芳及其家，又殺節度推官杜美、駐泊兵馬監押安彥斌、訓練官雷世明、【考異】兩朝綱目備要前作「世明」，後作「世忠」。宋史全文作「世明」，今從之。軍校張明等。信擐甲坐閱武堂，召通判州事張恂、安撫使屬官郭仲傳，使作奏言孝芳罪狀。於是信自稱第一將，衣金紫，出諭城中；以衙人黃叔豹爲計議官，分其兵爲五十二隊，同謀者五十二人，皆有爵秩。叔豹又爲黃旗，大書曰「不叛聖主，不殺良民」。

時張明之子昌，與甲士卞進謀討之；癸未夜，密以告恂。甲申，信卽毬場大饗諸軍，恂等皆與。酒初行，昌、進擊殺信於坐，會者皆駭散。進大呼曰：「不叛者從我！」諸軍唯唯。因執殺造逆者二十餘人，餘黨皆執獲。

制置使京鏜將去任，未發，聞變，調潼川所屯御前後軍討之，未行而信已誅，乃令鈐轄司屬官陳纘往瀘州措置，信餘黨俱伏誅。

京鏜之調潼川軍也，興元都統制吳挺，劾制置司擅發兵，詔具析；鏜已赴召。丘崈新入蜀，卽奏言：「三屯遠在西北，兵權節制，必寄之制置司，朝廷事計當然。今軍帥狃於陵替，反謂制置司擅興，違戾若此，豈不大失本意！請下戎司具析，仍責令遵守舊制。」從之，由是三屯頗知嚴憚。宻所謂狃於陵替者，蓋專指挺也。宻尋上言贈孝芳等官，恂等貶秩。

42己亥，金主謂宰臣曰：「聞諸王傅尉多苛細，舉動拘防，亦非朕意。是職之設，本欲輔導諸王，使歸之正，得其大體而已。」平章政事瓜勒佳清臣曰：「請以聖意徧行之。」金主曰：「已諭之矣。」

43八月，辛亥，金尙書省奏提刑司察舉河中胡光謙，年雖八十三，尙可任用；召赴闕，命學士院以雜文試之，稱旨，特賜光謙進士及第，授太常寺奉禮郎。舊設是職，未嘗除人，以光謙德行才能，故特授之。

44戊午，總領四川財賦楊輔，奏已蠲東、西兩川畸零絹錢四十七萬緡，激賞絹六萬六千匹，詔奬之。自是歲以爲例。

45乙丑，金主謂宰臣曰：「任官欲令久於其任，若今日作禮官，明日司錢穀，雖間有異材，然能悉辦者鮮矣。」

46九月，丙申，勸兩淮民種桑。

47己卯，金主如秋山。

48冬，十月，壬寅，修大禹陵廟。

49是日，金主還都。

50丙午，修潭州城。

51辛亥，帝詣重華宮進香。

52壬子，金有司奏增修曲阜宣聖廟畢，勅：「党懷英撰碑文，朕將親行釋奠之禮，其檢討典故以聞。」

53甲寅，金敕：「置常平倉處，並令州府官以本職提刑〔舉〕，縣官兼管勾其事，以所糴多寡酌量升降，永爲定制。」

54戊午，金主諭尚書省訪求博物多聞之士。

55癸亥，金主遣諭諸王傅尉曰：「朕分命諸王出鎮，蓋欲政事之暇，安便優逸，有以自適耳。然慮其舉措之間，或違于理，所以分置傅尉，使勸導彌縫，不入于過失而已。若公餘游宴，不至過度，亦復何害！今聞爾等或用意太過，凡王門細碎之事無妨公道者，一一干與，贊助之道，豈當如是！宜各思職分，事舉其中，無失禮體！仍就諭諸王，使知朕意。」

56十一月，庚午朔，金翰林侍講學士党懷英，應詔舉孔子四十八代孫端甫，年德俱高，該通古學；濟南府舉魏汝翼，蔚州舉劉震亨，益都府舉王樞，並以學行稱。敕：「魏汝翼特賜進士及第，劉震亨等同進士出身，孔端甫俟春暖召之。」後授端甫小學教授，以年老食主簿半俸，致仕。

57 壬申，賑襄陽府被水貧民。

58 丙子，金詔：「臣庶名犯古帝王而姓復同者禁之，周公、孔子之名亦令回避。」

59 內侍陳源爲壽皇所逐，帝即位，自郴州召還。源與其黨楊舜卿、林億年，朝夕離間兩宮，故帝雖疾平，猶疑畏不朝重華。

丙戌，日南至，丞相留正率百官詣重華宮稱賀。兵部尚書羅點、給事中尤袤、中書舍人黃裳、御史黃度、尚書左選郎官葉適等，皆上疏請帝朝重華宮，不從。

祕書郎清江彭龜年，以書譙趙汝愚，且上疏言：「壽皇之事高宗，備極子道，此陛下所親覩也。況壽皇今日止有陛下一人，聖心拳拳，不言可知。特遇過宮日分，陛下或遲其行，則壽皇不容不降旨免到，蓋爲陛下辭責，使人不得以竊議陛下，其心非不願陛下之來。自古人君處骨肉之間，多不與外臣謀而與小人謀之，所以交鬬日深，疑隙日大，今日兩宮萬萬無此。然臣所憂者，外無韓琦、富弼、呂誨、司馬光之臣，而小人之中已有任守忠者在焉，惟陛下裁察。」又言：「使陛下虧過宮定省之禮，皆左右小人間諜之罪，宰執、侍從、臺諫，但能仗父子之義責望人主，至於疑間之根，盤固不去，曾無一語及之。今內侍間諜兩宮者，固非一人，獨陳源在壽皇朝，得罪至重，近復進用，外人皆謂疑間之機必自源始。宜亟發威斷，首逐陳源，然後肅命鑾輿，負罪引慝以謝壽皇，使父子歡然，宗社有永，顧不幸與！」及汝愚入對，又往復規諫，帝意乃悟。汝愚更屬嗣秀王伯圭調護，于是兩宮之情始通。

辛卯，帝朝重華宮，皇后繼之，從容竟日，都人大悅。

60 戊戌，詔：「李純乃皇后親姪，可特除閤門宣贊舍人。」

61 除祕書郎彭龜年爲起居舍人。入謝，帝曰：「此官以待有學識人，念非卿無可者。」龜年述祖宗之法，爲內治聖鑑以進。帝曰：「祖宗家法甚善。」龜年曰：「臣是書大抵爲宦官女謁之防，此曹若見，恐不得數經御覽。」帝曰：「不至是。」

62 十二月，癸卯，帝率羣臣上壽皇玉牒、聖政會要於重華宮。

63 皇后益驕奢，封其先三代爲王，家廟踰制，衞兵多于太廟。后歸謁家廟，推恩親屬二十六人，使臣一百七十二人，下至李氏門客，亦奏補官。

64 金完顏守貞既出知東平府，金主念之，問宰臣曰：「守貞治東平何如？」對曰：「亦不勞力。」金主曰：「以彼之才，治一路誠有餘矣。」右丞劉暐曰：「方今人材無出守貞者，淹留於外，誠可惜也！」金主默然。尋改守貞爲西京留守。

65 金進士楊邦乂上封事，因論世俗侈靡，譏涉先朝。有司議治罪，金主曰：「昔張元素以桀、紂比文皇，今若方我爲桀、紂，亦不之罪。至於世宗功德，豈容譏毀！」張萬公曰：「譏斥先朝，固當治罪，然舊無此法。今宜立法，使人知之。」金主意解，乃命免邦乂罪，惟殿三舉。

續資治通鑑卷第一百五十三

賜進士及第兵部尚書兼都察院右都御史總督湖北湖南等處地方軍務兼理糧餉世襲二等輕車都尉畢沅編集

宋紀一百五十三 起昭陽赤奮若（癸丑）正月，盡閼逢攝提格（甲寅）十二月，凡二年。

光宗循道憲仁明功茂德溫文順武聖哲慈孝皇帝

紹熙四年 金明昌四年。（癸丑、一一九三）

1 春，正月，己巳朔，帝朝重華宮。

2 辛未，金以瓜勒佳清臣舊作夾谷清臣，今改。爲右丞相，監修國史。

時議簽軍戍邊，金主問清臣曰：「漢人與夏人孰勇？」清臣曰：「漢人勇。」金主曰：「昔元昊擾邊，宋終不能制，何也？」清臣曰：「宋馭軍法，不可得知，今西南路人，殊勝彼也。」

3 癸未，金尚書省奏大興府推官蘇德秀爲禮部主事，金主曰：「朕嘗語卿，百官當使久於其職。彼方任禮（理）官，復改戸曹，尋又除禮部，人才豈能兼之！若久於其職，卽中材勝於新人，事既經練，亦必有濟，不可輕易改除。」

金主又言：「凡稱異政，謂其才也。若清廉乃本分，以貪者多，故異。」宰臣言：「近論方今孝弟廉恥道缺，乞正風俗，此蓋官吏不能奉宣教化使然。今之察舉官吏者，多責近效，以幹辦爲上。巧猾之徒，雖有贓汚，一旦見用，猶爲能吏，此孝弟廉恥所以衰也。若尙德舉廉，則教化可興矣。」

4 辛卯，蠲臨安民身丁錢三年。

5 金賑河北諸路水災。

6 丙申，金東京路副使王勝進鷹，金主遣諭之曰：「民間利害，官吏邪正，略不具聞，乃以鷹進，此豈汝職耶？後毋復爾！」

7 二月，戊戌朔，詔內侍陳源特與在京宮觀。

8 金主如春水。始以春秋二仲月上戊日癸〔祭〕社稷。癸亥，還都。

9 丙寅，出米七萬石賑江陵饑。

10 金參知政事張萬公，出知東平府。金主曰：「卿屢以母老乞罷，特畀鄉郡以遂孝養，朕不汝忘也。」萬公因進讜言，金主嘉納。

11 三月，庚午，金主將幸景明宮，御史中丞董師中、侍御史賈鉉等上書諫曰：「陛下下詔罪己，罷不急之役，省無名之費，天下欣幸。今方春東作，而亟遣有司修建行宮，揆之於事，似爲不急。況西北二京、臨潢諸路，比歲不登，加以民有養馬、簽軍、挑濠之役，財用大困，流移未復，米價甚貴，若扈從至彼，又必增價。口糴升合者，日以萬數，舊藉北京等路商販給之，倘以物貴或不時至，則飢餓之徒，將復有如曩歲，殺太尉馬，毁大府瓜果，出忿怨言，起而爲亂者矣。況南北兩屬部蕩搖可虞，若忽之而往，豈聖人萬舉萬全之道哉！乃者太白晝見，京師地震，又，北方有赤色，遲明始散，天之示象，冀有以警悟聖意，修德銷憂。矧夫遠游，古人所戒，遠自周、秦，近逮隋、唐與遼，皆以是生釁，可不愼哉，可不畏哉！」左補闕許安仁，右拾遺路鐸，亦皆上書極諫。金主召師中等賜對，卽從其奏，仍諭輔臣曰：「朕欲巡幸山後，不禁暑熱故也。今臺諫官咸言民間缺食，朕初不盡知，旣知之，暑雖可畏，其忍以私奉而重民之困哉！」【考異】黄師古等諫北幸，金史記〔紀〕、傳俱作四年；徐氏後編繫於五年，誤也，五年乃是諫而不從耳。

12 金以工部尙書胥持國爲參知政事。

持國，繁時人，初以經童入任〔仕〕，累遷太子司倉，轉掌飲令。金主在東宮識之，擢祗應司令，及卽位，遂大用。持國爲人，柔佞有智術，素知金主好色，陰以祕術干之。金主嘗物色宮中女子，得沒入宮監籍之女李師兒，宦者梁道譽其才美，勸納之。金主好文詞，師兒性慧黠，能作字，知文義，尤善伺候顏色，迎合旨意，遂大愛幸，封爲昭容。持國多賂遺昭容左右用事人，昭容亦自嫌門第薄，欲藉外廷爲援，數稱譽持國，由是大爲金主所信任。

13 丙子，帝朝重華宮，皇后從。

14 辛巳，以葛邲爲右丞相，陳騤參知政事，胡晉臣知樞密院事，吏部尚書趙汝愚同知樞密院事。

御史汪義端與汝愚有隙，上言：「高宗聖訓，不用宗室爲宰執。汝愚，楚王元佐七世孫，不宜用之。」汝愚亦力辭。給事中黃黼【考異】宋史趙汝愚傳作黃裳。按裳於寧宗即位後遷給事中，此時不在給舍也，今從兩朝綱目備要、宋史全文作黃黼。言：「汝愚事親孝，事君忠，居官廉，憂國愛民，至誠懇懇，所謂青天白日，奴隸亦知其清明者。義端識見，奴隸之不如，不可以備朝列。」義端由是補外。

汝愚猶以故事辭，帝遣學士諭意，謂高宗聖訓，本以析〔折〕秦檜之姦謀，蓋有爲言之也，汝愚乃受命。壽皇召見之，曰：「卿以宗室之賢爲執政，乃國家盛事。卿在蜀時所進奏議甚善，可與資治通鑑並行。」

15 癸巳，帝從壽皇、壽成皇后幸聚景園。

16 甲午，金敕：「御史臺奏事，修起居注並令回避。」

17 乙丑，修巢縣城。

18 夏，四月，金百官三表請上尊號，金主曰：「祖宗古先有受尊號者，蓋有其德故有其名。比年五穀不登，百姓流離，正當戒愼修身之日，豈得虛受榮名耶！」不許，仍斷來章。其後親王、大臣、六學諸生屢請上尊號，竟不許。

19 己酉，罷括買四川沿邊郡縣官田。

20 丁巳，金敕：「女直進士及第後，仍試以騎射，中選者升擢之。」

21 五月，己巳，賜禮部進士陳亮以下三百九十六人及第、出身。

制策問禮樂刑政之要，亮以君道、師道對，且曰：「臣竊歎陛下於壽皇莅政二十八年間，寧有一政一事之不在聖懷！而問安視寢之餘，所以察言而觀色，因此而得彼者，其端甚衆，亦既得其機要而見諸施行矣，豈徒一月四朝，爲京邑之美觀也哉！」時帝不朝重華宮，羣臣更進迭諫，皆不聽；得亮策，以爲善處父子之間，親擢第一。既，知爲亮，乃大喜，授亮簽書建康府判官廳公事，未至官，卒。

22 丙子，淮西大水。

23 辛巳，金主諭諸路，令月具雨澤田禾分數以聞。

24 丙戌，紹興大水。

25 召浙東副總管姜特立還。

26 壬辰，太尉、利州安撫使吳挺卒。

挺少起勳閥，弗居其貴，雖遇小官賤吏，不敢怠忽，拊循將士，人人有恩。璘故部曲拜於庭下，輒降答之；及失律，誅治無少貸。

27 留正引唐憲宗召吐突承璀事，乞罷召姜特立，不報。六月，丙申朔，正出城待罪六和塔，上疏切諫。戊戌，祕書省著作郎沈有開，著作佐郎李唐卿，祕書郎范黼、彭龜年，校書郎王奭，正字蔡幼學、顏棫、吳獵、項安世，上疏乞寢特立召命，皆不報。正因繳進前後錫賚及告敕，乞歸田宅，亦不許。

28 賑江、浙、兩淮、荊湖被水貧民。

29 戊申，簽書樞密院事胡晉臣卒，謚文靖。

帝自有疾不視朝，晉臣與留正同心輔政，中外帖然。其所奏陳，以澄清定省爲先，次及親君子，後小人，抑僥倖，消朋黨，啓沃剴切，彌縫縝密，人無知者。

30 癸丑，金賜有司所舉德行才能之士安州崔秉仁者〔等〕同進士出身。

31 壬戌，金右丞相瓜勒佳清臣，進封戴國公；西京留守完顏守貞爲平章政事，封蕭國公。右丞劉暐卒。是日，金主將擊毬於臨武殿，聞暐卒而止。其後金主謂宰臣曰：「人爲小官，或稱才幹，及其大用則不然。如劉暐固甚幹，然自世宗朝逮事朕，於事多有知而不言者。若實愚人不足論，若知而不肯盡心，可乎？」守貞曰：「春秋之法，責備賢者。」金主曰：「夫爲宰相而欲收恩避怨，賢者固若是乎！」

32秋，七月，己巳，留正復論姜特立，繳納出身以來文字，待罪于范村。帝不復召正，而特立亦不至。

33丙子，以旱決滯獄。

34壬午，以趙汝愚知樞密院事，吏部尚書余端禮同知院事。

時知中江縣游仲鴻赴召至，汝愚以仲鴻直諒多聞，訪以蜀中利病。汝愚欲親出經略西事，仲鴻曰：「宥密之地，斡旋者易，公獨不聞呂申公經略西事當在朝廷之語乎？」汝愚悟而止。

35以永州防禦使陳源爲入內內侍省押班，中書舍人陳傅良不草詞。

36乙酉，敍州蠻寇邊，遣兵討平之。

37己丑，金以同判大睦親府事完顏襄爲樞密使。

38八月，丙申，蠲紹興丁鹽茶租錢八萬二千緡。

39庚子，金大赦。

40 丁未，金主釋奠孔子廟，北向再拜。

41 辛亥，金國史院進世宗實錄。

42 戊午，賑江東、浙西、淮西旱傷貧民。

43 九月，戊辰，金以參知政事瓜勒佳衡爲尚書右丞，戶部尚書馬琪爲參知政事。

44 庚午，重明節，百官上壽，請帝朝重華宮，不聽。

45 己卯，上壽聖皇太后尊號曰壽聖隆慈皇太后。

46 中書舍人陳傅良上疏曰：「陛下之不過重華宮者，特誤有所疑，而積憂成疾以至此爾。臣嘗卽陛下之心反覆論之，竊自謂深切，陛下亦旣許之矣。未幾中變，以誤爲實而開無端之釁，以疑爲眞而成不療之疾，是陛下自貽禍也。」給事中謝深甫言：「父子至親，天理昭然，太上之愛陛下，亦猶陛下之愛嘉王。太上春秋高，千秋萬歲後，陛下何以見天下！」帝感悟，甲申，命駕往朝，百官班立以俟。帝出至御屏，李后挽留曰：「天寒，官家且飲酒。」百僚侍衞相顧莫敢言。傅良趨進引帝裾，請毋入，因至屏後。后叱曰：「此何地！秀才欲砍頭耶！」傅良痛哭於庭，后使人問曰：「此何禮也？」傅良曰：「子諫父不聽，則號泣而隨之。」后益怒，遂傳旨，罷，還內。傅良下殿徑行，詔改祕閣修撰，不受。

戊子，著作郎沈有開、祕書郎彭龜年、禮部侍郎倪思、國子錄王介等，皆上疏請朝，不從。

會上召嘉王，倪思言：「壽皇欲見陛下，亦猶陛下之於嘉王也。」帝爲動容。時李后寖預政，思進講姜氏會齊侯於濼，因言：「人主治國，必自齊家始。家之不能齊者，有其漸也，始於褻狎，終於恣橫，卒至於陰陽易位，內外無別，甚則離間父子。漢之呂氏、唐之武、韋，幾至亂亡，不但魯莊公也。」帝悚然。趙汝愚同侍經筵，退，語人曰：「讜直如此，吾輩不逮也！」帝怒，出思知紹興府。

47 癸未，夏國主仁孝卒，年七十，國中謚爲聖德皇帝，廟號仁宗，陵號壽陵。仁孝重文學，然權臣擅國，兵政衰弱。子純祐立，改元天慶。

48 冬，十月，己酉，朝獻景靈宮。夜，地震。庚戌，朝獻於景靈宮。夜，又地震。

49 壬子，祕書省官請朝重華宮，疏三上，不報。

50 工部尚書趙彥逾等上書重華宮，乞慶會節勿降旨免朝，壽皇曰：「朕自秋涼以來，思與皇帝相見。卿等奏疏，已令進御前矣。」明日，會慶節，帝以疾，不果朝。葛邲率百官賀於重華宮。侍從上章，居家待罪，詔不許。

嘉王府翊善黃裳，力勸帝朝重華，帝曰：「內侍楊舜卿告朕勿往。」裳卽上疏請誅舜卿，臺諫張叔椿、章穎上疏乞罷黜，太學生汪安仁等二百十八人上書請朝重華，皆不報。

起居舍人彭龜年奏言:「臣所居之官,以記注人君言動爲職。車駕不過宮問安,如此書者殆數十,恐非所以示後。」又言:「陛下誤以臣充嘉王府講讀官,正欲臣等教以君臣、父子之道。臣聞有身教,有言教,陛下以身教,臣以言教者也,言豈若身之切哉!」不報。

51 庚申,帝將朝重華宮,復稱疾不行。丞相以下上疏自劾,請罷政,不報。

黄裳嘗病疽,及是憂憤,創復作,乃上疏曰:「陛下之於壽皇,未盡孝敬之道者,必有所疑也。臣竊推致疑之因,陛下無乃以焚廩、浚井之事爲憂乎?夫焚廩、浚井,在當時或有之;壽皇之子唯陛下一人,陛下違豫,壽皇焚香祝天,爲陛下祈禱,愛子如此,則焚廩、浚井之事臣有以知其必無也,陛下何疑焉!又無乃以肅宗之事爲憂乎?肅宗卽位靈武,非明皇意,故不能無疑;壽皇當未倦勤,親挈神器授之陛下,揖遜之風,同符堯、舜,與明皇之事不可同日而語矣,陛下何疑焉!又無乃以衞輒之事爲憂乎?輒與蒯聵,父子爭國;壽皇老且病,乃頤神北宮以保康寧,非有爭心也,陛下何疑焉!又無乃以孟子責善爲疑乎?父子責善,本生於愛,惟知者能知此理,則何至於相夷!壽皇願陛下爲聖帝,責善之心出於仁愛,非賊恩也,陛下何疑焉!乃若可疑則有之:貴爲天子,不以孝聞,敵國將肆輕侮,此可疑也,而陛下不疑;小人將起爲亂,此可疑也,而陛下不疑;江外官軍,豈無他志!此可疑也,而陛下不疑。事有不須疑者則疑之,其必可疑者反不以爲疑,顛倒錯亂,莫甚於此!禍亂之萌，近在旦夕，宜及今幡然改過，整聖駕，謁兩宮，則天下慕義矣。」

52金主好文學，嘗歎文士無及党懷英者，完顏守貞奏進士中若趙渢等甚有時譽，金主曰：「出倫者難得爾。」守貞曰：「間世之才，自古所難。國家培養久，則人才將自出矣。」守貞因言：「國家選舉之法，惟女直進士，得人居多，此舉宜增取。其諸司局承應人，舊無出身，大定後纔許任使。經童之科，古不常設；唐以諸道表薦，或取五人至十人，近代以爲無補罷之；皇統間取及五十人，因爲常選，天德間尋罷。陛下卽位，復立是科，取及百人，誠恐積久不勝銓擬，宜稍裁抑以清流品。」又言節用省費之道，金主嘉納。旋詔有司，會試毋限人數。

53趙彥逾等復力請帝朝重華，十一月，戊寅，帝始往朝。

尙書左選郎官葉適奏：「自今宜於過宮之日，令宰執、侍從先詣起居，異時兩宮聖意有難言者，自可因此傳到，則責任有歸；不可復使近習小人增損語言以生疑惑。」不報。

54庚辰，留正赴都堂視事。命姜特立還浙東。日中黑子滅。

正出城待罪凡百四十日，帝遣左司郎中徐誼諭旨，乃復入。

55布衣王孝禮言：「今年冬至，日影表當在十九日壬午，而會元曆乃在二十日癸未，請將修內作所掌銅表圭降付太史局測驗。」從之。

56丙戌，金詔：「諸職官以贓汚不職被罪、以廉能獲升者，令隨路京府州縣列其姓名，揭之公署，以示懲勸。」

57十二月，戊戌，帝朝重華宮。

58金判定武軍節度使鄭王永蹈，以謀反伏誅。

初，崔溫、郭諫、馬太初，與永蹈家奴畢慶壽私說讖記災祥，慶壽以告永蹈。諫頗能相人，永蹈乃召之；相己及妻子皆大貴，不與諸王比。復召溫、太初論讖記天象，溫曰：「丑年有兵災，屬兔命者，來年春當收兵得位。」諫曰：「昨見赤氣犯紫微，白虹貫月，皆主丑後寅前兵戈僭亂事。」永蹈深信其說，乃陰結內侍鄭兩兔〔雨兒〕伺金主起居，以溫爲謀主，諫、太初往來游說。河南統軍使布薩揆（舊作僕散揆，今改。）尙永蹈妹韓國公主，永蹈謀取河南軍以爲助，與妹澤國公主長樂謀，使駙馬都尉富察都（舊作蒲喇都〔覩〕，今改。）致書於揆，且先請婚以觀其意，揆拒不許結婚，使者不敢復言不軌事。永蹈家奴董壽諫，不聽，以語同輩遷嘉努，（舊作千家奴，今改。）遷嘉努上變。

永蹈時在京師，詔完顏守貞等鞫問，連引甚衆，久不能決。金主怒，召守貞等問狀。瓜勒佳淸臣奏曰：「事貴速絕，以安人心。」於是賜永蹈及妃卞王〔玉〕、二子安春、阿遜、（舊作阿辛。）公主常〔長〕樂自盡，富察都、崔溫、郭諫、馬太初等皆棄市。布薩揆雖不聞問，亦坐除名。董壽免死，隸監籍。遷嘉努賞錢二千貫，特遷五官，雜班敍使。增置諸王府司馬一人，監察門戶出入，自是諸王制限防禁愈密矣。

59 金主命有司以鄭王財產分賜諸王，澤國公主財物分賜諸公主，戶部郎中李敬義，言恐因之生事，金主又欲以董壽爲宮監籍都句管，並下尚書省議。完顏守貞奏：「陛下欲以永蹈等家產分賜懿親，恩命已出，恐不可改。今已減諸王弓矢，府尉伺其出入，臣以爲賜之無害。如董壽，罪人也，釋之已幸，不宜更加爵賞。」金主從之。

60 壬寅，右司諫章穎，以地震請罷葛邲，疏十餘上，不報。

61 庚戌，判隆興府、衞國公趙雄卒，後謚文定。

62 甲寅，金册長白山之神爲開天弘聖帝。

63 以朱熹爲湖南安撫（使）、知潭州。使者自金還，言金人問朱先生安在，故有是命。

64 是歲，金大有年。邢、洺、深、冀、河北十六穆昆（舊作謀克。）之地，野蠶成繭。

紹熙五年 金明昌五年。（甲寅、一一九四）

1 春，正月，癸亥朔，帝御大慶殿，受羣臣朝，遂朝重華宮，次詣慈福宮，行慶壽禮。

2 乙丑，金昭容李氏，進位淑妃，追贈其祖父官。妃兄喜兒，舊嘗爲盜，與弟鐵哥皆擢顯近，勢傾朝野，射利競進之徒，爭趨走其門。

3 己巳，金尚書省進區田法，詔其地務從民便；又言遣官勸農之擾，命提刑司禁止之。
4 癸酉，壽皇不豫。
5 乙亥，金以希尹始製女直字，詔加封贈，依蒼頡立廟盩厔例，祠於上京，春秋致祭。
6 丙子，大理寺奏獄空。
7 癸未，右丞相葛邲罷。
邲爲相，專守祖宗法度，薦進人才，博采士論，惟恐其人聞之。
8 丁酉，金詔購求崇文總目內所闕書籍。
9 金初定長吏勸課能否賞罰格。
10 二月，乙未，趙汝愚、余端禮以奏除西帥不行，居家待罪。
11 戊戌，以荆、鄂諸軍都統制張詔爲興州諸軍都統制。
12 癸丑，金命宣徽使伊喇（舊作移剌。）敏等相視北邊營屯，經畫長久之計。
13 三月，壬申，金初定錢禁。
14 乙〔癸〕亥，合利州東西爲一路。（校者按：此條應移13前。）
15 庚辰，金初定日、月、風、雨、雷師常祀。
16 戊子，金置弘文院，譯寫經書。

17夏，四月，壽皇疾寖棘，羣臣數請帝問疾重華宮，皆不報。

甲午，帝與皇后如玉津園，兵部尙書羅點請先過重華宮，且曰：「陛下爲壽皇子四十餘年，無一間言；止緣初郊違豫，壽皇嘗至南內督過左右之人，自此讒間，遂生憂疑。以臣觀之，壽皇與天下相忘久矣。今大臣同心輔政，百執事奉法循理，宗室、戚里，三軍、百姓，皆無貳志，設有離間，誅之不疑。乃若深居不出，久虧子道，衆口謗讟，禍患將作，不可以不慮。」帝曰：「卿等可爲朕調護之。」侍講黃裳對曰：「父子之親，何俟調護！」點曰：「陛下一出，卽當釋然。」帝猶未許，點乃率講官言之，帝曰：「朕心未嘗不思壽皇。」點曰：「陛下久闕定省，雖有此言，何以自白！」起居舍人彭龜年，連上三疏請對，不報。屬帝視朝，龜年離班伏地扣額，血流漬甃，帝曰：「素知卿忠直，欲何言？」龜年言今日無大于過宮，余端禮因曰：「扣額龍墀，曲致忠懇，臣子至此，豈得已耶！」帝曰：「知之。」然猶不往。

18丙申，太師、致仕、魏國公史浩薨，年八十九。追封會稽郡王，諡文惠。

浩喜薦人才，嘗擬陳之茂進職與郡，壽皇知之茂嘗毀浩，曰：「卿豈以德報怨耶？」浩曰：「臣不知有怨，若以爲怨而以德報之，是有心也。」莫濟狀王十朋行事，詆浩尤甚，浩薦濟掌內制，壽皇曰：「濟非議卿者乎？」浩曰：「臣不敢以私害公。」遂除中書舍人兼直學士院，待之如初。蓋其寬厚類此。

19 己亥，朝獻於景靈宮。

20 壬寅，以不雨，命決繫囚，釋杖以下。

21 甲辰，侍從入對，請朝重華宮。己酉，大學生陳肖說等，以帝未朝，移書大臣，事聞，帝將以癸丑朝。至期，丞相以下入宮門，俟日昃，帝復辭以疾。於是羣臣請罷黜待罪者百餘人，詔不許。

22 乙卯，金主幸景明宮，御史中丞董師中、侍御史賈鉉、路鐸等各上疏極諫，金主不說，遣人諭之曰：「卿等所言，非無可取；然亦有失君臣之義〔體〕者，其戒之！」

23 丙辰，侍讀黃裳、祕書少監孫逢吉等，再上疏請朝重華。丁巳，起居郎兼中書舍人陳傅良，請以親王、執政或近上宗戚一人充重華宮使。臺諫交章劾內侍陳源、楊舜卿、林億年離間之罪，請逐之。

24 五月，辛酉朔，辰州傜賊寇邊。

25 壽皇疾大漸，欲一見帝，數顧視左右。陳傅良以帝不往重華宮，乃繳上告敕，出城待罪。戊辰，留正等率宰執進見，帝拂衣起，正引帝裾諫。羅點進曰：「壽皇疾勢已危，不及今一見，後悔何及！」羣臣隨帝入至福寧殿，內侍闔門，衆慟哭而出。越二日，正等以所請不從，求退，帝令知閤門事韓侂胄傳旨云：「宰執並出。」正等俱出浙江亭待罪，壽皇聞之，憂甚。

第。

侂胄奏曰：「昨傳旨令宰執出殿門，乃出都門，請自往宣押入城。」於是正及趙汝愚等復還

明日，帝召羅點入對，點言：「前日迫切獻忠，舉措失體，陛下赦而不誅。然引裾亦故事也。」帝曰：「引裾可也，何得輒入宮禁乎？」點引辛毗事以謝，且言：「壽皇止有一子，既付神器，惟恐見之不速耳。」

甲申，從官及彭龜年、黃裳、沈有開，奏請令嘉王詣重華宮問疾，許之。王至宮，壽皇爲之感動。

26 戊子，金以桓、撫二州旱，遣使禱於縉山。

27 六月，戊戌，夜，壽皇聖帝崩，年六十八。遺〔遺〕詔改重華宮爲慈福宮，建壽成皇后殿於宮後，以便定省。以宮錢百萬緡賜內外軍。

是夕，重華宮內侍訃於宰執私第，趙汝愚恐帝疑，或不出視朝，持其劄不上。翌日，帝視朝，汝愚以聞，因請詣重華宮成禮，帝許之，至日昃不出。大宗正丞李大性上疏言：「今日之事，顛倒舛逆。況金使祭奠，當引見於北宮素帷，不知是時猶可以不出乎？檀弓曰：『成人有兄死不爲衰者，聞子皐將爲成宰，遂爲衰。成人曰：「兄則死而子皐爲之衰。」』蓋言成人畏子皐之來，方爲制服，其服乃子皐爲之，非爲兄也。若陛下必待使來然後執喪，則恐貽

譏中外，豈特如成人而已哉！」

28辛丑，丞相率百官拜表請就喪次成服。壬寅，壽皇大斂，嘉王復入奏，詔俟病愈過宮成禮。留正與趙汝愚議介少傅吳琚，請壽聖皇太后垂簾暫主喪事，太后不許。正等附奏云：「臣等連日造南內請對不獲，累上疏，不得報，今當率百官恭請。若皇帝不出，百官相與慟哭於宮門，恐人心騷動，爲社稷憂。請依唐肅宗故事，羣臣發喪太極殿，皇帝成服禁中。然喪不可以無主，祝文稱孝子嗣皇帝，宰臣不敢代行。太皇太后，壽皇之母也，請代行祭奠禮。」太后許之。是日，白氣亙天。

29乙巳，尊壽皇太后爲太皇太后，壽成皇后爲皇太后。

30丁未，葉適言於留正曰：「帝疾而不執喪，將何辭以謝天下？令〔今〕嘉王長，若預建參決，則疑謗釋矣。」正從之，率宰執入奏曰：「皇子嘉王，仁孝夙成，宜早正儲位以安人心。」不報。越六日又請，帝批云：「甚好。」明日，宰執同擬旨以進，乞帝親批付學士院降詔。是夕，御劄付丞相云：「歷事歲久，念欲退閒。」正得之，大懼。

31是月，金主獵於呼圖里巴山，舊作胡土白，今改。行拜天禮，曲赦西北路，遂如秋山。

32秋，七月，辛酉，留正因朝臨，佯仆於庭，卽出國門，上表請老，且云：「願陛下速回淵鑒，追悟前非，漸收人心，庶保國祚。」

初，正始議：「帝以疾未克主喪，宜立皇太子監國；若未倦勤，當復明辟；設議內禪，太子可卽位。」而趙汝愚請以太皇后、太后旨禪位嘉王；正謂建儲詔未下，遽及此，他日必難處，與汝愚異，遂以肩輿五鼓遁。

33 甲子，太皇太后詔嘉王擴成服卽位，尊帝爲太上皇帝，皇后爲太上皇后。

時留正既去，人心益搖。會帝臨朝，忽仆於地，趙汝愚憂危不知所出。徐誼以書譙汝愚曰：「自古人臣，爲忠則忠，爲姦則姦，忠姦雜而能濟者，未之有也。公內雖心惕，外欲坐觀，非雜之謂歟！國家安危，在此一舉。」汝愚問策安出，誼曰：「此大事，非太皇太后命不可。知閤門事韓侂冑與同里蔡必勝同在閤門，可因必勝招之。」

侂冑至，汝愚以內禪議遣侂冑請於太皇太后，侂冑因所善內侍張宗尹以奏，兩日不獲命，逡巡將退。內侍關禮見而問之，侂冑具述汝愚意，禮令少候，入見太皇太后而泣，問其故，禮對曰：「聖人讀書萬卷，亦嘗見有如此時而保無亂者乎？」太皇太后曰：「此非汝所知。」禮曰：「此事人人知之。今丞相已出，所賴者趙知院，旦夕亦去矣。」言與淚俱下。太皇太后驚曰：「知院同姓，事體與他人異，乃欲去乎？」禮曰：「知院未去，非但以同姓故，以太皇太后爲可恃耳。今定大計而不獲命，勢不得不去，去，將如天下何？願聖人三思。」太皇太后問侂冑安在，禮曰：「已留其俟命。」太皇太后曰：「事順則可，命諭好爲之。」禮報侂胄，且云：「來早太皇太后於壽皇梓宮前垂簾引對。」侂胄復命，日已向夕。

汝愚始以其事語陳騤、余端禮，亟命殿帥郭杲等，夜以兵分衞南北內，閤門禮使傅昌期密製黃袍。

是日，嘉王謁告，不入臨。時將禫祭，汝愚曰：「禫祭重事，王不可不出。」翌日，羣臣入，王亦入。【考異】四朝見聞錄云：召嘉王暨吳興入，憲聖大慟不能聲，先諭吳興曰：「外議皆謂立爾，我思量萬事當從長。嘉王長也，且教他做，他做了爾卻做，自有祖宗例。」吳興色變，拜而出。按見聞錄所謂吳興，卽魏王愷之子抦，時封許國公，後乃封吳興郡王，卽沂王也。當日嘉王問疾重華，已繫中外之心，何至外議皆謂立抦？太皇太后何故並召，且諭以遞相傳位之意？此必傳聞之誤。見聞錄又謂吳興先爲備，則語益誕矣，今不取。汝愚率百官詣梓宮前，太皇太后垂簾，汝愚率同列言曰：「皇帝疾，未能執喪，臣等乞立皇子嘉王爲太子以係人心，皇帝批出有『甚好』二字，繼有『念欲退閑』之旨，取太皇太后處分。」太皇太后曰：「既有御筆，相公當奉行。」汝愚曰：「茲事重大，播之天下，書之史册，須議一指揮。」太皇太后允諾。汝愚袖出所擬指揮以進云：「皇帝以疾至今未能執喪，曾有御筆，欲自退閑。皇子嘉王擴，可卽皇帝位。尊皇帝爲太上皇帝，皇后爲太上皇后，移御泰安宮。」太皇太后覽畢，曰：「甚善！」汝愚曰：「自今臣等有合奏事，當取嗣君處分。然恐兩宮父子間有難處者，須太皇太后主張。」又言：「上皇疾未平，驟聞其事，不無驚疑，乞令都知楊舜卿提舉本宮任其責。」遂召舜卿至簾前，面諭之。

太皇太后乃命汝愚以旨諭皇子卽位，皇子固辭曰：「恐負不孝名。」汝愚言：「天子當以安社稷、定國家爲孝，今中外人人憂亂，萬一變生，置太上皇何地！」衆扶皇子入素幄，被黃袍，方御立未坐，汝愚率同列再拜。皇子詣几筵殿，哭盡哀。須臾，立仗訖，催百官班，皇子衰服出，就重華殿東廡素幄立，內侍扶掖登御座，百官起居訖，行禫祭禮。命舜卿往南內請八寶，初猶靳與，舜卿傳奏皇太子卽位，乃出寶與之。汝愚卽喪次召還留正。尋詔：「秋暑，上皇未須移御，卽寢殿爲泰安宮以奉上皇。」中外晏然。

34 乙丑，太皇太后命立崇國夫人韓氏爲皇后。后，琦六世孫也，被選入宮，能順適兩宮意，遂歸嘉王邸，至是立爲后。

35 丙寅，大赦。

36 丁卯，侍御史張叔椿劾留正擅去相位，徙叔椿爲吏部侍郎。

37 戊辰，詔求直言。校書郎蔡幼學奏：「陛下欲盡爲君之道，其要有三：事親，任賢，寬民，而其本莫先於講學。比年小人謀傾君子，爲安靜和平之說以排之，故大臣當興治而以生事自疑，近臣當效忠而以忤旨擯棄。其極至於九重深拱而羣臣盡廢，多士盈庭而一籌不吐，自非聖學日新，求賢如不及，何以作天下之才！」帝稱善。

38 庚午，詔祕閣修撰、知潭州朱熹詣闕。

39 復召留正赴都堂視事。

正既去，帝卽位，以爲大行攢宮總護使，入謝，復出城。太皇太后復命速宣押，趙汝愚復以爲請，帝手札遣使召正還。

40 趙汝愚首裁抑僥倖，收召四方知名之士，中外引領望治。乙亥，以汝愚爲右丞相，陳騤知樞密院事，余端禮參知政事。汝愚辭不拜，曰：「同姓之卿，不幸處君臣之變，敢言功乎！」

41 戊寅，加殿前都指揮使郭杲爲武康軍節度使。

42 辛巳，以趙汝愚爲樞密使。

43 壬午，以知閤門事韓侂冑爲汝州防禦使。

初，侂冑欲推定策功，意望節鉞，趙汝愚曰：「吾宗臣，汝外戚也，何可以言功！惟爪牙之臣，則當推賞。」乃加杲節鉞，但遷侂冑宜州觀察使。侂冑大失望，然以傳導詔旨，浸見親幸。

知臨安府徐誼告汝愚曰：「侂冑異時必爲國患，宜飽其欲而遠之。」不聽。汝愚欲推葉適之功，適辭曰：「國危效忠，職也，適何功之有！」及聞侂冑觖望，與知閤門劉弼言於汝愚曰：「侂冑所望，不過節鉞，宜與之。」不從。適曰：「禍自此始矣。」遂力求補外。

44 侍御史章穎等劾內侍林億年、陳源、楊舜卿，詔：「億年、源與外祠，舜卿與內祠。」
45 甲申，以兵部尚書羅點簽書樞密院事。
46 戊子，罷楊舜卿內祠，林億年常州居住，陳源撫州居住。
47 八月，辛卯，初御行宮便殿聽政。
48 癸巳，除知潭州朱熹爲煥章閣待制，兼侍講。
先是黃裳爲嘉王副翊善，上皇諭之曰：「嘉王進學，皆卿之功。」裳謝曰：「若欲進德修業，追跡古先哲王，須天下第一等人。」上皇問爲誰，裳以熹對。彭龜年爲嘉王府直講，因講經義，告王曰：「此朱熹說也。」王善之。至是趙汝愚首薦熹，遂召入經筵。
熹在道，聞泰安朝禮尙缺，近習已有用事者，卽具奏云：「陛下嗣位之初，方將一新庶政，所宜愛惜名器，若使倖門一開，其弊不可復塞。至於博延儒臣，專意講學，必求所以深得親歡者爲建極導民之本，思所以大振朝綱者爲防微慮遠之圖。」不報。
49 甲午，增置講讀官，以給事中黃裳、中書舍人陳傅良、彭龜年爲之。
50 丁酉，以生日爲天祐節，尋改曰瑞慶。
51 壬寅，詔經筵講官開陳經旨，救正闕失。
52 進封皇弟許國公抦爲徐國公。

53 辛亥，金主還都。

54 金主謂宰執曰：「應奉王庭筠，朕欲以詔誥委之，其人才亦豈易得！聞文士多妒庭筠者，不論其文，顧以行止爲訾。大抵讀書人多口頰或相黨，昔東漢之士與官(宦)者分朋，固無足怪。如唐牛僧孺、李德裕，宋司馬光、王安石，均爲儒者，而互相排毁，何耶？」遂遷庭筠爲翰林修撰。

55 壬子，金河決陽武故隄，灌封丘而東，尙書省奏都水監官見水勢趨南，不預經畫，詔王汝嘉等各削官兩階，杖七十，罷之。命參知政事馮琪往視，仍許便宜從事。

河自元符二年，東流斷絕，北流合御河，至淸州入海，頗爲通利。南渡後，地入於金，河始離濬、滑故道，時有決溢。至是河決陽武，由封丘東注梁山濼，分爲二派，北派由北淸河入海，南派由南淸河入淮，汲、胙之間，河流遂絕。

56 丙辰，內批：「罷左丞相留正，以趙汝愚爲右丞相。」

初，正言：「陛下勉徇羣情以登大寶，當遇事從簡，示天下以不得已之意，實非頒爵之時。」時韓侂胄浸謀預政，數詣部堂，正使省吏諭之曰：「此非知閤日往來之地。」侂胄怒而退。會正與汝愚議攢宮不合，侂胄因間之於帝，遂以手詔罷正，出知建康府。

正謹法度，惜名器，汝愚本倚正共事，怒侂胄不以告。及來謁，辭不見，侂胄慚忿。羅點謂汝愚曰：「公誤矣。」汝愚悟，乃見之，侂胄終不懌。

57 朱熹辭新命，不許。入對，首言：「乃者太皇太后躬定大策，陛下寅紹丕圖，可謂處之以權而庶幾不失其正。今三月矣，或反不能無疑於逆順之際，竊爲陛下憂之。猶有可諉者，亦曰陛下前日未嘗有求位之計，今日未嘗忘思親之心，此則所以行權而不失其正之根本也。充未嘗求位之心以盡負罪引慝之誠，充未嘗忘親之心以致溫凊定省之理，始終不越乎此，而大倫可正，大本可立矣。」

時趙彥逾按視壽皇山陵，以爲土肉淺薄，下有水石；孫逢吉覆按，請別求吉兆；詔集議。熹上議言：「壽皇聖德衣冠之藏，當博求名山，不宜偏信臺史，委之水泉沙礫之中。」不報。

58 丁巳，金賜從幸山後親軍銀絹有差。

59 九月，庚午，簽書樞密院事羅點卒。

點孝友端介，不爲矯激崖異之行。或謂天下事非才不辦，點曰：「當論其心，心苟不正，才雖過人，何取哉！」

時給事中黃裳亦卒，趙汝愚泣謂帝曰：「黃裳、羅點相繼淪謝，二臣不幸，天下之不幸也。」

60 辛未，合祭天地於明堂，大赦。

61 壬申，以刑部尚書京鏜簽書樞密院事。

初，帝欲除鏜帥蜀，趙汝愚謂人曰：「鏜望輕資淺，豈可當此方面！」鏜憾之，韓侂胄乃引以自助。

62 冬，十月，己丑，右諫議大夫張叔椿再劾留正擅去相位，詔落正觀文殿大學士。

63 庚寅，更泰安宮爲壽康宮。

64 金遣戶部員外郎何格賑河決被災人戶。

65 癸巳，雷。乙未，詔以陰陽謬盭，雷電非時，臺諫、侍從各疏朝政闕失以聞。甲辰，以朱熹言，趣後省看詳應詔封事。

66 庚子，以久雨，命決繫囚，釋杖以下。

67 辛丑，雅州蠻寇邊，土丁拒退之。尋出降。

68 乙巳，上大行皇帝謚，廟號孝宗。

69 丙午，復以朱熹奏，卻瑞慶節賀表。

70 庚戌，改上安穆皇后謚曰成穆，安恭謚曰成恭。

71 金故尚書左丞張汝弼妻高陀斡，以逆謀伏誅。

汝弼與鎬王永中，甥舅也，陰相爲黨。金主卽位，高陀斡每以邪言怵永中，覬非望。畫永中母元妃張氏像，奉之甚謹，挾左道爲永中祈福。事覺，有司鞫治，陀斡伏誅，詞連汝弼。金主以在汝弼死後，得免削奪。

72 是月，建福寧殿。

73 韓侂冑日夜謀去趙汝愚，知閤門事劉弼，亦以不得預內禪，心懷不平，因謂侂冑曰：「趙相欲專大功，君豈惟不得節鉞，將恐不免嶺海之行。」侂冑愕然，因問計，弼曰：「惟有用臺諫耳。」侂冑問：「若何而可？」弼曰：「御筆批出是也。」侂冑然之。遂以內批拜給事中謝深甫爲御史中丞。

會汝愚請令近臣薦御史，侂冑密以其黨劉德秀屬深甫，遂以內批除監察御史。朱熹憂其害政，每因進對，爲帝切言之，又約吏部侍郞彭龜年同劾侂冑。會龜年充金人弔祭館伴使，熹復貽書汝愚，當以厚賞酬侂冑之勞，勿使預政。汝愚爲人疎，謂其易制，不以爲慮。

右正言黃度，將上疏論侂冑之姦，侂冑覺之，以御筆出度知平江府。度言：「蔡京擅權，天下所由以亂。今侂冑假御筆逐諫臣，使俯首去，不得效一言，非國之幸也。」固辭，奉祠歸養。

74 閏月，庚申，以孝宗將祔廟，議宗廟迭毁之制。孫逢吉、曹（曾）三復首請併祧僖、宣二祖，奉太祖居第一室，祫祭則正東向之位，詔集議。僖、順、翼、宣四祖祧主，宜有所歸，自太祖首尊四祖之廟，治平間，議者以世數寖遠，請遷僖祖於夾室。後王安石等言僖祖有廟，與稷、契無異，請復其舊。趙汝愚不以祀僖祖爲然，侍從多從其說。吏部尚書鄭僑，欲但祧宣祖而祔孝宗，侍講朱熹，以爲藏之夾室，則是以祖宗之主下藏於子孫之夾室；又擬爲廟制，以爲物豈有無本而生者。汝愚不從，乃祧僖、宣二祖，更創別廟以奉四祖。

75 戊寅，內批罷煥章閣待制兼侍講朱熹。

熹每進講，務積誠意以感動帝心，以平日所論著敷陳開析，坦然明白，可舉而行。講畢，有可以開益帝聽者，罄竭無隱，帝亦虛心嘉納焉。至是以黃度之去，因講畢疏奏，極言：「陛下卽位未能旬月，而進退宰臣，移易臺諫，皆出陛下之獨斷，中外咸謂左右或竊其柄。臣恐主威下移，求治反亂矣。」疏下，韓侂胄大怒，使優人峨冠闊袖象大儒，戲於帝前，因乘間言熹迂闊不可用。帝方倚任侂胄，乃出御批云：「憫卿耆艾，恐難立講，已除卿宮觀。」趙汝愚袖御筆見帝，且諫且拜，不省。汝愚因求罷政，不許。越二日，侂胄使其黨封內批付熹，熹附奏謝，遂行。

中書舍人陳傅良，封還錄黃；起居郎劉光祖，起居舍人鄧驛，御史吳獵，吏部侍郎孫逢吉，知登聞鼓院游仲鴻，交章留熹，皆不報；傅良、光祖亦坐罷。工部侍郎黃艾，因侍講問逐熹之驟，帝曰：「始除熹經筵耳，今乃事事欲與聞。」艾力辨其故，帝不聽。彭龜年言：「始臣約熹同論侂胄，熹罷，臣宜併斥。」不報，侂胄銜之。游仲鴻上疏曰：「陛下宅憂之時，御批數出，不由中書。前日宰相留正，去之不以禮；諫官黃度，去之不以正；講官朱熹，復去之不以道。自古未有舍宰相、諫官、講官而能自爲聰明者也。願急還熹，毋使小人得志以養成禍亂。」王介上疏言：「陛下即位未三月，策免宰相，遷移臺諫，悉出內批，非治世事也。崇寧、大觀間，事出內批，遂成北狩之禍。杜衍爲相，常積內降十數封還。今宰相不敢封納，臺諫不敢彈奏，此豈可久之道乎！」

76 金主問輔臣曰：「孔子廟諸處何如？」完顏守貞曰：「諸縣見議建立。」金主因曰：「僧徒修飾宇像甚嚴，道流次之，惟儒者修孔子廟，最爲滅裂。」守貞曰：「儒者不能長居學校，非若僧道久處寺觀。」金主曰：「僧道以佛、老營利，故務在莊嚴閎侈，起人敬奉布施，非所以爲觀美也。」

77 壬午，詔：「改明年爲慶元元年。」

78 金參知政事馬琪，自行省回，具奏河防利害。丙戌，以翰林待制鄂屯舊作奥屯，今改。忠孝權戶部侍郎，太府少監溫昉權工部侍郎行戶工部事，修治河防。

79 十一月，丙午，帝自重華宮還大內。

80 庚戌，以韓侂胄兼樞密都承旨。

初，詔侂胄可特遷二官。侂胄覬覦節鉞，意不滿，力辭，乃止遷一官，爲宜州觀察使，怨趙汝愚益深；至是特遷都承旨。

81 詔行孝宗皇帝三年喪。

先是有司請于易月之外，用漆紗淺黃之制，時朱熹在講筵，言：「自漢文短喪，歷代因之，天子遂無三年之喪。爲父且然，則嫡孫承重可知。人紀廢壞，三綱不明，千有餘年，莫能釐正。壽皇聖帝至性，以日易月之外，猶執通喪，朝衣朝冠，皆用大布，所宜著在方策，爲萬世法程。陛下以世德承大統，承重之服，著在禮律，宜遵壽皇已行之法。一時倉卒不及詳議，遂用漆紗淺黃之服，使壽皇已行之禮，舉而復墜，臣竊痛之！然既往之事，不及追改，啓殯發引，禮當復用初喪之服。」至是詔遵用三年之制，中外百官皆以涼衫視事，用熹言也。

82 升明州爲慶元府。

83 乙卯，權攢哲文神武成孝皇帝於永阜陵。

84 十二月，丁巳朔，禁民間妄言宮禁事。

85 辛酉，金平章政事完顏守貞罷。

守貞讀書通法律，明習故事。時金有國七十年，禮樂政刑，因遼、宋舊制，雜亂無貫，金主欲更定修正，爲一代法，其儀式條約，多守貞裁定，故明昌之治，號稱清明。又喜推轂士類，接援後進，金主疑其有黨，又爲胥持國所間，遂出知濟南府，仍命卽辭。前舉守貞者董師中、路鐸等皆補外。【考異】徐氏後編以守貞之罷爲六年，今從金史本紀作五年事。以知大興府尼龐〔厖〕古鑑爲參知政事。

86 乙丑，吏部侍郎兼侍講彭龜年，見韓侂胄用事，權勢重於宰相，上疏條奏其姦，謂：「進退大臣，更易言官，皆初政最關大體。今大臣或不能知而侂胄知之，假託取勢，竊弄威福，不去，必爲後患。」帝覽奏駭曰：「侂胄，朕託以腑肺，信而不疑，不謂如此！」龜年又言：「陛下逐朱熹太暴，故欲陛下亟去此小人，毋使天下謂陛下去君子易，去小人難。」於是龜年、侂胄俱請祠。帝欲兩罷其職，陳騤進曰：「以閤門去經筵，何以示天下！」既而內批：「龜年與郡，侂胄進一官，與在京宮觀。」

給事中林大中、同中書舍人樓鑰繳奏曰：「陛下眷禮僚舊，一旦龍飛，延問無虛日，不三數月間，或死或斥，賴龜年一人尚留。今又去之，四方謂其以盡言得罪，恐傷政體。且一去一留，恩意不侔。去者日遠，不復侍左右；留者內祠，則召見無時。請留龜年講筵而命侂胄以外任，則事體適平，人無可言者。」上批：「龜年已爲優異，侂胄本無過尤，可並書行。」

大中復同錀奏：「龜年除職與郡，以爲優異，則侂胄之轉承宣使，非優異乎？若謂侂胄本無過尤，則龜年論事，實出於愛君之忱，豈得爲過？龜年既已決出，侂胄難於獨留，宜畀外任或外祠以慰公議。」不聽。由是侂胄愈橫。

87 御史中丞謝深甫劾陳傅良，罷之。

88 丁卯，金免被黃河水災今年秋稅。

89 戊辰，以陳康伯配饗孝宗廟庭。

90 己巳，知樞密院事陳騤罷。庚午，以余端禮知樞密院事，京鏜參知政事，吏部尚書鄭僑同知樞密院事。

陳騤與趙汝愚素不協，未嘗同堂語。及爭彭龜年事，韓侂胄語人曰：「彭侍郎不貪好官，固也；元樞亦欲爲好人耶？」故罷之，而引京鏜居政府以間汝愚。汝愚孤立於朝，帝亦無所倚信。

91 辛未，監察御史劉德秀劾起居舍人劉光祖，罷之。

92 以工部尚書趙彥逾爲四川制置使。

彥逾自以有功於帝室，冀趙汝愚引居政府，及除蜀帥，大怒，遂與韓侂胄合。因陛辭，疏廷臣姓名於帝，指爲汝愚之黨，且曰：「老奴今去，不惜爲陛下言之。」由是帝亦疑汝愚。

93 癸酉，上孝宗廟樂曰大倫之樂。

94 甲戌，祔孝宗神主於太廟。

95 戊寅，封太保郭師禹爲永寧郡王。師禹，成穆皇后之弟也。

96 辛巳，金減修內司備營造軍千人、都城所五百人。

97 癸未，金敕尚書省：「自今獻靈芝嘉禾者賞之。」

續資治通鑑卷第一百五十四

賜進士及第兵部尙書兼都察院右都御史總督湖北湖南等處地方軍務兼理糧餉世襲二等輕車都尉畢沅編集

宋紀一百五十四 起旃蒙單閼（乙卯）正月，盡強圉大荒落（丁巳）十二月，凡三年。

寧宗法天備道純德茂功仁文哲武聖睿恭孝皇帝

諱擴，光宗第二子，母曰慈懿皇后李氏。光宗爲恭王，慈懿夢日墜于庭，以手承之，已而有娠，乾道四年十月丙午，生帝于王邸；五年五月，賜今名。淳熙五年十月，封英國公；七年二月，初就傅；十二年三月，封平陽郡王；十六年三月，光宗受禪，三月，進封嘉王。

慶元元年 金明昌六年。（乙卯、一一九五）

1 正月，丁巳朔，蠲兩淮租稅；旋蠲台、嚴、湖三州貧民身丁折帛錢一年。

2 辛卯，金敕有司給天水郡公家屬田宅。

3 壬辰，金主如春水。

4 壬寅，黎州蠻寇安靜寨，義勇軍正將楊師傑及將佐王全等戰卻之。尋以師傑充成都府路兵馬都監。

5 辛亥，金（主）諭參知政事胥持國曰：「河上役夫聚居，恐生疾疫，可廪醫護視之。」

6 二月，丁巳朔，詔兩淮諸州勸民耕墾荒田。【考異】兩朝綱目備要作兩浙，今從宋史本紀。

7 金敕有司，行宮側及獵所，有農者弗禁。

8 己未，金始祭高禖。

9 壬戌，詔嗣秀王伯圭贊拜不名。

10 庚午，金主還都。

11 丁丑，金京師地震，大雨雹，晝晦，震應天門右鴟尾。

12 戊寅，右丞相趙汝愚罷。

初，韓侂胄欲逐汝愚而難其名，京鏜曰：「彼宗姓也，誣以謀危社稷，則一網打盡矣！」侂胄然之，以祕書監李沐有怨於汝愚，引爲右正言，使奏汝愚以同姓居相位，將不利於社稷。汝愚出浙江亭待罪，遂以觀文殿大學士出知福州。

13 甲申，謝深甫等論汝愚冒居相位，今既罷免，不當加以書殿隆名，帥藩重寄，乃命提舉洞霄宮。

直學士院鄭湜草制，有云：「頃我家之多難，賴碩輔之精忠。持危定傾，安社稷以爲悅；任公竭節，利國家無不爲。」坐無貶詞，亦免官。

兵部侍郎章穎侍經幃，帝曰：「諫官有言趙汝愚者，卿等謂何？」同列漫無可否。穎言：「天地變遷，人情危疑，加以敵人嫚侮，國勢未安，未可輕退大臣。願降詔宣諭汝愚，毋聽其去。」穎遂以汝愚黨罷。

國子祭酒李祥言：「去歲壽皇崩，兩宮隔絕，中外洶洶，留正棄宰相而去，官僚幾欲解散，居喪無主，國命如髮。汝愚不畏滅族，決策立陛下，風塵不搖，天下復安，社稷之臣也。柰何無念功至意，使精忠臣節，怫鬱黯闇，何以示後世！」知臨安府徐誼，素爲汝愚所器，凡有政務，多咨訪之，誼隨事裨助，不避形迹。又嘗勸汝愚早退及預防侂胄之姦，侂胄尤怨之。及是與國子博士楊簡，亦抗論留汝愚，李沐劾爲黨，皆斥之。

時余端禮在樞府，與汝愚同心輔政，汝愚嘗曰：「士論未一，非余處恭不能任。」及汝愚被逐，端禮不能救，但長吁而已。處恭，端禮字也。

14 三月，丙戌朔，日有食之。

15 甲午，金以翰林直學士富珠哩子元舊作孛朮魯子元，今改。爲右司諫，監察御史田仲禮爲左拾遺，翰林修撰布薩額爾克舊作僕散訛可，今改。兼右拾遺。諭曰：「國家設置諫官，非取虛名，蓋責實效，庶幾有所裨益。卿等皆朝廷選擢，宜直言無隱。路鐸左遷，本以他罪，卿等勿以被責，遂畏避不敢言。」

16 癸丑，詔侍從、臺諫、兩省集議江南沿江諸州行鐵錢利害。

17 夏，四月，丁巳，太府寺丞呂祖儉上封事曰：「陛下初政清明，登用忠良；然曾未踰時，朱熹，老儒也，彭龜年，舊學也，有所論列，則亟許之去。至於李祥，老成篤實，非有偏比，蓋衆聽所共孚者，今又終於斥逐。臣恐自是天下有當言之事，必將相視以爲戒，鉗口結舌之風一成而未易反，是豈國家之利耶！」又曰：「今之能言之士，其所難非在於得罪君父，而在忤意權勢。姑以臣所知者言之：難莫難于論災異，然言之而不諱者，以其事不關於權勢也。若乃御筆之降，廟堂不敢重違，臺諫不敢深論，給舍不敢固執，蓋以其事關貴倖，深慮乘間激發而重得罪也。故凡勸導人主事從中出者，蓋欲假人主之聲勢以漸竊威權耳。比者聞之道路，左右暬御，于黜陟廢置之際，間得聞者，車馬輻輳，其門如市，恃權怙寵，搖撼外庭。臣恐事勢浸淫，政歸倖門，凡所薦進，皆其所私，凡所傾陷，皆其所惡，豈但側目憚畏，莫敢指言！而阿比順從，內外表裏之患，必將形見。臣因李祥獲罪而深言及此者，是豈矯激自取罪戾哉？實以士氣頹靡之中，稍忤權臣，則去不旋踵。私憂過計，深慮陛下之勢孤，而相與維持宗社者浸寡也。」疏既上，命安置韶州。【考異】兩朝綱目備要：丁巳，竄呂祖儉。據慶元黨禁，祖儉疏以四月二日上，四日始有韶州之命，書行則在五日，丁巳乃月之三日也。宋史本紀亦作丁巳，今從之。

中書舍人鄧驛，繳奏祖儉不當罪遣。會樓鑰進讀呂公著元祐初所上十事，因進曰：「如公著社稷臣，猶將十世宥之，祖儉乃其孫也，今投之嶺外，萬一卽死，陛下有殺言官之名，臣竊惜之。」帝問：「祖儉所言何事？」人始知韶州之貶，不出上意。韓侂胄謂人曰：「復有救祖儉者，當處以新州。」衆乃不敢言。

或謂侂胄曰：「自趙丞相去，天下已切齒；今又投祖儉瘴鄉，不幸或死，則怨益重，曷若少徙內地？」侂胄後亦悟，改送吉州。

18 己未，以余端禮爲右丞相，鄭僑參知政事，京鏜知樞密院事，謝深甫簽書樞密院事。

19 庚申，太學生楊宏中、周端朝、張道、林仲麟、【考異】慶元黨禁作「徐仲麟」，他書俱作「林仲麟」。蔣傅、徐範六人上書曰：「自古國家禍亂之由，初非一端，惟小人中傷君子，其禍尤慘。黨錮弊漢，朋黨亂唐，大率由此。元祐以來，邪正交攻，卒成靖康之變。近者諫官李沐論罷趙汝愚，中外咨憤，而沐以爲父老歡呼；蒙蔽天聽，一至於此。陛下獨不念去歲之事乎？人情驚疑，變在朝夕，假非汝愚出死力，定大議，雖有百李沐，罔知攸濟。當國家多難，汝愚位樞府，本兵柄，指揮操縱，何向不可！不以此時爲利，今上下安妥，乃有異意乎？章穎、李祥、楊簡，發於中激，力辯其非，卽遭逐斥，六館之士，拂膺憤怨。李沐自知邪正不兩立，思欲盡覆正人以便其私，於是託朋黨以罔陛下之聽。臣恐君子小人消長之機，于此一判，則靖康已然之驗，何堪再見於今日耶！願陛下念汝愚之忠勤，察祥、簡之非黨，灼李沐之回邪，竄沐以謝天下，還祥等以收士心。」疏上，詔宏中等悉送五百里外編管。當時號爲「六君子」。傳〔傅〕久居太學，忠鯁有聞，扣閽之事，皆所屬稿。

鄧驛言：「國家開設學校，教養士類，德至渥也。自建太學以來，上書言事者無時無之。累朝覆涵，不加之罪，甚者，押歸本貫或他州聽讀而已。紹熙間，有布衣余古，上書狂悖，若以指斥之罪坐之，誠不爲過。太上始者震怒，降旨編管；已而臣僚論奏，竟從寬典。陛下今日編管楊宏中六人，若以扇搖國是非之，則未若指斥乘輿之罪大也；以六輩言之，則一夫爲至寡也。聖明初政，仁厚播聞；睿斷過嚴，人情震駭。所有錄黃，未敢書行。」是日，知臨安府錢象祖捕諸生押送貶所。未幾，驛罷，出知泉州。

20 癸亥，金敕有司以增修曲阜宣聖王廟畢，賜衍聖公以下三獻法服及登歌樂一部，仍送太常舊工往教孔氏子弟，以備祭禮。

21 甲子，金以尚書左丞烏凌阿（舊作烏林答。）愿爲平章政事，右丞瓜勒佳（舊作夾谷。）衡爲尚書左丞。

22 戊寅，金以修河防畢工，參知政事胥持國等進階、賜銀幣有差。

23 庚辰，金以右丞相瓜勒佳清臣爲左丞相，監修國史，封密國公；樞密使襄爲右丞相，封任國公。還胥持國爲尚書右丞。持國與李淑妃表裏，筦擅朝政，士之好利躁進者，爭趨走其門。四方爲之語曰：「經童作相，監婢爲妃。」

24 五月，乙未，金判平陽府事鎬王永中賜死，并其二子璋、瑑。

初，傅尉希望風旨，過爲苛細。永中自以世宗長子，且老矣，動有掣制，情思鬱鬱，乃表乞閒居，不許。及鄭王永蹈以謀逆誅，增置諸王司馬，毬獵游宴，皆有制限；家人出入，多禁防之。河東提刑判官巴哩哈，舊作把里海，今改。坐私謁永中，杖一百，解職。同知西京留守費摩克斯，舊作裴滿可孫，今改。坐受永中請托免。

先是永中舅張汝弼妻高陀斡以詛咒誅，金主疑事在永中，未有以發也。會傅尉奏永中第四子瑑，因防禁嚴密，語涉不道，詔同簽大睦親府事膏、御史中丞孫卽康鞫問，并得第二子璋所撰詞曲，有不遜語。家奴德格舊作德哥，今改。首永中嘗與侍妾瑞雪言：「我得天下，子爲大王，以爾爲妃。」詔遣官覆按，再遣禮部尚書張暐、兵部尚書烏庫哩（舊作烏古論。）慶裔覆之。金主謂宰臣曰：「鎬王祇以語言得罪，與永蹈罪異。」馬琪曰：「罪狀雖異，人臣無將則一也。」金主又曰：「王何故輒出此言？」瓜勒佳清臣曰：「素有妄想故也。」遂令百官雜議，請論如律。詔賜永中死，鄂蘭哈、（校者按：以上三字衍。）璋、瑑等皆棄市，永中妻子威州安置。

25 戊戌，詔戒百官朋比。

26 丙午，詔諸路提舉司置廣惠倉。

27 庚戌，金命瓜勒佳清臣行省於臨潢府。

28 六月，丙辰，金右諫議大夫賈守謙，右拾遺布薩額爾克，舊作僕散訛可，今改。坐議鎬王永中事奏對不實，削官二階，罷之。御史中丞孫卽康，右補闕蒙古呼喇，舊作蒙括胡剌，今改。右拾遺田仲禮，並罰金。

29 丁巳，復留正觀文殿大學士、充醴泉觀使。

30 韓侂胄用事，士大夫素爲清議所擯者，教以凡與爲異者皆道學之人，疏姓名授之，俾以次斥革。或又言道學何罪，當名曰「僞學」，善類自皆不安。由是有「僞學」之目。

右正言劉德秀上言：「邪正之辨，無過真與僞而已。彼口道先生之言，而行如市人所不爲，在興王之所必斥也。昔孝宗銳意恢復，首務核實，凡言行相違者，未嘗不深知其姦。臣願陛下以孝宗爲法，考核真僞以辨邪正。」詔下其章。由是博士孫元卿、袁燮、國子正陳武皆罷。司業汪逵入劄子辨之，德秀以逵爲狂言，亦被斥。

31 己未，復置臺諫言事簿。

32 丙寅，金以樞密副使唐古貢舊作唐括貢，今改。爲樞密使。

33 庚午，詔：「三衙、江上諸軍主帥、將佐，初除，舉自代一人，歲舉所知三人。」

34 癸酉，以韓侂胄爲保寧軍節度使、提舉萬壽觀。

35 秋，七月，丁酉，御史中丞何澹言：「頃歲有爲專門之學者，以私淑諸人爲己任，非不善也。及其久也，有從而附和之者，有從而詆毁之者，有畏而不敢竊議者。附和之者，則曰此致知格物、精義入神之學，而古聖賢之功用在是也。一人倡之，千百人和之，幸其學之顯行，則不問其人之賢否，兼收而並蓄之，以爲此皆賢人也，皆善類也，皆知趨向者也。詆毁之者，則曰其説空虛而無補於實用，其行矯僞而不近於人情，一入其門而假借其聲勢，小可以得名譽，大可以得爵禄，今日宦學之捷徑，無以易此。畏之而無敢竊議者，則曰利其學者日煩而護其局者甚衆，言一出口，禍且及身。獨不見某人乎？因言其學而棄置矣。又不見某人乎？因論其人而擯斥矣。彼欲以此箝人之口，莫若置而不問。

臣嘗平心而論，以爲附和者或流而爲僞，詆毁者或失其爲真，或畏之而無敢竊議，則真僞舉無所别矣，是非何自而定乎？有人於此，行乎閨門，達乎鄉黨，其踐履可觀而不爲僞行，其學術有用而不爲空言，其見于事也，正直而不私，廉潔而無玷，既不矯激以爲異，亦不詭隨以爲同，則真聖賢之道學也，豈不可尊尚哉？苟其學術之空虛而假此以蓋其短拙，踐履之不篤而借此以文其姦詐，或者又憑藉乎此以沽名譽而釣爵禄，甚者屠沽贓穢，士論之不齒，而夤緣假托以借重，則爲此學之玷累爾。及人之竊議，則不知自反，又羣起而攻之曰：彼其不樂道學也，彼其好傷善類也。彼此是非，紛呶不已，則爲漢甘陵、唐牛・李，國家將受其害，可不慮哉！

臣聞紹興間，諫臣陳公輔嘗言程頤、王安石之學皆有偏同之弊，高宗皇帝親灑宸翰，有曰：『學者當以孔、孟爲師。』臣願陛下以高宗之言風厲天下，使天下皆師孔、孟。有志於學者，不必自相標榜，使衆人得而指目，亦不必以同門之故，更相庇護。是者從其爲是，非者從其爲非，朝廷亦惟是之從，惟善之取，而無彼此同異之說。聽言而觀行，因名而察實，錄其眞而去其僞，則人知勉勵而無敢飾詐以求售矣。士風純而國是定，將必由此。」帝是之，詔牓於朝堂。

既而吏部郎官糜師旦，復請考核眞僞，遷左司員外郎。又有張貴模者，指論太極圖，亦被賞擢。

澹復上疏言：「朝廷之臣，熟知其邪迹，然亦不敢白發以招報復之禍。望明詔大臣，去其所當去者。」

36 詔趙汝愚以觀文殿大學士罷祠。

37 八月，己巳，詔內外諸軍主帥條奏武備邊防之策。

38 九月，壬午朔，蠲臨安府水災貧民賦。

39 甲申，金册靜寧山神爲鎭安公，呼圖里巴舊作忽土白，今改。山神爲瑞聖公。

40 乙酉，以久雨，決繫囚。

41 丙戌，金以知河間府事伊喇仲方舊作移剌仲方，今改。爲御史大夫。

42 辛卯，金主如秋山；冬，十月，丙辰，還都。

43 乙丑，陞秀州爲嘉興府，舒州爲安慶府，嘉州爲嘉定府，英州爲英德府。

44 壬申，封子恭爲安定郡王。

45 金瓜勒佳清臣受命出師，偵知虛實，自選精兵一萬，進至合勒河。前隊宣徽使伊喇敏等，于栲栳濼攻營十四，下之，回迎大軍；屬部斜出，掩其所獲羊馬資物以歸。清臣遣人責其賧罰，北準布舊作祖〔阻〕轐，今改。由此叛去，大侵掠。

乙亥，金主命瓜勒佳衡行省於撫州，命選親軍武衞軍各五百人以從。

十一月，戊子，清臣罷，命右丞相襄代之。

初議征討，清臣主其事，既而領軍出征，雖屢獲捷而貪小利，遂致北邊不寧者數歲。

46 戊戌，加上太皇太后、太上皇、太上皇后尊號。

47 乙巳，金以樞密使唐古貢、御史大夫伊喇仲方、禮部尚書張暐等二十二人充計議官，凡軍事則議之。

48 丙午，竄故相趙汝愚於永州。

初，韓侂胄忌汝愚，必欲置之死。既罷宮觀，監察御史胡紘遂上言：「汝愚倡引其徒，謀爲不軌，乘龍授鼎，假夢爲符。」因條奏其十不遜，且及徐誼，詔責汝愚永州安置，誼南安軍安置。時汪義端當制，遂用漢誅劉屈氂、唐戮李林甫事。廸功郎趙師召亦上書乞斬汝愚，帝不從。汝愚怡然就道，謂諸子曰：「觀侂胄之意，必欲殺我，我死，汝曹或可免也。」

49 丁未，命宰執大閱。

50 余端禮、鄭僑言：「福建地狹人稠，無以贍養，生子多不舉。福建提舉宋之瑞乞免鬻建、劍、汀郡沒官田，收其租，助民舉子之費。」從之。

51 十二月，乙卯，金主命招撫北邊軍民。

52 戊午，金禮部尚書張暐等進大金儀禮。

53 丁卯，金應奉翰林文字、同知制誥滏陽趙秉文，上書論宰相胥持國當罷，宗室守貞可大用。金主召問，言頗差異，命知大興府事內族膏等鞫之。秉文初不肯言，詰其僕，徧數交游者，秉文乃曰：「初欲上言，嘗與修撰王庭筠、御史周昂、省令史潘豹、鄭贇道、高坦等私議。」庭筠等皆下獄，決罰有差。有司論秉文上疏狂妄，法當追解，金主不欲以言罪人，特免之。當時爲之語曰：「古有朱雲，今有秉文。朱雲攀檻，秉文攀人。」士大夫莫不恥之，坐是久廢。

54 乙亥，金詔加五鎭、四瀆王爵。

55 煥章閣待制、提舉南京鴻慶宮朱熹，始以廟議自劾，不許；以疾再乞休致，詔：「辭職謝事，非朕優賢之意，依舊秘閣修撰。」【考異】宋史寧宗紀，是年十二月丙子，命朱熹煥章閣待制，辭。按道學傳，煥章、鴻慶之命在紹熙五年；是年因乞休，仍授秘閣修撰，今從之。

56 是月，金右丞相襄率駙馬都尉布薩揆等自臨潢進軍大鹽濼，分兵攻取諸營。

57 金完顏守貞既罷相出守，胥持國等猶忌之。俄有言守貞在政府日，嘗與近侍竊言宮掖事而妄稱奏下，金主命有司鞫問，守貞款伏。奪官一階，解職，遣中使持詔切責之，仍以守貞不公事宣諭百官於尙書省。

慶元二年（金承安元年。丙辰、一一九六）

1 春，正月，甲申，金大鹽濼羣牧使伊喇伊都（舊作移剌覩。）等爲廣吉喇（舊作廣吉剌。）部兵所敗，死之。

2 丁亥，金國子學齋長張守愚上平邊議，特授本學教授，以其議付史館。

3 庚寅，以余端禮爲左丞相，京鏜爲右丞相，謝深甫參知政事，鄭僑知樞密院事，何澹同知樞密院事。

4 趙汝愚行至衡州，病作。衡守錢鍪，承韓侂冑風旨，窘辱百端；庚子，汝愚暴卒。天下冤之。【考異】汝愚之卒，宋史本傳作壬午，慶元黨禁作丙子；宋史本紀及兩朝綱目備要俱作庚子，今從之。帝命追復原官，許歸葬，中書舍人吳宗旦繳還復官之命。【考異】兩朝綱目備要作中書舍人汪義端繳還復官之命，從之。今從宋史本紀。

汝愚學問有用，嘗以范仲淹、韓琦、富弼、司馬光自期，凡平昔所聞於師友之言，欲次第行之，未果而罷政。

初，汝愚嘗夢孝宗授以湯鼎，背負白龍升天，後翼嘉王以素服即位，讒者遂以爲罪。

5 甲辰，右諫議大夫劉德秀劾前丞相留正四大罪，首言引用僞學之黨以危社稷，詔正落職，罷祠。

6 二月，端明殿學士葉翥知貢舉。同知貢舉、右正言劉德秀言：「僞學之魁，以匹夫竊人主之柄，鼓動天下，故文風未能丕變。請將語錄之類盡行除毀。」故是科取士，稍涉義理者，悉皆黜落；六經、語、孟、中庸、大學之書，爲世大禁。

淮西總領張釜上言：「邇者僞學盛行，賴陛下聖明斥罷，天下皆洗心滌慮，不敢爲前日之習。願陛下明詔在位之臣，上下堅守勿變，毋使僞言僞行乘間而入，以壞既定之規模。」乃除釜尚書左司郎官。

7 辛未，蠲臨安民身丁錢三年。

8 是月，金初造虎符發兵。

9 三月，己亥，進封嘉國公抦爲吳興郡王。

10 癸卯，金以久旱，敕尚書省曰：「刑獄雖已奏行，其間恐有疑枉，其再議以聞。人命至重，不可不慎也。」

11 丙午，有司上慶元會計錄。

12 夏，四月，壬子，金遣使審決冤獄。

13 戊午，金初行區種法，民十五以上六十以下有土田者，丁種一畝。

14 甲子，左丞相余端禮罷。

時韓侂胄擅權，擯斥正士，端禮稱疾罷政。

15 壬申，以何澹參知政事，吏部尚書葉翥簽書樞密院事。

16 五月，乙酉，申嚴獄囚瘐死之罰。

17 金以久旱徙市；庚寅，詔復市如常。

18 辛卯，賜禮部進士鄒應龍以下四百四十九人及第、出身。

19 甲午，減諸路和市折帛錢三年。

20 建華文閣，藏孝宗御集。

21 乙未，金參知政事尼厖古鑑卒。
22 甲辰，更慈福宮曰壽慈。
23 六月，甲寅，金主以仲夏始得雨足，百姓艱食，出倉粟十萬石，減價糶之。
24 乙丑，命監司、帥守臧否縣令，分三等，從張釜之請也。後迄不行。
25 丁卯，金御史大夫伊喇仲方罷。
26 金定僧、道、女冠剃度之制。

金主嘗問諫議大夫張暐曰：「僧道三年一試，八十取一，不已少乎？」暐曰：「此輩浮食，無益有損，不宜滋益也。」金主曰：「周武帝、唐武宗、後周世宗皆賢君，其壽不永，雖曰偶然，似亦有因也。」對曰：「三君矯枉太過。今不崇奉，不毀除，是謂得中矣。」
27 丙子，皇子埈生。
28 秋，七月，庚辰，金主御紫宸殿，受諸王、百官賀，賜諸王、宰執進酒。敕有司以酒萬尊置通衢，賜民縱飲。
29 金主遣西北路招討使完顏安國等趨多泉子，密詔右丞相襄進兵。乃令支軍出東道，襄由西道。

支軍至龍駒河，爲準布舊作阻䪁，今改。所圍，三日不得出，間使出求援。或請俟諸軍集乃發，襄曰：「我軍被圍數日，馳救之猶恐不及，豈可後時！」即鳴鼓夜發。或謂先遣人報圍中，使知援至，襄曰：「所遣者倘為敵得，使知吾兵寡而糧在後，則吾事敗矣。」乃益疾馳。遲明，距敵近，衆欲少憩，襄曰：「所以乘夜疾馳者，欲掩其不備耳，緩則不及。」鄉晨，壓敵，突擊之，圍中將士亦鼓譟出，大戰，凖布敗奔。使安國追躡，僉言：「糧道不繼，不可行也。」安國曰：「人得一羊，可食十餘日，不如驅羊以襲之便。」遂從其計。安國統所部萬人，疾驅以薄之，凖布散走。會大雨，凍死者十八九，降其部長。捷聞，金主遣使厚賜以勞之，許便宜賞賚士卒。

30 乙酉，金命有司收瘞西北路陣亡骸骨。

31 戊子，量徙流人呂祖儉等於內郡。祖儉移高安，尋卒；高安知縣徐應龍經紀其喪。祖儉受業於兄祖謙，尊信不渝，在謫所，讀書賣藥以自給。嘗言：「因世變有所摧折，失其素履者，固不足言；因世變而意氣有所加者，亦私心也。」

時中書舍人汪義端，引唐李林甫故事，以僞學之黨皆名士，欲盡除之，太皇太后聞而非之。帝乃詔臺諫、給舍：「論奏不必更及舊事，務在平正，以副朕建中之意。」詔下，劉德秀遂與御史張伯垓、姚愈等疏言：「自今舊姦宿惡，或滋長不悛，臣等不言，則誤陛下之用人；言之，則礙今日之御劄；若俟其敗壞國事而後進言，則徒有噬臍之悔；三者皆無一而可。

望下此章，播告中外，令舊姦知朝廷紀綱尙在，不敢放肆。」從之，乃改爲「不必專及舊事」，自是侂胄之黨攻擊愈急矣。

殿中侍御史黃黼上言：「治道在黜首惡而任其賢，使才者不失其職而不才者無所憾。故仁宗嘗曰：『朕不欲留人過失於心。』此皇極之道也。至於前事，有合論列，事體明證，有關國家利害者，臣不敢不以正對。」己丑，改黼爲起居郎、權兵部郎中，以愈代爲殿中侍御史。黼未幾罷去。

32 戊戌，以韓侂胄爲開府儀同三司、萬壽觀使。

33 金左司郎中高汝礪，奏事紫宸，時侍臣皆迴避，金主所持涼扇墜案下，汝礪以非職，不敢取以進。奏事畢，金主謂宰臣曰：「高汝礪不進扇，可謂知體矣。」汝礪，金城人也。

34 八月，丙辰，太常少卿胡紘上言：「比年以來，僞學猖獗，圖爲不軌，動搖上皇，詆毀聖德，幾至大亂。賴二三大臣、臺諫出死力而排之，而元惡殞命，羣邪屛跡。自御筆有救偏建中之說，或者誤認天意，急於奉承，倡爲調停之議，取前日僞學之姦黨次第用之，或與宮觀，或與差遣，以冀幸其他日不相報復。往者建中靖國之事，可以爲戒，陛下何不悟也！漢霍光廢昌邑王賀，一日而誅其羣臣一百餘人；唐五王不殺武三思，不旋踵而皆斃於三思之手。今縱未能盡用古法，宜令退伏田里，循省愆咎。」乃詔僞學之黨，宰執權住進擬。自是學禁愈急。

大理寺〔司〕直邵裒〔褒〕然言：「三十年來，僞學顯行，場屋之權，盡歸其黨。請詔大臣審察其所學。」詔：「僞學之黨，勿除在內差遣。」已而言者又論僞學之禍，乞鑒元祐調停之說，杜其根源，遂有詔：「監司、帥守薦舉改官，並于奏牘前聲說非僞學之人。」

會鄉試，漕司前期取家狀，必令書「係不是僞學」五字。撫州推官柴中行獨申漕司云：「自幼習易，讀程氏易傳以取科第。如以爲僞，不願考校。」士論壯之。

35 壬戌，皇子埈卒，追封兗王，謚沖惠。後屢舉皇子，皆不育，俱加封謚。

36 甲子，金以陝西西路轉運董師中爲御史大夫。

37 癸酉，金左丞瓜勒佳衡丁父憂，尋起復。

38 九月，辛巳，金右丞相襄自軍中赴闕，拜左丞相，監修國史，封常山郡王。宴慶和殿，金主親舉酒飲之，解所服玉具佩刀以賜，命卽服之。遷完顏安國爲左翼都統。

39 丁亥，復分利州路爲東、西路。

40 癸巳，嗣濮王士歆薨，追封韶王。

41 冬，十月，丙午（朔），金選親軍八百人戍撫州。

42 戊申，帝率羣臣上册寶於慈福、壽康宮。

43 準布復叛，金主命左丞相襄行省於北京，簽書樞密院事完顏匡行院於撫州。會契丹德壽等據信州叛，建元身聖，衆號數十萬，遠近震駭；襄閒暇如平日，人心乃安。襄之出鎭也，至石門鎭，謂僚屬曰：「北部犯塞奚足慮！第恐姦人乘隙而動，北京近地軍少，當預爲之備。」卽遣官發上京等軍六千，至是果得其用。臨潢總管烏庫哩道遠、舊作烏古論道遠，今改。富察守純舊作蒲察守純，今改。分道進討，擒德壽等送京師。

先是金諸臣以北鄙用兵，請改郊期，金主問諫議大夫兼禮部侍郎張暐曰：「南郊大祀，今用度不給，俟他年，可乎？」暐曰：「陛下卽位，于今八年，大禮未舉，宜亟行之。」金主曰：「北方未寧，致齋之際，有不測奏報，何如？」對曰：「豈可逆度而妨大禮！今河平歲豐，正其時也。」旣而諸臣仍請罷祀，又欲用正月上辛，金主使問丞相襄，襄奏曰：「郊爲重禮，且先期詔天下。又，藩國已報表賀，今若中罷，何以副四方傾望之意！祀用上辛，乃祈穀之禮，非郊見上帝之本意。大禮不可輕廢，請決行之。臣請於祀前滅賊。」旣而賊破，果如所料。

44 丙辰，金祫饗於太廟。

45 甲戌，大閱。

46 十一月，戊子，金參知政事馬琪，出知（校者按：知字衍。）鎭安武軍，尋致仕，卒。

琪性明敏，習吏事，其治錢穀尤長。然性吝好利，頗爲金主所少。

47 庚寅，帝詣壽康宮，上太上皇寬卹詔令。

48 金以御史大夫董師中、北京留守裔並爲參知政事。

49 壬辰，京鏜等上孝宗寬卹詔令。

50 丁酉，金朝饗太廟。戊戌，有事於南郊，大赦，改元承安，進封丞相襄爲南陽郡王。

51 癸卯，賞宜州捕降峒寇功。

52 金丞相襄之討契丹也，金主命自龍虎衞上將軍、節度使以下，承制授之；襄以爲賞罰之柄，非人臣所預，不敢奉詔。賊平，請委近臣諭旨將士使知意。

53 十二月，戊申，以知寧國府陳賈爲兵部侍郎，以賈在淳熙末嘗論朱熹故也。

54 己酉，金遣提點太醫、近侍局使李仁惠賜北邊將士，授官者萬一千人，授賞者幾二萬人。仁惠，即喜兒之賜名也。

55 是月，朱熹落職，罷祠。

熹家居，自以蒙累朝知遇之恩，且尚帶從臣職名，義不容默，乃草封事數萬言，陳姦邪蔽主之禍，因以明趙汝愚之冤。子弟諸生更迭進諫，以爲必賈禍，熹不聽。蔡元定請以蓍決之，遇遯之同人，熹默然，取稿焚之，遂上奏，力辭職名，詔仍充秘閣修撰。【考異】四朝見聞錄謂考亭先生嘗勸趙忠定厚酬韓侂胄，韓後聞之，故禍公者差輕。嘉定初，號爲更化，先生之子在乃謂公嘗草數千言攻韓之惡，疏未上，門人蔡元定持蓍以入卜，得遯卦，力止先生勿上。誠有所論，何爲中輟？非父志也。按紹翁所辨亦無實據，今仍從年譜書之。

時臺諫欲論熹，無敢先發者。胡紘未達時，嘗謁熹于建安，熹待學子惟脫粟飯，遇紘不能異也。紘不悅，語人曰：「此非人情。隻雞斗酒，山中未爲乏也。」及爲監察御史，乃銳然以擊熹自任，物色無所得，經年醞釀，章疏乃成。會改太常少卿，不果。

有沈繼祖者，嘗采摭熹語、孟之語以自售，至是以追論程頤，得爲御史。紘以疏章授之，繼祖謂立可致富貴，遂論熹：「資本回邪，加以忮忍，剽竊張載、程頤之緒餘，寓以喫菜事魔之妖術，簧鼓後進，張浮駕誕，私立品題，收召四方無行義之徒以益其黨伍，相與褒衣博帶，食淡餐粗，或會徒于廣信鵝湖之寺，或呈身于長沙敬簡之堂，潛形匿迹，如鬼如魅。士大夫沽名嗜利，覬其爲助者，又從而譽之薦之。」因誣熹大罪有六，且曰：「熹爲大姦大憝，請加少正卯之誅，以爲欺君罔世、汚行盜名者戒。」其徒蔡元定，佐熹爲妖，亦請編管別州。」詔熹落職，罷祠，竄元定於道州。

已而選人余嘉上書，乞斬熹以絕僞學，謝深甫抵其書於地，語同列曰：「朱元晦、蔡季通，不過自相講明耳，果何罪乎！」元晦，熹字；季通，元定字也。

時逮捕元定赴謫所甚急，元定色不爲動，與季子沈徒步就道。熹與從游者百餘人餞別蕭寺中，坐客興歎，有泣下者。熹微視元定，不異平時，因喟然曰：「友朋相愛之情，季通不挫之志，可謂兩得之矣。」衆謂宜緩行，元定曰：「獲罪于天，天可逃乎？」至道州，遠近來學者日衆。愛元定者謂宜謝生徒，元定曰：「彼以學來，何忍拒之！若有禍患，亦非閉門塞竇所能避也。」貽書訓諸子曰：「獨行不愧影，獨寢不愧衾，勿以吾得罪故，遂懈其志。」在道踰年卒。

56 韓侂胄爲其父誠請謚。誠乃神宗外孫，娶太皇太后女弟，積官閤門使，未嘗更歷事任。時福州黃唐爲考功郎，言其不可，因求去。遂命館職官暫權考功，謚誠曰忠定。左遷唐爲樞密院檢詳文字，尋改江淮提點鐵錢。

慶元三年 金承安二年。（丁巳、一一九七）

1 春，正月，丁酉，金主如安州春水。

2 壬寅，知樞密院事鄭僑罷。癸卯，以謝深甫知樞密院事。

3 詔朱熹仍依前官，與祠。

4 丁酉，金主還都。

5 二月，己酉，右丞相京鏜等上神宗玉牒、高宗實錄。

6 丙寅，詔以昭慶軍承宣使、內侍省押班王德謙爲節度使。德謙，帝藩邸內侍也，于是驟見擢用。中書舍人吳宗旦，事德謙甚謹，夜，輒易服謁之，德謙乃薦宗旦爲刑部侍郎、直學士院。宗旦爲德謙草制，引天寶、同光故事爲比。制出，參知政事何澹不押制書；右諫議大夫劉德秀率臺諫交章言其不可；丁卯，京鏜復以爲言；遂寢其命。於是德謙除在外宮觀，吏部尚書兼給事中許及之奏駁之；臺諫請竄斥德謙，帝未許。殿中侍御史姚愈，劾宗旦交結德謙；辛未，宗旦奪三官，癸酉，送南康軍居住。【考異】四朝見聞錄云：韓侂冑知上之信用王德謙也，陽與之爲義兄弟，許以節鉞，德謙信之。何澹時爲御史中丞，侂冑密諭之曰：「德謙苦要節鉞，上重違之，已草制，中丞宜卷班以出。」翼日廷播，何悉如所教，繼即合臺疏德謙罪，乞行竄殛。德謙猶持侂冑袖曰：「弟誤我。」侂冑徐謂曰：「略出北關數里，便有詔追，只俟罷了何中丞耳。」德謙猶信其說，拜而屬之，竟死貶所。何遂遷政府，侂冑蓋嘗許之也。德謙既貶，自此內批皆侂冑自爲之矣。所載情事互異，今從兩朝綱目備要書之。

7 是月，金命襲封衍聖公孔元措世襲兼曲阜令。

8 三月，壬午，金命戶部尚書溫昉行六部尚書於撫州。

9 庚寅，金主幸西園，閱軍器。

10 癸巳，金平章政事烏凌阿愿罷。

11 丙申，竄內侍王德謙。臨安府劾德謙爲人求官，贓以鉅萬計，服食擬乘輿。獄未成，詔降德謙團練使，撫州居住。權中書舍人高文虎請改爲安置，帝從之。然獄卒不竟。

12 丁酉，金以參知政事裔代左丞相襄行省於北京。

13 庚子，禁浙西圍田。

14 壬寅，詔：「自今有司奏讞死罪不當者，論如律。」

15 夏，四月，丙午，封武功郎不袪爲嗣濮王。

16 甲子，金尙書省奏：「比歲北邊調度頗多，請降僧道空名度牒，以助軍需。」從之。

17 癸酉，金親王宣敕始用女直字。

18 五月，甲戌朔，金主謂宰臣曰：「比以軍需，隨路賦調，司縣不度緩急，促期徵斂，使民費及數倍，胥吏又乘之以侵暴，其令提刑司究察之。」

19 丙子，金主集官吏於尙書省，諭曰：「今紀綱不立，官吏弛慢，遷延苟簡，習以成弊。職官多以吉善求名，計得自安，國家何賴焉！至于徇情賣法，省部令史尤甚，尙書省其戒諭之。」

20 丁丑，金北京行省參知政事裔移駐臨潢府。

21 庚辰，金升撫州爲鎭寧州（軍）。

22 丁亥，金丞相襄詣臨潢府。

23 金召知大名府赫舍哩執中（赫舍哩舊作紇石烈，今改。）簽書樞密院事，從丞相襄征伐。執中不欲行，奏曰：「臣與襄有隙，且殺臣矣。」金主惡其言不遜，事下有司，既而赦之。執中本名呼沙呼，（舊作胡沙虎，今改。）阿蘇（舊作阿疎，今改。）之裔孫也。

24 己丑，金皇子洪輝生。

25 （六月，乙巳），命禮部尚書張暐報祀高禖。

26 六月，（校者按：二字衍。）戊申，金以澄州刺史王遵古爲翰林直學士，仍敕無與撰述，入直則奏聞，或霖雨免入直，以遵古年老，且嘗侍講讀也。

27 戊辰，頒淳熙寬卹詔令。

28 閏月，甲戌，內出銅器付尚書省毀之。申嚴私鑄器之禁。

29 甲午，朝散大夫劉三傑，免喪入見，論：「今日之憂有二：有邊境之憂，有僞學之憂。邊境之憂，有大臣以任其責，臣未敢輕論。若夫僞學之憂，姑未論其遠，請以三十餘年以來而論之：其始有張栻者，談性理之學，言一出口，噓枯吹生，人爭趨之，可以獲利，栻雖欲爲義，而學之者已爲利矣。又有朱熹者，專於爲利，借大學、中庸以文其姦而行其計，下一拜則以爲顏、閔，得一語卽以爲孔、孟，獲利愈廣，而肆無忌憚，然猶未有在上有勢者爲之主盟。已而周必大爲右相，欲與左丞相王淮相傾而奪之柄，知此曹敢爲無顧忌大言而能變亂黑白也，遂誘而置之朝列，卒藉其力傾去王淮，而此曹愈得志矣。其後留正之來，雖明知此曹之非，顧勢已成，無可柰何，反藉其黨與心腹。至趙汝愚，則素懷不軌之心，非此曹莫與共事；而此曹亦知汝愚之心也，垂涎利祿，甘爲鷹犬以覬倖非望，故或駕姍笑君父之說于隣國，或爲三女一魚之符以惑衆庶，扇妖造怪，不可勝數，蓋前日爲僞學，至此變而爲逆黨矣。賴陛下聖明，去之之早，此宗廟社稷無疆之福。然今此曹潛形匿影，日夜伺隙。雨暘稍愆，則喜見顏色；聞敵國侵擾之報，則移過於吾之君父。如此鬼蜮，百方害人，防之不至，必受其禍。臣謂今日之策，惟當銷之而已。其習僞深而附逆固者，自知罪不容誅，終不肯爲國家用；其他能革心易慮，則勿遂廢斥，使之去僞從正，以銷今日之憂。」

疏入，韓侂胄大喜，卽日除三傑右正言，留正貶邵州居住。【考異】兩朝綱目備要作戊寅朔，朝散大夫劉珏以故御史免喪入見，上言前日之僞學，今又變而爲逆黨。侂胄大喜，卽日除右正言。慶元黨禁作「劉三傑」，其名互異。薛氏通鑑亦作「劉三傑」，係於甲午朔，今從之。

30 是夏，大溪〔奚〕山島民作亂。【考異】兩朝綱目備要作「大溪山，」今從宋史本紀。

大溪〔奚〕山者，廣東海中島也。提舉茶鹽徐安國，遣人入島捕私鹽，島民不安，嘯聚千餘人，入海爲盜，揭榜疏安國之罪，掠商旅，殺平民。經略使雷潀，素與安國有隙，至是安國乞遣兵討之，潀不卽發兵，而以安國生事聞於朝。未幾，潀、安國俱罷。

31 秋，七月，壬寅朔，金主幸天慶觀，建普天大醮，禁屠宰，七日無奏刑，百司權停決罰。

32 庚午，監察御史沈繼祖，錄淹囚四百餘條來上，詔進二官。

33 八月，庚辰，以軍器監錢之望爲秘閣修撰、知廣州。

34 金敕計議官所進奏帖可直言利害，勿用浮詞。

35 辛巳，金主以邊事未寧，集六品以上官於尙書省，問攻守之策。凡中外臣僚，不以職位高下，或有方略材武，或長於調度，各舉三五人以備選用，期五日封章以進。議者凡八十四人，言攻者五，言守者四十六，且攻且守者三十三，召對睿思殿，論難久之。

36 金北部復叛，參知政事裔戰敗。丙戌，以丞相襄爲左副元帥莅師。裔旋罷。

37 金右丞胥持國，席寵擅政，多結黨援。御史臺劾右司諫張復亨，右拾遺張嘉貞，同知安豐軍節度使事趙樞，同知定海軍節度使事張光庭，戶部主事高元甫，刑部員外郎張巖叟，尙書省令史傅汝梅、張翰、裴元、郭郛，皆趨走權門，人戲謂「胥門十哲」。復亨、嘉貞，尤卑佞苟進，不稱諫職，俱宜黜罷，奏可。於是持國致仕，嘉貞等皆補外。

38 金左丞瓜勒佳衡罷，以參知政事董師中爲左丞，以左宣徽使膏爲右丞，以戶部尙書楊伯通參知政事。

39 庚寅，金樞密使唐古貢致仕。尋以襄爲樞密使、平章政事。

40 辛卯，錢之望遣兵入大溪（奚）山，盡殺島民。

41 九月，壬寅，以四川旱，蠲民賦。

42 金遣官分詣上京、東京、北京、咸平、臨潢、西京等路招募漢軍，不足則簽補之。時北京民方艱食，樞密使襄出糴（糶）倉粟以濟之。或以兵食方闕爲言，襄曰：「烏有民足而兵不足者！」卒行之，民皆悅服。

43 癸丑，金以上京留守鈕祜祿額特喇舊作粘割訛特剌，今改。爲平章政事。

44 辛酉，金以樞密使（襄）知大興府事；胥持國爲樞密副使、權參知政事，行省於北京。他日，金主與翰林修撰路鐸論董師中、張萬公優劣，鐸曰：「師古（中）附胥持國進，持國小人，不宜典軍馬。以臣度之，不惟不允人望，亦必不能服軍心。若回日復相，必亂天下。」金主曰：「人臣進退人難，人君進退人易，朕豈以此人復爲相耶！」持國旋卒於軍。

45 是日，詔：「監司、帥守薦舉改官，勿用僞學之人。」

46 冬，十月，庚午朔，金初設講議所官六員，共議錢穀，以中都轉運使孫鐸，戶部侍郎高汝礪等爲之。

47 庚辰，金尚書省奏：「高麗國牒報，其主以老疾，令母弟晫權國事。」

48 十一月，辛丑，加謚孝宗曰紹統同道冠德昭功哲文神武明聖成孝皇帝。

49太皇太后吳氏崩於壽慈宮，年八十三。遺誥：「太上皇帝疾未痊，宜於宮中承重；皇帝服齊衰五月。」

后實以辛卯崩，時郊祀期迫，或謂韓侂胄曰：「上親郊，不可不成禮，且有司所費既夥，柰何已之？」侂胄入其言。甲辰，祀圜丘。乙巳，始發喪，詔服期年。及侂胄誅，以劉光祖言，乃改從本日。

50十二月，己巳朔，金敕御史臺糾察諂侫趨走有實跡者。

51丙子，帝始御正殿。

52己卯，金始鑄承安寶貨。

53丁酉，知綿州王抗〔沆〕疏請置僞學之籍，仍自今曾受僞學舉薦關陞及刑法廉吏自代之人，並令省部籍記姓名，與閑慢差遣，從之。

於是僞學逆黨得罪著籍者，宰執則有趙汝愚、留正、周必大、王藺四人，待制以上則有朱熹、徐誼、彭龜年、陳傅良、薛叔似、章穎、鄭湜、樓鑰、林大中、黃由、黃黻、何異、孫逢吉十三人，餘官則有劉光祖、呂祖儉、葉適、楊芳、項安世、李𡌴、沈有開、曾三聘、游仲鴻、吳獵、李祥、楊簡、趙汝讜、趙汝談、陳峴、范仲黼、汪逵、孫元卿、袁燮、陳武、田澹、黃度、詹體仁、蔡幼學、黃灝、周南、吳柔勝、王厚之、孟浩、趙鞏、白炎震等三十一人，武臣則有皇甫斌、危仲壬、張致遠三人，士人則有楊宏中、周端朝、張道、林仲麟、蔣傅、徐範、蔡元定、呂祖泰八人，共五十九人。

時黃由尙爲吏部侍郎，言人主不可待天下以黨與，不必置籍以示不廣，殿中侍御史張巖劾由附阿，罷之。　擢抗（沆）爲利州路轉運判官。

54 金高汝礪上言：「國家置諫臣以備侍從，蓋欲周知時政以參得失，非徒使排行就列而已。故唐自凡中書、門下及三品以上入閤，必遣諫官隨之，俾與聞政事，冀其有所開說。今臺省以下，遇朝奏事則一切迴避，與諸侍衞之臣旅進旅退，殿廷論事，初莫得聞。及其已行，又不詳其始末，遂事而諫，斯亦難矣，顧諫職爲何如哉？若曰非材，擇人可也，豈可置之言責而疏遠若是！自今以往，有司奏事，諫官得以預聞，庶幾少補。」從之。

55 金李淑妃兄弟仁惠等干預朝政，監察御史姬端修，【考異】金史宗端修傳云：章宗避睿宗諱上一字，凡太祖諸子，皆加「山」爲「崇」，改「姬」字爲「宗」字。中州集云：衞紹王避世宗父諱，改「宗」爲「姬」。按章宗重於避諱，見本紀，疑中州集誤也。　上書乞遠小人。金主遣仁惠傳詔問端修：「小人謂誰？其以姓名對。」端修對曰：「小人者，李仁惠兄弟。」仁惠不敢隱，具奏之，金主雖責仁惠兄弟而不能去。【考異】金史董師中傳云：上語輔臣曰：「御史姬端修言小人在側，果誰與？」師中曰：「應謂李喜兒輩。」與宗端修傳所載不同。此本一事，金史據傳聞之異，載於傳也。中州集云：泰和初，元妃李氏方寵幸，兄喜兒有楊國忠之權。德州教授田庭芳上書言事云：「大臣特祿，近臣怙寵。」道陵顧謂紹祖曰：「近臣怙寵爲誰？」時喜兒侍立殿上，紹祖倒笏指之曰：「莫非謂李喜兒之屬否？」上頷之。金史不載田庭芳，或係闕書。然喜兒之見斥，則與董師中傳同，特姓名互異耳。今從宗端修本傳。

端修又劾簽書樞密院事完顏匡，叠被眷遇，行院於撫州，不知自潔。轉運使溫昉，行六部事，主軍中餽餉，屈意事匡，以馬、幣爲獻，及私以官錢佐匡宴會費。金主方委匡以邊事，寢其奏。

續資治通鑑卷第一百五十五

賜進士及第兵部尚書兼都察院右都御史總督湖北湖南等處地方軍務兼理糧餉世襲二等輕車都尉　畢　沅　編集

宋紀一百五十五 起著雍敦牂（戊午）正月，盡上章涒灘（庚申）十二月，凡三年。

寧宗法天修道純德茂功仁文哲武聖恭睿孝皇帝

慶元四年金承安三年。（戊午、一一九八）

1春，正月，己亥朔，日有食之。【考異】宋史本紀不書，今據金史章宗紀書之。

2癸卯，金諭有司：「凡館接伴并奉使者，毋以語言相勝，務存大體，奉使者務得其人。」

3乙卯，上欽宗朱皇后謚曰仁懷皇后。后北遷，無凶問。

4金罷講議所。

5丙辰，以趙師𢍰爲工部侍郎，仍知臨安府事。

師𢍰尹臨安，諂事韓侂胄，無所不至；私市北珠以遺侂胄諸妾，諸妾元夕出遊，市人稱羨，諸妾俱喜，爭爲師𢍰求遷官，遂有是擢。【考異】薛氏通鑑，師𢍰遷侍郎，載在八月，誤也。宋史全文載在正月，慶元黨禁作正月十八日，兩朝綱目備要作正月丙辰，與黨禁同，蓋侂胄諸妾因都市行燈而爲求遷官也。全文、備要及朝野雜記俱載侂胄嘗與衆客飲南園，過山莊，指其竹籬茅舍曰：「此眞田舍間氣象，所惜者欠雞鳴犬吠耳。」少焉，有犬嗥於叢薄之下，亟遣視之，京尹趙侍郎也。侂胄大笑。癸辛雜識以爲太學諸生所造言，四朝見聞錄亦載之。余謂事之有無不必爲之辨，然準諸史體，亦有所不屑載也。

6 金主如城南春水。

7 丁巳，金併上京、東京兩路提刑司爲一，提刑司〔使〕副兼安撫使副；安撫使〔司〕專掌教習武事，毋令改其本俗。

8 己未，金以都南行宮名建春宮。

9 甲子，金主還都。

10 丙寅，以簽書樞密事葉翥同知樞密院事。

11 丁卯，以兩浙、江、淮、荆、湘、四川多流民，詔有司舉行寬卹之政。

12 二月，己巳朔，金主如建春宮。

13 辛未，詔：「兩省、侍從、臺諫各舉所知一二人，毋舉宰執子弟、親黨。」

14 丙子，上太皇太后謚曰憲聖慈烈皇后。

15 辛巳，金主諭宰臣曰：「自今內外官有闕，有才能可任者，雖資歷未及，亦具以聞，雖親故無有所避。」

16甲申，金主還宮。

17先是金議北討，樞密使襄奏遣同判大睦親府事宗浩出軍泰州，又請左丞瓜勒佳（舊作夾谷。）衡於撫州行樞密院，出軍西北路以邀準布，舊作阻轐，今改。而自帥兵出臨潢。金主從其策，賜內庫物，卽軍中用之。

丙戌，色庫舊作斜出，今改。部族詣撫州降。金主使問襄，襄以爲受之便。金主賜襄寶劍，命進軍以逼之。

18辛卯，金平章政事鈕祜祿額特喇舊作粘割斡特剌，今改。薨。額特喇性溫厚，嘗爲赫舍哩（舊作紇石烈。）良弼所薦，世宗稱許之。在相位十餘年，甚見寵遇。其沒也，厚加賻贈，謚成肅。

19三月，戊戌，金以禮部尙書張暐爲御史大夫。

20壬寅，金始榷醋。

21丁巳，金敕：「隨處盜賊，毋以強爲竊，以多爲少，以有爲無；嘯聚二十人以上奏聞；違者杖百。」

22甲子，權攢憲聖慈烈皇后於永思陵。

23乙丑，蠲臨安、紹興租稅有差。

24是月，臣僚言：「聞詔旨擇日開講，望陛下遵用仁宗、高宗故事，令侍講之臣，仰稽三朝寶訓所舉外治數條，詳悉講明，以備觀覽。凡武備之設，何者爲先；軍旅之制，何者爲重；邊圉拒守，孰爲要害；敵人情僞，孰得要領；考古驗今，必有至計，商略而施行之，足以爲思患預防之策。」帝從之。

25金自北陲多警，連年用兵，樞密使襄，請用步卒穿壕築障，起臨潢，左界北京路，以爲阻塞，議者皆言其不足恃。金主以問襄，襄曰：「今茲之費雖百萬貫，然功一成，則邊防固而戍兵可減，半歲省三百萬貫，且寬民轉輸之力，實爲永便。」詔可。襄親督視之，軍民並役，又募飢民以傭，即事五旬而畢。旣而西北、西南路亦治塞，如所請。無何，泰州軍與敵接戰，宗浩督其後，殺獲過半。諸部相率送款，襄納之。于是北陲告寧，襄還臨潢，減屯兵四萬，馬三萬匹。

26夏，四月，丙戌，祔仁懷皇后、憲聖慈烈皇后神主於太廟。丙申，始御正殿。

27金主諭御史臺曰：「隨朝大小官，雖有才能，率多苟簡，朕甚惡之，其察舉以聞。提刑司所舉賢能汙濫官，皆當殿奏，餘事可轉以聞。」

28五月，己亥，加韓侂胄少傅，賜玉帶。

29 己酉，姚愈復上言：「近世行險僥倖之徒，但爲道學之名，竊取程頤、張載之說，張而大之，聾瞽愚俗。權臣力主其說，結爲死黨，陛下取其罪魁之顯然者，止從竄免，餘悉不問，所以存全之意，可謂至矣。奈習之深者，怙惡不悛，日懷怨望，反以元祐黨籍自比。如近日徐誼令弟芸援韓維謫筠州日，諸子納官贖罪以求歸侍，此皆借假元祐大賢之名以欺天下後世。當元祐時，宰輔如司馬光輩，其肯陰蓄邪謀，窺伺神器，自謂夢壽皇授鼎，白龍登天，如汝愚之無君者乎？侍從如蘇軾輩，其肯阿附權臣，妄謂風雷之變，爲今天動威以彰周公之德，如劉光祖者乎？其肯當揖遜之際，有但得趙家一塊肉足矣，以助汝愚之爲姦，如徐誼者乎？其餘百執事如秦觀輩，其肯推尋宗派，以爲汝愚乃楚王之裔，宜承大統，如游仲鴻者乎？其肯獻佞汝愚，以爲外間軍民推戴相公，如沈清臣者乎？其肯陰受汝愚指教，圖兼握兵柄，如張知遠者乎？如此之類，見於論疏，不一而足。此天下之所共知，安可誣也！夫元祐之黨如此，而今僞黨如彼。願特奉明詔，播告天下，使中外曉然知邪正之實，庶姦僞之徒，不至假借疑似以盜名欺世。」于是命直學士院高文虎草詔，有云：「竊附元祐之衆賢，實類紹聖之姦黨。」韓侂胄大喜，即遷文虎於要職。

30 是月，禁女冠毋入大內及三宮。

先是江州僧道隆，自言能知人休咎，愚民稱爲「散聖」，往來都下，貴戚競施之。壽康宮衞士詹康妻，故倡也，出入禁中，號爲部頭；以病歸外舍，道隆因之，使求賜金於北內以爲建塔費，後宮多有施與。趙師羿聞之，執道隆屬吏，錄其橐，得金錢三萬餘緡。詔杖黥，隸英德府土牢。旋有是禁。

31 金監察御史路鐸，劾參知政事楊伯通引用鄉人李浩，以公器結私恩，左司郎中賈益除授承望風旨，御史大夫張暐抑言路，金主命同知大興府事賈鉉詰問。伯通待罪於家。暐辨曰：「鐸嘗面白伯通私李浩，因告以彈劾大臣，須有實跡，恐所劾不當，臺綱愈壞，令再體察；非抑之也。」益亦辨，除授皆宰執公議。鉉具以聞，金主責鐸言事輕率，慰諭伯通，視事如故。

32 秋，七月，己未，四川都大茶馬丁逢入對，極論元祐、建中調停之害，且引蘇轍、任伯雨之言爲證。時薛叔似、葉適坐汝愚黨久斥，皆起爲郡，故逢有是言。京鏜、何澹深悅之，薦爲軍器監。

33 辛酉，同知樞密院事葉翥罷。

34 以姚愈爲兵部尚書。愈浮沈州縣，忽忽不得志，阿附韓侂冑，遂得驟遷。尋以病免。

35 八月，丁卯，以久雨，決繫囚。

36 丙子，以謝深甫知樞密院事，吏部尚書許及之同知院事。

及之詔事韓侂胄，居二年不遷，見侂胄，流涕敍其知遇之意，衰遲之狀，不覺屈膝。侂胄憐之，故有是命。侂胄嘗值生辰，及之後至，閽人掩關，及之從門間俯僂而入。當時有「由竇尚書、屈膝執政」之語。

37 庚辰，金以護衞石知（和）尙爲押軍萬戶，率親軍八百人、武衞軍千六百人戍西北路。

38 是月，京鏜等以帝未有嗣，請擇宗室子育之，詔育太祖後燕懿王德昭九世孫與愿于宮中；時年六歲。

39 九月，癸卯，太白經天。

40 丁未，京鏜上重修敕令格式，詔頒天下。

41 先是太史言月蝕於晝，而草澤言蝕於夜，驗視，草澤言是。詔改造曆，以祕書省正字臨邛馬履爲參定官。履嘗從故直徽猷閣張行成習數學，故以命之。

42 冬，十月，金定官民存留見錢之數，設回易務，更立行用鈔法。

43 十一月，金主以信符召樞密使襄還都，遣近臣迎勞於途，既至，復撫問於第。入，陳邊機十事，皆爲施行，仍厚賜之。癸卯，復拜左丞相、監修國史。

襄之將至也，金主謂宰臣曰：「襄築立邊堡完固。古來立一城一邑，尚有賞賚。即欲拜三公，三公非賞功官，如左丞相，亦非賞功者。雖然，可特授之。」仍降詔褒諭。

44 辛亥，金定屬託法，定軍前官吏遷賞法。以邊事定，詔中外減死罪，徒以下釋之。賜左丞相襄以下將士有差。

45 金順義軍節度使李愈上書論邊事，謂退地千里而爭言其功，因陳屯田利害。金主遣使宣諭，仍降金牌，俾領屯田事。

46 十二月，甲子朔，金主獵於酸棗林，大風寒，罷獵，凍死者五百餘人。

47 丙戌，蠲臨安府民身丁錢三年。

48 金右丞膏罷。

49 高麗權國事王晫奉表告於金。

慶元五年 金承安四年。（己未、一一九九）

1 春，正月，庚子，奪前起居舍人彭龜年等官。

初，趙汝愚定策時，樞密院直省官蔡璉從旁竊聽，因而漏之；汝愚竄之，既而逃還臨安。韓侂胄聞之，乃使璉誣告汝愚定策時有異謀，具列賓僚所言凡七十餘紙，議送大理捕鞫彭龜年、曾三聘、沈有開、葉適、項安世等以實其事。中書舍人范仲藝【考異】宋史韓侂胄傳作「張仲藝」，今據兩朝綱目備要及宋史全文。謂韓侂胄曰：「相公今日得君，凡所施爲，當一以魏公爲法。章惇、蔡確之權，不爲不盛，然至今得罪於清議者，以同文獄故耳。相公勳業如此，胡爲蹈之！」侂胄曰：「侂胄初無此心，以諸公見迫，不容但已。」蓋京鏜、劉德秀主其議也。侂胄取錄黃藏之，事遂格。張釜、劉三傑、張巖、程松等論之不已，詔累經赦宥，宜免。然猶奪龜年、三聘官，而擢璉進義副尉。

2 乙巳，金右丞董師中致仕。

師中練達典憲，處事精詳，嘗言曰：「宰相不當事細務，要在知人才，振綱紀，但一心正，兩目明，足矣。」然論者嘗譏其附胥持國云。

3 辛酉，金監察御史姬端修，以妄言下吏。【考異】金史宗端修傳云：四年，上書言事，宰相惡之，坐以不經臺官，直進奏帖，准上書不以實，削一官。按本紀下有赦罪之文，作下吏者是也，今從紀。

4 金以左丞相襄爲司空，職如故；樞密使瓜勒佳衡爲平章政事，前知濟南府事張萬公起復爲平章政事，參知政事楊伯通爲左丞，簽書樞密院事完顏匡爲右丞。

金主問萬公曰：「胥持國已死，其爲人竟何如？」萬公曰：「持國素行不謹，如貨酒樂平樓一事，其好利可知矣。」金主曰：「此亦非好利，如馬琪鬻省醞，乃爲好利也。」

5 辛酉，命：「漕臣無出身者，勿差官考試。」

先是果州學官王萃，被檄考試昌州，發策以王鳳、牛仙客爲問。禮部摘其語以告韓侂胄，謂其譏刺，侂胄怒，遂罷莘官。議者謂漕臣汪德輔以祖任入官，故擇考官不善，張巖請自今漕臣不由科第進，吏委他監司一員選官校試，從之。

6 壬戌，建玉堂。

7 二月，乙丑，胡紘罷。

8 金主如建春宮春水；己巳，還宮。庚午，御宣華門觀迎佛。辛未，如建春宮。赦姬端修罪，令居家俟命。

9 金西南路招討使布薩（舊作僕散。）揆沿邊築壘九百里，營柵相望，烽堠相應，人得資田牧，北邊遂寧。辛未，司空襄言揆治邊有功，金主以手詔褒諭，且欲大用；以知興中府赫舍哩（舊作紇石烈，今改。）子仁代之，敕盡以方略授子仁。

10 壬申，金主諭有司：「自三月一日爲始，每旬，三品至五品官各一人轉對，六品亦以次對，臺諫勿與；有應奏事，與轉對官相見，如無面對者，上章亦聽。」

11 乙亥，金主還宮。戊寅，仍如建春宮。

12 庚辰，金主諭點檢司曰：「自蒲河至長河及細河以東，朕嘗所經行地，官爲和買其地，令百姓耕之，仍免租稅。」

13 甲寅，金主還宮。

14乙酉，諫議大夫張釜，劾劉光祖佐業不成、蓄憤、懷姦、欺世、罔上五罪。時光祖撰涪州學記，謂：「學者明聖人之道以修其身，而世方以道爲僞，而以學爲棄物。好惡出於一時，是非定於萬世。學者盍謹其所先入以待豪傑之興！」語聞於朝，釜因劾之。光祖落職，房州居住。【考異】兩朝綱目編要以記爲作於去年；慶元黨禁以爲卽本年所作，今從之。

15金以布薩揆爲參知政事，起姬端修爲太學博士。

16金主如建春宮。戊子，還宮。

17三月，甲午，罷監司臧否郡守之制。先是淳熙中，嚴臧否之令，且申稽緩之罰。其後士大夫往往以人情之厚薄爲臧否，論者頗患其不公。知漢陽軍蔣用之嘗疏論之，至是正言陳自強復以爲言，於是臧否遂罷。自強，閩縣人，嘗爲韓侂胄童子師，待銓入臨安，欲見侂胄，無以自通，適僦居主人出入侂胄家，爲言於侂胄。一日，召自強，比至，則從官畢集；侂胄設褥於堂，向自強再拜，次召從官同坐。侂胄徐曰：「陳先生老儒，汩沒可念。」明日，從官交薦其才，除太學錄，半載，疊遷至右正言，未幾，遂大用。

18丁酉，金同判大睦親府事宗浩爲樞密使，封崇德公。

19己亥，金主如建春宮。戶部尚書孫鐸，郎中李仲略，國子祭酒趙忱，始轉對香閣。

20金遣使册王晫爲高麗國王。

21戊申，四川行對銷錢引法，從制置袁説友之請也。

22金主嘗敕尚書議官員除改，其日月淺者毋數改易。己卯，尚書省奏減親軍武衛軍額及太學女直、漢人生員，罷小學官及外路教授。詔，學校仍舊，武衛軍額再議，餘報可。

23金主好更定制度，議設清閑職位如宋宮觀使，以待年高致仕之官。司空襄言：「年老致仕，朝廷養以俸廪，恩禮至渥。老不爲退，復有省會之法，所以抑貪冒，長廉節，若擬別設，恐涉於濫。」襄復與完顔匡、布薩揆上言曰：「省事不如省官。今提刑官吏，多無益於治，徒亂有司事。議者以爲斯乃外臺，不宜罷，臣恐混淆之詞，徒煩聖聽。且憲臺所掌者，察官吏非違，正下民冤枉，亦無提點刑獄舉薦之權。若已設難以遽更，其采訪廉能，不宜隸本司，宜令監察御史歲終體究，仍不時選官廉訪。」金主嘉納。

24夏，四月，金改提刑司爲按察使司。

25壬申，金左丞楊伯通致仕。

御史大夫張暐以奏事不實追一官，侍御史路鐸追兩官，並罷之；姬端修杖七十，論贖。

【考異】金史路鐸傳云：監察御史姬端修以言事下吏，使御史臺令史郭公仲達意於大夫張暐及鐸。暐與鐸奏事殿上，上問：「姬端修彈事，曾申臺官否？」對曰：「嘗來面議。」端修款伏，乃曰：「祇曾與侍御私議，大夫不知也。」既而端修杖七十，收贖；公仲杖七十，替罷；暐、鐸坐奏事不實，暐追一官，鐸兩官，皆解職。宗端修傳櫽括其詞，俱與本紀異，今從本紀書之。

26 壬申，金英王從憲，進封瀛王。

27 是月，定理官歷縣法。

初，改官人必作令，謂之「須入」。紹興中，數申嚴之，後寖廢。慶元初，復詔除殿試上三人、南省元，並作邑。旋用御史程松言，詔大理評事已改官未歷縣人並令親民一次，著爲令；舊捕鹽改官人並試邑。至是正言陳自強，請初任未終之人，先注簽判一次，方許親民，自後雖宰相子，殿試甲科人，無有不宰邑者矣。

28 五月，壬辰朔，頒統天曆。

先是詔造新曆，以馮履參定，御史張巖，言履倡爲陂辭，搖撼國是，遂罷去。詔諸道有通曉天文、曆算者，所在具其名來上。至是曆成，賜名統天。議者謂自渡江以來，曆法屢改，統天尤爲疎謬。

29 金主以旱，下詔責躬，求直言，避殿，減膳，審理冤獄。

30 丁酉，以久雨民疫，命臨安府賑之。【考異】宋史本紀作戊申，今從兩朝綱目備要。

31 戊戌，賜禮部進士曾從龍以下四百十一人及第、出身。

32 己亥，金應奉翰林文字陳載言四事：其一，言邊民苦於寇掠；其二，農民困於軍需；其三，審決冤滯，一切從寬，苟縱有罪；其四，行省官員，例獲厚賞，而沿邊司縣，曾不霑及。金主是之。

33 庚戌，金主諭宰相曰：「諸路旱或關執政，今惟大興、宛平兩縣不雨，非其守令之過歟？」司空襄，平章政事張萬公，參知政事布薩揆，上表待罪，金主以罪己答之，令各還職。

34 金戶部尚書孫鐸言：「比年號令，或已行而中輟，或既改而復行，更張太煩，百姓不信。請自今，凡將下令，再三講究，如有益於治則必行，無卹小民之言。」國子司業赫舍哩舊作紇石烈，今改。善才，亦言須行法令，絲綸既出，尤當固守，金主然之。

35 金以胥鼎爲著作郎。鼎，持國之子也。金主問宰臣曰：「鼎故家子，其才如何？」宰臣曰：「其人甚幹濟。」金主曰：「著作職閒，緣今無他闕，姑授之。」未幾，遷右司郎中。

36 壬子，命諸州學置武士齋舍。

37 庚申，金平章政事瓜勒佳衡薨，謚貞獻。

38 六月，甲戌，金以雨足，報謝廟社。

39 丁丑，金右補闕楊廷秀言：「自轉對官外，復令隨朝八品以上、外路五品以上，及出使外路有可言者，並許移檢院以聞，則時政得失，民間利病，可周知矣。」從之。

40丁亥，金定宮中親戚非公事傳達語言、轉遞諸物及書簡出入者罪。

41是月，盜竊太廟金寶。

42參知政事何澹之弟滌，通判臨安府；自臨安還處州，舟子市私鹽萬餘斤，爲邏卒所捕，滌仗劍傷邏卒。事下臨安府，司農卿丁逢知府事，當舟子杖罪，而邏卒杖脊編管。御史程松劾之，詔逢與宮觀，而以工部侍郎朱晞顏知府事。澹乞免，帝慰留之，澹即起視事。尋內批付大理，以伏暑恐致淹延，命有司據見追到人結絕。秋，七月，甲午，獄成，滌罷通判，逢罷祠。乙未，澹疏言：「臣頃爲中丞，首論樞密使王藺不能鈐束其弟，藺遂去國。今訓飭無素，罪何所逃，望賜黜責。」詔不許。

43癸丑，劉德秀罷。

44甲寅，禁高麗、日本商人博易銅錢。

45八月，辛巳，太祖廟楹生芝，帝率羣臣詣壽康宮上壽，始見太上皇，成禮而還。以入內內侍省押班甘昺宣力兩宮，備竭忠勤，特遷二官。昺，昪之弟也。帝之過壽康，昺與有力焉，頗貴寵。

46壬午，京鏜率百官赴太廟觀芝。丙戌，詔減諸路流囚，釋杖以下。推恩如慶賀故事。丁亥，進京鏜等官一級。

47 戊子，立沿邊諸州武舉取士法。

48 九月，庚寅朔，加韓侂胄少師，封平原郡王。

49 己亥，金主如薊州秋山；冬，十月，丙寅，還都。

50 金主以順義節度使李愈爲可用，議召之。宰臣或言愈病，金主曰：「愈比陳言，有『退地千里而爭言其功』之語，卿等定惡此人多言耶？」遂召爲刑部尙書。

舊制，陳言者漏所言事於人，並行科罪，仍給告人賞，愈言：「此蓋所以防閑小人也。比年以來，詔求直言及命朝臣轉對，又許外路官言事，此皆聖朝樂聞忠讜之意。請除去舊條以廣言路。」從之。

51 甲申，金初置審官院。

52 乙未，金敕京府州縣設普濟院，每歲十月至明年四月，設粥以食貧民。

53 是月，右諫議大夫陳自強上緊要政目三十事，先敍前代帝王施行得失，而證以祖宗故事，及今日事體所宜，請令侍從、兩省、講讀官一旬講一事，則一歲之間便有三四十事，不過二年，朝廷之大事講究畢矣。從之。既而翰林學士高文虎又以二十事上之。

54 十一月，己丑朔，詔復右司一員。

55甲寅，金定護衛改充奉御格。

56十二月、己未，金初以除授文字送審官院。

57辛酉，金更定考試隨朝檢知法。

58金右補闕楊廷秀請類集太祖、太宗、世宗三朝聖訓，以時觀覽，從之，仍詔增熙宗爲四朝。

59庚午，建安仁宅、惠濟倉庫於廣東諸州，以給士大夫之死而不能歸者。

60太尉韓同卿卒。皇后之父也，贈太師。

同卿季父侂胄，聲勢熏灼，同卿每懼滿盈，不敢干政。時天下皆知侂胄爲后族，不知同卿乃后父也，後乃服其善遠權勢云。

61京鏜、何澹等令言者上疏曰：「向來僞徒，其大者已屏斥禁錮，用懲首惡；其次者亦投閑置散，使省愆咎。蓋爲天下後世計，使已往者得以悔過，方來者可以遠罪，融會黨偏，咸歸皇極也。今此類苟有洗濯自新者，請明詔大臣，仰遵皇祖之訓，姑與祠祿，使知小懲大戒之福。其長惡弗悛者，必重置典憲，投之荒遠，庶幾咸知懲創，守道向方，悉爲皇極至正之歸，以成聖明極辨之治。」自胡紘、劉德秀去位，侂胄亦厭前事，故鏜等令言者以建極之說投之。侂胄用其言，學禁漸弛。

62癸未，金主謂宰臣曰：「科舉一場而分二榜，非也。自今廷試，令詞賦、經義通試時務策，止選一人爲首。」有司言：「自宋王安石爲相，作新經，始以經義取人。且詞賦、經義，人所素習之本業，策論則兼習者也。今舍本業，取兼習，恐不副陛下公選之意。」遂定御試同日各試本業，詞賦居首，詩賦（經義）次之。

63金李淑妃有寵，嘗從金主幸蓬萊院，陳玉器及諸玩好，款式多宣和間物。金主惻然動色，妃進曰：「作者未必用，用者未必作。宣和作此以爲陛下用耳。」金主爲之意解。妃嘗與金主同輦過雕龍橋，見白石瑩潤，愛之，歸白金主，自蘇山輦至，築巖洞於芳華閣，用工二萬人，牛馬七百乘，道路相望。會妃賞菊於東明園，見壁間畫宣和艮嶽圖，問內侍余晥，晥曰：「宣和帝運東南花石築艮嶽，致亡其國。先帝命圖之以爲戒。」妃怒曰：「宣和之亡，不緣此石，乃用童貫、梁師成故爾。」妃意以譏晥，其黠辨類此。

自欽懷皇后殂，中宮虛位久，金主意屬李氏，而祖宗故事，皆圖克坦、（舊作徒單。）唐古、（舊作唐括。）富察、（舊作蒲察。）赫舍哩、烏凌阿、烏庫哩（舊作烏古論。）諸部部長之家，世爲婚姻，娶后尚主。李氏微甚，恐爲衆所格，至是遂欲立之。大臣固執，臺諫亦以爲言，金主不得已進封爲元妃，而勢位熏赫，與皇后侔矣。【考異】金史張萬公傳：李淑妃有寵用事，帝意惑之，欲立爲后，大臣多不可。御史姬端修上書論之，帝怒，御史大夫張暐劾一官，侍御史路鐸劾兩官，端修杖七十，以贖論。淑妃竟進封元妃。據

端修、暐、鐸傳，則端修未嘗因論淑妃而被杖，暐、鐸之削官亦不因李氏也，今從后妃傳約舉之，

64是冬，編慶元寬卹詔令。

65是歲，賑浙東、江西、廣東被水州縣貧民。

慶元六年金承安五年。(庚申、一二〇〇)

1春，正月，乙未，金尙書省言：「會試取策論、詞賦、經義不得過六百人，合格者不及其數則闕之。」

2丙申，金主如春水。

3庚子，金命左右司五月一轉奏事。

4辛丑，金主諭點檢曰：「車駕所至，仍令百姓市易。」

5庚戌，(金)定明安(舊作猛安。)、穆昆(舊作謀克。)軍前怠慢罷世襲制。

6二月，戊辰，減諸路雜犯死罪囚，釋徒以下，皇子生故也。

7辛未，金主還都。

8戊寅，上太上皇玉牒、聖政、日曆、會要於壽康宮。【考異】宋史本紀作己卯，今從兩朝綱目備要及宋史全文。

9甲申，封婕妤楊氏爲貴妃。【考異】四朝見聞錄以楊后爲越人。宋史后妃傳云：后少以姿容選入宮，忘其

姓氏，或云會稽人，慶元三年，封婕妤。有楊次山者，亦會稽人，后自謂其兄也，遂姓楊氏。朝野雜記、兩朝綱目備要作遂安人，與宋史異。

10 閏月，庚寅，以京鏜爲左丞相，謝深甫爲右丞相，何澹知樞密院事兼參知政事。

11 乙巳，復留正少保、觀文殿大學士，致仕。

12 癸卯，金定納粟補官之家存留弓箭制。

13 丁未，金主與宰臣論置相曰：「圖克坦鎰，圖克坦，舊作徒單，今改。朕志先定。賈鉉何如？」司空襄舉知延安府孫卽康，金主曰：「不輕薄否？」襄曰：「可再用爲中丞以觀之。」張萬公曰：「卽康及第，先鉉一榜。」金主曰：「論相安論榜次！朕意以賈鉉才可用也。」旋以卽康爲御史中丞。

14 金右補闕楊廷秀言：「請令尙書省及左右官一人，應入史事編次日曆，或一月或一季封送史院。」金主是其言，仍令送著作局潤色付之。

15 辛亥，以殿前都指揮使吳曦爲昭信軍節度使。曦，挺之子也。

16 三月，庚申，金大睦親府進重修玉牒。

17 甲子，提舉南京鴻慶宮朱熹卒。

自僞學有禁，士之繩趨尺步，稍以儒自名者，無所容其身。從游之士，特立不顧者，屛伏丘壑，依阿巽懦者，更名他師，過門不入，甚至變易衣冠，狎遊市肆，以自別其非黨，而熹日與諸生講學不休。或勸其謝遣生徒，笑而不答。及疾革，以深衣及所著書授門人黃榦而卒。

熹平居惓惓，無一念不在於國，聞時政之闕失，則戚然有不豫之色，語及國勢未振，則感慨以至泣下。然難進易退，不貶道以求合，故與世動輒齟齬。歷事四朝，仕於外者僅九考，立朝纔四十日，天下惜之。

將葬，右正言施康年言：「四方僞徒，欲送僞師朱熹之葬。臣聞僞師在浙東則浙東之徒盛，在湖南則湖南之徒盛。每夜三鼓，聚於一堂，僞師身據高坐，口出異言，或吟哦怪書，如道家步虛之聲；或幽默端坐，如釋氏入定之狀；至於遇夜則入，至曉則散，又如姦人事魔之教。今熹已歿，其徒畫像以事之，設位以祭之，會聚之間，非妄談世人之短長，則謬議時政之得失，望令守臣約束。」從之。於是門生故舊不敢送葬，惟李燔等數人視窆，不少怵。

熹自少有志於聖道，其爲學大抵窮理以致其知，反躬以踐其實，而以居敬爲主。嘗謂聖賢道統之傳，散在方册，自經旨不明而道統之傳始晦，于是竭其精力以研窮聖賢之經訓。所著書爲學者所宗。

18 戊辰，金定妻亡，服內婚娶聽離制。

19 庚午，金以知大興府卞爲御史大夫。

時言官謂御史大夫久闕，憲紀不振，宜選剛正疾惡之人，肅清庶務，遂以卞爲之。

20 丙子，金尚書省奏擬同知商州事富察南（西）京爲濟南府判官。金主曰：「宰相豈可止徇人情，要當重惜名器。此人不堪，朕嘗記之，與七品足矣。」

21 庚辰，金以上京留守圖克坦鎰爲平章政事。

金主嘗問宰臣：「鎰與崇浩孰優？」張萬公對曰：「皆才能之士，鎰似優。鎰有執守，崇浩多數耳。」金主曰：「何爲多數？」萬公曰：「崇浩微似迎合。」金主曰：「卿言是也。」

22 夏，四月，金尚書省進律義。

23 己酉，封宗子不璺爲嗣濮王。

24 辛亥，監都進奏院鄧友龍，請明詔大臣，用舍從違，謹所決擇，無用僞黨。友龍尋擢監察御史。【考異】慶元黨禁作四年事，今從兩朝綱目備要。

25 五月，丙辰，以旱決中外繫囚。

26 己未，金敕諸路按察司，糾察親民官以大杖箠人者。

先是賈鉉上書曰：「親民之官，任情立威，所用決杖，分徑長短，不如法式，甚者以鐵刃置於杖端，因而致死。願下州郡申明舊章，檢量封記，按察官檢察不如法者，具以名聞。內廷敕斷，亦依已定程式。」故有是命。

27丙寅，詔大理、三衙、臨安府及諸路闕雨州縣釋杖以下囚。

28戊辰，詔侍從、臺諫、兩省、卿監、郎官、館職疏陳闕失及當今急務。辛未，以久旱，詔中外陳朝廷過失及時政利害。

知興國縣莊夏上封事曰：「君者，陽也；臣者，君之陰也；今威福下移，此陰勝也。積陰之極，陽之氣散亂而不收，其弊爲火災，爲旱蝗。願陛下體陽剛之德，使後宮戚里、內省黃門，思不出位，此抑陰助陽之術也。」召爲太學博士。

29壬申，雨。

30庚辰，金地震。

31六月，乙酉朔，日有食之。【考異】金史不書是年日食，今從宋史。

32戊子，太上皇后李氏崩於壽康宮，年五十六。【考異】兩朝綱目備要作丁亥，宋史本紀作戊子；宋史全文與本紀同，今從之。

33戊申，同知樞密院事許及之，以母喪去位。

34秋，七月，癸亥，金定居祖父母喪婚娶聽離法。

35丁卯，以御史中丞陳自強簽書樞密院事。自強自選人至樞府，首尾僅四年。

36 金平章政事張萬公乞致仕。時北部雖罷兵，而邊事方殷，連歲旱暵，災異數見，又多變更制度，民以爲不便，旋又改之，紛紛無定。萬公素沈厚深謹，務安靜少事，與同列議多不合。然頗嫌畏，不敢犯顏強諫，須金主有問，然後審察利害而質言之，金主雖稱善而弗行，故萬公以衰病丐閒。辛未，金主諭曰：「近卿言數事，朕未嘗行，乃朕之過。卿年未老而遽告病，今特賜告兩月，復起視事。」

37 提舉洞霄宮黃洽卒。

38 八月，辛卯，太上皇崩於壽康宮，年五十四。

39 丙申，上太上皇后謚曰慈懿。

40 丁酉，左丞相京鏜卒。

鏜居政府，唯奉行韓侂胄風旨，又嘗薦劉德秀，排擊善類。僞學之名，鏜實發之。

41 癸卯，權攢慈懿皇后於修吉寺。

42 丁未，金敕審官院奏事，其院官皆許升殿。

43 戊申，金更定鎭、防軍犯徒配役法。

44 九月，乙卯，祔慈懿皇后神主於太廟。

45 臣僚言：「比年以來，寖成內重之弊。祖宗成憲，改秩者必宰邑，典郡者方除郎，寺監之既更，則出守千里之地，郎官卿監之已歷，必出分一道之節，此不易之良法。日往月邁，莫克遵守，恐內重外輕，其弊難革。望令中外之官，更出迭入，以均其任。」

46 金邊臣言：「比歲征伐，軍多敗衄。蓋屯田地寡，無以養贍，至有不免飢寒者，故無鬬志。願括民田之冒稅者分給，則戰士氣自倍矣。」朝議從之。張萬公獨上書言其不可者五，大略以爲：「軍旅之後，瘡痍未復，百姓撫摩之不暇，何可重擾！一也。通檢未久，田有定籍，括之必不能盡，適足以增猾吏之弊，長告訐之風，二也。侈費妄用，不可勝計，推之以養軍，可斂不及民而無待於奪民之田，三也。兵士失於選擇，強弱不別，而使同田共食，振厲者無以盡其力，疲劣者得以容其姦，四也。奪民而與軍，得軍心而失天下之心，其禍有不可勝言者，五也。必不得已，請以冒地之已括者，召民蒔之，以所入贍軍，則軍有坐獲之利，民無被奪之怨矣。」書奏，不報。

戊午，以樞密使崇浩，禮部尚書賈鉉，佩金符行省山東等路括地。

47 先是金有司議於西南、西北路沿邊築壕塹以備蒙古，役未就；御史臺言所開旋爲風沙所平，無益於禦侮而徒勞民。金主嘗以旱，問張萬公致災之由，萬公對曰：「勞民之久，恐傷和氣，宜從御史臺言罷之。」既而司空襄以樞密使蒞邊，卒築之。然工役迫促，雖有牆隍，無女牆副隄。西北路招討使通吉思忠通吉，舊作獨吉，今改。增繕之，用工七十五萬，止用屯戍軍卒，役不及民，至是工竣。己未，尚書省以聞，詔獎之曰：「直乾之維，扼邊之要，正資守備，以靖翰藩。垣壘未完，營屯未固，卿督茲事役，唯用戍兵，民不知勞，時非淹久，已臻休畢，仍底工堅。賴爾忠勤，辦茲心畫，有嘉乃心，式副予懷。」遂厚賜以銀幣。論者謂金之國勢自茲弱矣。

48 金修玉牒成。

定皇族收養異姓男爲子者，徒三年，姓同者，減二等。立嫡違法者，徒一年。

49 癸亥，金主如薊州秋山。

50 甲子，婺州進士呂祖泰，【考異】宋史本紀作婺州布衣，兩朝綱目備要、宋史全文俱作進士。上書，請誅韓侂胄。祖泰，祖儉之從弟也。性疎達，尚氣誼，論世事無忌諱。

先是祖儉以言事貶，祖泰語其友曰：「自吾兄之貶，諸人箝口，我必以言報國，當少須之，今亦未敢以累吾兄也。」至是祖儉卒，祖泰乃擊登聞鼓上書，論侂胄有無君之心，請誅之以防禍亂，其略曰：「道與學，自古所恃以爲國者也；丞相趙汝愚，今之有大勳勞者也。立僞學之禁，逐汝愚之黨，是將空陛下之國，而陛下不知悟耶？陳自強何人，徒以韓侂胄童稚之師，躐致宰輔，陛下舊學之臣若彭龜年等，今安在哉！蘇師旦，平江之吏胥，周筠，韓氏之廝役，人共知之。今師旦乃以潛邸隨龍，筠以皇后親屬，俱得大官。不知陛下在潛邸時，果識所謂蘇師旦者乎？椒房之親，果有廝役之周筠者乎？侂胄之徒，自尊大而卑朝廷，一至於此。願亟誅侂胄、師旦、筠而逐罷自強之徒。故大臣在者，獨周必大可用，宜以代之。不然，事將不測。」

書下三省，朝論雜起。御史施康年以爲必大實使之，遂露章奏劾，且謂：「淳熙之季，王淮爲首相，必大嘗擠而奪之位，首倡僞徒，私植黨與。今屏居田野，不自循省，而誘致狂生，叩閽自薦，以覬召用。」林采言：「僞學之成，造端自周必大，宜加貶削。」遂鐫必大一官。呂祖泰挾私上書，語言狂妄，拘管連州。右諫議大夫程松與祖泰友，懼，曰：「人知我素與遊，其謂我與聞乎？」乃獨奏，言祖泰有當誅之罪，且其上書必有教之者，今縱不殺，猶當杖脊黥面，竄之遠方。殿中侍御史陳讜，亦以爲言。乃杖祖泰一百，配欽州牢城。【考異】宋史呂祖泰傳：祖泰因周必大降少保致仕，憤之，乃上書請誅侂胄。按必大降少保在嘉泰元年，乃因祖泰上書而貶秩耳。慶元黨禁又以爲五年九月，疑皆掇拾之誤也。兩朝綱目備要、宋史全文俱作六年九月，與宋史本紀同，今從之。又，備要云：十一日甲子，祖泰投匭上書，中外大駭。侂胄雖怒甚，重違人心，會方行明堂禮，故未及問。辛未，禮成，肆大眚，後五日，乃批旨送連州拘管，宋史本紀統繫於甲子，蓋因上書而竟言其事。至必大降少保，本紀載在次年二月癸巳，今連書之。

初，當路欲文致必大以罪，而難其重名，意必大或有辨論，乃致於貶。及必大上書謝，惟自引咎，詔復其秩。

祖泰自期必死，無懼色。既至府庭，府尹趙善堅爲好語誘之曰：「誰教汝爲者？」祖泰笑曰：「此何事？可受教於人乎？」善堅曰：「汝病風喪心耶？」祖泰曰：「以吾觀之，若今之附韓氏得美官者，乃病風喪心耳！」善堅據案作色蒞行杖，祖泰大呼曰：「公爲天族，同國休戚，祖泰乃爲何人家計安危而受斯辱也！」善堅亦慚，趣使去。

51 己巳，命右丞相謝深甫朝獻景靈宮。庚午，命嗣濮王不壘朝饗太廟。辛未，合祀天地於明堂，大赦。

52 冬，十月，丙戌，加韓侂胄太傅。

53 庚寅，金主還都。

54 庚子，金地風霾。辛丑，金主命集百官於尚書省，問：「間者亢旱，近則久陰，豈政有錯謬而致然歟？其各以所見對。」張萬公言：「天久陰晦，由人君用人邪正不分。用人之道，君子當在內，小人當在外。」金主召問之，曰：「卿言有理，然孰爲小人？」萬公不敢斥言李仁惠兄弟，對曰：「戶部員外郎張暐，文繡署丞田櫟，都水監承（丞）張嘉貞，雖有幹才，無德而稱，好奔走以取勢利。大抵論人當先才德。」金主卽命三人皆補外。

金主又謂萬公曰：「趙秉文曩以言事降授，聞其人有才藻，工書翰，又且敢言，朕雖棄不用，以北邊軍事方興，姑試之耳。」其後秉文果召用。

55金圖克坦鎰應詔上疏，略曰：「仁、義、禮、智、信，謂之五常。父義、母慈、兄友、弟敬、子孝，謂之五德。今五常不立，五德不興，搢紳學古之士，棄禮義，忘廉恥，細民違道畔義，迷不知返，背毀天常，骨肉相殘，動傷和氣，此非一朝一夕之故也。今宜正薄俗，順人心，父父、子子、夫夫、婦婦，各得其道，然後和氣普洽，福祿薦臻矣！」

因論爲政之術，其急有二：「一曰正臣下之心。竊見羣下不明禮義，趨利者衆，何以責小民之從化哉！其用人也，德器爲上，才美爲下，兼之者待以不次。才下行美者次之，雖有才能，行義無取者，抑而下之，則臣下之趨向正矣。其二曰導學者之志。教化之行，興於學校。今學者失其本眞，經史雅奧，委而不習，藻飾虛詞，釣取祿利，請令取士兼問經史故實，使學者皆守經學，不惑於近習之靡，則善矣。」

又曰：「凡天下之事，叢來者非一端，形似者非一體，法制不能盡隱於形似，乃生異端。孔子曰：『義者，天下之斷也。』記曰：『義爲斷之節。』望陛下臨制萬機，事有異議，少礙聖慮，尋繹其端，則裁斷有定而疑可辨矣。」

時李元妃兄弟恣橫，鎰言皆切時弊。金主雖納其說而不能行。

金主嘗問宰臣：「漢高帝、光武孰爲優劣？」張萬公對曰：「高帝優甚。」圖克坦鎰曰：「光武再造漢業，在位三十年，無沈湎冒色之事；高帝惑戚姬，至於亂。由是言之，光武爲優。」金主默然。鎰蓋以李元妃隆寵過盛，故微諷云。

56 癸巳，吏部侍郎費士寅，請歷十五考以上，無贓私罪犯者，聽免職司舉主一員，從之。

57 十一月，癸丑朔，日有食之。【考異】宋史不書，今從金史書之。

58 詔宗子與愿更名曮，除福州觀察使，令資善堂授（受）書。

59 乙卯，金定品官過闕則下制。

60 金以國史院編修官呂卿雲爲右補闕兼應奉翰林文字，審官院以資淺駁奏。金主諭曰：「明昌間，卿雲嘗上書言宮掖事，辭甚切直，皆他人不能言者，卿輩蓋不知也。臣下言事，不令外人知，乃是謹密，正當顯用。卿等宜悉之。」

61 金李元妃嘗遣人以皁幣易內藏紅幣，左藏庫副使高竑，拒不肯易，元妃奏之。金主大喜，使諭竑曰：「所執甚善。今姑與之，後不得爲例。」旋轉竑爲儀鸞局少府少監。

62 己未，皇后韓氏崩，謚恭淑。

63 丙寅，東北地震。

64 十二月，朔癸未（癸未朔），金詔改明年爲泰和元年。

65 辛卯，權攢憲仁聖哲慈孝皇帝於永崇陵，廟號光宗。

66 乙未，金定管軍官受所部財物輒放離役及令人代役法。

67辛丑，金詔：「宮籍監戶，百姓自願以女爲婚者聽。」

68壬寅，權攢恭淑皇后於廣教寺。

69癸卯，祔光宗神主於太廟。

太廟自仁宗以來，皆祀七世。崇寧初，蔡京秉政，乃建九廟，奉翼祖、宣祖。紹興中，徽宗祔廟，以與哲宗同爲一世，故無所祧，及祔欽宗，始祧翼祖。高宗與欽宗同爲一世，亦不祧。由是淳熙末年，太廟祀九世、十二室。迨阜陵復土，趙汝愚爲政，遂祧僖、宣二祖而祔孝宗。及光宗祔廟，復不祧，又祀九世。

70詔改明年爲嘉泰元年。

71金定造作不如法，三年內有損壞者，罪有差。

72己酉，加吳曦太尉。

73庚戌，祔恭淑皇后神主於太廟。

74四川關外四州營田，半爲吳、郭諸家所據，租入甚輕，計司知之而不敢問。司農少卿江陰王寧，總領四川財賦，有隆州教授張鈞，獻策於寧，以爲營田租可增。寧用其說，是冬，分遣官屬八人按行諸郡，所遣官知其難行，僅略增之；惟金州簽判元鼎分括鳳州，遂盡集屬邑之民，糾決升降，累月不已。興州都統制郭杲，舊與寧同僚相善，至是寧欲核其軍闕員將佐，杲不肯，互奏於朝，詔用杲言，由是兩人有隙。及寧括營田，杲尤以爲不便。寧命鼎近邊三十里毋得增括，鼎匿之，營田戶數自詣鼎，請其榜以示人，鼎不與。俄而營田戶數百戶譟於庭，突執鼎毆之，搜其橐，得賂遺無算，卽執鼎，使自具所得主名，鼎詞伏。杲因出榜招諭，且以聞，詔罷四川所增營田租，改寧直徽猷閣、湖北轉運副使。

先是興州催鋒、踏白二軍戍黑谷者，騎士月給芻錢甚厚，寧議損之。是秋，戍卒張威等百餘人亡入黑谷爲盜，有奔金境者。金邊帥械其二十七人還都統司，杲戮之而不敢奏。未幾，杲卒。

續資治通鑑卷第一百五十六

賜進士及第兵部尚書兼都察院右都御史總督湖北湖南等處地方軍務兼理糧餉世襲二等輕車都尉　畢沅　編集

宋紀一百五十六 起重光作噩（辛酉）正月，盡閼逢困敦（甲子）三月，凡三年有奇。

寧宗法天備道純德茂功仁文哲武聖睿恭孝皇帝

嘉泰元年金泰和元年。（辛酉、一二〇一）

1春，正月，戊午，申嚴福建科鹽之禁。

2壬戌，謝深甫等薦士二十有五人，詔籍名中書以待選擢。

3丁卯，命路鈐按閱都（諸）州兵士，毋受餽遺及擅招軍，違者置諸法。

4己巳，金太府監孫復言：「方今在仕者三萬七千餘人，而門廕補敍居三之二。諸司待闕，動至累年，蓋由補廕猥多，流品混淆，本未（末）相舛。至於進納之人，既無勞績，又非科第，而亦廕子孫，無所分別，欲流之清，必澄其源。」金主然之，詔更定廕敍法。

5金尚書省奏杖式輕細，民不知畏，請用大杖，詔不許過五分。

6 庚午，以葛邲配饗光宗廟庭。

7 金主如長春宮、春水。辛未，金主以方春，禁殺食胎兔，犯者罪之，告者賞之。

8 甲戌，金初命文武官職至三品者，許贈其祖。

9 二月，戊子，詔諸州訪求明曆之士。

10 壬辰，開資善堂，以祕書郎婁機兼小學教授。機以累朝事親、修身、治國、愛民四事手書以獻。

11 癸巳，修光宗實錄。

12 言者稱：「四川制置司遇類省試年分，倣禮部附試學官，許有出身人具所業赴制置司陳乞，委有出身通判或教授看詳。」蜀人試教官自此始。

13 丁未，金主還都。金主嘗與司空襄言秋山之樂，意將有事於春蒐也，顧視平章政事張萬公，萬公曰：「動何如靜？」金主改容而止。

14 三月，丙寅，雨雪（校者按：雨雪二字衍。）雨雹。

15 戊辰，頒慶元寬卹詔令、役法撮要。

16 丁丑，金更定鎮、防千戶、穆昆（舊作謀克。）放老入除格。

17 戊寅，行都大火，四日乃滅，焚居民五萬三千餘家。帝下詔罪己，避殿，減膳，命臨安府察姦民縱火者，罪以軍法。出內府錢十六萬，米六萬餘斛，賜被火之家。

18 金內侍李新喜，有寵用事，借大興府妓樂，知大興府事完顏承暉拒不與，新喜慚。金主聞而嘉之。豪民與人爭種稻水利，不直，厚賂左宣徽使李仁惠，使人屬承暉。承暉杖豪民而遣之，謂其人曰：「此可以報宣徽也。」承暉先爲提刑，豪猾屛迹，及尹京，尤以剛正稱，而權貴多不悅。尋罷，以赫舍哩（舊作紇石烈。）執中代之。

19 是春，以和州防禦使姜特立爲寧遠軍節度使。

20 夏，四月，辛卯，詔曰：「風俗侈靡，日甚一日，服食器用，無復差等。今被焚之餘，其令官民營造室屋，一遵制度，務從簡朴，銷金鋪翠，毋得服用。今以宮中所有，焚之通衢。中外士庶，令有司嚴立禁防，貴近之家，尤當遵奉。苟違斯令，必罰無赦。」

21 龍州蕃部寇邊。

先是龍州蕃人常至濁水寨互市，寨有豪民，受而儲之。及蘇肅之知龍州，以豪民擅利，乃罪而移之，自是蕃人鹽、糧、米、茶之屬，皆不可得。姦民李蒙大，以作過竄入龍州蕃部，誘之入寇。四川制置司以聞，詔遣官軍討之。

22 戊戌，以潛邸爲開元宮。

23 甲辰，金諭：「契丹人戶累經簽軍立功者，官賞恩例與女直人同，仍許養馬、爲吏。」知大興府事赫舍哩執中格詔不下，金主責之曰：「汝雖意在防閑，而不知朝廷自有定格。自今勿復如此煩碎生事也。」乃下詔行之。

24 五月，甲寅，金主擊毬於臨武殿，令都民縱觀。

25 丙辰，金樞密使崇浩罷。

26 戊午，以旱禱於天地、宗廟、社稷。詔大理、三衙、臨安府、兩浙州縣決繫囚。【考異】宋史全文、兩朝綱目備要俱作戊辰，今從宋史本紀。 癸亥，釋諸路杖以下囚，除茶鹽賞錢。丁卯，命有司舉行寬卹之政十有六條。

27 乙亥，監太平惠民局夏允中，請用文彥博故事，以韓侂冑平章軍國重事。【考異】允中上書，宋史韓侂冑傳作三年，本紀作元年。兩朝綱目備要與本紀同，今從之。 侂冑上疏，歷敍家世榮寵，言：「臣不能自奮，濫叨世賞。陛下龍飛之日，面奉憲聖皇后旨，俾臣朝夕仰裨初政，臣深惟綿薄，不足以副使令。忽聞局務官有劄子，引文彥博故事，肆爲狂妄之言，臣駭汗如雨。斯人固不足責，而臣之出處豈容不明！乞許臣守本官致仕，以全愚分。」帝手批慰留，允中坐免，仍令臨安府押出國門。

28 丙子，雨。

29 六月，辛卯，金祈雨於北郊。

30 己亥，金敕尚書省舉行奢僭之禁。

31 金用尚書省言：「申明舊制，明安、（舊作猛安。）穆昆戶，每田四十畝樹桑一畝，毀樹木者有禁，鬻地土者有刑。其田多汙萊，人戶闕乏，並坐所臨長吏。按察使以時勸督，有故慢者，量決罰之。仍減牛頭稅三之一。」

32 乙巳，金初許諸科鋪馬、黃河夫、軍須等錢折納銀一半，願納錢鈔者聽。

33 丙午，太白經天。

34 秋，七月，乙卯，知樞密院事何澹罷。

時吳曦自以祖父世守西蜀，爲國藩屏，而身留行都，不得如志，乃厚賂宰輔，規圖帥蜀。未及賂澹，韓侂胄已許之，澹持不可。侂胄怒曰：「始以君肯相就，黜僞學，汲引至此，今顧立異耶！」遂罷爲資政殿學士、知太平州。翼日，改大學士。【考異】兩朝綱目會要謂澹以弟滁之累，亦乞罷，今從宋史本傳。薛氏通鑑作與祠，誤也，今從備要。

35 丁巳，復以旱祈禱。壬戌，卹囚。

36 甲子，以陳自強參知政事，張釜簽書樞密院事。

37 金主諭刑部官，凡上書言及宰相者，不得申省。

38 己巳，以吳曦爲興州都統制，兼知興州。

先是郭杲在武興，多刻剝軍士，黑谷逃卒爲盜，經時未平。杲卒，副都統制王大節攝帥事，語諸將曰：「是迫於飢寒，非有他。」揭榜招還之，斬爲首者以徇，流配其餘。

吳氏世守西蜀，蜀人習而安之，承郭杲之後，聞曦除帥，延頸望其來。曦盡載輜重，大艦連屬，泝嘉陵而上。及至，首爲璘建廟，大殿費十萬緡。又命士卒負土築江濱地，際山爲園，廣袤數里，日役數千人，士始失望。既而曦譖大節，罷其副都統制，於是蜀之兵權悉歸於曦。

39金禁廟諱同音字。金主嘗問孫卽康曰：「太宗廟諱同音字有讀作『成』字者，既非同音，便不當闕點畫。睿宗廟諱改作『崇』字，其下卻有本字全體，若將『示』字依蘭亭帖寫作『未』字。『允』字合闕點畫，如『統』傍之『允』，似不合缺。」卽康對曰：「唐太宗諱世民，偏傍犯如『葉』字作『茉』字，『泯』字作『泜』字。」乃擬熙宗廟諱從『面』從『且』；睿宗廟諱上字從『未』，下字從『卉〔𢆉〕』；世宗廟諱從『糸』；顯宗廟諱如正犯字形，止書斜畫，『沇』字、『鈗』字各從口，『兑』、『悦』之類，各從本體；」從之。自此不勝曲避矣。

40八月，己卯，減奏薦恩，以言者論官冗恩濫故也。

41庚辰，金命絕戶之田宅，以二分之一付其女及女孫。

42甲申，張釜罷。以陳自強兼知樞密院事，給事中張巖參知政事，右諫議大夫程松同知樞密院事。

巖、松並附韓侂胄，松諂之尤甚，侂胄憐之，遂得佐樞。

43 壬寅，金制：「明安、穆昆並隸按察司；監察御史止按部糾舉，有罪併坐監臨之官。」

44 直龍圖閣致仕李詳卒。詳直諒老成，以植公論，因罹黨禍。後謚肅簡。

45 西遼主珠勒呼舊作直魯出〔古〕，今改。出獵，柰曼舊作乃蠻，今改。庫楚類舊作屈出律，今改。伏兵擒之而據其位，襲遼衣冠，尊珠勒呼爲太上皇，皇后爲皇太后，朝夕問起居。珠勒呼在位三十四年，尋死，遼祀遂絕。【考異】庫楚類襲遼衣冠而遼祀絕，此據遼史書之。據元史，則庫楚類即迪延汗（舊作太陽罕。）之子。元太祖本紀：三年，戊辰，征庫楚類汗，庫楚類奔契丹。考珠勒呼之被擒，在癸酉年，去戊辰僅八年。既云庫楚類據其位矣，而戊辰年所奔之契丹，又係何國耶？元聖武親征錄云：庫楚類以數人奔契丹王菊爾可汗。（舊作菊兒汗。）豈襲衣冠而據位爲菊爾可汗而非庫楚類耶？元遺山文集云：車駕征契丹餘族，是爲西遼。殆柰曼別部之襲遼衣冠者，即稱西遼耶？抑別有餘族耶？史文脫落，錄以識疑。（校者按：此條大誤。本書卷一百五十八、嘉定元年末書庫楚類始奔契丹——西遼，安能在此時即奪西遼珠勒呼位！）

46 九月，戊申朔，金更定贍學養士法。生員給民佃官田，人六十畝，歲支粟三十石；國子生人百八畝，歲給以所入，官爲掌其數。

47 先是戶部尚書袁說友等言：「浙西圍田相望，皆千百畝，陂塘漊瀆，悉爲田濤〔疇〕，潦則無地可瀦，旱則無水可戽，不嚴禁之，後將益甚。」辛亥，遣大理司直留佑賢、宗正寺主簿李澄往浙西行視。自淳熙十一年立石之後，凡官民田圍裹者，悉開之。

48甲寅，金主如秋山。

49甲戌，令禮部集孝宗朝典禮。

50丙子，金主還都。

51冬，十月，乙酉，金祫饗於太廟。

52丙戌，起居郎王容，請以韓侂胄定策事迹付史館，從之。

53壬辰，金御史臺言：「在制，按察使〔司〕官，比任終，遣官考覈，然後尚書省遣官覆察之。今監察御史添設員多，宜分路巡行，每路女直、漢人各一人同往。」從之，仍敕分四路。

54壬寅，金敕有司購遺書，宜高其價以廣搜訪。其藏書之家，有珍襲不願送官者，官爲謄寫，畢，復還之，仍量給其值之半。

55甲申，編光宗御集。

56十一月，辛亥，金敕尚書省：「凡役衆勞民之事，勿輕行之。」

57丁巳，金主諭工部曰：「比聞懷州有橙結實，官吏檢視，已嘗擾民。今復進柑，得無重擾乎？其誡所司，遇有則進，無則已。」

58庚申，蠲潭州民舊輸黃河鐵纜錢。

59金陝西路轉運使高汝礪言：「舊制，捕告私鹽、酒麴者，計斤給賞，錢皆徵於犯人。然監官獲之則充正課，巡捕官則不賞，巡捕軍則減常人之半，免役弓手又半之，是罪同而賞異也。請以司縣巡捕官不賞之數及巡捕弓手所減者，皆徵以入官，則罪賞均矣。」金主從其言。

60十二月，己卯，太白經天。

61辛巳，金敕原廟春秋祭祀改稱朝獻。

62金新修律成，凡十有二篇：一曰名例，二曰衞禁，三曰職制，四曰戶婚，五曰廐庫，六曰擅興，七曰賊盜，八曰鬭訟，九曰詐僞，十曰雜律，十一曰捕亡，十二曰斷獄，實唐律也。但加贖銅皆倍之，增徒至四年、五年爲七，削不合於時者四十七條，增時用之制百四十九條，因而略有所增益者二百八十有二條，餘百二十六條皆從其舊，又加分其一爲二，分其一爲四者六條，凡五百六十三條，爲三十卷，附注以明其義，疏義以釋其疑，名曰泰和律義。自官品令、職員令之下，曰祠令，戶令，學令，選舉令，封爵令，封贈令，宮衞令，軍防令，儀制令，衣服令，公式令，祿令，倉庫令，廐牧令，田令，賦役令，關市令，捕亡令，賞令，醫疾令，假寧令，獄官令，雜令，僧道令，營繕令，河防令，服制令，附以年月之制，曰律令二十卷。又新定敕條三卷，六部格式三卷。丁酉，司空襄具以進，詔以明年五月頒行之。

63乙巳，金初定廉能官升注法。

64是歲，浙西、江東、兩淮、利州路旱，賑之，仍蠲其賦。

嘉泰二年 金泰和二年。（壬戌、一二〇二）

1春，正月，乙卯，金始朝獻於衍慶宮。

2癸亥，以蘇師旦兼樞密院都承旨。

初，韓侂胄爲平江兵馬鈐轄時，師旦以刀筆吏事之，侂胄愛其辨慧。帝登極，竄姓名於藩邸吏士內，遂以隨龍恩得官，至是權勢日甚。

3丁卯，陳自強等上高宗實錄。

4侍御史林采、右正言施康年上疏曰：「臣聞習僞者，名教之僇人；欺君者，臣子之大罪；欺與僞，實人材風俗之所深患，不可不察也。苟有人焉，方僞習之熾則從之，及僞習之衰則攻之，彼自以爲媒身干進之計，而不知墮于欺君之罪。臣嘗謂由慶元初迄今，人之趨向，一歸於正，謹守而隄防之，權在二三執政大臣，其次在給、舍，又其次在臺諫。設使朝廷未知其人，有所除授，給、舍不繳駁，臺諫不論列，百執事從而指其人，聲其罪，可也。今乃不然，徒肆諸空言，遂使當世譁然指攻，僞爲釣取爵祿之資，凡投匭而上書，陛辭而進說，召見而賜對，其論一本於此。望下臣此章，播告中外，繼自今，專事忠恪，毋肆欺謾，不惟可以昭聖朝公正之心，抑亦可以杜僞習淆亂之患。」

時禁學之禍，雖本韓侂胄欲去異己以快所私，然實京鏜創謀。及鏜死，侂胄亦厭前事之紛紜，欲稍更張以消中外之議；且欲開邊，而往時廢退之人，又有以復讐之說進者，故言官遂有此疏。

5 癸酉，金歸德軍節度副使韓琛，以強市民布帛削一官，罷之。

6 甲戌，金主如建春宮。時金主將幸長樂川，刑部尚書李愈諫曰：「方今戍卒貧弱，百姓騷然，三叉尤近北陲，恆防外患。兼聞泰和宮在兩山間，地勢狹隘，雨潦湍集，固不若北宮池臺之勝，優游閑暇也。」金主不從。

7 二月，甲申，弛僞學、僞黨禁。

張孝伯知韓侂胄已厭前事，因謂之曰：「不弛黨禁，恐後不免報復之禍。」籍田令陳景思，韓侂胄之姻也，亦謂侂胄當勿爲已甚，侂胄從之。于是趙汝愚追復資政殿學士。黨人見在者，徐誼、劉光祖、陳傅良、章穎、薛叔似、葉適、曾三聘、項安世、范仲黼、黃顥、詹體仁、游仲鴻等諸人，皆先後復官自便。又削薦牘中「不係僞學」一節，俾勿復有言。

8 丁亥，修高宗正史、寶訓。

9 戊子，頒治縣十二事以風厲縣令。

10 癸巳，禁私史。

有商人私持起居郎熊克中興小紀及九朝通略等書欲渡淮，盱眙軍以聞，遂命諸道郡邑書坊所鬻書，凡事干國體者，悉令毀棄。言者因請取禮部員外郎李燾續通鑑長編、知龍州王偁東都事略、監都鹽倉李丙丁未錄及通家語錄、家傳等書下史房考訂，或有裨於公議者存留，從之。

11 戊戌，金初制內侍寄祿官。

12 乙巳，金主還宮。

13 三月，辛亥，詔：「宰執各舉可守邊郡者二三人。」

14 甲寅，金初制宮院司都監、同監各一人。

15 己未，初命提刑以五月按部理囚。

16 己巳，詔：「諸路帥臣、總領、監司，舉任將帥者，與本軍主帥列上之。」

17 自渡江以來，員多闕少。紹興末，寺監丞、簿、學官、大理司直、樞密院編修官，始皆有待次者，乾道中，東南郡守率待闕五六年，蜀中亦三四年，由是朝士罕肯丐外，而勢要之人多攘闕者。淳熙中，詔存留州郡十五闕，慶元初，又增爲三十闕，然廟堂牽於丐請，率多借用。夏，四月，辛卯，言者請以嘉興府、處、台、衢、嚴、信、池、袁、撫、江、潮、漳、泰、溫、徽州十五闕，令中書再行注籍，專待職事官，餘如有經營留闕之人，令給舍繳駁，臺諫論奏，從之。

18 己亥，金定遷三品官法，復撲買河濼法。

19 辛丑，金主諭御史臺：「諸訴事於臺，當以實上聞，不得輒稱察知。」

20 癸卯，金主如萬寧宮。李愈復諫曰：「北部侵我舊疆，千有餘里，不謀雪恥，復欲北幸，一旦不〔有〕警，臣恐丞相襄、樞密副使安國等不足恃也。況皇嗣未立，羣心無定，豈可遠事逸遊哉！」金主異其言。

21 是月，復太學混補法。

先是太學補弟子員，每三歲科舉後，差官鎖院，凡四方舉人皆得就試，取合格者補入之，謂之混補。淳熙後，朝議以就試者多，欲爲之限制，乃立待補之法。諸路漕司及州軍皆以解試終場人數爲準，每百人取六人，許赴補試，率以開院後十日揭榜。然遠方士人多不就試，則爲他人取其公據代之，冒濫滋甚；慶元中，罷之。至是復行混補，就試者至三萬七千餘人，分六場十八日引試云。

22 五月，甲辰朔，日有食之。

23 戊申，金主如泰和宮。

24 辛亥，金初薦新於太廟。

25 壬戌，金諭有司曰：「金井巴納〔納巴〕，舊作鉢捺〔捺鉢〕，今改。不過二三日留，朕之所止，一涼廈足矣，若加修治，徒費人力。其藩籬不急之處，用圍幕可也。」

26 甲子，金更泰和宮曰慶寧，長樂川曰雲龍。

27 己巳，賜禮部進士傅行簡以下四百九十七人及第、出身。

28 金敕御史臺：「京師拜廟及巡幸所過州縣，止令洒掃，不得以黃上〔土〕覆道，違者糾之。」

29 六月，己卯，行都火。

30 壬午，濬浙西運河。

31 辛卯，禁都民以火說相驚者。

32 金諭尚書省：「諸路禾稼及雨多寡，令州郡以聞。」

33 秋，七月，乙卯，金朝獻於衍慶宮。

34 癸亥，以旱釋諸路杖以下囚。

35 己巳，命有司舉行寬卹之政；庚午，復推廣之。

36 八月，丙[illegible]，以吏部尚書袁說友同知樞密院事。

37 癸未，建寶謨閣，以藏光宗御集。

38 己丑，作壽慈宮，請太皇太后還內。

39 丙申，金有司奏鳳凰見於磁州武安縣鼓山石聖臺。

40 甲午，謝深甫等上慶元條法事類。（校者按：此條應移39前。）

41 丁酉，金主還宮。皇子特哩舊作忒鄰，今改。生，李元妃所生也。羣臣上表賀。金主宴羣臣於神龍殿，遣官報謝太廟、山陵、太清宮、北岳、長白山。

42 九月，己酉，帝朝於壽慈宮。

43 甲寅，金遣拱衞直都指揮使完顏瑭、侍講學士張行簡來使。金主戒瑭曰：「卿過界勿飲酒，每事聽於行簡。」謂行簡曰：「宋人行禮，好事末節，苟有非是，不可不正。舊例所有，不可不知。」又曰：「頗聞前奉使者過淮，每至中流，即以分界爭渡船，此殊非禮，卿自戒舟人，且語宋使曰：『兩國和好久矣，不宜爭細故，傷大體。』丁寧諭之，使悉此意也。」

44 壬戌，奉安光宗皇帝、慈懿皇后神御於景靈宮、萬壽觀。

45 丙寅，嗣秀王伯圭薨。追封崇王，謚憲靖。

46 金皇子特哩彌月，金主將加封三等國號，無愜意者。金主念世宗在位最久，年最高，初封葛王，庚午，封特哩爲葛王。

47是秋，詔監司、帥臣就送還人之官，以省將迎之費也。時黄人傑自隆州守除夔州路提刑，已解官矣，得此旨，遂檄隆州再索送還人，而夔之迓使已至，遂兩用之。其奉行失指如此。

48冬，十月，壬申，詔諸州起發總領所賦財（財賦），以通判爲主管官。

49乙亥，上太皇太后尊號曰壽成惠聖慈祐太皇太后。

50是月，追復朱熹煥章閣待制，致仕。【考異】慶元黨禁作除文華（華文）閣待制，與一子恩澤，與宋史異。薛氏通鑑誤繫於九月。兩朝綱目備要、宋史全文俱作十月，追復煥章閣待制，與宋史本紀同，今從之。

51十一月，甲辰，金更定國運爲土，臘用辰。

52金以西京留守崇浩爲樞密使。

53乙巳，重修吏部七司法。

54庚戌，以陳自強知樞密院事，前同知樞密院事許及之參知政事。

55庚午，命贓吏毋便予祠。

時言者論臣僚贓累鉅萬，具載章疏，投閒數月，便得祠祿，請自今皆須三年，故有是命。

56十二月，癸酉，金以皇子特哩晬日，放僧、道度牒三千，設醮於元眞觀，爲特哩祈福。丁丑，金主御慶和殿浴皇子，詔百官用元旦禮儀，進酒稱賀，五品以上進禮物。

57 金翰林修撰王庭筠卒。金主知其貧，詔有司賻錢給喪事，製詩賜其家。其引云：「王遵古，朕之故人也，乃子庭筠，又以才選，直禁林者首尾十年，今茲云亡，玉堂、東觀，無復斯人矣！」

58 甲申，立貴妃楊氏爲皇后。

自恭淑皇后崩，貴妃與曹美人俱有寵，韓侂冑以后頗涉書史，知古今，性警敏，任權術，而曹美人柔順，勸帝立曹氏。帝不從，竟立后，后由是怨侂冑。

59 加韓侂冑太師。【考異】宋史韓侂冑傳作三年加太師，本紀作二年；兩朝綱目備要、宋史全文與本紀同，今從之。

侂冑漸收羅知名之士，又意在開邊，士大夫之好言恢復者，亦多見擢用。然政府、樞密、臺諫、侍從、多其私人，而蘇師且〔旦〕、周筠，以吏胥廝役預聞國政，權勢熏灼，不爲正論所與。

60 庚寅，大閱。【考異】兩朝綱目備要、宋史全文俱作庚辰，今從宋史本紀。

61 閏月，丁未，詔：「講官陳經義有當開釋者，許依讀官例，隨事開陳。」【考異】兩朝綱目備要作乙未；宋史本紀及宋史全文俱作丁未，從之。

62 金司空襄，以報謝祀嵩岳，庚戌，還次芝田之府，以疾薨，謚武昭。

襄明敏，才武過人，金主待之厚，故所至有功。其駐軍臨潢也，有以僞書遺西京留守圖克坦（舊作徒單。）鎰，欲搆以罪；書聞，金主還畀襄，其相信如此。既而果獲爲僞書者。在政府，練習故事，簡重能決，器局寬大，人多稱之。

63 癸丑，金初命監察御史，非特旨不許舉官。

64 己卯，以福建觀察使瞰（矙）爲威武軍節度使，封衞國公。

65 復周必大少傅、觀文殿大學士。

66 金主以交鈔事，令戶部尚書孫鐸、侍郎張復亨議於內殿。復亨以三合同鈔可行，鐸言：「民間鈔多，宜收斂。院務課程及諸窠名錢，須要全收交鈔。秋夏稅本色外，盡令折鈔，不拘舊例。農民知之，迤漸重鈔。比來州縣抑配行市買鈔，無益，徒擾之耳。請罷諸處鈔局，惟省庫仍舊。小鈔無限路分，可令通行。」金主令速行之。自是而後，國虛民貧，經用不足，專以交鈔愚百姓，而法又不常，世宗之業衰焉。

67 是歲，蒙古部長卻特特穆津（舊作奇渥溫鐵木眞，今改。）擊奈曼，（舊作乃蠻，今改。）敗之。特穆津之十世祖勃端察爾，（舊作孛端叉兒，今改。）生有異徵，數傳之後，遂長諸部，金人置東北招討使以統轄之。至伊蘇克依，（舊作也速該，今改。）并吞諸部落，勢益盛大，後追謚烈祖神元皇帝。

初，伊蘇克依之妻諤楞舊作月倫，今改。生子，手握凝血如赤石，伊蘇克依異之，將卜名，特瑀者至其地，遂以特穆津名之。元史云：初，烈祖征塔塔爾部，獲其部長特穆津。宣懿太后諤楞適生子，因以所獲特穆津名之，志武功也。今從蒙古源流。

族人泰楚特舊作泰赤烏，今改。部，號最強，舊與伊蘇克依相善，後生嫌隙，絶不與通。及伊蘇克依卒，特穆津幼，泰楚特率衆來攻，特穆津大集諸部兵，分十三翼，與戰，破走之。時泰楚特諸部，多苦其主非法，見特穆津寬仁，時賜人以裘馬，心悅之，往往慕義求降。

特穆津有弟奇爾固岱、舊作別里古台，今改。哈薩爾，舊作哈撒兒，今改。驍勇善射，摧鋒陷陣，不避艱險，特穆津曰：「有奇爾固岱之力，哈薩爾之射，可以取天下矣。」又有齊拉袞，舊作赤老溫，今改。博勒呼，舊作博兒忽，今改。博爾濟，舊作博爾朮，今改。穆呼哩，舊作木華黎，今改。俱侍左右，以忠勇稱，號「都爾木庫楚克」，舊作撥〔掇〕里班曲律，今改。猶言「四傑」也。

會塔塔爾部背金約，金主遣丞相襄帥兵逐之，北走。特穆津聞之，發近兵自鄂端舊作斡難，今改。河合擊，破之，以功授特穆津爲察袞圖魯，舊作察兀圖魯，今改。猶言招討使也。

先是特哷舊作克烈，今改。部長托哩舊作晚里，今改。汗，受金封，爵爲王，所稱爲「汪罕」者也。托哩汗多殺戮昆弟，其叔父奇爾舊作菊兒，今改。舉兵攻之，托哩汗以百餘騎奔蒙古。伊蘇克依親將兵逐奇爾走西夏，復奪部衆歸。托哩汗德之。後復爲柰曼所敗，托哩汗出奔而復歸，中道糧絕，困乏殊甚。特穆津以父交好，遣人往招托哩汗，安置軍中，賑給之，遂會於圖烏喇（舊作土兀剌，今改。）河上，尊之爲父。托哩汗因此部衆稍集，欲復奈曼之讐，乞援於特穆津，乃命博爾濟、穆呼哩、博勒呼、齊拉袞四將助之，大敗奈曼，盡奪所掠以歸托哩汗。已而特穆津與弟哈薩爾伐奈曼，大敗之，盡殺其諸將族衆，積屍以爲京觀，奈曼之勢遂弱。

時泰楚特猶強，特穆津會托哩汗，大戰於鄂諾河上，敗走之，斬獲無算。

是歲，奈曼又會諸部衆來侵，特穆津與托哩汗倚阿蘭塞爲壁，大戰於徒伊（舊作圖奕，今改。）壇之野，奈曼使神巫祭風雪，欲因其勢進攻。既而反風，逆擊其陣，奈曼軍不能戰，欲引還，雪滿溝澗，特穆津勒兵乘之，奈曼大敗。是時薩穆哈（舊作札木合，今改。）部起兵援奈曼，聞其敗，卽還。

嘉泰三年 金泰和三年。（癸亥、一二〇三）

1春，正月，己卯，金以樞密使崇浩爲右丞相，右丞完顏匡爲左丞，參知政事布薩（舊作僕散。）揆爲右丞，御史中丞孫卽康、刑部尚書賈鉉並參知政事。

時孫鐸久爲尚書，不見擢，對客誦前人句云：「唯有庭前老柏樹，春風來似不曾來。」御史大夫卞劾其怨望，降同知河南府事。

2庚辰，右丞相謝深甫罷。

初，深甫力求罷政，帝曰：「卿能爲朕守法度，惜名器，不可言去。」至是固請，乃許之。

3 戊子，龍川蕃寇邊，掠大崖鋪。既而陷濁水寨，執知寨范浩，屠其家，以浩首畀土豪，絕其博易故也。知興州吳曦命李好義討之。好義，下邽人也。

4 甲午，參知政事張巖罷。丙申，以陳自強兼參知政事。

5 戊戌，視太學，御化原堂，命國子祭酒李寅仲講尚書周官篇。遂幸武學，監學官進秩一級，諸生推恩賜帛有差。

6 以袁說友參知政事，（權）翰林（學士）傅伯壽簽書樞密院事。伯壽以老疾辭不拜。

7 二月，乙巳，以端明殿學士（吏部尙書）費士寅簽書樞密院事。

8 甲子，金定諸職官省親拜墓給假例。

9 三月，壬申朔，金平章政事張萬公致仕。

萬公歷舉朝臣有名者以自代，求去甚力，金主知其不能留，諭曰：「朕初卽位，擢卿執政，繼遷相位，以卿先朝舊人，練習典故，朕甚重之。且年雖高，精力未衰，故以機務相勞。爲卿屢求退去，故勉從之，甚非朕意也。」

10 丙子，詔相度鐵錢利害。

11 丁丑，以久雨，詔大理、三衙、臨安府決繫囚。

12丙申，金以殿前都點檢布薩端爲御史大夫。

13夏，四月，己亥朔，日有食之。【考異】金史不書，今從宋史書之。

14乙巳，金禘於太廟。

15金敕點檢司：「致仕官入宮，年高艱步履者，並許策杖，仍令舍人、護衞扶之。」

16丙午，出封椿庫兩淮交子一百萬，命轉運使收民間鐵錢。

17乙卯，陳自強等上徽宗玉牒、孝宗、光宗實錄。【考異】兩朝綱目備要作徽宗、孝宗玉牒，光宗實錄，今從宋史本紀。

18丁巳，金敕有司祈雨，仍頒土龍法。

19己未，金命吏部侍郎李炳等再詳定禮儀。

20庚申，金主諭有司：「宮中所用物，如民間難得，勿強市之。」

21辛酉，詔：「宰執、臺諫子孫毋就試。」

22癸亥，金尚書省遣官分路覆實御史所察事。

23五月，戊寅朔，以陳自強爲右丞相，許及之知樞密院事。時韓侂胄凡所欲爲，宰執惕息，不敢爲異，自強至印空名敕劄授之，惟其所用，三省不知也。言路阨塞，每月按舉小吏一二人，謂之月課。又有泛論君德、時事，皆取其陳熟緩慢，略無攖拂者言之。或問之，則愧謝曰：「聊以塞責耳。」自強尤貪鄙，四方致書，必題其緘云：「某物若干并獻，」凡書題無「并」字則不開。縱子弟親戚關通貸〔貨〕賂，仕進干請，必諧價而後予。嘗語人曰：「自強惟一死以報師王。」每稱侂胄爲恩王，蘇師旦爲叔，堂吏史達祖爲兄。侂胄怙權專國，自強表裏之功爲多。

24 庚辰，以旱，釋杖以下囚。

25 壬午，金以重午，拜天射柳，金主三發三中。四品以上官侍宴魚藻殿，以天暑，命兵士甲者釋之。

26 癸未，命有司搜訪舊聞，修三朝正史，以書來上者賞之。

27 丙戌，金以定律令，正土德，鳳凰來，皇嗣建，大赦。

28 辛卯，金皇子葛王特哩卒。

29 丙申，金作太極宮。

30 是月，以蘇師旦爲定江軍承宣使。

31 六月，金主命選聰明方正之士修起居注。

32 戊申，金定職官追贈法，唯犯贓罪者不在追贈之列。

33 癸亥，太白經天。

34 秋，七月，辛未，命殿前司造戰艦，出封樁庫錢十萬緡給之。

35 頒慶元條法事類。

36 壬午，權罷同安、漢陽、蘄春三監鑄錢。

37 癸未，禁兩浙州縣抑納逃賦。

38 丁亥，金主諭宰臣曰：「凡奏事，朕欲徐思，若除授事，可俟三五日再奏，餘並二十日奏之。」

39 乙未，加光宗皇帝謚曰循道憲仁明功茂德溫文順武聖哲慈孝皇帝。

40 是月，李好義等討龍川蕃部，以選士二百人深入，渡大魚河。蕃人望見，即走入深箐，官軍追之，斬八級。蕃人走險，官軍不能進，乃還，焚其部帳。蕃人怒，復糾合以追官軍，凡三十餘里。會日暮，好義等僅得濟河。翼日，還至濁水寨。既而蕃人約降，制置司不能決。

41 八月，壬寅，增置襄陽騎軍。

42 初，吳璘〔玠〕第四子揔，嘗提舉四川茶馬，坐事貶秩，旋與祠。揔與從子曦不相中，每丐任使，曦數陰沮之。時胡大成爲茶馬，盡核諸場額外之茶，且損蕃商中馬之值。舊制，買馬必四尺四寸以上，及大成損馬值，而馬至益稀，所市僅四尺一寸，而駑者復衆。朝議不以爲便，揔乃與殿司統制官彭輅謀，納賄於蘇師旦，且說之曰：「馬政積弊如此，非西人諳其利病，不能更張，不若復委吳摠。」師旦然之，詔以摠仍提舉茶馬。爲給事中所駁，改知潼川府，而提舉仍未得其人。輅乘間見師旦，自言世西人，今西蕃多善馬，特茶司損其値，故以駑駘入市，誠以善價招之，宜可得。師旦喜曰：「無踰公者矣。」遂引之見韓侂胄。

丁未，詔曰：「茶馬司所發綱馬，全不及格，積弊極深，宜有更革。自今差文武官各一員，令三省、樞密院條具來上。」辛亥，命直祕閣、知瀘州王大過與輅分領之。大過置司成都，輅置司興元府。輅至司，而馬終不及格，以深蕃道梗自解；朝議始悟其詐。摠至蜀，以謁璘廟爲名，與曦樂飲結歡而去。

43 丙辰，陳自強等上皇帝會要。

44 甲子，詔：「刑部歲終比較諸路瘐死之數，以爲殿最。」

45 九月，庚午，參知政事袁說友罷。

46 壬申，以宗子希瑑爲莊文太子嗣，更名搢，授右千牛衛將軍。

47 癸酉，命坑冶鐵冶司毋得毀私錢爲銅。

48 戊子，金以萬寧宮提舉司隸工部。

49 己丑，詔南郊加祀感生帝、太子、庶子星、宋星。

50 金自邊境多故，徵調滋繁，國內多盜。壬辰，詔：「千戶穆昆受隨處備盜官公移，盜急，不卽以衆應之者，罪有差。」

51 先是薩哩舊作撒里，今改。部犯金邊寨，丞相崇浩以兵追躡，與布薩揆軍合擊之，殺獲甚衆，敵遁去。詔崇浩還朝，優獎厚賜之。

52 冬，十月，庚子，詔宥呂祖泰，任便居住。

53 癸卯，以費士寅參知政事，華文閣學士、知鎭江府張孝伯同知樞密院事。

54 甲辰，申酉間，天大赤，夜將旦，亦如之。金宰相薦信安杜時昇，博學知天文，可大用。時昇謂所親曰：「吾觀正北赤氣如血，東西亙天，天下當大亂，亂而南北當合爲一。消息盈虛，循環無端，察往考來，孰能爲之！」時金國風俗侈靡，紀綱大壞，時昇乃南渡河，隱居嵩、洛山中。

55 丙午，命兩淮諸州以仲冬教閱民兵萬弩手。

56 戊申，龍川蕃部降，李蒙大率其徒二百人至濁水寨，守臣楊熹遣江油令馬崇謙往受其降，蕃人獻六牛爲禮。朝議，蒙大本以漢人竄蕃界，誘之入犯，應逮治，論死，制置司言恐失蕃人向化心，乃止。蕃人獻水銀、朱砂竄，制置司謂此皆蕃人養生之具，奏給還之。復增濁水寨屯兵，自是蕃部稍帖息。

57 壬子，金右丞布薩揆至自北邊。丙辰，金主召至香閣，慰勞之。

58 庚申，金左丞完顏匡等進世宗實錄。

59 壬戌，金奉御完顏阿嚕岱舊作阿魯帶，今改。使宋還，言宋權臣韓侂胄市馬厲兵，將謀北侵，金主以爲生事，笞之五十，出爲彰德府推官。【考異】兩朝綱目備要言：金北邊聚糧，且禁襄陽府榷場，與宋史同。按金主憚於用兵，見本紀及完顏匡傳，此宋人托言兵端之啓曲在金耳，今不取。

60 十一月，甲戌，朝饗於太廟。乙亥，祀天地於圜丘，大赦。

61 十二月，鄧友龍使金，有賂驛使夜半求見者，具言金爲蒙古所困，饑饉連年，民不聊生，王師若來，勢如拉朽。友龍大喜，歸告韓侂胄，且上倡兵之書，北伐之議遂起。

62 辛亥，金詔：「諸親王、公主每歲寒食、十月朔，聽朝謁興、裕二陵，忌辰亦如之。」

63 癸丑，金詔：「監察御史分按諸路，所遣者女直人，卽以漢人朝臣偕往，所遣者漢人，卽以女直朝臣偕往。」

64 丙辰，命四川提與〔舉〕茶馬通治茶馬事；以彭輅言不驗，故復舊制。

65 戊午，金定行宮之名曰先春。

66 辛酉，詔禁將帥掊克。

67 是冬，起參知政事張巖帥淮東，同知樞密院事程松帥淮西，侍郎邱崈守明州，大卿辛棄疾帥浙東，以李奕爲荆、鄂副都統兼知襄陽，聲言備金人啓釁，其實韓侂胄欲用兵北伐也。

68是歲，初以諸司官理通判。

69蒙古特穆津爲長子卓沁（舊作朮齊〔赤〕，今改。）求婚於托哩汗，托哩汗之子圖薩哈（舊作禿撒合，今改。）亦求婚於特穆津，俱不諧，自是有違言。

初，特穆津與托哩汗合軍攻奈曼，約明日戰。薩穆哈言於托哩汗曰：「我與君家是白翎雀，他人鴻雁耳。白翎雀寒暑常在北方，鴻雁遇寒則南飛就煖。」喻特穆津心不可保也。托哩汗疑之，遂移部衆於別所。

及議婚不成，薩穆哈乘隙謂托哩汗子伊喇哈（舊作移剌合。）曰：「君能加兵蒙古，我助君。」伊喇哈大喜，數遣使言於托哩汗。托哩汗曰：「吾身之存，實太子是賴。髭須已白，遺骸冀得安寢，汝乃喋喋不已耶？善自爲之，毋貽吾憂。」太子，謂特穆津也。

是歲，托哩汗父子謀殺特穆津，遣使來曰：「向所議姻事，今當相從，請來飲酒。」特穆津以爲然，率十騎赴之。至中道，心有所疑，命一騎往謝，遂還。托哩汗謀既不成，即舉兵來侵。特穆津整兵出戰，屢敗之，射伊喇哈中頰，托哩汗引兵退。

特穆津遣人責之曰：「我有大功於君，奈何易恩爲讐！」托哩汗意悔。伊喇哈曰：「今日唯力戰以決勝負，多言何爲！」特穆津還，至班朱泥（舊作班朱尼。）河，河水方渾，飲之以誓衆。時托哩汗盛強，特穆津微弱，衆頗危懼，凡與飲河水者，謂之飲渾水，言其曾同艱難也。托哩汗復至，與之戰，托哩汗大敗。遂令軍士銜枚夜襲之，盡降其部衆，托哩汗父子挺身遁去。托哩汗嘆曰：「兒悞我！」路逢奈曼部將，遂爲所殺。伊喇哈走至龜茲，龜茲王以兵討殺之。特穆津既滅托哩汗，大獵於特默格川，舊作帖麥垓州(川)，今改。宣布號令，振凱而歸。

嘉泰四年金泰和四年。(甲子、一二〇四)

1春，正月，辛未，金主如先春宮春水。

2壬申，金中都陰霧，木冰。

3金大理司直姬端修遷大理丞。金主謂端修曰：「前汝爲御史，以幹能見用。汝言多細碎，不究其實，亦不汝罪。及爲司直，乃能稱職，用是擢汝爲丞。盡乃心力，惟法是守，勿問上位宰執，汝其志之。」

4乙亥，濬天長縣濠。

5戊辰，內侍甘昺貶信州居住。

6壬辰，瓊州西浮洞逃軍作亂，寇掠文昌縣，官軍討平之。

7時金爲北鄙準布舊作阻轐，今改。等部所擾，無歲不興師討伐，府倉空匱，賦斂日煩。有勸韓侂胄立蓋世功名以自固者，侂胄然之，遂定議伐金，聚財募卒，出封椿庫黃金萬兩，以待賞功，命吳曦練兵西蜀。既而安豐守臣厲仲方，言淮北流民咸願歸附；浙東安撫使辛棄疾入見，言金必亂亡，願屬元老大臣備兵爲倉卒應變之計；侂胄大喜。鄭挺、鄧友龍等又附和其說，侂胄用師之意益銳。

8 張孝曾如金賀正，還至慶都，卒。金主遣防禦使尼伊哷舊作女奚列，今改。致祭及賻，仍命送伴使張雲護喪以歸。

9 時關上積糧八百餘萬斛，然陳陳相因，庾吏率全其扃鑰以相授，至可食者無幾。會籌議詔下，制置司遣官盤量，且令防其腐敗折閱之數，免累界官吏失點檢之罪，降度牒二萬五千道，下總所收糴償補。【考異】嚴賓椿積餘米，宋史本紀載在六月，今從兩朝綱目備要載在正月。

10 二月，乙未朔，金主還宮。

11 丁酉，置莊文太子府小學教授。

12 金以山東、河北旱，詔祈雨東、北二岳。

13 庚戌，金始祭三皇、五帝、四王。尋詔定前代帝王合致祭者。尚書省言：「三皇、五帝、四王，已行三年一祭之禮，若夏少康，殷太甲、太戊、武丁，周成王、康王、宣王，漢高祖、文、景、武、宣、光武、明帝、章帝，唐高祖、文皇，十有七君，致祭爲宜。」從之。【考異】金史章宗紀作夏太康，今從徐氏後編改正。

14 辛亥，命內外諸軍射鐵帖轉資。

15 壬子，蠲臨安府逋負酒稅。

16 癸丑，金詔：「刺史州郡無宣聖廟學者，並增修之。」

17 己未，立試刑法避親格。

18 金以河平節度使孟鑄爲御史中丞。金主謂之曰：「朕自知卿，非因人薦舉也。御史責任甚重，往者臺官乃推求細故，彈劾小官；至於巨室重事，則畏徇不言。其勤乃職，無廢朕命。」

19 三月，丁卯，行都大火，迫太廟，權奉神主于景龍宮。

20 是月，太皇太后生辰，免過宮。

21 金中都日昏無光；大風，毀宣陽門鴟尾。

22 庚午，命臨安府賑焚室。辛未，修太廟。甲戌，下罪己詔曰：「朕焦勞庶務，宵旰十年，臨民懷朽索之危，履位凜堅冰之懼。皇圖增壯，甫還舊日之觀；回祿降災，復值季春之月。屬乖撲滅，驟至延燒，亶荷眷於三靈，迄妥安於九廟。柰民廬之焚燬，暨宮寺之蔓延，厥咎何由？緊予不德。退省非涼之質，敢忘戰慄之思！書焚室以寬征，用廣及民之澤；務側身而修行，聿嚴避殿之規。尙期中外之同寅，勉輔眇沖之不逮，庶銷譴異，式迓休祥。」

23 陳自強三上疏，引罪避位，詔不許。

火之作也，自強主帑吏請筦鑰於自強，自強聞變，口呿不知所爲，故囊橐盡燬。事定，韓侂胄語人曰：「丞相生事一委於火，須少助之。」侂胄首遺萬緡，於是饋賂踵至，諸道列城皆有助，不數月，得六十萬，遂倍所失之數。

24 乙亥，詔百官疏陳時政闕失。祕書省著作郎婁機上封事，力言：「朝列務爲奉承，不能出己見以裨國論，外臣不稱職，至苛刻以困民財，將帥偏裨，務爲交結，而不知訓閱以強軍律。」不報。

25 壬辰，金遼陽府判官錫默留嘉，舊作斜卯劉家，今改。以上書論列朝臣，削官一階，罷之。

續資治通鑑卷第一百五十七

賜進士及第兵部尚書兼都察院右都御史總督湖北湖南等處地方軍務兼理糧餉世襲二等輕車都尉畢沅編集

宋紀一百五十七起閼逢困敦（甲子）四月，盡柔兆攝提格（丙寅）十二月，凡二年有奇。

寧宗法天備道純德茂功仁文哲武聖睿恭孝皇帝

嘉泰四年金泰和四年。（甲子、一二〇四）

1 夏，四月，甲午朔，命內外諸軍詳度純隊法。

2 立韓世忠廟於鎮江。

3 甲辰，知樞密院事許及之罷。時兵端已開，韓侂胄欲令及之守建康，及之辭不行，遂罷。

4 賑䘏江西水旱州縣。

5 丙申，金定縣令以下考課法。庚子，增定關防姦細法。

6 乙巳，以張孝伯參知政事，吏部尚書錢象祖賜出身，同知樞密院事。

7 丙午，金定衣服制。

8 甲寅，金以久旱，下詔責躬，避正殿，減膳，撤樂，免旱災州縣徭役及今年夏稅，遣使審囚，理冤獄。乙卯，金宰臣上表待罪。金主答詔曰：「朕德有愆，上天示異。卿等各趨乃職，思副朕懷。」

9 丙辰，詔：「嚴科舉請屬奔競之弊，有輒私遺書及受私書不以聞者，重置於理。

10 壬戌，金萬寧宮端門災。

11 五月，癸酉，金平章政事圖克坦（舊作徒單。）鎰、右丞完顏匡罷。

12 甲戌，雨。

先是金御史中丞孟鑄言：「今歲愆陽，已近五月，比至得雨，恐失播種之期。可依種麻菜法，擇地形稍下處，撥畦種穀，穿土作井，隨宜灌溉。」金主從其言。區種法自此始。

13 乙亥，詔：「諸軍主帥各舉部內將材三人，不如所舉者坐之。」

14 癸未，追封岳飛爲鄂王。

飛先已賜謚，至是韓侂冑欲風厲諸將，乃追封之。尋追封劉光世爲鄜王，贈宇文虛中少保。

15 六月，壬辰朔，金罷兼官俸給。

16 丙申，置諸軍帳前雄校，以軍官子孫補之。

17 壬寅，詔侍從、臺諫、兩省集議裁抑濫賞。

18 乙巳，金始祭中霤。

19 壬子，詔沿江四川軍帥簡練軍實。

20 丁巳，增廬州強勇軍爲千人。

21 秋，七月，甲子，以旱，詔大理、三衙、臨安府、兩浙及諸路決繫囚。

22 戊辰，金主朝獻於衍慶宮。

23 己巳，蠲內外諸軍逋負營運息錢。　辛未，蠲兩浙州縣（校者按：二字衍。）闕雨州縣逋租。

24 戊子，命諸路提刑、提舉司措置保伍法。

25 八月，金大理丞姬端修罷，以議知大興府赫舍哩（舊作紇石烈。）執中罪不當也。執中鞫魏廷實獄，廷實無罪而破其家，時論以爲冤。御史臺請移問，執中奏府斷尙未決，御史臺遽令移推，下大理寺議。端修謂執中言涉私，當治罪，詔以端修別出情見，削一官，解職。

　尋令吏部侍郎李炳等推問，炳等言御史臺理直，金主但切責執中而已。孟鑄疏劾之曰：「京帥〔師〕百郡之首，四方取則，知府執中，貪殘專恣，不奉法令，自奉聖州罪解以後，怙罪不悛，蒙朝廷恩貸，轉生跋扈。雄州詐奪人馬；平州冒支己俸；無故破魏廷實家，發其冢墓；拜表，以調鷹不至；祈雨，聚妓嬉戲，毆詈同僚，擅令住職，失師帥之體。」金主以執中舊爲東宮護衞，頗右之，謂鑄曰：「執中粗人，似有跋扈爾。」鑄曰：「明天子在上，豈容有跋扈之臣！」金主悟，乃罷執中爲武衞軍都指揮使。【考異】元遺山集載張行著語，與孟鑄同。今從金史。

26 丁酉，金以右丞相崇浩爲左丞相，右丞布薩（舊作僕散。）揆爲平章政事，參知政事孫卽康爲右丞，御史大夫布薩端爲左丞，吏部尚書通吉（舊作獨吉。）思忠爲參知政事。

27 己亥，陳自强等上皇帝玉牒。

28 癸丑，金以西京留守崇肅爲御史大夫。

29 先是金以旱求直言，癸卯，尚書省奏河南府盧顯達、汝州王大材所陳，言涉不遜，請以情理切害除其罪，從之，仍徧諭中外。

30 丁巳，金弛圍場遠地禁，縱民耕、捕、樵采，減教坊長行五十人，渤海教坊長行三十人，文繡署女工五十人，出宮女百六十人。

31 戊午，參知政事張孝伯罷。

32 九月，丙寅，金主如薊州秋山。

33 冬，十月，丙申，金詔：「親軍三十五以下，令習孝經、論語。」

34 庚子，以資政殿大學士、淮東安撫使張巖參知政事。

35 時以吳獵帥湖北，將赴鎮，見監石門酒庫黃榦，訪以兵事，榦曰：「聞議者欲爲大舉深入之謀，果爾，必敗，此何時，而可進取哉！」

先是獵以戶部員外郎總領湖廣、江西、京西財賦，知韓侂胄將開邊，荆襄必受兵，乃貽書當路，請號召義士以保疆埸，刺子弟以補軍伍，增棗陽、信陽之戍以備衝突，分屯陽邏五關以捍武昌，杜越境誘竊以謹邊隙，選試良家子弟以衞府庫。輸湖南米五十萬石于襄陽，又以湖北漕司和糴米三十萬石分輸荆、郢、安、信四郡，蓄銀帛百萬計，以備賞犒，拔董達、孟宗政、柴發等，分列要郡。至是赴鎮，計金攻襄陽，則荆州尤爲重鎮，乃修高氏三海，築金鑾、內湖、通濟、保安四匱，達於上海而注之中海；築拱辰、長林、藥山、棗林四匱，達於下海；分高沙、東獎之流，由寸金堤外歷南紀、楚望諸門，東匯沙市爲南海。又於赤湖城西南，遏走馬湖、熨斗陂之水，西北置李氏匱，水勢四合，可限戎馬。高氏三海者，高保融據荆南時，分江流，瀦爲大澤，以遏北方戎馬者也。太祖幷天下，慮竊據者爲後世患，乃決而去之。獵復修治，以爲荆州之險。

36 癸卯，金主還都。

37 十一月，己未朔，詔：「兩淮、荆襄諸州，値荒歉奏請不及者，聽先發廩以聞。」

38 癸酉，金木冰，凡三日。

39 監察御史婁機，知韓侂胄銳意欲用兵，極口沮之，謂：「恢復之名非不美。今士卒驕逸，遽驅於鋒鏑之下，人才難得，財用未裕，萬一兵連禍結，久而不解，奈何？」侂胄不悅，其議愈密，外廷罔測。機又上疏極諫：「密謀雖人莫得知，而羽書一馳，中外惶惑。」侍御史鄧友龍，方主用兵之議，機詰之曰：「今日孰可爲大將？孰可爲計臣？正使以殿巖當之，能保其可用乎？」友龍不能答。

40 十二月，癸巳，以宰相陳自強請，遵孝宗典故，創國用司，總覈內外財賦。戶部尚書李大性，條陳利害，謂兵不宜輕舉，忤韓侂胄意，出知平江府。遂以自強兼國用使，費士寅、張巖同知國用事；掊克民財，州郡騷動。

41 己亥，詔改明年爲開禧元年。

42 壬寅，禁州縣私籍沒民產。

43 甲辰，再蠲臨安府民丁身錢三年。

44 少傅致仕周必大卒，謚文忠。

45 柰曼舊作乃蠻，今改。部長迪延汗，舊作太陽罕，今改。心忌蒙古特穆津，舊作鐵木眞，今改。遣使謀於白達勒達（舊作白達達。）部主阿喇呼斯舊作阿喇忽思，今改。曰：「吾聞東方有稱帝者。天無二日，民豈有二王耶？君能益吾右翼，吾將奪其弧矢也。」阿喇呼斯卽以報特穆津，尋舉部來歸。

是歲，特穆津大會於特默格川，舊作帖麥該川，今改。議伐奈曼，衆以方春馬瘦，宜俟秋高爲言，特穆津弟鄂齊堅舊作斡赤斤，今改。曰：「事所當爲，斷之在早，何可以馬瘦爲辭！」奇爾固岱舊作別里古台，今改。曰：「奈曼欲奪我弧矢，是小我也。我輩義當同死。彼恃其國大而言誇，苟乘其不備攻之，功當可成也。」特穆津悅，曰：「以此衆戰，何憂不勝！」遂進兵。

迪延汗以諸部兵至，營於杭愛山。舊作沆海山，今改。薩穆哈舊作札木合，今改。見蒙古軍容整肅，謂左右曰：「奈曼初舉兵，視蒙古兵若羖䍽羔兒，意謂蹄皮亦不留。今吾觀其氣勢，殆非往時矣。」遂引所部兵遁去。

是日，特穆津與奈曼軍大戰，至晡，禽殺迪延汗。諸部軍一時皆潰，夜，走絕險，墜崖死者不可勝紀；明日，餘衆悉降；于是塔塔爾（舊作塔塔兒。）諸部亦來降。已而復伐默爾奇部，舊作蔑里乞部，今改。部長托克托舊作脫脫，今改。奔迪陽（延）汗之兄博嚕裕汗，舊作卜魯欲罕，今改。其屬岱爾烏遜舊作帶兒兀孫，今改。獻女迎降；俄復叛去，特穆津遣軍往平之。

開禧元年金泰和五年。（乙丑、一二○五）

1春，正月，癸酉朔，初置澉浦水軍。

2乙亥，金主詔有司：「自泰和三年，郡縣三經行幸，民嘗供億者，賜今年租稅之半。」

3 丁卯，金主如先春宮春水。

4 壬申，金主朝獻於衍慶宮。

5 丁丑，金調山東、河北軍夫改治漕渠。

6 二月，己卯朔，金主諭曰：「近制，按察司以靜鎭而知大體爲稱職，苛細而闇於大體爲不稱，由是各路按察，以因循爲事，莫思舉刺，郡縣以貪黷相尙，莫能畏戢。自今若糾察得實，民無冤滯，能使一路鎭靜者爲稱職；其或煩紊，使民不得伸愬者，是爲曠廢。」

7 癸卯，詔國用司立考覈財賦之法。

8 三月，庚申，太白晝見。

9 金主還都。

10 癸亥，金更定兩稅輸限。

辛巳，以淮西安撫司所招軍爲強勇軍。

11 金唐州得宋諜者，言韓侂胄屯兵鄂、岳，將謀北侵。

12 癸未，參知政事費士寅罷。

韓侂胄欲以士寅鎭興元，爲宣威之漸，士寅固辭，遂罷。

13 金羣臣屢請上尊號，是月，復以爲請，金主不許。

詔侍講學士張行簡作批答，因問行簡宋范祖禹作唐鑑論尊號事，行簡對曰：「司馬光亦嘗諫尊號事，不若祖禹之詞深至，以爲臣子生謚君父，頗似慘切。」金主曰：「卿用祖禹意答之。仍曰太祖雖有尊號，太宗未嘗受也。」行簡乞不拘對偶，引祖禹以微見意，金主從之。

14 夏，四月，戊子朔，以錢象祖參知政事，吏部尚書劉德秀簽書樞密院事。

15 癸卯，以江陵副都統李奕爲鎮江都統，皇甫斌爲江陵副都統，兼知襄陽府。

16 金邊臣奏宋兵入秦州界，又入鞏州定（來）遠鎮。癸巳，金主命樞密院移宋，依誓約撤新兵，毋縱入境。

17 甲寅，武學生華岳上書，諫朝廷未宜用兵啓邊釁，且乞斬韓侂胄、蘇師旦、周筠以謝天下。侂胄大怒，下岳大理，編管建寧。

18 五月，己巳，賜禮部進士毛自知以下四百三十三人及第、出身。自知對策，言當乘機以定中原，韓侂胄大喜，遂擢爲第一。

19 乙亥，詔以衞國公曮爲皇子，進封榮王。

20 甲申，鎮江都統戚拱，遣忠義人朱裕結弓手李全，焚金漣水縣。

全，濰州人，銳頭蠭目，權譎善下人，以弓馬趫捷，能運鐵鎗，時號「李鐵鎗」。

21 金主聞南朝將用兵，召諸大臣問之。承暉、孟鑄及太常卿趙之傑皆曰：「宋敗衄之餘，自救不暇，恐不敢叛盟。」完顏匡獨曰：「彼置忠義保捷軍，取先世開寶、天禧紀元，豈忘中國者哉？」通吉思忠亦言宋人敗盟有狀，金主然之，乃命平章政事布薩揆爲河南宣撫司（使），籍諸道兵以備宋。

22 六月，辛卯，詔內外諸軍密爲行軍之計。

23 戊戌，詔諸路安撫司教閱禁軍。

24 庚子，進程松資政殿大學士，爲四川制置使。

25 辛丑，淮東安撫使鄭挺坐擅納北人牛眞及劫漣水軍，事敗，奪二官，罷。

26 壬寅，天鳴有聲。

27 復同安、漢陽、蘄春三監。

28 己酉，金制駐防軍逃亡及邊事失措陷敗戶口者罪。

29 秋，七月，庚申，以陳自強及侍御史鄧友龍等請，詔韓侂胄平章軍國事，立班丞相上，三日一朝，赴都堂治事。論者謂侂胄繫銜比呂夷簡省「同」字則其體尤尊，比文彥博省「重」字則所與者廣，于是三省印並納其第。侂胄自置機速房，甚者假作御筆，升黜將帥，人莫敢言。

30 命興元都統司招增戰兵。

31 丙寅，以蘇師旦爲安遠軍節度使，領閤（門）事。

32 戊辰，贈趙汝愚少保。

33 壬申，金主朝獻於衍慶宮。

34 己卯，韓侂胄等上高宗御集。

35 癸未，以韓侂胄兼國用使。

36 以旱，決繫囚。

37 八月，丁亥，命湖北安撫使增招神勁軍。

38 辛卯，金罷河南宣撫司。

初，布薩揆至汴，移文來責敗盟，三省、樞密院答言：「邊臣生事，已行貶黜，所置兵亦已抽去。」揆信之。會殿前副都指揮使郭倪，濠州守將田俊邁，誘虹縣民蘇貴等爲間，言于揆曰：「宋之增戍，本虞他盜。及聞行臺之建，益畏讋，不敢輕去備。以其皆白丁，自裹糧糒，窮戚（蹙）飢疾，死者甚衆。」揆益弛備，以其言白於金主。羣臣有勸先舉者，金主曰：「南北和好四十餘年，民不知兵，不可。」河南統軍使赫舍哩子仁使宋還，言宋主修敬無他，金主以問完顏匡，匡曰：「子仁言是。」金主曰：「汝變議耶？」匡曰：「子仁守疆圉，不妄生事。然有備無患，在陛下宸斷耳。」金主然之。及聞揆言，遂命罷宣撫司及臨洮、德順、秦、鞏新置弓箭手。

39 權禮部侍郎李壁，使金賀生辰，行次揚州，會朱裕襲破漣水，金人憤甚，乞梟裕首境上，詔從其請。壁至燕，與金人言，披露肝膽，金人之疑頓釋。壁，燾之子也。

40 癸巳，雨。

41 乙巳，以郭倪爲鎭江都統，兼知揚州。

42 閏月，戊寅，韓侂胄等上欽宗玉牒。

43 九月，丁亥，簽書樞密院事劉德秀罷。

44 戊子，金中都西北方黑雲間，有赤氣如火色，次及西南、正南、東南方皆赤，有白氣貫其中。至中夜，赤氣滿天，四更乃盡。

45 戊戌，攻金比陽等〔寺〕莊，殺副巡檢阿哩恩騰嘉努。（舊作阿里恩騰家奴。）

46 甲辰，焚金黃澗，擄其巡檢高顯。

47 韓侂胄欲審敵虛實，丁未，遣陳景俊使金賀正旦。

48 以丘崈爲江淮宣撫使，崈辭不拜。

初，韓侂胄以北伐之議示崈，崈曰：「中原淪陷且百年，在我固不可一日而忘；然兵凶戰危，若首倡非常之舉，兵交，勝負未可知，則首事之禍，其誰任之？此必有誇誕貪進之人，僥倖萬一，宜亟斥絕。不然，必誤國矣。」侂胄不納。至是命崈宣撫江淮，崈手書力論：「金人未必有意敗盟，中國當示大體，宜申儆軍實，使吾常有勝勢，若釁自彼作，我有詞矣。」侂胄不悅。

49 冬，十月，甲子，江州守臣【考異】兩朝綱目備要作「汀州」，今從宋史。陳鑄，以歲旱，圖獻瑞禾，詔奪一官。

50 丙寅，升嘉定府爲嘉慶軍。

51 丁丑，襲金比陽，殺其軍事判官薩都。（舊作撒覩。）

52 十一月，乙酉，置殿前司神武軍五千人，屯揚州。

53 是日，兵入金內鄉，攻洛南之商縣，至丹河，爲金商州司獄壽祖所敗。

54 丁酉，金詔山東、陝西帥臣，訓練士卒以備非常。仍以銀十五萬兩分給邊帥，募民偵伺，復遣武衞軍副都指揮完顏太平、殿前右衞副將軍富察阿哩（舊作蒲察阿里。）赴邊，伺邊部闌入，伏兵掩之。

55 金以張行簡爲順天軍節度使。

臨行，金主問之曰：「卿未更治民，今至保州，民之情僞，卒難臆度，如何治之則可？」行簡對曰：「臣奉行法令，不敢違失，獄訟之事，以情察之，鈐制公吏，禁抑豪強，以鎭靜爲務，庶幾萬分之一。」金主曰：「在任半歲或一年，所得利害上之。」

行簡至保州，上書曰：「比者括官田給軍，既一定矣，有告欲別給者，輒從其告，至今未已；名曰官田，實取之民以與之，奪彼與此，徒啓爭端。臣所管已撥深澤縣地三百餘頃，復告水占沙鹹者三之一，何時可定，臣謂當限以月日，不許再告爲便。」下尚書省議，奏請如實有水占者，爲按視改撥，若沙鹹瘠薄，當準已撥爲定，從之。

56召辛棄疾知紹興府，兼兩浙安撫使，又進寶文閣待制，皆辭免；進樞密都承旨，未受命而卒。

57王阮有文武幹略，嘗知濠州，請復曹瑋方田、种世衡射法，日講守備，至是改知撫州。韓侂胄素聞其名，特召入奏，將誘以美官，夜，遣密客詣阮，阮不答，私謂所親曰：「吾聞公卿擇士，士亦擇公卿。劉歆、柳宗元，失身匪人，爲萬世笑。今政自韓氏出，吾肯出其門哉！」對畢，拂衣出關。侂胄大怒，降旨與祠。

58十二月，庚午，增刺馬軍司弩手。

59癸酉，詔永除兩浙身丁錢。

60戊寅，金遣趙之傑來賀明年正旦，入見，禮甚倨。韓侂胄請帝還內，詔使人更以正旦朝見。著作郎東陽朱質上書請斬金使，不報。

61是歲，蒙古特穆津伐夏，拔拉吉哩舊作力吉里，今改。寨，經羅索舊作洛思，今改。城，大掠而還。

開禧二年 金泰和六年。蒙古太祖稱帝之元年。（丙寅、一二〇六）

1 春，正月，癸未朔，蠲兩浙路身丁綢綿。

2 丁亥，賀金正旦使陳景俊辭還，金主使孟鑄就館諭曰：「大定初，世宗許宋世爲姪國，朕遵守至今。豈意爾國屢有盜賊犯我邊境，以此遣大臣宣撫河南。及得爾國公移，料已罷黜邊臣，抽去兵卒，朕即罷司，未幾盜賊甚於前日。羣臣以爾國渝盟爲言，朕惟和好歲久，委曲涵容，恐姪宋皇帝或未詳知，卿歸國，當具言之。」金主本無意用兵，故再三申諭。景俊還，以告，陳自強戒勿言，由是用兵益決。

3 癸巳，以金使悖慢，館伴使、副以下奪官有差。

4 乙未，增太學丙舍生爲百二十人。

5 丙申，吳曦遣兵圍抹熟龍堡，爲金將富鮮（舊作蒲鮮。）長安所敗。

6 辛丑，更名國用司曰國用參計所。

7 丁未，金主如春水。

8 庚戌，西河州守將約金陝西統軍判官完顏固喇、舊作摑剌，今改。鞏州兵馬鈐轄完顏齊錦舊作七斤，今改。會境上，伏兵襲之，殺金木波長趙彥雄等七人。圖（固）喇馬陷於淖，中流矢，齊錦僅以身免。

9 辛丑，詔：「坑戶毀錢爲銅者不赦，仍籍其家。著爲令。」

10 時以舉人姦弊滋多，命諸道漕司、州、府、軍、監，凡解舉人，合格試卷姓名，類申禮部。舉人於考官，自緦麻以上親及大功以上婚姻之家，皆迴避。惟臨軒親試，謂之天子門生，雖父兄爲考官亦不避。

11 是月，雅州蠻高吟師寇邊，遣官軍討之。

12 夏鎭夷郡王安全，廢其主純佑而自立。純佑卒於廢所，年三十，諡昭簡皇帝，廟號桓宗，墓曰莊陵。安全，崇之孫，越王仁友之子也。

13 乙卯，以火災，徹樂，避正殿。

14 丁巳，以久雨，命決繫囚。

15 甲戌，孟鑄言於金主曰：「提刑改爲按察司，又差官覆察，權削而望輕，於政體不便。」下尚書省議。賈鉉曰：「按察使既差監察體訪，復遣官覆察，誠爲繁冗。請自今差監察時，卽便遣官偕往，更不覆察。諸疑獄並令按察使從正與決。」從之。

16 己卯，復御正殿。

17 二月，癸丑，壽慈宮火，太皇太后移居大內。（校者按：此條應移13前。）

18 三月，癸巳，以程松爲四川宣撫使，吳曦爲宣撫副使。松移司興元，以軍三萬屬之；曦進屯河池西，以軍六萬屬之，仍聽節制財賦，按劾計司。曦由是益得自專，松無所關預。松始至，欲以執政禮見曦，責其庭參，曦聞之，及境而還。松用東西軍一千八百自衞，曦多抽摘以去，松不悟。知大安軍安丙，陳十可憂於松，既而松開府漢中，夜，延丙議，丙爲松言，曦必誤國。丙，廣安人，嘗爲吳挺客，素知曦，松亦不省。

19 乙巳，參知政事錢象祖罷。

韓侂胄銳意用兵，象祖執不可，遂以懷姦避事罷之。尋奪二官，信州居住。

20 己酉，知處州徐邦憲入見，請立太子，因以肆赦弭兵，侍御史徐柟劾罷之。

21 雅州蠻犯碉門砦，知砦曹琦斷其橋，蠻人不得歸，肆掠，制置司委盧操權知砦。又遣通判漢州張師夔同知雅州，節制軍馬，師夔嘗獻安邊十策，故用之，既而作檄諭降，高吟師見檄詞俚拙，笑擲於地。夏，四月，壬子，師夔率兵次始陽，蠻人懼，欲求款，寨將彭安不可，議閉砦門以困之。蠻怒，攻砦門，又掠水渡村，綿州校屈彥言於操曰：「賊今無備，可開門擊破之。」操曰：「上官祇令防遏，安得生事！」師夔見事亟，以三百兵自衞，還雅州。賊遂焚碉門，官軍失利，準備將張謙戰死。

22 丙辰，金亳州同知防禦使聖賢努，（舊作聖賢奴。）聞宋師圍壽春，率步騎六百赴之，師退。

23 癸亥，金河南統軍使赫舍哩子仁上言：「諜知皇甫斌遣兵四萬規取唐，三萬人規取鄧，故不敢無備。」乃聚鄭、汝、陽翟之兵於昌武，以南京副留守兼兵馬副都總管赫舍哩毅統之；聚亳、陳、襄邑之兵於歸德，以河南路副統軍圖克坦鐸統之；自以所部駐汴。及擬山東西路軍七千付統軍赫舍哩執中，駐大名，河北東、西路軍萬七千屯河南，皆給以馬，有老弱者易其人。」金主皆從之。

24 甲子，以京湖宣諭使薛叔似爲湖北、京西宣撫使，御史中丞鄧友龍爲兩淮宣諭使。

25 下納粟補官令。

26 程松遣兵攻天水界，至東柯谷，爲金將劉鐸所敗。

27 金主詔大臣議南伐。左丞相崇浩、參知政事賈鉉曰：「宋邊卒狗盜鼠竊，非舉兵也。」左丞布薩端曰：「小寇當晝伏夜出，豈敢白日列陣，犯靈壁，入渦口，攻壽春耶？此宋人欲多方誤我，不早爲之所，一旦大舉，將墮其計中。」金主深然之。丙寅，詔布薩揆領行省於汴，許以便宜從事。盡徵諸道籍兵，分守要害。

28 戊辰，以吳曦兼陝西、河東路招撫使。

29 己巳，調三衙兵增戍淮東。

30 權禮部侍郎李壁奏言：「秦檜首倡和議，使父兄百世之讎不復開於臣子之口，宜亟貶檜以示天下。」庚午，削檜王爵，改謚繆醜，制詞有曰：「兵於五材，誰能去之！首弛邊疆之備：臣無二心，天之道也，忍忘君父之仇！」又曰：「一日縱敵，遂貽數世之憂；百年爲墟，誰任諸人之責！」當時傳誦之。

31 乙亥，以郭倪兼山東、京、洛招撫使，鄂州都統趙淳兼京西北路招撫使，皇甫斌兼京西北路招撫副使。

32 郭倪遣武義大夫兗人畢再遇與鎮江都統陳孝慶取泗州，尅日進兵。金人聞之，閉榷場，塞城門爲備，再遇曰：「敵已知吾濟師之日矣。兵以奇勝，當先一日，出其不意。」孝慶從之，丁丑，進兵薄泗州。泗有東、西兩城，再遇令陳戈旗、舟楫於石屯下，如欲攻西城者，自以麾下兵從陟（陡）山徑趣東城南角，先登殺敵。金人大潰，從北門遁。西城猶堅守，再遇立大將旗，呼曰：「我，大宋畢將軍也，中原遺民可速降。」旋有淮平知縣縋城乞降，于是兩城皆定。

郭倪來享士，出御寶刺史牙牌授再遇。再遇曰：「國家河南八十一州，今下泗州兩城，即得一刺史，繼此何以賞之？」固辭不受。

33 江州統制許進復新息縣，光州忠義人孫成復褒信縣。

34 五月，辛巳朔，陳孝慶復虹縣。

35 吳興郡王抦卒，追封沂王，謚靖惠。

36 癸未，禁邊郡官吏擅離職守。

37 丙戌，江州都統王大節引兵攻蔡州，不克，軍大潰。

38 丁亥，韓侂胄聞已得泗州及新息、褒信、潁上、虹縣，遂請帝下詔伐金，直學士院李壁所草也。

初，兵部侍郎葉適論對，嘗言甘弱而幸安者衰，改弱而就強者盛，侂胄聞而嘉之，以爲直學士院，欲籍其草詔以動中外。而適以疾辭職，乃改命壁。

39 戊子，金以平章政事布薩揆兼左副元帥，陝西兵馬都統使充爲右監軍，知眞定府事烏庫哩（舊作烏古論。）誼爲右都監。

辛卯，金主以宋兵方熾，東北新調之兵、河南之衆不足支，命河北、大名、北京、天山之兵萬五千屯眞定、河間、淸縣等以爲應。

40 壬辰，金主諭尚書省曰：「今國家多故，凡言軍國利害，五品以上官，以次奏陳，朕將親問之；六品以下，具帖子以進。」

41 癸巳，金以樞密副使完顏匡爲右副元帥。

42 馬軍司統制田俊邁入蘄縣，金布薩揆謂諸將曰：「符離、彭城，齊、魯之蔽。符離不守，是無彭城。彭城陷，則齊、魯危矣。」乃遣納蘭邦烈、穆延斯賚塔舊作扶(抹)撚史扢搭，今改。以精騎三千戍宿州。俊邁率衆往襲，爲金人所敗。甲午，池州副都統郭倬，主管軍馬行司公事李汝翼，以衆五萬繼至，遂圍城，攻之甚力，城中叢射，不能逼。會淫雨潦溢，南師露處勞倦，邦烈遣騎二百出南軍後，突擊之，南軍亂；斯賚塔率騎蹂之，殺傷數千人。俊邁等夜遁，金人追擊，復大敗。郭倬執俊邁以與金人，乃得免。

43 郭倪遣畢再遇取徐州，行至虹，遇郭倬、李汝翼兵，裹創而問之。曰：「宿州城下大水，我師不利，統制田俊邁已爲敵擒矣。」再遇督兵疾趨靈壁，遇陳孝慶駐兵鳳凰山，將引還，再遇曰：「宿州雖不捷，然兵家勝負不常，豈宜遽自挫！吾奉招撫命取徐州，假道於此，寧死靈壁北門外，不死南門外也！」會倪以書抵孝慶，令班師，再遇曰：「郭、李兵潰，金必追躡，吾當自禦之。」金果以五千餘騎分兩道至，再遇令敢死士二十人守靈壁北門，自領兵衝陣，金人見其騎，驚曰：「畢將軍耶？」遂遁。再遇手揮雙刀，絕水追擊，殺敵甚衆，甲裳盡赤，逐北三十里。金將有持雙鐵簡躍馬而前，再遇以左刀格其簡，右刀斬其脅，金將墮馬死。諸軍發靈壁，再遇獨留未動，度軍行三十餘里，乃火靈壁。諸將問：「夜不火，火今日，何也？」再遇曰：「夜則照見虛實，晝則烟埃莫(睹)。彼已敗，不敢迫，諸軍乃可安行無虞。汝輩焉知兵易進而難退耶！」乃還泗州。以功除左驍衞將軍。

[44]甲辰〔癸巳〕，京西北路招撫副使皇甫斌引兵攻唐州，爲金刺史烏克遜鄂屯舊作吾古孫兀屯，今改。等所敗。

[45]興元都統秦世輔出師至城固縣，軍大亂。

[46]甲午，詔以宗室均爲沂王抦嗣，賜名貴和。均父希瞿，太祖九世孫也。

[47]庚戌，太白經天。

[48]金主以時方用兵，山東重地，須大臣安撫，乃以完顏守貞知濟南府。守貞尋卒。金主聞而悼之，敕有司致祭，賻、贈依故平章政事富察通例，謚曰肅。

[49]吳曦謀據蜀以叛，與其從弟晛、徐景望、趙富、朱勝之、董鎮等日夜密計，欲遣人求封於金。金人亦欲誘曦降，使其從梁、益南下。

六月，金主賜曦詔曰：「宋自佶、桓失守，構竄江表，僭稱位號，偷生吳會。時則乃祖武安公玠，捍禦兩川，洎武順王璘，嗣有大勳，固宜世祚大帥，遂荒西土，長爲藩鎮，誓以河山，後裔縱有欒黶之汰，猶當十世宥之。然威略震主者身危，功蓋天下者不賞，自古如此，非止於今。卿家專制蜀漢，積有歲年，猜嫌既萌，進退維谷，代之而不受，召之而不赴，君臣之義，已同路人，譬之破桐之葉，不可以復合，騎虎之勢，不可以中下矣。此事流傳，稔於朕聽，每一思之，未嘗不當饋歎息，而卿猶偃然自安。且卿自視翼贊之功，孰與岳飛？飛之威名戰功，暴於南北，一旦見忌，遂被慘夷之禍，可不畏哉！故知者順時而動，明者因機而發，與其負高世之勳，見疑于人，惴惴然常懼不得保其首領，曷若順時因機，轉禍爲福，建萬世不朽之功哉！今趙擴昏孱，受制強臣，比年以來，頓違誓約，增屯軍馬，招納叛亡。朕以生靈之故，未欲遽行討伐，姑遣有司移文，復因來使宣諭；而乃不顧道理，愈肆憑陵，虔劉我邊陲，攻剽我城邑。是以忠臣扼腕，義士痛心，家與爲仇，人百其勇。失道至此，雖欲不亡，得乎！朕已分命虎臣，臨江問罪，長驅並騖，飛渡有期，此正豪傑分功之秋也。卿以英偉之姿，處危疑之地，必能深識天命，洞見事機。若按兵閉境，不爲異同，使我師併力巢穴，而無西顧之虞，則全蜀之地，卿所素有，當加封册，一依皇統册構故事。更能順流東下，助爲掎角，則旌麾所指，盡以相付。天日在上，朕不食言。今遣金寶一鈕，至可領也。」

命蜀漢安撫使完顏綱相機設間以誘之。【考異】宋史方信孺傳，以金人誘吳曦爲三月事，然以金主詔書考之，似非三月事，或信孺權詞以對耳。金史本紀作十二月，乃吳曦納款之時，非金人誘降之時也。宋史寧宗紀作六月金人封吳曦爲蜀王，宋史全文作三月吳曦遣其客姚源淮獻關外四州之地於金人，求封爲蜀王；六月，金人封曦爲蜀王，賜以金印。然以金史考之，則金先誘降，非曦先求封。至於金主下詔書，自在六月，完顏綱設間，久乃得達於曦耳。今從宋史本紀。

50 建康都統李爽，以兵圍壽州，金刺史圖克坦羲拒守，踰月不能下。壬子，河南統軍判官奇珠舊作乞住，今改。及邁格舊作買哥，今改。等來援，羲出兵應之，爽大敗。

51 甲寅，韓侂胄以師出無功，罷兩淮宣撫使鄧友龍，而以丘崈代之，駐揚州。崈至鎮，部署諸將，悉以三衙江上軍分守江、淮要害。侂胄遣人來議招收潰卒，且求自解之計，崈謂宜明蘇師旦、周筠等僨師之姦，正李汝翼、郭倬等喪師之罪。崈欲全淮東兵力，爲兩淮聲援，奏：「泗州孤立淮北，所屯精兵幾二萬。萬一金人南出清河口及侵天長等城，則首尾中斷。莫若棄之，還軍盱眙。」從之。於是王大節、李汝翼、皇甫斌、李爽等皆坐貶。

52 雅州蠻未平，張師夔罷，以通判遂寧府馮瑜權州事，與元統領王鉞將兵六千往討之。乙卯，鉞入碉門，蠻人降，唯高吟師不至。鉞遣人諭之，吟師乃出，卽擒斬之，并殺其酋六十三人。

53 金初置急遞鋪，腰鈴轉遞，日行三百里；非軍期河防，不許起馬。

54 丁巳，金詔：「彰德府宋韓侂胄祖琦墳，毋得損壞，仍禁樵采。」辛酉，金詔有司：「宋宗族所居，各具以聞，長官常加提控。」

55 戊辰，金升壽州爲防禦，以圖克坦羲爲防禦使。

56 韓侂胄既喪師，始覺爲蘇師旦所誤；召李壁飲，酒酣，語及師旦始謀事。壁微摘其過以覘之，因極言：「師旦怙勢招權，使明公負謗，非竄謫此人不足以謝天下。」侂胄然之。秋，七月，辛巳，罷師旦，籍其家，旬日，除名，韶州安置。

初，彭龜年聞師旦建節，曰：「此韓氏之陽虎，其禍韓氏必矣！」既而聞將用兵，曰：「禍其在此乎！」竟如其言。

57 召倪思試禮部侍郎兼直學士院。

韓侂胄先以書致殷勤曰：「國事如此，一世人望，豈宜專以潔己爲賢哉？」思報曰：「但恐方拙不能徇時好耳。」時赴召者未引對，先謁侂胄。或勸用近例，思曰：「私門不可登，矧未見君乎！」逮入見，首論言路不通：「自呂祖儉謫徙，而朝士不敢輸忠，自呂祖泰編竄，而布衣不敢極說。膠庠之士欲有吐露，恐之以去籍，諭之以呈稿，誰肯披肝瀝膽，冒觸威尊！近者北伐之舉，僅有一二人言其不可。如使未舉之先，相繼力爭之，更加詳審，不致輕動。」又言：「蘇師旦贓以巨萬計，胡不黥劓以謝三軍？皇甫斌喪師襄漢，李爽敗績淮甸，秦世輔潰敗蜀道，皆罪大罰輕。」又言：「士大夫寡廉鮮恥，列拜於勢要之門，甚者匍匐門竇，稱門生不足，稱恩座、恩主甚至於恩父者；諛文豐賂，又在所不論也。」侂胄聞之，大怒。

思既退，謂侂胄曰：「公明有餘而聰不足。堂中剖決如流，此明有餘；爲蘇師旦蒙蔽，此聰不足也。周筠與師旦，並爲姦利，師旦已敗，筠尚在。人言平章騎虎不下之勢，此李林甫、楊國忠晚節也。」侂胄悚然曰：「聞所未聞。」

司諫毛憲劾思，與祠。

58梁、洋義士統制毋思襲和尚原，取之。

59壬午，雅州蠻出降。

60（癸未），商榮攻東海縣，金命完顏卞僧福（校者按：福字衍。）敗之。還，中流矢死。

61甲申，金朝獻於衍慶宮。

62丁亥，金命翰林直學士陳大任專修遼史。

召張行簡爲禮部尚書，兼侍講，同修國史。祕書監進太一新曆，金主命行簡校之。

63甲午，統制戚春以舟師攻邳州，金刺史完顏從正敗之，春赴水死。

64癸卯，以張巖知樞密院事，禮部尚書李壁參知政事。

先是韓侂胄嘗與朝士論人才，有乏賢之歎，因言：「今從官中，薛象先沈毅有謀，然失之把持；鄧伯允忠義激烈，然失之輕；李季章通今知古，然失之弱。」象先，叔似字；伯允，友龍字；季章，壁字也。壁使北還，言兵未可動，故侂胄以爲弱。至是叔似、友龍俱無功，壁乃秉政。

65是月，魏國公留正卒，謚忠憲。

66寶謨閣直學士楊萬里卒。

韓侂胄用事，欲網羅四方知名士，嘗築南園，屬萬里爲之記，許以掖垣，萬里曰：「官可棄，記不可作也。」聞侂胄用兵，亟呼紙，書曰：「韓侂胄姦臣，專權無上，動兵殘民，謀危社稷。吾頭顱如許，報國無路，惟有孤憤！」筆落而逝。

67 夏鎭夷郡王安全使桓宗母羅氏上表于金，言純佑不能自守，與大臣定議，立安全爲王。金主賜羅氏詔，詢其意，夏人復以羅氏表來，乃册安全爲夏國王。

68 八月，丁卯，斬郭倬於鎭江。【考異】兩朝綱目備要、宋史全文俱繫於七月，今從宋史本紀作八月。又，本紀作壬寅，今從備要、全文作丁卯。

69 辛未，詔：「諸州無證有佐之獄毋奏裁。」

70 程松遣將襲取方山原，爲金元帥右都監富察貞所取。

71 壬申，太白晝見，經天。

72 以淮東安撫使所招軍爲御前強勇軍。

73 乙亥，金赦唐、鄧、潁、蔡、宿、泗六州，免來年租稅三分之一。

74 九月，辛巳，金富察貞取和尚原。

75 己丑，朝獻景靈宮。庚寅，朝獻太廟。辛卯，合祭天地於明堂，大赦。

76 戊戌，金左丞布薩端行省於汴。己亥，户部侍郎梁鏜行六部尚書事於山東。

時完顏守貞已卒，金主特起張萬公知濟南府、山東路安撫使。山東連歲旱、蝗，沂、密、萊、莒、濰五州尤甚。萬公慮民飢盜起，當預備賑濟，而兵興，國用不給，乃請將僧、道度牒幷鹽引付山東行部給買，納粟易換，又言督責有司禁戢盜賊之方，金主皆從之。

77 冬，十月，辛酉，以將士暴露，罷瑞慶節宴。

78 金主召布薩揆赴闕，密授以成算，俾還軍，分兵爲九道南下：揆以行省兵三萬出潁、壽，元帥完顏匡以兵二萬五千出唐、鄧，河南路統軍使赫舍哩子仁以兵三萬出渦口，左監軍赫舍哩執中以山東兵二萬出清河口，左監軍完顏充以關中兵一萬出陳倉，右都監富察貞以岐、隴兵一萬出成紀，蜀漢路安撫使完顏綱以漢、蕃步騎一萬出臨潭，臨洮路兵馬都總管舒穆嚕（舊作石抹。）仲溫以隴右步騎五千出鹽川，隴州防禦使完顏璘以兵五千出來遠。

丙子，赫舍哩執中自清河口渡淮，遂圍楚州，宣撫使檄知盱眙軍畢再遇援之，而以段政、張貴代守盱眙。金人知再遇既去，即攻盱眙，政等驚潰，金人遂入盱眙，再遇聞之，還軍復定盱眙，乃行。時金兵七萬在楚州城下，三千人守淮陰糧草，又載糧三千艘泊大清河。再遇諜知之，曰：「敵衆十部，難以力勝，可計破也。」乃遣統領許俊間道趨淮陰，夜二鼓，銜枚至敵營，各攜火伏糧車間五十餘所，聞哨聲舉火，敵驚竄；擒烏哩庫（庫哩）帥勒、富察元努（舊作元奴。）等二十三人。

79十一月，辛巳，金完顏匡破棗陽軍。

80甲申，以丘崈僉書樞密院事，督視江淮軍馬。金人攻淮南日急，或勸崈棄廬、和州，爲守江計，崈曰：「棄淮則與敵共長江之險，吾當與淮南共存亡。」乃增兵防守。

81金完顏匡侵光化軍及神馬坡，江陵副都統魏友諒突圍趨襄陽。

82乙酉，招撫使趙淳焚樊城。

83金布薩揆引兵至淮，遣人密測淮水，惟八疊灘可涉，即遣鄂屯（舊作奥屯。）襄揚兵下蔡，聲言欲渡，守將何汝礪、姚公佐以爲誠然，悉衆屯花黶以備之。揆乃遣完顏薩布（舊作賽不，今改。）等潛渡八疊，駐南岸。南軍不虞其至，遂皆潰走，自相蹂踐死者不可勝計。揆遂奪潁口，下安豐軍及霍丘縣，遂攻合肥。

84戊子，金人侵廬州，田琳拒卻之。

85是日，金富察貞攻湫池堡，破天水，肆掠關外四州，吳曦置不問。

86己丑，金尚書省奏減朝官及承應人月俸，折支錢，以軍興故也。

87乙未，以湖廣總領陳謙爲湖北、京西宣撫副使。

88丁酉，金人侵舊岷州，守將王喜遁去。

89丙申，金赫舍哩子仁破滁州。

90 乙巳，金富察貞破西和州。

91 金人破信陽軍及隨州，又圍襄陽府。

92 金主遣使諭布薩揆曰：「前得卿奏，先鋒已得潁口，偏師又下安豐，斬馘之數，或以萬計。近又西師奏捷，棗陽、光化既爲我有，樊城、鄧城亦自潰散。又聞隨州闔城歸順，山東之衆久圍楚州，隴右之軍尅期出界，卿提大軍攻合肥。趙擴聞之，料已破膽，失其神守，度彼之計，乞和爲上。昔嘗書三事付卿，以今事勢計之，徑度長江，亦其時矣。淮南既爲我有，際江爲界，理所宜然。如使趙擴奉表稱臣，歲增貢幣，縛送賊魁，還所俘掠，亦可罷兵。卿宜廣爲渡江之勢，使彼有必死之憂。從其所請而縱之，餘息偷生，豈敢復萌他慮！卿于此時經營江北，勞來安集，除其虐政橫賦，以良吏撫字疲民，以精兵分守要害，雖未繫趙擴之頸，而朕前所畫三事，上功已成矣。機會難遇，卿其勉之！」

93 癸卯，太皇太后賜錢一百萬緡犒賞軍士。詔諸路招募禁軍，以待調遣。

94 十二月，丁未朔，金布薩揆進軍攻和州，中軍副統穆延斯賚塔中流矢死。

斯賚塔形不過中人，而拳勇善鬭，所用槍長二丈，軍中號爲「長槍副統」。又工用手箭，箭長不盈握，每用百數，散置鐙中，遇敵抽箭，以鞭揮之，或以指鉗取飛擲，數矢齊發，無不中，敵以爲神。克安豐，戰霍丘、花靨，功居多，及死，將士皆惋惜之。

時宋軍萬五千騎屯六合，揆偵知之，即以右翼掩擊，斬首八千級，進屯瓦梁河，以扼眞揚諸路之衝，乃整列軍騎，沿江上下，畢張旗幟，江表大震。【考異】宋史寧宗紀：十一月，戊戌，金人圍和州，守將周虎拒之。按金史章宗紀，是月，布薩揆克含山，而無圍和州事，至十二月丁未朔，揆始自將攻和州。今從金史章宗紀。

95 戊戌，金完顏匡圍德安府，別以兵徇下安陸、應城、雲夢、孝感、漢川、京山等縣。

96 壬子，金富察貞破成州。

97 （癸丑），金人去和州。甲寅，攻六合縣，郭倪遣前軍統制郭僎救之，遇於胥浦橋，大敗。倪棄揚州走。

倪性輕躁，素以諸葛亮自許，其出師也，陳景俊爲隨軍漕，謂之曰：「木牛流馬，則以煩公。」聞者匿笑。及屢敗，自度不復振，對客泣數行。法曹彭瀶面譏之曰：「此帶汁諸葛亮也。」尋謫南康軍安置。

98 吳曦將叛前數月，神思昏擾，夜數躍起，寢中叱咤四顧，或終夕不得寢，意頗悔，欲且已。吳晛慫恿之曰：「此事寧得中止耶？」

金完顏綱以金主之命欲招降曦，進兵水洛，訪得曦族人吳端，署爲水洛城巡檢使，遣人報曦，曦反意遂決。然以程松在興元，未敢發，詐稱杖殺端而陰遣使送款於綱。及富察貞入成州，隳自焚河池，退屯清野原。自是金人無復顧慮。

99己未，金赫舍哩子仁破眞州。

時眞州兵數萬保河橋，布薩揆遣子仁往攻之，分軍涉淺，潛出其後，宋軍大驚，不戰而潰，斬首二萬餘級，騎將劉挺、常思敬、蕭從德、莫子容並爲所擒，眞州遂陷。士民奔逃，渡江者十餘萬，知鎭江府宇文紹節亟具舟以濟，又廩食之。

100鎭江副都統制畢再遇，在楚州與金人相持，濠、滁相繼失守，謂諸將曰：「楚州城堅兵多，而敵糧草已空，所慮獨淮西耳。六合最要害，敵必幷力攻之。」乃引兵赴六合。

金人屯竹鎭，距六合二十五里。再遇登城，偃旗鼓，伏兵南門，列弩手於城上；敵方臨濠，衆弩俱發，遂出戰，聞鼓聲，城上旗幟盡舉，金人驚遁，大敗之。

金散將完顏圖拉（舊作蒲辣都。）等以十萬騎駐成家橋、馬鞍山，進兵圍城數重，欲燒壩木，決濠水，再遇令勁弩射退之。既而赫舍哩子仁合兵進攻益急，城中矢盡，再遇令人張青蓋往來城上，金人意其主兵官也，爭射之，須臾，矢集樓牆如蝟，獲矢二十餘萬。旋又增兵環城四面，營帳亙三十里。再遇令臨門作樂以示閒暇，而間出奇兵擊之。金人晝夜不得休，乃引退，再遇追至滁，大雨雪，乃還。時金圍楚州已三月，列屯六十里，再遇遣將分道撓擊，遂解圍去。

再遇乃更造輕甲，長不過膝，披不過肘，兜鍪亦殺重爲輕，馬甲以皮，車牌易以木，而設轉軸其下，使一人之力可推可擎，軍中甚以爲便。

金人常以水櫃取勝，再遇夜縛藁人數千，衣以甲冑，持旗幟戈矛，儼立成行，昧爽，鳴鼓，金人驚視，亟放水櫃。後知其非，意甚沮。乃出攻之，金人大敗。

又嘗引金人與戰，且前且卻，至於數四，視日已晚，乃以香料煮豆布地，復前搏戰，佯敗走。金人乘勝追逐，馬飢，聞豆香，皆就食，鞭之不前；反攻之，金人死者不可勝計。

又嘗與金人對壘，度金兵至者日衆，難與爭鋒。一夕拔營去，留旗幟於營，縛羊，置前足於鼓上，擊鼓有聲，金人不覺爲空營，相持數日。及覺，欲追之，則已遠矣。

時諸將用兵皆敗，惟再遇數有功。詔以爲鎭江都統，權山東、京東招撫司公事。

101 時吳曦已布腹心於金，將士未之知，猶力戰，金人竊笑之。曦退壁魚關，招集忠義，厚賜以收衆心。興元都統制毋思以重兵守大散關，曦因撤蕉關之戍，令人由板牐各遶出大散關後，思孤軍不能支，遂潰。曦退屯興州之置口。舉人陳國飭投匭上書，言曦必叛，韓侂冑不省。

完顏綱遣張仔會曦於置口，曦言願附金之情，仔請曦告身爲報，曦盡出以付仔，仍獻階州。綱乃以金主命，遣馬良顯持詔書、金印，立曦爲蜀王。曦密受之。

李好義敗金人於七方關，曦不上其捷，還興州。是夜，天赤如血，光燭地如晝。翼曰，曦召幕屬諭意，謂東南失守，車駕幸四明，今宜從權濟事。王翼、楊騤之抗言曰：「如此，則相公忠孝八十年門戶，一朝掃地矣。」曦曰：「吾意已決。」卽遣興州團練使郭澄提舉仙人關，使任辛奉表獻蜀地圖志及吳氏譜牒于金。【考異】宋史本紀：癸酉，吳曦始自稱蜀王；此據其拒命之日，其僭號自在明年也。金史本紀，吳曦獻圖志、譜牒在己巳，今連書之。

102 金布薩揆欲通和罷兵，有韓元靖者，【考異】宋〔金〕史布薩揆傳作「韓元靚」，今從宋史及兩朝綱目備要。自言琦五世孫，揆遣之渡淮。丘崈獲之，詰所以來之故，元靖言：「兩主交兵，北朝皆謂韓太師意。今相州宗族墳墓皆不可保，故來依太師耳。」崈使畢其說，始露講解之意，崈密使人護送北歸，俾叩其實。元靖既回，崈得金行省文書，以聞於朝。韓侂胄方以師出屢敗，悔其前策，輸家財二十萬以助軍，而諭崈持書幣赴敵營議和。

崈乃遣陳壁充小使，持書與揆，願講好息兵，揆曰：「稱臣，割地，獻首謀之臣，乃可。」崈復遣王文往言：「用兵乃蘇師旦、鄧友龍、皇甫斌等所爲，非朝廷意，今三人皆已貶黜。」揆曰：「侂胄若無意用兵，師旦等豈敢專擅！」文還，崈復遣使相繼，因許還其淮北流移人及今年歲幣。揆以方春地濕，不可久居，欲休養士馬，乃許之。戊辰，揆自和州退屯下蔡，獨濠州留一軍守之。

103 庚午，薛叔似、陳謙罷。

叔似夙以功業自期，及臨事，絕無可稱，屬郡多陷，故罷。以京湖北路安撫使吳獵爲湖北、京西宣撫使。

104 復兩浙圍田，募兩淮流民耕種。

105 壬申，金詔完顏匡權尚書右丞，行省事、右副元帥如故。

106 金主以赫舍哩執中縱下擄掠，遣人杖其屬官，詔放還所掠。

107 金完顏綽哈舊作抄合，今改。攻鳳州，程松求援於吳曦，曦紿言當發三千騎往，松信之。及曦受金詔，自稱蜀王，宣言金使者欲得階、成、和、鳳四州以和，馳書諷松使去，松不知所爲。會報金兵至，百姓奔走，自相蹂躪。乙亥，松亟趨米倉山而遁，自閬州順流至重慶，以書抵曦丐贐禮，稱曦爲蜀王。曦以匣封致餽，松望見，疑爲劍，亟逃奔，使者追與之，乃金寶也。松受而兼程出峽，西望掩淚曰：「吾今始獲保頭顱矣！」

108 寶謨閣待制彭龜年卒。

龜年學識正大，忠君愛國之忱，先見之識，敢言之氣，皆人所難。晚既投閒，悠然自得，幾微不見於顏面。

109 是歲，蒙古諸部長尊立特穆津爲皇帝，建九斿白旗，即位於鄂諾舊作斡難，今改。河之源，諸部長共上尊號曰青吉斯舊作成吉思，今改。皇帝。【考異】元太祖不建年號，孟珙備錄以爲有天興年號，疑傳聞之誤。文獻通考以法天賢運聖武爲年號，按法天啓運聖武，乃謚號，非年號也；以啓爲賢，又傳寫之訛。今從蒙古源流。

蒙古主首命穆呼哩、舊作木華黎，今改。博爾濟舊作博爾朮，今改。爲左右萬戶，從容謂曰：「國內平定，汝等之力居多。我與汝，猶車之有轅，身之有臂也。汝等切宜體此，勿替初心。」

先是蒙古主宗親咸輔堪汗舊作咸補海罕，今改。爲金所戕，嘗欲復讐。會金降俘具言其主暴虐，乃定議伐金，然未敢輕動也。遂舉兵復伐奈曼，擒博囉裕汗以歸。迪延汗子庫楚類（舊作屈出律。）汗與托克托奔額爾迪實河。（舊作也兒的石河。）

續資治通鑑卷第一百五十八

賜進士及第兵部尚書兼都察院右都御史總督湖北湖南等處地方軍務兼理糧餉世襲二等輕車都尉畢沅編集

宋紀一百五十八 起強圉單閼(丁卯)正月，盡屠維大荒落(己巳)十二月，凡三年。

寧宗法天備道純德茂功仁文哲武聖睿恭孝皇帝

開禧三年金泰和七年，蒙古太祖二年。(丁卯、一二〇七)

1春，正月，丁丑朔，兩淮宣撫使丘崈罷。己卯，命知樞密院張巖督視江淮軍馬。

時金已有和意，崈上疏請移書金帥以成前議，且言金人既指韓侂冑爲元謀，若移書，宜暫免繫銜。侂冑大怒，以巖代崈，李壁力爭，言崈素有人望，侂冑變色曰：「今天下獨有一丘崈耶！」【考異】丘崈之罷，宋史韓侂冑傳誤作四年，今從宋史全文及兩朝綱目備要改正。

2金完顏匡進攻襄陽。

先是匡進所掠女子百人。金主方喜於吳曦之降，賜匡詔曰：「陝西一面，雖下四州，吳曦之降，朕所經略。自大軍出境，惟卿所部衆力爲多。今南伐之事，責成卿等，區區俘獲，不足羨慕。彼恃漢水以爲險阻，箠馬而渡，如涉坦途，荆楚削平，不爲難事。雖天佑助，亦卿籌畫之效也。益弘遠圖，以副朕意。」匡得詔，遂進師，旋遣完顏福海敗宋援兵於白石峪。

3戊寅，金敕宰臣舉材幹官。

4庚辰，以陳自強兼樞密使。

5癸未，金人破階州。

6乙酉，金贈故壽州軍士魏全官，賜錢百萬。

初，李爽圍壽州，刺史徒單（校者按：「徒單」，前皆改譯作「圖克坦」。）曦募人往斫營，全在選中，爲爽兵所執。爽謂全曰：「若爲我罵金主，免若死。」全至城下，反罵宋主，爽乃殺之。

7戊子，金主召完顏綱赴中都，旋以爲陝西宣撫副使，還軍中。

8辛卯，吳曦招通判興元府權大安軍事楊震仲，震仲不屈，飲藥死。

9甲午，吳曦遣將利吉引金兵入鳳州，以四郡付之，表鐵山爲界。

曦卽興州爲行宮，改元，置百官，使人告其伯母趙氏。趙怒，絕之。叔母劉日夜號泣，罵不絕口。

曦又遣董鎭至成都治宮殿，分其所統兵十萬爲統帥，遣祿祁等戍萬州，泛舟下嘉陵江，聲言約金人夾攻襄陽。下黃榜于成都、潼川、利州、夔州四路，以興州爲興德府，召隨軍轉運使安丙爲丞相長史，權行都省事。

吳晛爲曦謀，宜收用蜀名士以係民心，于是陳咸自髡其髮，史次秦自瞽其目，李道傳、鄧性甫、楊泰之悉棄官去。

10吳曦所遣使郭澄等將歸蜀，金主諭之曰：「汝主效順，以全蜀歸附，朕甚嘉之。然立國日淺，恐宋兵侵軼，人心不安，凡有當行事，已委完顏綱移文計議。」旋以同知臨洮府事珠赫哷果勒齊舊作朮虎高琪，今改。爲曦封册使，諭之曰：「卿以邊面宣力，加之讀書，蜀人識卿威名，勿以財賄動心，失大國體。」

11金布薩舊作僕散，今改。揆有疾，丙申，命左丞相崇浩兼都元帥，行省于南京以代之。

12金主既殺其叔永蹈、永中，久頗悔之，嘗以密札賜張行簡曰：「朕念鎬、鄭二王，誤干天常，自貽伊戚，槀葬郊野，多歷年所，朕甚悼焉。欲追復前爵，備禮改葬，卿可詳閱故事以聞。」行簡乃具漢淮南厲王長、楚王英、唐隱太子建成、巢剌王元吉、譙王重福故事，幷草詔以進。時永中已改葬，二月，丁巳，金主命復鎬王永中、鄭王永蹈爵。謚永中曰厲，其子瑜等仍禁錮。以周王永濟子璟爲鄭王後。

13己未，程松罷。以楊輔爲四川制置使，吳曦逐之。

初，輔知成都，常言吳曦必反，帝意輔能誅曦，乃密詔授輔制置使，許以便宜從事。青城山道人安世道獻書于輔曰：「世道雖方外人，而大人先生亦嘗發以入道之門。竊以爲公初得曦檄，卽當還書，誦其家世，激以忠孝，聚官屬軍民，素服號慟，因而散金發粟，鼓集忠義，閉劍門，檄夔、梓，興仗義之師，以順討逆。而士大夫皆洒缸飯囊，不明大義，尙云少屈以保生靈，何其不知輕重如此！此非曦一人之叛，乃舉蜀士大夫之叛也。且曦雖叛逆，猶有所忌，未敢建正朔，殺士大夫，尙以虛文見招，亦以公之與否卜民之從違也。今悠悠不決，徒爲婦人女子之悲，遠近失望。區區行年五十二矣，古人言：『可以生而生，福也；可以死而死，亦福也；』決不忍汙面戴天，同爲叛民也。」輔有重名，蜀士大夫多勸舉義兵，而世道之言尤切。輔自以不習兵事，且內郡無兵，遷延不發。曦移輔知遂寧府，輔以印授通判韓植，棄成都去。

14 以知建康府葉適兼江淮制置使。

適謂三國孫氏嘗以江北守江，自南唐以來始失之，乃請于朝，兼節制江北諸州，詔從之。時羽檄旁午，而適治事如平時，軍須皆從官給，民以不擾，其防守皆盡法度。

15 庚申，以旱，詔決繫囚。

16 癸亥，金主如建春宮；丙寅，還宮。

17 丁卯，罷江、浙、荆湖、福建招軍。

18戊辰，金平章政事兼左副元帥布薩揆卒于下蔡。喪歸，金主親臨奠，謚武肅。揆體剛內和，與物無忤，臨民有惠政。其爲將也，軍門鎭靜，賞罰必行。初渡淮，卽命撤去浮梁，所至皆因糧於敵，無餽運之勞。未嘗輕用士卒，與之同甘苦，人亦樂爲用。

19金完顏匡久圍襄陽，士卒疾疫，會聞崇浩至汴，庚午，引師還。

20辛未，蠲兩淮被兵諸州租賦。

21癸酉，金判平陽府事衞王永濟改武定軍節度使，兼奉聖州管內觀察使。

22監興州合江倉益昌楊巨源謀討吳曦，乃陰與曦將張林、朱邦寧及忠義士朱福等深相結。眉州人程夢錫知之，以告安丙。丙時稱疾，未視事，乃屬夢錫以書致巨源，延至臥所。巨源曰：「先生而爲逆賊丞相長史耶？」丙號哭曰：「目前兵將，我所知，不能奮起；必得豪傑，乃滅此賊。」巨源曰：「非先生不足以舉此事，非巨源不足以了此事。」會興州中軍正將李好義，亦結軍士李貴、進士楊君玉、李坤辰、李彪等數十人謀誅曦。好義曰：「此事誓死報國，救四蜀生靈。但曦死後，若無威望者鎭撫，恐一變未已，一變復生。」欲立長史安丙以主事，使坤辰邀巨源與會。巨源往與約，還報丙，丙始出視事。君玉與白子申共草密詔。

乙亥，未明，好義率其徒七十四人入僞宮。時僞宮門洞開，好義大呼而入曰：「奉朝廷密詔，以安長史爲宣撫，令我誅反賊，敢抗者夷其族。」曦衞兵千餘，聞有詔，皆棄梃而走。

巨源持詔乘馬，自稱奉使，入內戶。曦啓戶欲逸，李貴前執之，刃中曦頰。曦反撲貴仆于地，好義即呼王換斧其腰，曦始縱貴，貴遂斫其首，馳告丙。宣詔，持曦首撫定，城中市不易肆，蕃收曦黨，殺之。衆推丙權四川宣撫使，巨源權參贊軍事。丙陳曦所以反及矯制平賊便宜賞功狀，上疏自劾，待罪，函曦首及違制法物與曦所受金人詔印送於朝。曦僭立凡四十一日。【考異】程史云：逆曦未叛時，嘗蒐校獵塞上。一日夜歸，笳鼓競奏，曦方垂鞭四視。時盛秋，天宇澄霽，仰見月中有一人焉，騎而垂鞭，與己惟肖。問左右，所見皆符，殊以爲駭。嘿自念曰：「我當貴，月中人其我也？」揚鞭而揖之，其人亦揚鞭。乃大喜，異謀由是決。薛氏通鑑載之，論者譏其乖史體。按東南紀聞亦載此事，然究屬詭異之詞耳，今不取。

先是韓侂胄聞曦反，大懼，與曦書，許以茅土之封，且召知鎭江府宇文紹節問計，紹節云：「安丙必能討賊。」侂胄乃密以帛書諭丙云：「若能圖曦報國以明本心，即當不次推賞。」書未達而誅曦，露布已至，舉朝大喜。

曦首至臨安，獻于廟社，梟之市三日。詔誅曦妻子，家屬徙嶺南，奪曦父挺官爵，遷曦祖璘子孫出蜀，存璘廟祀，玠子孫免連坐。

23 金珠赫哷果勒齊未至蜀而吳曦已誅，金主聞之，意殊沮，遣使責完顏綱曰：「曦之降，自當進據仙人關以制蜀命，且爲曦重。既不據關，復撤兵，使安丙無所憚，是宜有今日也。」

24 三月，丁丑，斬僞四川都轉運使徐景望于利州。

25 庚子，以楊輔爲四川宣撫使，安丙副之，許奕爲宣諭使。

26 金以完顏匡爲左副元帥。

27 壬寅，四川宣諭使程松落職，筠州安置，尋徙澧州。

28 楊巨源、李好義謂安丙曰：「曦死，賊破膽矣。關外西和、成、階、鳳四州，爲蜀要害，宜乘勢復取之，不然，必爲後患。」丙從之。好義進兵，次于獨頭嶺，會忠義及民兵夾擊，金人死者蔽路。七日，至西和州，金將完顏欽遁去。好義整衆而入，軍民歡呼迎拜，好義籍府庫以歸于官。於是張林、李簡復成州，劉昌國復階州，張翼復鳳州，孫忠銳復大散關。金鞏州鈐轄完顏阿實（舊作阿失。）戰死，金主命完顏綱撤五州之兵，退保要害。好義進趣秦州，軍聲大振，丙心忌之。【考異】宋史本紀作壬辰，興州將劉昌國引兵至階州，金人退去。癸巳，李好義復西和州。庚子，忠義統領張翼復鳳州。四月癸丑，四川忠義人復大散關。金史略同，唯不載鳳州，兩朝綱目備要則不載階州，今參合書之。

29 夏，四月，丙辰，金以赫舍哩（舊作紇石烈。）子仁爲右副元帥。

30 己未，以方信孺爲國信所參議官，如金軍。

時韓侂胄募可以報使金帥府者，近臣薦信孺可使，自蕭山丞召赴行在，命以使事。信孺曰：「開釁自我，金人設問首謀，當以何詞答之？」侂胄矍然。信孺遂持張巖書以行。

31 丁卯，召楊輔還，以吳獵爲四川制置使。

時朝廷察安丙與輔異，召輔赴闕。輔抵建康，引咎不進，著作佐郎楊簡言輔棄成都，不當召，遂命輔知建康。

32 戊辰，以資政殿學士錢象祖參知政事。

33 己巳，改興州爲沔州，以李好義爲副都統制。

34 庚午，贈楊震仲官，仍官其子一人。

35 癸酉，金人復破大散關。安丙素惡孫忠銳，至是大散關失守，丙檄忠銳還，欲殺之，先命楊巨源偕李邦寧以沔兵二千策應。巨源至鳳州，因忠銳出迎，伏壯士於幕後，突出殺之，及其子撰。丙遂以忠銳附僞表聞於朝。【考異】兩朝綱目備要作巨源擅殺孫忠銳於鳳州。按忠銳未嘗附僞，巨源未嘗擅殺，皆安丙誣善之詞也。備要據當日案牘，多爲安丙迴護，今從宋史。

36 五月，戊寅，詔：「吳曦黨李紳之等十六人，除名，編管兩廣及湖南諸州。」

37 己卯，金主幸東園，射柳。

38 辛卯，太皇太后謝氏崩。

39 戊戌，復以楊輔爲四川制置使，召吳獵還。【考異】宋史本紀不書，今從兩朝綱目備要。

40 李好義攻秦州，【考異】金史作「李孝義」，今從宋史。圍皁角堡，金都統珠赫哷果勒齊以兵赴之。

好義列陣山谷，以武車爲左右翼，伏弩其下，徑前搏戰，果勒齊與之。南師陽卻，果勒齊追之，遇伏，不得前，乃退而結陣。好義麾衆復至，凡五戰，南師陣益堅。果勒齊患之，分騎爲二，輪番出戰；久之，潛遣兵自山馳下合擊，南師陣動，士卒多死，好義乃解圍去。

41 是月，金放宮女二十人。

42 六月，乙巳朔，金詔：「朝官六品、外官五品以上及親王，舉通錢穀一人，不舉者罰，舉不當者論如律。」

43 己酉，金以山東多盜，制：「同黨能自殺捕者，官賞有差。」

44 戊午，金以烏庫哩(舊作烏古論。)誼爲元帥左監軍，完顏薩喇(舊作撒剌。)爲元帥左都監。

45 己未，李好義遇毒死。時吳曦舊將王喜，遣其黨劉昌國赴西和州，聽好義節制。好義與之酬酢，歡飲達旦，好義心腹暴痛死，昌國遁去。既殮，口鼻爪指皆青黑，居民號慟如私親。朝廷慮喜爲變，授節度使，移荆鄂都統制。既而昌國疽發死。【考異】宋史李好義傳：好義欲乘勝徑取秦、隴，而安丙令但守故疆，不得侵越。本紀云：辛丑，李好義襲秦州，敗還。蓋本紀據安丙奏疏，傳則略本於當時私傳也。今以金史參考，是好義攻秦州，不克而還，無庸爲之諱；至遇毒而死，宋紀亦未嘗爲安丙諱也。

46 癸酉，安丙殺參議官楊巨源。

初，吳曦之誅，實楊巨源、李好義首倡，安丙以勞績上于朝，僞言以巨源、好義爲首，實則獨後二人。及獎諭誅叛詔書至沔州，巨源謂人曰：「詔命一字不及巨源，疑有蔽其功者。」俄報王喜授節度使，而巨源僅得通判，心益不平，乃爲啓以謝丙曰：「飛矢以下聊城，深慕魯仲連之高誼；解印而去彭澤，庶幾陶靖節之清風。」既又愬功於朝。

或謂丙曰：「巨源謀爲亂。」丙令王喜鞫其黨，皆抵罪。時巨源方與金人戰於鳳山之長橋，【考異】宋史本紀：楊巨源戰於長橋，敗績；兩朝綱目備要同。蓋皆本於安丙報疏，然考金史，未嘗有長橋之捷也。丙密使興元都統制彭輅收巨源，械送閬州獄，至大安龍尾灘，丙使將校樊世顯取刀斷其首，不絕者踰寸，遂以巨源自殪聞，忠義之士，聞者莫不扼腕流涕。劍外士人張伯威爲文以弔，其辭尤悲切。李壁在政府，聞丙上巨源敗狀，歎曰：「嘻，巨源其死矣！」丙以人情洶洶，上章求免。楊輔亦謂丙殺巨源，必召變，請以劉甲代之。【考異】吳師道禮部集有題跋云：「吳曦之誅，實楊巨源結李好義舉義之功，爲丙輩娼嫉掩沒。前代記曦事之詳者惟李心傳，嘗讀其朝野雜記，亦略于巨源。近有續陳均編年者，頗載巨源事，而多舛錯，雖能書安丙殺其參議官楊巨源，而復以擅殺孫忠銳之罪歸之。大概當時歸功于丙，故其事不白。惟俞文豹吹劍錄具載巨源本末，又言其妻子流離困苦狀，使人憤惋。」按師道所云續陳均編年，即兩朝綱目備要也。宋史安丙傳無貶詞，楊巨源、李好義傳亦不明著其冤，與兩朝備要均失事實，今據吹劍錄諸書改正。

47 秋，七月，己卯，封不儔爲嗣濮王。

48 庚辰，金朝獻於衍慶宮。

49壬午，金詔：「民間交易典貿，一貫以上，並用交鈔，毋用錢。」

50大旱，飛蝗蔽天，食浙西豆粟皆盡。乙酉，下詔罪己，命郡邑賑卹之。

51金敕尚書省：「自今初受監察者，令進利害帖子，以待召見。」

52甲午，金左副元帥完顏匡自許州還都。

53八月，庚戌，金割汝州襄城縣隸許州。

54初，方信孺至濠州，赫舍哩子仁止之于獄，露刃環守之，絕其薪水，要以五事。信孺曰：「反俘、歸幣，可也；縛送首謀，自古無之；稱藩、割地，則非臣子所敢言。」子仁怒曰：「若不望生還耶？」信孺曰：「吾將命出國門時，已置生死度外矣。」子仁遣至汴見元帥崇浩，出就傳舍。崇浩使將命者來，堅持五說，且謂稱藩、割地自有故事。信孺曰：「昔靖康倉卒割三鎮，紹興以太母故暫屈，今日可用爲故事耶？請面見丞相決之。」崇浩坐幄中，陳兵見信孺，曰：「五事不從，兵卽南下矣。」信孺辯對不少屈。崇浩叱之曰：「前日興兵，今日求和，何也？」信孺曰：「前日興兵復讎，爲社稷也；今日屈己求和，爲生靈也。」崇浩不能詰，授以報書曰：「和與戰，俟再至決之。」

信孺還，詔侍從、兩省、臺諫官議所以復命，衆議還俘獲，罪首謀，增歲幣五萬，遣信孺再往。時吳曦已誅，金人氣頗索，然猶執初議。信孺曰：「本朝謂增幣以爲卑屈，況名分、地界哉！且以曲直校之，本朝興兵在去年四月，若移書誘吳曦，則去年三月也，其曲固有在矣。如以强弱言之，若得滁、濠，我亦得泗、漣水；若夸胥浦橋之勝，我亦有鳳凰山之捷；若謂我不能下宿、壽，若圍廬、和、楚果能下乎？五事已從其三，而猶不我聽，不過再校兵耳。」金人乃曰：「割地之議姑寢，但稱藩不從，當以叔爲伯，歲幣外别犒師可也。」信孺固執不許。崇浩遂密與定約，復命。

朝廷以林拱辰爲通謝使，與信孺執國書誓草，及許通謝百萬緡。至汴，崇浩怒信孺不曲折建白，遽以誓書來，有誅戮禁錮語，信孺不爲動。將命者曰：「此非犒軍可了，别出事目以示之。」信孺曰：「歲幣不可再增，故代以通謝錢。今得此求彼，吾有隕首而已。」會蜀兵入大散關，崇浩益疑之，乃遣信孺還，復書于張巖曰：「若能稱臣，卽以江、淮之間取中爲界，欲世爲子國，卽盡割大江爲界，且斬元謀姦臣，函首以獻，及添歲幣五萬兩匹，犒師銀一千萬兩，方可議和好。」信孺還，致其書。韓侂胄問之，信孺言：「敵所欲者五事：一，割江、淮；二，增歲幣；三，索歸正人；四，犒軍銀；五，不敢言。」侂胄固問之，信孺徐曰：「欲得太師頭耳。」侂胄大怒。

55 九月，庚戌朔，金左丞相兼都元帥崇浩卒於軍，謚通敏。

崇浩與布薩揆、穆延斯圖賚（舊作抹撚史扢搭。）皆金之宿將也，相繼而歿。臨戰易將，兵家所忌，而宋人不知乘，舉朝惴惴，以和議得成爲幸，故金人每笑南朝無人。

56 壬午，方信孺以忤韓侂胄，坐用私覿物擅作大臣餽遺金將，奪三官，臨江軍居住。信孺三使，金人雖未許卽和，然書問往來，亦不拒其請。信孺既貶，欲再遣使，顧在廷無可者，近臣以王柟薦，乃命柟假右司郎中，持書北行。柟，倫之孫也。

57 甲申，金以左丞布薩端爲平章政事，封申國公。命完顏匡代崇浩，統師於汴，晉平章政事兼左副元帥，封定國公。

58 乙酉，權攢成肅皇后于永阜陵。

59 辛卯，以殿前都指揮使趙淳爲江淮制置使。乙未，張巖罷。韓侂胄聞金人欲罪首謀，意懷慚憤，復欲用兵，乃以淳鎭江淮而罷張巖。巖開督府九月，耗縣官錢三百七十萬緡。

60 壬寅，祔成肅皇后神主于太廟。

61 是秋，蒙古再伐西夏，克斡囉該城。（舊作斡羅孩城。）

62 冬，十月，乙卯，復珍州、遵義軍。

63 丙辰，以邊事詔諭軍民曰：「朕憂勤弗怠，敢忘繼志之誠；寡昧自量，尤謹交鄰之道。屬邊臣之妄報，致兵隙之遂開。第惟敵人陰誘曦賊，計其納叛之日，乃在交鋒之前，是則造端豈專在我！況先捐四州已得之地，亟諭諸將斂戍而還，蓋爲修好之謀，所謂不遠之復，無非曲爲於生民，詎意復乖於所約。議稱謂而不量彼此，索壤地而擬越封陲；規取貨財，數踰千萬。雖盟好之當續，念膏血之難朘。當知今日之師，愧非得已而應，豈無忠義，共振艱虞！」

64 辛未，金陝西宣撫使圖克坦鎰遣將攻下蘇嶺關。

65 先是金大定中，定學校所習諸史，五代並用薛居正、歐陽修新、舊本。十一月，癸酉，詔：「新定學令內削去薛居正五代史，止用歐陽修所撰。」

66 韓侂胄竊柄久，中外交憤，及妄開邊釁，怨者益衆。金人來索首謀，禮部侍郎史彌遠，時兼資善堂翊善，密建去凶之策。皇后素怨侂胄，因使皇子榮王曮疏言，侂胄再啓兵端，將不利於社稷，帝不答；后從旁力贊之，帝猶未許；后請命其兄楊次山擇羣臣可任者與共圖之，帝始允可。次山遂語彌遠，得密旨。以錢象祖嘗陳用兵忤侂胄，乃先白象祖。象祖許之，以告李壁，壁謂事緩恐泄，乃命主管殿前司公事夏震統兵伺之。

乙亥，侂胄入朝，至太廟前，呵止于途，擁至玉津園側，殺之。彌遠、象祖以聞，帝猶未信，既乃知之，遂下詔暴侂胄罪惡于中外。蓋其謀始於彌遠，而成于楊后及次山，帝初無意也。論功，進彌遠爲禮部尚書，加震福州觀察使。

自侂胄專政，宰執、侍從、臺諫、藩閫，皆出其門。嘗鑿山爲園，下瞰太廟，出入宮闈無度，孝宗思政之所，偃然居之，老宮人見之，往往垂涕。顔棫草制，以爲得聖之清；易祓撰答詔，以元聖褒之；余嘉請加九錫；趙師睪乞置平原王府官屬；侂胄皆當之不辭。其嬖妾皆封郡國夫人，每內宴，與妃嬪雜坐，恃勢驕倨，掖庭皆惡之。

初，侂胄爲南海尉，延一士人作館客，甚賢而文，既別，音問不通。侂胄當國，嘗思其人，一日忽至，已改名登第有年矣，一見歡甚，館遇極厚。嘗夜闌酒罷，侂胄屏左右促膝問曰：「侂胄謬當國秉，外間議論如何？」其人太息曰：「平章家族危如累卵，尚復何言！」侂胄愕然問故，對曰：「是不難知也。椒殿之立，非立于平章，則椒殿怨矣。皇子之立，非出于平章，則皇子怨矣。賢人君子自朱熹、彭龜年、趙汝愚而下，斥逐貶死不可勝數，則士大夫怨矣。邊釁既開，三軍暴骨，孤兒寡婦之哭聲相聞，則三軍怨矣。並邊之民，死于殺掠，內地之民，死于科需，則四海萬姓皆怨矣。叢是衆怨，平章何以當之？」侂胄默然久之，曰：「何以教我？」其人辭謝再三。固問，乃曰：「僅有一策，主上非心黃屋，若急建青宮，開陳三聖家法，爲揖遜之舉，則皇子之怨可變而爲恩，而椒殿退居德壽，雖怨無能爲矣。于是輔佐新君，渙然與海內更始，曩日諸賢，死者贈卹，生者召擢。遣使聘金，釋怨請和，以安邊境。優犒諸軍，厚卹死士，除苛解慝，盡去軍興無名之賦，使百姓有更生之意。然後選擇名儒，遜以相位，乞身告老，爲綠野之游，易危爲安，其庶幾乎！」侂胄猶豫不能決，欲留其人，處以掌故，其人力辭去。未幾，禍作。

67 韓侂胄既死，錢象祖探懷中堂帖授陳自強曰：「有旨，丞相罷政。」自強卽上馬，顧曰：「望大參保全。」丁丑，貶自強永州居住。戊寅，貶蘇師旦韶州安置。己卯，師旦伏誅。周鈞杖脊，刺配嶺外。詔：「姦臣竄殛，當首開言路以來忠讜，中外臣僚，各具所見以聞。」

68 辛巳，以丘崈爲資政殿學士、知建康府。

69 貶鄧友龍南雄州安置，旋徙循州。

70 乙酉，置御前忠銳軍。

71 丙戌，以御史中丞衞涇簽書樞密院事。

72 丁亥，立皇子榮王曮爲皇太子，更名懤〔幬〕，尋又更名詢。

73 戊子，貶郭倪梅州，郭僎連州，並安置，籍其家。貶李壁撫州居住。癸巳，貶張巖徽州居住。

74 金參知政事賈鉉漏言指授事，金主謂鉉曰：「卿罪自知之矣，然卿久參機務，補益良多，不深罪也。」戊戌，出爲安武軍節度使。

75 十二月，壬寅朔，金修遼史成。

76 癸卯，以丘崈爲江淮制置大使。【考異】兩朝綱目備要作乙巳，今從宋史。

77 以許奕爲大金通問使。

78 丙午，金詔：「策論進士，免試弓箭擊毬。」

79 己酉，落葉適寶文閣待制。庚戌，貶許及之泉州，薛叔似福州居住。再貶皇甫斌英德府安置。

80 癸丑，金人復破隨州。

81 庚申，金以右丞孫卽康爲左丞，參知政事通吉（舊作獨吉。）思忠爲右丞，中都路都轉運使孫鐸爲參知政事。

82 辛酉，以錢象祖爲右丞相，兼樞密事；衞涇及給事中雷孝友，並參知政事；吏部尚書林大中簽書（樞密）院事。

初，韓侂胄欲納交于大中，大中不許，而上書極論其姦，因辭官屏居，絕口不及時事。侂胄當國，或勸其通問以免禍，大中曰：「福不可求而得，禍可懼而免耶？」不聽，凡十二年而復起。

83 甲子，太尉楊次山，除開府儀同三司。次山謹畏，不敢以外戚自驕，人無惡之者。

84 乙丑，以禮部尚書史彌遠同知樞密院事。

85 丙寅，贈呂祖儉朝奉郎、直祕閣，官其子一人。

86 丁卯，詔改明年爲嘉定元年。

87 金山東安撫使張萬公乞致仕，許之，仍給平章政事俸之半。尋薨，命依宰臣故事賻葬，謚文貞。

萬公淳厚剛正，門無雜賓，所薦引多廉讓之士焉。

嘉定元年 金泰和八年，蒙古太祖三年。（戊辰、一二〇八）

1 春，正月，壬申，金主朝謁衍慶宮。

2 癸酉，金以左都監完顏薩喇爲參知政事。

3 乙亥，安丙遣兵襲鶻嶺關，敗還。

4 丙子，金左司郎中劉昂等坐與蒲陰令大中私議朝政，下獄。孫鐸進曰：「昂等非敢議朝政，但如鄭人游鄉校耳。」金主悟，乃杖而釋之。

5 戊寅，右諫議大夫葉時等，請梟韓侂胄首于兩淮以謝天下，不報。

6 辛巳，下詔求言。【考異】兩朝綱目備要作戊寅，今從宋紀。

7 癸未，金主如春水。

8 丙戌，葉時復請梟韓侂胄首于兩淮。

9 金主如先春宮。

10 壬辰，以史彌遠知樞密院事。

權兵部尚書倪思求對，言：「大權方歸，所當防微，一有干預端倪，必且仍蹈覆轍。今侂胄既誅，而國人之言猶有未靖者，蓋以樞臣猶兼宮賓，不時宣召。宰執當同班同對，樞臣亦當遠權以息外議。」樞臣，謂史彌遠也。

時方召婁機爲吏部侍郎，機還朝，卽言：「惟至公可以服人。權臣以私意横生，敗國殄民，今當行以至公。若曰私恩未報，首爲汲引，私讎未復，且爲沮抑，一涉于私，人心將無所觀感矣。」

11 以許奕爲大金通謝使。

12 二月，戊申，追復趙汝愚觀文殿大學士，謚忠定。

13 以韓侂胄冒定策功，詔史官：「自紹熙以來侂胄事迹，悉從改正。」

14 甲寅，金主如建春宮。

15 戊午，再貶程松賓州安置。

16 庚申，金諭有司曰：「方農作時，雖在禁地，亦令耕種。」

17 己巳，金主還宮。

18 是月，柳州黑風峒寇羅世傳作亂，招降之。

19 三月，癸酉，以毛自知首論用兵，奪進士第一人恩例。

20 戊子，復秦檜王爵、贈謚。當時用事者亟欲反韓侂胄之政，而不顧公議如此。

21 王柟至金，請依靖康故事，世爲伯姪之國，增歲幣爲三十萬，犒軍錢三百萬貫，蘇師旦等，俟和議定後，當函首以獻。完顏匡具以柟言奏于金主，命匡移書索韓侂胄首以贖淮南地，改犒軍錢爲銀三百萬兩。會錢象祖移書金帥府，諭已誅韓侂胄事，柟未之知也。匡問柟曰：「韓侂胄貴顯幾年矣？」柟曰：「已十餘年，平章國事才二年矣。」匡曰：「今欲去此人，可乎？」柟曰：「主上英斷，去之何難！」匡顧笑，和議始定，因遣柟還。

己丑，詔百官集議，倪思謂有傷國體。吏部尚書樓鑰曰：「和議重事，待此而決，姦宄已斃之首，又何足惜！」因命臨安府斲棺取首，梟之兩淮，遂以侂胄及師旦首付柟送金師，以易淮、陝侵地。【考異】四朝聞見錄云：百官詣朝堂集議韓首事，樞密章良能建議，以爲姦凶已斃之首，又何足惜。時王忠簡公介抗議，以韓首固不足惜，而國體爲可惜。章以語侵公，奮起曰：「今日敵要韓首，要不足惜，明日敵要吾輩首，亦不足惜耶？」會文節倪公思亦謂：「一侂胄臭頭顱，何必諸公爭？」王議遂不勝章，章竟呼省吏，伸黃紙揭於象魏曰：「今據禮部侍郎倪思議到，姦凶已斃之首，又何足惜！」遂竟函韓首送金。按宋史以有傷國體之言出於倪思，而聞見錄以爲出於王介；至「又何足惜」之言，宋史作樓鑰，蓋傳聞之異也。今仍從宋史。

初，方信孺爲侂胄所貶，至是枏奏：「和約之成，皆方信孺備嘗險阻，再三將命之功，信孺當其難，臣當其易。每見金人，必問信孺安在，公論所推，雖讎敵不能揜也。乞錄信孺功而錫其過。」乃詔信孺自便，尋除知韶州。

22 庚寅，金主以與宋和諭尚書省。壬辰，金宰臣上表謝罪。

23 召江西常平提舉袁燮爲都官郎，遷司封。

燮入對，言：「陛下卽位之初，委任賢相，正士鱗集，而竊威權者從旁睨之。彭龜年逆知其必亂天下，顯言其姦，龜年以罪去，而權臣遂根據，幾危社稷。陛下思追龜年，蓋嘗臨朝太息曰：『斯人猶在，必大用之。』固已深知龜年之忠矣。今正人端士不乏，願陛下常存此心，急聞剴切，崇獎樸直，一龜年雖沒，衆龜年繼進，天下何憂不治！臣昨勸陛下勤于好問，而聖訓有曰：『好問則明。』臣退與朝士言之，莫不稱善。而側聽十旬，陛下之端拱淵默猶昔也，臣竊惑焉。夫既知如是而明，則當知反是而闇，明則光煇旁燭，無所不通；闇則是非得失，懵然不辨矣。」

遷國子司業、祕書少監，進祭酒、祕書監。延見諸生，必迪以反躬切己，忠信篤實，是爲道本。聞者悚然，士氣益振。時史彌遠主和，燮爭益力。臺諫劾燮，罷之，提舉鴻慶宮。

24 臨安大火，凡四日，焚御史臺等官舍十餘所，民舍五萬八千餘家，死者甚衆。城中廬舍，十燬其七，百官多僦舟以居。民訛言相驚，無賴因而縱火爲姦。

25 夏，四月，戊申，金禘於太廟。

26 庚戌，金主如萬寧宮。

時蒙古日強，特未嘗與金絕，金主遂以爲北邊無事。甲寅，命東北路招討使還治泰州，就兼節度使，其副招討仍置于邊。

27 丙辰，贈彭龜年寶謨閣直學士，落李沐寶文閣學士，尋貶信州居住。

28 戊午，再貶陳自強雷州安置，籍其家。

29 閏月，辛未，置拘榷安邊錢物所，凡韓侂胄與他權幸沒入之田及圍田、湖田之在官者，皆隸焉。所輸錢租，籍以給行人金繒之費。迨後與北方絕好，軍需邊用，每于此取之。

30 金翰林侍講學士富察（舊作蒲察。）思忠，言使宋當慎擇人，金主曰：「思忠所言甚當，彼通謝使雖未到闕，其報聘人當先議擇。此乃更始，凡有禮數，皆在奉使，今既行之，遂爲永例，不可不慎也。」

31 甲申，詔：「自今視事，令皇太子侍立。」

32 辛卯，以旱，禱於天地、宗廟、社稷。乙未，蠲兩浙闕雨州縣貧民逋賦。命大理、三衙、臨安府、兩浙州縣決繫囚。丁酉，詔求直言。

33 五月，王柟以韓侂胄、蘇師旦首至金，丁未，金主御應天門，備黃麾立仗受之，百官上表稱賀。懸二首并畫像于通衢，令百姓縱觀，然後漆其首，藏軍器庫。【考異】四朝聞見錄云：金既受韓首，謚之曰忠謬侯，今從金史。遂命完顏匡等罷兵，更元帥府為樞密院，遣使來歸大散關及濠州。

34 金主問右司郎中王維翰曰：「宋人請和，復能背盟否？」維翰曰：「宋主怠於政事，南兵佻弱，兩淮兵後，千里蕭條，其臣懲韓侂胄、蘇師旦，無敢執其咎者，不足憂也。唯北方當勞聖慮耳。」

35 辛酉，賜禮部進士鄭自成以下四百六十二(二十六)人及第、出身。

36 丁卯，以蝗災，詔侍從、臺諫疏奏闕政，監司、守令條上民間利害。太子詹事婁機言：「和議甫成，先務安靜，葺罅漏以成紀綱，節財用以固邦本，練士卒以壯國威。」俄遷禮部尚書。

37 金遣使分路捕蝗。

38 六月，金主謁謝於衍慶宮。

39 乙亥，參知政事衞涇罷。

40 癸未，金以許宋平詔中外。免河南、山東、陝西等六路夏稅，河東、河北、大名等五路半之。

41 甲申，簽書樞密院事林大中卒，諡正惠。

大中清修寡欲，退然如不勝衣，及遇事而發，凜乎不可犯。

42 丁亥，金以左都監烏庫哩誼爲御史大夫。

43 辛卯，以史彌遠兼參知政事。

44 秋，七月，辛丑，詔呂祖泰特補上州文學。

45 乙巳，金朝獻于衍慶宮。

46 （金）詔頒捕蝗圖於中外。

47 癸丑，召江淮制置大使丘崈同知樞密院事，未至，卒。

崈嘗慷慨曰：「生無以報國，死願爲猛將以復讎。」

48 錄用趙汝愚子奉議郎、知南昌縣崇憲爲籍田令，崇憲上疏力辭，以爲：「先臣之冤未悉昭白，而其孤先被寵光，非公朝所以勸忠孝，厲廉恥之意。」俄改監行在都進奏院，又引陳瓘論司馬光、呂公著復官事申言之，「乞以所陳下三省集議，若先臣心迹有一如言者所論，即近日恩典皆爲冒濫，先臣復官賜諡與臣新命，俱合追寢。如公論果謂誣衊，乞昭示中外，使先臣之讒謗既辨，忠節自明，而憲聖慈烈皇后擁佑之功德益顯，然後申飭史館，改正誣史，垂萬世之公。」又請正趙師召妄貢封章之罪，究蔡璉與大臣爲仇之姦，毀龔頤正續稽古錄之妄，詔兩省、史館考定以聞。吏部尚書兼修國史樓鑰等請施行如章，從之。

已而誣史尚未正，崇憲復言：「前日史官徒以權臣風旨，刊舊史，焚元稿，略無留難；今被詔再三，莫有慨然奮直筆者，何小人敢于爲惡，而謂之君子者顧不能勇於爲善耶！」聞者愧之。其後玉牒、日曆所卒以重修龍飛事實進呈，因崇憲請也。

49 八月，辛巳，以禮部尚書婁機同知樞密院事，吏部尚書樓鑰簽書樞密院事。鑰持論堅正，忤韓侂冑意，奉祠累年，至是與機同入樞府。值干戈甫定，信使往來，機裨贊之功爲多；尤惜名器，守法度，進退人物，直言可否，不市私恩，不避嫌怨。

50 庚寅，金主如秋山。

51 甲午，發粟三十萬石，賑糶江、淮流民。

52 九月，辛丑，金使完顏侃、喬宇入見。詔以和議成諭天下。中書議表賀，又有以此爲二府功，欲差次遷秩，權兵部尚書倪思曰：「澶淵之役，捷而班師，天子下詔罪己，中書、樞密待罪。今屈己以盟，柰何君相反以爲慶？」乃止。

53 壬子，出安邊所錢百萬緡，命江淮制置大使司糴米賑濟飢民。

54史彌遠漸作威福，倪思進對，因言：「臣前日論樞臣獨班奏事，恐蹈往轍。宗社不堪再壞，宜親擢臺諫以革權臣之弊，並任宰輔以防專權之失。」彌遠聞而恚恨，思遂求去，出知鎭江府。

55召太學(正)浦城眞德秀爲博士，入對，首言：「權臣開邊，南北塗炭，今茲繼好，豈非天下之福！然日者行人之遣，金人欲多歲幣之數，而吾亦曰可增；金人欲得姦人之首，而吾亦曰可與；往來之稱謂，犒軍之金帛，根括歸明流徙之民，皆承之惟謹，得無滋嫚我乎？抑善謀國者，不觀敵情，觀吾政事。今號爲更化，而無以使敵情之畏服，正恐彼資吾歲賂以厚其力，乘吾不備以長其謀，一旦挑爭端而吾無以應，此有識所爲寒心。」又言：「侂胄自知不爲清議所容，至誠憂國之士，則名以好異，于是忠良之士斥而正論不聞；正心誠意之學，則誣以好名，于是僞學之論興而正道不行。今日改紘更張，正當褒崇名節，明示好尙。」

56召李道傳爲太學博士，遷太常博士兼沂王府小學教授。會沂府有母喪，遺表，官吏例進秩，道傳曰：「有襄事之勞者，推恩可也，吾屬何預焉！」于是皆辭不受。遷著作佐郎，見帝，首言：「憂危之言不聞于朝廷，非治世之象。今民力未裕，民心未固，財用未阜，儲蓄未豐，邊備未修，將帥未擇，風俗未能知義而不偸，人才未能彙進而不乏，而八者之中，復以人才爲要。願陛下搜羅人才，以待天下未至之憂。」帝嘉納之。

初，道傳爲蓬州學教授，吳曦黨以意脅道傳，道傳棄官去，且貽書安撫使楊輔，謂曦可坐而縛。至是曦平，詔以道傳抗節不撓，召入。執政有不喜道學者，道傳略不爲動。

57 甲子，金遣吏部尚書賈守謙等十三人與各路按察司推排民戶物力。

58 乙丑，金主還都。

59 冬，十月，丙子，以錢象祖爲左丞相，史彌遠爲右丞相，雷孝友知樞密院事，樓鑰同知樞密院事，婁機參知政事。

陳晦草彌遠制，用「昆命元龜」語，倪思歎曰：「董賢爲大司馬，册文有『允執厥中』一語，蕭咸以爲堯禪舜之文，長老見之，莫不心懼。今制詞所引，此舜、禹揖遜也，天下有如蕭咸者讀之，得不大駭乎！」乃上省牘，請貼改麻制，詔下分晰。彌遠遂除晦殿中侍御史，即劾思藩臣，僭論麻制，鐫職，罷之，自是思不復起。

60 詔：「朱熹特賜謚，令有司議奏，仍與遺表恩澤一名。」

61 己卯，褒錄慶元上書楊宏中等六人。

62 庚辰，封伯祝（柷）爲安定郡王。

63 辛巳，蔡璉除名，配贛州牢城。

64 十一月，丁酉朔，金初設三司使，掌判鹽鐵、度支、勸農事，以樞密使赫舍哩子仁爲之。

詔諸路按察使並兼轉運使。

65 癸卯，金主戒諭尚書省曰：「國家之治，在於紀綱，紀綱所先，賞罰必信。今乃上自省部之重，下逮司縣之間，律度弗循，私懷自便，遷延曠廢，苟且成風，習此爲恆，從何致理！朝廷者，百官之本；京師者，諸夏之儀。其勗自今，各懲已往，遵繩奉法，竭力赴功，無枉撓以徇情，無依違而避勢，一歸於正，用範乃民。」

66 丁未，金諭臨潢、泰州路兵馬都總管承裔等修邊備。

67 金主得嗽疾，頗困，時承御賈氏、范氏皆有娠，未及乳月。會衞王永濟自武定軍來朝，金主無嗣，疏忌宗室，以永濟柔弱，鮮智能，故愛之，欲傳以位。【考異】兩朝綱目備要云：雍之子惟永濟在，然其時世宗之子猶有越王永功、夔王永升，不止衞王也，今從金史。朝辭之日，力疾與之擊毬，謂衞王曰：「叔王不欲作主人，遽欲去耶？」李元妃在旁，謂金主曰：「此非輕言者。」乙卯，金主疾革，衞王未發。元妃與黃門李新喜議立衞王，使內侍潘守恆召之，守恆曰：「此大事，當與大臣議。」乃使守恆召平章政事完顏匡。匡，顯宗侍讀，最爲舊臣，有征伐功，故獨召之。匡至，遂與定策立衞王。

丙辰，金主殂于福安殿，年四十一，遺詔：「皇叔衞王即皇帝位。」且曰：「朕內人見有娠者兩位，如其中有男，當立爲儲貳，皆男，則擇可立者立之。」衞王承詔舉哀，即皇帝位。

68 戊午，右丞相史彌遠以母憂去位。

69 十二月，戊辰，左丞相錢象祖罷。

70 庚午，四川初行當五大錢。

71 升嘉興府爲嘉興軍節度。

72 戊寅，遣曾從龍使金弔祭。己丑，遣宇文紹彭使金，賀卽位。

73 是冬，蒙古再伐托克托舊作脫脫，今改。及庫楚類舊作屈出律，今改。汗。時斡伊喇（舊作斡亦剌。）部等遇蒙古前鋒，不戰而降，因用爲鄉導，至蘇兒迪實河，（舊作也兒的石河。）討默爾奇舊作蔑里乞，今改。部，滅之。托克托中流矢死，庫楚類汗奔契丹。

嘉定二年金大安元年，蒙古太祖四年。（己巳，一二〇九）

1 春，正月，庚子，詔內外有司條陳節用事。

2 辛丑，金太史奏：「飛星如火，起天市垣，有尾，迹若赤龍。」

3 金遣費摩（舊作裴滿。）正來告哀。

4 丁巳，以樓鑰參知政事，御史中丞章良能同知樞密院事，吏部尚書宇文紹節簽書院事。

鑰上書曰：「諸道置帥官，稱安撫，兼兵民之權，有分閫之制，朝廷選擇甚重。比來遇盜賊竊發，州縣所不能制者，必使帥臣親行，雖多成功，臣竊慮之。水旱、饑饉既不能免，則安保無潢池弄兵者！若自此以爲故事，帥臣動輒臨戎，恐非國家之長策也。神宗皇帝垂意邊事，廟謨深遠，乃熙寧九年，知成都府蔡延慶言，乞發陝西兵援茂州，俟兵集自將以往，令轉運司攝府事，詔以朝廷已遣將部兵，延慶務在持重，毋得輕去成都；元豐六年，河東經略司言西賊入麟州神堂寨，知州訾虎等領兵出戰有功，詔虎自今毋得輕易出入，遇有邊患，止令裨將出兵掩逐；神宗之慮深矣。蓋帥守之臣，民之司命，一有失宜，衆心易動。當令指授方略，調度軍食，持重鎭撫，以靖四方，雖有摧衄，根本不搖，若其輕出，利害甚大。蓋帥臣之行，建牙郊野，堪戰之士，咸在行陣，從行兵卒，必是罷弱，而又隨宜遷次，登陟險隘，脫有桀黠之盜，伏隱篁竹，乘間捷出以犯大帥之顏行，則賊勢易張，國威難振，倉卒之頃，可勝言哉！」

5 庚申，詔：「侍從、兩省、臺諫各舉監司、郡守治行尤異者二三人。」

6 金遣富察知剛來，致遺留物。

7 壬戌，金改元大安，大赦天下，立元妃圖克坦氏爲皇后。

8 二月，己巳，金遣使來告卽位。

9 庚午，黎州蠻蓄卜犯良溪寨，官軍敗績。

10 壬午，詔：「會子折閱日甚，侍從、兩省以下各條上所見。」

11 丁亥，罷法科，試經義，復六場舊法。

12 金平章政事布薩端、尚書左丞孫卽康奏：「先帝承御賈氏，當以十一月免乳，今則已出三月。范氏產期合在正月，醫稱胎形已失。范氏願削髮爲尼。」壬辰，金主以其事詔中外。尋封皇子從恪等六人爲王。

13 金東京留守圖克坦鎰過闕入見，金主曰：「卿兩朝舊德，欲用卿爲相；太尉匡，卿之門人，朕不可屈卿下之。」遷開府儀同三司，充遼東安撫副使。

14 金以同知中都路轉運使孟奎爲博州防禦使。先是奎上言：「親民之寄，不宜輕其選。今吏部使武夫計資而得，權歸胥吏，安望其澄吏治乎！宜參用士人，使紀綱其事。」及奎涖博州，裁斷明決，下令：「凡屬縣事應赴州者，不得泊於逆旅，以防吏姦。」州人便之。

15 三月，甲辰，金葬憲天光運仁文義武神聖英孝皇帝于道陵，廟號章宗。大赦。以布薩端爲右丞相。

16 己酉，詔：「民以減會子之直籍沒家財者，有司立還之。」

17 戊午，禁兩淮官吏私買民田。

18 是春，輝和爾舊作畏吾兒，今改。國降于蒙古。輝和爾，卽唐之高昌也。

19蒙古主人〔入〕河西，夏主安全遣其太子率師拒戰，敗之，獲其副元帥高令公，克兀剌海城，俘其太傅西壁氏。進至克夷門，復敗夏師，獲其將威明（舊作嵬名。）令公，薄其中興府，引河水灌之，隄決，水外潰，遂撤圍還。遣太傅額克（舊作訛谷。）入中興招諭，夏主納女請和。

20夏，四月，戊辰，放盧、濠二州忠義軍歸農。

21金主命議黃門李新喜罪，廷臣皆以爲當誅。參知政事孫鐸曰：「此先朝用之太過耳。」金主曰：「卿今日始言之，何耶？」既而復曰：「後當盡言，勿以此介意。」頃之，遷左丞，兼修國史。

22庚辰，金主下詔暴章宗元妃李氏之罪，言：「章宗儲嗣未立，李氏與其母王盼兒及李新喜謀，令侍御賈氏詐稱有身，俟將臨月，于李家取兒以入；日月不偶，則規別取以爲皇嗣。章宗崩，謀不及行。又，章宗平昔或有幸御，李氏嫉妬，令女巫李定奴作紙木人、鴛鴦符以事魘魅，致絕聖嗣。今事既發露，遣大臣按問，俱已款服。有司議法當極刑，以其久侍先帝，令賜自盡。王盼兒、李新喜各正法；李氏兄安國軍節度使喜兒，弟少府監鐵格（舊作鐵哥。）于遠地安置；諸連坐並依律施行；賈氏亦賜自盡。」

初，完顏匡與李氏同受遺詔立衞王，匡欲專定策功，遂構殺李氏。數日，匡拜尙書令，封申王。左副點檢烏庫哩慶壽，坐與李新喜題品諸王，免死，除名。

23 金以皇子胙王從恪爲左丞相，布薩端爲右丞相；孫即康爲平章政事，封崇國公。

24 戊子，賜楊震仲謚曰節毅。

25 五月，丙申，起復右丞相史彌遠。彌遠以母憂歸治喪，太子請賜第行在，令就第持服，以便咨訪。

26 丁酉，以旱，詔諸路監司決繫囚，劾守令之貪殘者。

27 戊戌，羅日愿謀爲變，伏誅。

日愿，江西人，以策干韓侂胄，借補訓武郎，充忠義軍統制。侂胄既誅，其黨有獲罪者，詞連日愿，得寬免。日愿不自安，潛結黨羽，欲伺史彌遠起復過江，百官迎謁於浙江亭，舉火爲號，盡殺宰執以下官，突入大內，脅下詔書。部分已定，守闕進勇副尉景德常知其事，投匭上變。日愿磔於市，補德常爲武德郎。彌遠方辭起復，又別奏待罪，具言：「陛下昨誅元惡，臣獲密贊，故其餘黨切齒。」優詔答之。

28 辛丑，命州縣捕蝗。

29 是月，金試弘詞科。

30 六月，辛卯，以京湖制置使言，放諸州新軍及忠義人歸農。

31 秋，七月，乙未，詔：「荒歉州縣七歲以下男女，聽異姓收養，著爲令。」

32 癸卯，募民以賑饑免役。

33 八月，甲子，行鐵錢於沿江六州。

34 乙丑，以安丙爲四川制置大使，罷宣撫司。

35 丙戌，發米十萬石，賑兩淮飢民。

36 九月，己亥，朝獻景靈宮。庚子，朝饗太廟。辛丑，合祭天地於明堂。

37 是月，金主如大房山，謁奭睿陵、裕陵、道陵。

38 冬，十月，己卯，金主詔戒勵風俗。

39 丁亥，命京湖制置司募逃卒及放散忠義人以補其闕，因放散人聚而爲盜故也。【考異】宋史作丁卯，今從兩朝綱目備要改正。

40 十一月，辛卯朔，沔州統制張林等謀作亂，事覺，貸死，除名，廣南羈管。

41 甲午，詔浙西監司募飢民修水利。

42 丙申，金平陽地震，有聲如雷，自西北來。戊戌，又震，浮山縣尤甚。

43 金翰林學士承旨張行簡薦上京等路按察司楊雲翼之才，且精術數；召授提點司天臺，兼翰林修撰。

44 是月，郴州黑風峒寇李元礪作亂，衆數萬，連破吉、郴諸縣，詔遣江、鄂、荆、池四州軍討之。

初，羅世傳之降，峒中實苦乏食，而江西帥急欲以買降爲功，遂餽之以糧，并餉以鹽。賊喜，謀益逞，外雖送款，陰治器械，而主兵者更奏授以官爵，峒中義丁皆恚，曰：「作賊者得官，赴義者殞命，豈足以服人哉！」于是五合六聚，各以峒名其鄉，元礪及陳廷佐之徒，並起爲賊，江西列城皆震。

45 丙辰，知臨安府徐邦憲免，以御史陳晦等論其不能區處飢民也。旋命兵部尚書趙師𢍰代之，學士蔡行之當草詔，奏言：「師𢍰爲人與其行事，衆耳目素具也，詔必有褒語，臣無詞以草。」旋與行之外祠，卒用師𢍰。時師𢍰四爲京尹矣。

46 十二月，壬戌，賜李顯忠謚忠襄。

47 安丙遣統領官董炤、正將李實，以飛虎軍二百戍雅州，討蓄卜，復遣其子癸仲視師黎州。癸仲豫檄州備船筏乾餱，爲深入計。比至，遣實往安靜相山川形勢，實言蓄卜之碉，去大渡河二十里，入之易耳。飛虎軍皆選士，銳欲進攻。癸仲大犒士衆，令炤統飛虎軍，實統禁軍，合沿河諸寨土兵千餘人，甲子，昧爽，涉河，分爲三部。山高箐深，積雪擁路，蠻人於山之要害立石堋以俟，官軍或爲所壓。既而蠻人大呼突出，官軍驚潰，逃入山谷，蠻人縱獵犬隨之，盡爲所掩。日暮，炤先遁歸，實被圍數日乃得脫。于是癸仲還黎州，炤留守安靜。

48 乙巳，賜朱熹謚曰文。

49 乙亥，詔諸州毋羅職田租。

50 是月，金尚書令申王完顏匡薨。匡早受知於顯宗，復侍章宗講讀，最親幸，致位將相，怙寵自用，官以賄成。承安中，撥賜官口地土，匡乃自占濟南、眞、定、代州上腴田，百姓舊業輒奪之，及限外自取。章宗聞其事，不以爲罪，惟用安州邊吳泊舊放圍場地、奉聖州在官閑田易之，以向自占者悉還百姓。及金主立，復專定策功，故金主優禮之。

51 金進封越王永功爲譙王。

52 金布薩端進左丞相，以右丞通吉思忠爲平章政事，以御史大夫張行簡爲太子太保，召知興中府事完顏承暉爲御史大夫，知臨潢府事完顏承裕爲御史中丞。

53 初，蒙古主入貢於金，金主時爲衞王，章宗使受貢於靜州，蒙古主見衞王不爲禮，衞王欲請兵攻之。會章宗殂，金主嗣位，有詔至蒙古，傳言當拜受，蒙古主問金使曰：「新君爲誰？」金使曰：「衞王也。」蒙古主遽南面唾曰：「我謂中原皇帝乃天上人，此等庸懦，亦爲之耶？何以拜爲！」即乘馬北去。金使還奏，金主益怒，欲俟蒙古主再入貢，就進場殺之。

蒙古主知之，遂與金絕，益嚴兵爲備。【考異】兩朝綱目備要：允濟遣衆分屯山後，欲襲殺特穆津，然後引兵深入。會金之糺〔乣〕軍有詣蒙古告其事者，蒙古遣人伺之，得實，遂遷延不進。然考金史，未嘗有屯兵山後之事也，今從元史。

續資治通鑑卷第一百五十九

賜進士及第兵部尚書兼都察院右都御史總督湖北湖南等處地方軍務兼理糧餉世襲二等輕車都尉　畢　沅　編集

宋紀一百五十九 起上章敦牂(庚午)正月，盡昭陽作噩(癸酉)八月，凡三年有奇。

寧宗法天備道純德茂功仁文哲武聖睿恭孝皇帝

嘉定三年 金大安二年，蒙古太祖五年。(庚午、一二一〇)

1春，正月，庚辰朔，金太史奏：「日中有流星出，大如盆，其色碧，向西行，漸如車輪，尾長數丈，沒于蜀(濁)中，至地復起，光散如火。」

2甲辰，下詔招諭羣盜，復詔戒監司、守令曰：「歲比旱、蝗，民食不登，捐瘠流亡，良可哀痛。而監司、守令，鹵莽具文，未悉朕志，其能按發而無拘攣與？撫字而無刻薄與？不然，何吾民不安業而忍爲盜賊之歸也？」

3金左丞孫鐸，以議鈔法不合，降滄州防禦使，猶以前論李新喜忤旨故也。

4二月，辛酉，黎州蠻自䖍溪寨用皮船渡河，攻相嶺寨，統領官董炤引所部兵百餘，由寨後突出禦之。賊登堡子城，炤又逐之。賊自旦至晚不得食，走河岸西漢地，土丁知賊飢困，欲會剿，炤恐分其功，戒勿動。會日暮，炤移泊薑地寨，夜，賊潛益兵，詰朝再戰，炤不能支，賊乃收兵而去。安癸仲旋還眉州。

5 壬午，以工部侍郎王居安知隆興府，督捕峒寇。

6 是月，金以禮部侍郎耿端義參知政事。

7 金地大震。

8 三月，己亥，以湖南轉運判官曹彥約知潭州，督捕峒寇。

9 庚子，賜彭龜年謚曰忠肅。

10 甲寅，誅楚州渠賊胡海。

11 丙辰，以久雨，釋兩浙州縣繫囚。

12 夏，四月，癸亥，峒寇李元礪僞請降，以書辭侮嫚，不許。元礪遂犯南雄州，官軍大敗。

13 戊辰，出內庫錢賑行在軍民。

14 是月，金主命校大金儀禮。

15 會（校者按：本條與上條毫無關涉，「會」字可刪。）徐、邳二州奏河清五百餘里，金主以告宗廟、社稷，詔中外。

臨洮楊珪上書曰：「河性本濁而今反清，是水失其性也，正猶天動地靜，使當動者靜，當靜者動，其爲災異明矣。且傳曰：『黃河清，聖人生。』假使聖人生，恐不在今日。又曰：『黃河清，諸侯爲天子。』正當戒懼以消災變，而復誇示四方，臣所未喻。」宰相以爲妖言，議欲誅之，又慮絕言路，乃詔大興府鎖還本管。

16 五月，乙未，淮東賊悉平，詔完卹殘破州縣。

17 甲辰，以去歲旱、蝗，百官應詔封事，命兩省擇可行者以聞。

18 乙巳，命沿海諸州督捕海寇。

19 戊申，經理兩淮屯田。

20 庚戌，以江陵忠勇軍爲御前忠勇軍。

21 癸丑，以久雨，發豐儲倉米賑貧民。

22 是月，贈朱熹中大夫、寶謨閣直學士，贈蔡元定迪功郎。【考異】元定之贈，薛氏通鑑作二年，今從兩朝綱目備要。

23 六月，丁巳朔，日有食之。【考異】金史本紀不書是月日食，而書十二月辛酉朔日食。宋史本紀書是月日食，而不書十二月。文獻通考、宋史全文、兩朝綱目備要俱與宋史本紀同。按是年六月丁巳朔，則十二月不應有辛酉朔也。金史衞紹王紀由掇拾而成，當係記憶之誤耳，今從宋史。

24 丙寅，金地震。

25 己卯，封楊次山爲永陽郡王。

26 詔：「三衙、江上、四川諸軍主帥核實軍籍，欺冒者以贓論。」

27 是月，李元礪犯江西，池州副都統制許俊、江州副都統制劉元鼎戰不利；知潭州曹彥約又與賊戰，爲賊所敗，賊勢益熾。江西帥李珏、漕使王補之議平之，而各持其說，運司幹辦李璠曰：「寇非吾民耶？豈必皆惡！有司貪刻者激之，將校之邀功者逼成之耳。反是而行之，則皆民矣。」珏等曰：「幹辦議是，誰可行者？」璠請往，乃駐兵萬安。會近峒諸巡尉，察隅保之尤無良者易置之，分兵守險，馳辨士諭以逆順禍福，于是旁峒頗有慕義而起者。

28 金大旱。金主下詔罪己，賑貧民闕食者，曲赦西京、太原兩路，雜犯死者減一等，徒以下免。

29 秋，七月，辛卯，申嚴圍田增廣之禁。

30 癸卯，定南班宗室爲三十員。

31 是月，金地震，後累月皆震。

32 八月，乙丑，金立皇子胙王從恪爲皇太子。

33 是月，臨安府蝗。

34 夏自天會初與金議和，八十餘年，未嘗交兵，至是爲蒙古所攻，求救于金。金主新立，不能出師，夏人怨，遂侵葭州，金慶善努舊作慶山奴，今改。擊卻之。

35 九月，丙戌朔，詔：「三衙、江上諸軍陞差將校，必以材藝年勞；其徇私者，臺諫及制置總領劾之。」

36 金主以地大震，詔求直言，招勇敢，撫流亡。

37 先是金納哈塔邁珠舊作納哈買住，今改。守北鄙，知蒙古將侵邊，奔告於金主，金主曰：「彼何敢然！且無釁，何能入犯！」邁珠曰：「近見其諸部附從，西夏獻女，而造箭製楯不休；凡行營則令男子乘車，蓋欲惜民力也。非圖我而何？」金主以爲擅生邊隙，囚之。會邊將築烏舍堡，舊作烏沙堡，今改。欲以逼蒙古，蒙古主命哲伯舊作遮別，今改。（校者按：「遮別」一作「者別」）。襲殺其衆，遂略地而東。金承平日久，驟聞蒙古用兵，人情恇懼，流言四起。丙午，中都戒嚴。金主日出巡撫，百官請視朝，不允。既而知蒙古未嘗大舉，始解嚴，旋禁百姓不得傳說邊事。

38 冬，十月，乙丑，詔四川總領所毋受宣制。

39 十一月，乙巳，議收浮鹽。

40 李元礪迫贛州、南安軍，詔以重賞募人討之。

41金同知興中府事伊喇（舊作移剌。）福僧督民繕城濬隍，先事爲守禦之備，百姓頗怨。頃之，蒙古兵果至，攻其北城。福僧戰其北，使備其西；薄暮，果攻其西，以有備，解圍去。時安國軍節度使賈益，亦豫修城郭爲戰守備，按察司止之，不聽，曰：「治城，守臣事也，按察何爲！」及蒙古兵至，亦以有備，引還。

42十二月，戊午，參知政事婁機罷。機立朝能正言，好稱獎人才，疏列姓名及其可用之實，以備采取。至是以老罷。

43丙寅，羅世傳縛李元礪以降。

時四州兵討元礪者皆失利，王居安以書曉許俊曰：「賊勝則民皆爲賊，官勝則賊皆爲民，勢之翕張，皆決於此舉。將軍素以勇名，爲山賊所挫，可乎？」俊得書惶恐，乃爲之盡力，敗賊于黃山。賊始懼，走韶州。

居安駐軍廬陵，召土豪問便宜，皆言：「賊勇健趫捷，陟降險阻如猿猱，若鈔吾糧運，吾事危矣。」居安曰：「吾自有以破之。」

先是世傳雖已降，而實陰與元礪相表裏，自黃山之敗，元礪有悔心，而練木橋賊首李才全，世傳之黨也。居安欲鬭羅、李，乃令人謂元礪曰：「汝能擒送才全，則貰爾之罪。」元礪從其言。居安賞元礪而厚撫才全，世傳果疑元礪之貳己，遂交惡。元礪率衆攻世傳，居安語俊曰：「兩虎鬭于穴，吾可成卞莊之功矣。」世傳嗾才全之黨襲元礪巢穴，俘其孥。元礪無所歸，世傳擒之以獻。元礪伏誅，峒寇悉平。

44 臨安尹趙師睪擅撻武學生，爲諸生所訟，史彌遠頗右之，諸生益不平，乃追列其諂附韓侂胄事，詆以醜語。師睪不自安，疏言：「陛下以都城楮賤米貴，牽挽用臣。今臣未能調劑，乞解職。」許之。

侂胄之啓釁也，師睪度其必召禍，每持異論，遂與侂胄絕。侂胄誅，其黨多坐謫，師睪獲免，至是始罷。【考異】水心集撰趙師睪墓志銘云：韓侂胄將北伐，公還至廣陵，建預防素備八事，且言今日當以蔡謨之憂爲憂，侂胄殊不快，言無見從者。一日，侍從官集侂胄所，公固守前議，聲色俱厲，侂胄大駭。明年，再爲工部尚書，知臨安府，對客說邊事，悲憤感激，形於涕泣，侂胄愈怒，自是與公絕矣。按師睪諂侂胄，志銘爲之諱言。然宋史全文、兩朝綱目備要，具載諸生醜詆之詞，在諸生逞一時之忿，未必言皆覈實也，今酌書之。

45 辛巳，黎州蠻請降。

46 是歲，臨安、紹興、嚴、衢大水，賑之，仍蠲其賦。

47 金大饑。

嘉定四年 金大安三年，蒙古太祖六年。（辛未、一二一一）

1 春，正月，乙酉朔，馬湖蠻攻嘉定犍爲之利店寨。

馬湖蠻者，西爨昆明之別種也，始欲寇中鎮寨，寨有備，不可入；聞利店稍富實而寨丁少，乃攻利店。知寨、保義郎段松，遣寨丁七十餘人迎敵，或死或逃，蠻遂圍之。寨地勢窪，蠻乘高投木石擊之，衆莫能抗。己丑，蠻以雲梯登城，松力戰無援，被執，臠割死。安撫使許奕調兵援之，蠻已焚掠而去。

2 丙午，詔：「湖南、江西諸州縣經賊蹂踐者，監司、守臣考縣令安集之實，第其能否以聞。」

3 西域哈喇嚕（舊作哈剌魯。）部降于蒙古。

4 二月，壬戌，授羅世傳武翼郎、閤門祗候。旋賜黑風峒名效忠，賜以銅印。世傳乞補文資，乃以爲通直郎、簽書鎮南軍節度判官廳公事。世傳疑不出。

5 蒙古伐金。

時金將鼎蘇舊作定薛，今改。擁重兵守野狐嶺，蒙古主使察罕覘虛實，還，言彼馬足輕動，不足畏也。蒙古主鼓行而前，遂破其軍，取大水濼、豐利等縣。師還，以察罕爲御帳前首千戶。

金人復築烏舍堡。

伊喇尼爾，舊作移剌涅兒，今改。故遼人也，金召爲參議、留守等官，皆辭不受；聞蒙古兵至，私語所親曰：「爲國復讎，此其時也！」率其黨百餘人詣軍門獻十策。蒙古主召見，與語，奇之，問：「爾生何地？」曰：「霸州。」因號爲霸州元帥。

6 閏月，辛亥，詔：「諸路格朝廷賑卹之令及發盜不卽捕者，重罪之。」

7 三月，丙子，沔州將劉世雄等，謀據仙人原作亂，伏誅。

8 臨安大火，焚省部等官舍，延及太廟，詔還神主于壽慈宮；三日，火息，乃還太廟。省部皆寓治驛寺，焚民居二千餘家。

9 金中都大悲閣災，延及民居。

10 金括民間馬，令職官出馬有差。

11 金平章政事孫卽康致仕，尋卒。金以御史中丞完顏承裕爲參知政事。

12 夏，四月，甲申，禁福建、兩浙州縣科折鹽酒。

13 國子司業劉爚請開僞學禁。

14 己丑，以吳曦沒官田租代輸關外四州旱傷秋稅。

15 金主聞蒙古主自將南下，大懼，釋納哈塔邁珠之囚，令西北路招討使鈕祜祿哈達舊作粘合合打，今改。（校者按：「粘合」一作「粘割」。）請和於蒙古，蒙古主不許。金主乃命平章政事通吉思忠、卽獨吉還嘉努，舊作獨吉千家奴。參知政事完顏承裕卽呼實，舊作胡沙。行省事於撫州，西京留守赫舍哩（舊作紇石烈。）執中卽呼沙呼，舊作胡沙虎。行樞密院事，以備邊。

16 金以參知政事鄂屯忠孝鄂屯，舊作奥屯，今改。爲右丞，戶部尚書梁鏜爲參知政事。

17金主集三品以上官議兵事，相持莫決。尙書令史李英上疏言：「珠赫哷果勒齊、舊作朮虎高琪，今改。穆延盡忠穆延舊作抹撚，今改。等，先朝嘗任使，可與商略大計。」又曰：「比來增築城郭，修完樓櫓，事勢可知。山東、河北不大其聲援，則京師爲孤城矣。」金主召平定州刺史趙秉文論備邊之策，秉文言：「我軍聚於宣德，城小，列營其外，涉暑雨，器械弛散，人且病，深秋敵至，將不利。可遣臨潢一軍擣其虛，則山西之圍可解，兵法所謂出其不意，攻其必救者也。」金主不能用。

18是月，四川制置大使置安邊司以經制蠻事，命成都路提刑李𡌴、保州路安撫許奕共領之。

先是安丙議發兵討蠻，𡌴以爲然；奕謂曠日持久，不如招降；議久不決。會敍州獲蠻人數十，鞫之，其與於利店之亂者祗三人。奕榜境上，諭蠻人能以利店所掠人口來歸，卽釋此三人，又遣諜入蠻中，怵以利害。蠻人請如約，未幾中悔；𡌴聲言某日以兵出塞，蠻人悚懼；尋知爲揚聲紿己，蠻人益無所憚。

19五月，乙亥，賜禮部進士趙建大以下四百六十五人及第、出身。

20六月，丁亥，遣金〔余〕嶸賀金主生辰。時金有蒙古之難，不暇延使者，至涿州而還。

21辛丑，更定四川諸軍軍額。

22壬寅，金更定軍前賞罰格。

23秋，七月，壬戌，太白晝見。

24丙寅，詔：「四川官吏嘗受僞命者，毋得敍用。」

25丁丑，詔：「軍興以來爵賞冒濫者，聽自陳，除其罪。」

26八月，夏國主安全卒，年四十二，謚爲敬穆皇帝，廟號襄宗，墓曰康陵。族子大都督府主遵頊立，改元光定。

27先是金遣耶律阿哈舊作阿海，今改。使於北部，阿哈見蒙古主姿貌異常，歸心焉，陰輸以國事。阿哈善騎射，通諸國語，蒙古主愛之，問曰：「汝肯臣我，以何爲信？」對曰：「願以子弟爲質。」未幾，偕其弟圖哈舊作禿花，今改。至，蒙古主命圖哈直宿衞，阿哈參預機謀。金人訝其使久不還，繫其家屬，阿哈殊不介意，蒙古主妻以貴臣之女。至是命左帥哲伯略地，以阿哈爲先鋒。

28金通吉思忠、完顏承裕繕烏舍堡，未及設備，蒙古哲伯遣阿哈以輕兵奄至，拔烏舍堡及烏雲營，思忠等敗走。時汾陽郡公郭寶玉屯定州，舉其軍降于蒙古。蒙古遂破白登城，進攻西京。七日，赫舍哩執中等懼，率麾下百騎棄城突圍走，【考異】大金國志、宋史全文俱云：執中，老將也，知兵善戰，自允濟之立，心常不服，至是不肯力戰，其下觀望，遂大敗，執中以百騎奔還。允濟怒，罷。按執中在章宗時已形跋扈，非至是始不肯力戰；且此時亦未嘗罷職也。今從金史改正。蒙古主以精騎三千馳之，金兵大敗。追至翠屏山，承裕不敢拒戰，退至宣平縣界。土豪請以土兵爲前鋒，行省兵爲聲援，承裕畏怯不能用，但問此去宣德間道而已。土豪嗤之曰：「溪澗曲折，我輩諳知之，行省不知用地利力戰，但謀走耳。」其夜，承裕引兵南行，蒙古踵擊之，至會河堡，金兵大潰，承裕脫身走入宣德。蒙古穆呼哩舊作木華黎，今改。乘勝進薄宣德，遂克德興。

29 九月，辛酉，馬湖蠻復寇邊。

先是蠻人以黃紙作牒移嘉州，其語殊倨，安邊司俾寨官卻之。既而提刑司令寨官諭以先歸所掠，蠻人語益嫚，遂犯敍州，至宣化之二十里。李𡌴怒守臣史師道文報稽遲，劾之，鐫二級，罷歸。

30 乙亥，羅世傳爲其徒胡有功所殺，詔以世傳官授之。峒寇爲患三年，至是平，人皆相慶。

31 丁丑，詔：「附會開邊得罪之人，自今毋得敍用。」

32 蒙古兵薄居庸關，守將完顏福壽棄關遁，哲伯遂入關。【考異】元兵入居庸關，兩朝綱目備要、宋史全文俱作嘉定年，即金之崇慶元年，蓋敵國傳聞，容有不實也。今參用金史、元史。金中都戒嚴，禁男子不得輒出城。蒙古遊奕至都城下，金主議以細軍五千自衞奔南京。會細軍五百人自相激厲，誓死迎戰，蒙古兵多傷，問所俘鄉民：「此軍有幾？」鄉民紿之曰：「二十萬。」蒙古懼，遂襲羣牧監，驅其馬而歸。金主乃止。

33郭寶玉既以軍降，穆呼哩引之見蒙古主，問取中原之策，寶玉曰：「中原勢大，不可忽也。西南諸蕃，勇悍可用，宜先取之。藉以圖金，必得志焉。」又言建國之初，宜頒新令，蒙古主從之，於是頒條畫五章。如出軍不得妄殺；刑獄惟重罪處死，其餘雜犯，量情笞決；軍戶，蒙古、色目人每丁起一軍，漢人有田四頃，人三丁者簽一軍，年十五以上成丁，六十破老，站戶與軍戶同；民匠限地一頃；僧道無益於國有損於民者，悉行禁止之；類皆寶玉所陳也。

34冬，十月，甲辰，以金國有難，命江淮、京湖、四川制置司謹邊備。時和議方堅，皆漫不置意，唯趙方在江陵，知金人北逼於蒙古，計必南遷，乃增修三海、八匱以壯形勢。荆門有東、西兩山，最爲險要，乃築堡于其上，增戍兵以遏敵衝。又拔土豪孟宗政等補以官，日夜爲嚴備。

35金命泰州刺史珠赫哷果勒齊屯兵通玄門外，金主自出巡撫諸軍。未幾，罷宣德行省，升縉山縣爲鎭州，以果勒齊爲防禦使，權元帥右都監。

36十一月，己酉朔，日有食之。【考異】金史不書，今從宋史書之。

37先是金上京留守圖克坦（舊作徒單。）鎰上言：「自國家與蒙古交兵以來，彼聚而行，我散而守，以聚攻散，其敗必然，不若入保大城，併力備禦。昌、桓、撫三州，素號富實，人皆健勇，可內徙之以益兵勢，人畜財貨，不至亡失。」參政梁鏜曰：「如此，是自蹙境土也。」金主從鏜謀。

鎰復奏曰：「遼東，國家根本，距中都數千里，萬一受兵，州府顧望，必須報可，誤事多矣。可遣大臣行省以鎮之。」金主不悅，曰：「無故置行省，徒搖人心耳。」不從。

鎰乃遣同知烏克遜鄂屯（舊作烏古孫兀（兀）屯，今改。）將兵二萬入衞中都，金主嘉之，徵拜右丞相。

38金簽中都在城軍。

39金殺河南陳言人郝贊。

40蒙古主復遣其子卓沁、（舊作朮赤，今改。）察罕台、（舊作察合台，今改。）諤格德依（舊作窩闊台，今改。）分徇雲內、東勝、武、朔等州，下之。于是德興府、弘州、昌平、懷來、縉山、豐潤、密雲、撫寧、集寧，東過平、灤，南至清、滄，由臨潢踰遼河，西南抵忻、代，無不殘破。

41金赫舍哩執中之棄西京而還也，至蔚州，擅取官庫銀五千兩及衣幣諸物，奪官民馬與從行人，入紫荆關，殺淶水令。至中都，金主皆不問，以爲右副元帥。執中益無所忌憚，自請兵二萬北屯宣平，金主與之三千，令屯嬀川，執中不悅。

42 金平章政事通吉思忠，參知政事完顏承裕，坐覆全軍，思忠除名，承裕責授咸平路兵馬總管。【考異】金史承裕傳作衞紹王薄其罪，除名而已。本紀作責授咸平路兵馬總管，與傳文異，今從紀。將士以其罰輕，益不用命。

43 金益都人楊安國，少無賴，以鬻鞍材爲業，市人呼爲楊鞍兒，遂自名楊安兒。泰和中，金人南侵，山東無賴往往相聚剽掠，命州縣招捕之，安兒時爲羣盜，亦請降，隸名軍中，累官至防禦使。

及蒙古兵薄中都，詔招鐵瓦敢戰軍，得千餘人，以唐古哈達舊作唐括合打，今改。爲都統，安兒副之，以戍邊。安兒至雞鳴山，不進，金主驛召問狀，安兒乃曰：「平章、參政軍數十萬在前，無可慮者。屯聚雞鳴山，所以備間道透漏者耳。」金主信之。安兒亡歸山東，與張汝楫聚黨攻劫州縣，殺掠官吏，山東大擾。

44 夏人數擾邠、岐，金陝西安撫使檄同知轉運使事韓玉以鳳翔總管判官爲都統府募軍，旬日得萬人，與夏人戰，敗之。【考異】歸潛志作出屯華亭，與夏人戰，敗之。華亭，疑華州之訛，然金史韓玉傳未言其地也。今從金史。時夏兵方圍平涼，又戰於北原，夏人疑大軍至，解去。當路者忌其功，驛奏玉與夏人有謀，金主疑之，使使者授玉河平府節度副使，且覘其軍。

先是華州李公直，以中都被圍，謀舉兵入授〔援〕，而玉恃其軍爲可用，亦欲爲勤王之舉，乃傳檄州縣云：「事推其本，禍有所基。始自賊臣，私容姦賂，繼緣二帥，貪固威權。」又云：「裹糧坐費，盡膏血於生靈；棄甲復來，竭資儲於國計。要權力而望形勢，連歲月而守妻孥。」又云：「人誰無死，有臣子之當然；事至於今，忍君親之弗顧！勿謂百年身後，虛名一聽史臣；只如今日目前，何顏再居人世！」公直軍行有日，有違約者，輒以軍法從事，京兆統軍因謂公直據華州反，遣都統楊珪襲殺之。公直曾爲書約玉，玉不預知，其書爲安撫所得；及使者覘玉軍，且疑預公直之謀，卽實其罪。玉囚死於華州。【考異】中州集：玉死於華州郡學，與金史同。歸潛志云收鞫，死獄中，士大夫憤惜，與金史異。今酌書之。

45 十二月，辛巳，奉議郞張鎡，坐扇搖國本，除名，象州羈管。鎡，俊之孫也。初，史彌遠欲去韓侂冑，鎡預其謀；方議所以處侂冑，鎡曰：「殺之足矣！」彌遠語人曰：「眞將種也！」心忌之，至是乃搆以罪。

46 癸未，以會子折閱不行，遣官體訪江、浙諸州。

47 著作佐郞眞德秀輪對，因論災異曰：「近歲以來，旱蝗頻仍，饑饉相踵。陛下嚴恭寅畏，不敢荒寧，憂閔元元，形於玉色，上天降康，遂以有年，亦足以觀感格之誠矣。而比者乾度告愆，星文示異。夫宮庭屋漏之邃，起居動作之微，一念方萌，天已洞監。陛下誠能守兢業之志，防慢易之私，孜孜履行，屢省無怠，則將不待善言之出，而有退舍之感矣。況今年雖告稔，民食僅充，然薦饑之餘，公私並竭。如人久病甫瘳，而血氣未平，筋骨猶憊，藥敗扶傷，正須加意，朝廷之上，未可遽忘矜卹之念也。間者內廷屢建醮事，固足以見陛下畏天之誠；然而修德行政者本也，禬禱祈請者末也，舉其末而遺其本，恐終不足以格天。矧今冬令已深，將雪復止，和氣尙鬱，嘉應未臻，此古人所謂天有憂結未解，民有怨望未塞者也。」

48 著作郎李道傳奏言：「故侍講朱熹，有論語、孟子集註，大學、中庸章句、或問，學者傳之，所謂擇之精而語之詳者。願陛下詔有司取是四書，頒之太學，使諸生以次誦習，俟其通貫浹洽，然後次第以及諸經，務求所以教育人才，爲國家用，且使四方之士，聞其風節，傳其議論，得以慕而效之。」又言：「紹興中，從臣胡安國嘗欲請于朝，以邵雍、程顥、程頤、張載四人從祀孔子之廟。淳熙中，學官魏掞之，言宜罷王安石父子勿祀而祀顥、頤兄弟。厥後雖詔罷安石之子雱，而他未及行。儒者相與論說，謂宜推而上之，以及二程之師周敦頤。願陛下詔有司，考安國、掞之所嘗言者，議而行之，上以彰聖朝崇儒正學之意，下以示學者所宗，其益甚大，其所關甚重，非特以補祀典之闕而已。」會西府中有不喜道學者，未及施行。

49 金簽陝西兩路漢軍五千人赴中都。

50 金主命太子太保張行簡、左丞相布薩端宿禁中，議軍事。旋出端爲南京留守。

51是冬，蒙古主駐金之北境。

52是歲，金賀瑞慶節使不至。

嘉定五年金崇慶元年，蒙古太祖七年。（壬申、一二一二）

1春，正月，己巳，詔：「諸路通行兩浙倍役法，著爲令。」

2壬申，賜李好義謚曰忠壯。

3是月，金改元崇慶。

4金右副元帥赫舍哩執中，請退軍屯南口，或屯新莊，移文尚書省曰：「蒙古兵來，必不能支。一身不足惜，三千兵爲可憂。十二關、建春、萬寧宮且不保。」金主惡其言，下有司按問，詔數其十五罪，罷歸田里。

5蒙古攻雲中、九原諸郡，拔之，進取撫州，金命招討使赫舍哩糺堅、舊作紇石烈九斤，今改。監軍完顏萬努舊作萬奴，今改。等援之。或謂糺堅曰：「蒙古新破撫州，方以所得賜其下，馬牧於野，宜乘其不備掩擊之。」糺堅曰：「此危道也。不若馬步俱進，爲計萬全。」乃遣其麾下舒穆嚕舊作石抹，今改。明安曰：「汝嘗使北方，素識蒙古國主，其往問以舉兵之由，不然，卽詬之。」明安至蒙古軍中，如糺堅所教，俄請降，蒙古主命縛以俟，陳於獾兒觜。時金兵三十萬，號四十萬，蒙古穆呼哩曰：「彼衆我寡，弗力戰，未易破也。」率敢死士，策馬横戈，大呼陷陣。

蒙古主麾諸軍並進，大敗金兵，追至澮河，僵尸百里。【考異】徐氏後編以完顏糾堅之敗及明安降於蒙古爲辛未年事，又以赫舍哩糾堅之敗爲壬申年事，今參考元史紀、傳，定作壬申。

蒙古主召明安詰之曰：「爾何先詈而後降也？」明安對曰：「臣素有歸志，向爲糾堅所使，恐其見疑，故如所言，不爾，何由瞻奉天顏？」蒙古主善其言，釋之，使領蒙古軍，撫定雲中東、西兩路。既而蒙古主欲休兵於北，明安諫曰：「金有天下一十七路，今我所得，惟雲中東、西兩路而已。若置不問，待彼成謀，併力而來，則難敵矣。且山前民庶，久不知兵，今以重兵臨之，傳檄可定。兵貴神速，豈宜猶豫！」蒙古主然之，卽命明安引兵而南。

6 蒙古兵圍威寧金防城，千戶劉伯林，踰城詣軍門請降，蒙古主許之，遣還，卽以城降。伯林善騎射，爲蒙古主所喜，問：「在金國居何官？」對曰：「都提控。」卽授以元職，命選士卒爲一軍，與鄉導圖哈舊作禿懷，卽禿𢷬，今改。同征討，招降山後諸州。【考異】元史本紀以劉伯林來降在辛未歲，今從劉伯林傳。

7 二月，壬午，罷兩淮軍興以來借補官。

8 詔成都路帥臣兼領敘州兵事。

9 三月，庚戌，馬湖蠻會米在請降。

先是四川制置大使知蠻不可致，遣興元後軍統制劉雄等將西兵土人自嘉、敘二州並進，又遣提刑司檢法官安伯恕往敘州節制之。官軍入蠻境，方戰，有土丁斷小酋之首，蠻人驚潰，官軍小捷。米在據羊山江之水囤，堅不肯降。囤在峻灘中，官軍不能至。安丙聞之，遺書李𡌴曰：「但聲言伐木造大舟，進攻水囤，則蠻自降矣。」從之。米在果請降，令其徒數十詣寨納款，安邊司厚犒之。米在以墮馬爲詞，終不出。

10 戊辰，以久雨，詔大理、三衙、臨安府、兩浙州縣決繫囚。

11 金大旱。

12 金以御史大夫完顏承暉爲參知政事，以參知政事孟鑄爲御史中丞。

時駙馬都尉圖克坦穆延（舊作徒單沒撚，亦作沒烈，今改。）與其父知大興府南平干政事，大爲姦利，承暉面質其非，金主不問。南平益貴顯用事，勢傾中外，遣所親誘治中李革以進取，革拒之。

13 金册李遵頊爲夏國王，夏人旋攻葭州。金人方有蒙古之難，夏人乘其兵敗，侵掠邊境，而通聘如故。

14 夏，四月，壬寅，詔：「自今告人從僞者，必指事實；誣告者坐之。」

15 五月，庚午，詔：「諸路坑冶，以通判、令、丞主之。」

16 癸酉，安南國王李龍翰〔幹〕卒，子昊旵嗣；尋卒，無子，以女昭聖主國事，其壻陳日照

〔昊〕因襲取之。李氏自公蘊八傳，凡二百二十餘年

17金武安軍節度使致仕賈鉉，起復參知政事，以完顏承暉爲左丞。

18金簽陝西勇敢軍二萬人、射糧軍一萬人赴中都。括陝西馬。以南京留守布薩（舊作僕散。）端爲河南、陝西安撫使，提控軍馬

19金河東、陝西大饑，斗米錢數千，流殍滿野。遼東招撫副使伊喇福僧出沿海倉粟，先賑其民而後奏，金主優詔獎諭。

20金泰安劉二祖兵起，寇掠淄、沂二州。

21六月，乙酉，禁銅錢過江。

22秋，七月，戊辰，以雷雨壞太廟屋，避殿減膳。

權直學士院眞德秀上疏曰：「臣博觀經籍史傳所志，自非甚無道之世，未聞震霆之驚及於宗廟者。魯之展氏，人臣耳，己卯之異，春秋猶謹書之。蓋震霆者，上天至怒之威，宗廟者，國家至嚴之地；以至怒之威而加諸至嚴之地，其爲可畏也明矣。古先哲王，遇非常之變異，則必應之以非常之德政，未嘗僅舉故事而已；今日避殿、損膳之外，咸無聞焉。乃者孟秋之朔，流星示異，其占爲兵，而上下恬然若不知聞，故相距纔九日而震霆之變作，天於我國家欲扶持而安全之，其心至惓惓也。臣願陛下內揆之一身，外察諸庶政，勉進君德，博

通下情，深求致異召和之本，庶幾善祥日應，咎徵日消矣。」

23 八月，甲戌朔，命左右司置進狀籍，察前斷之冤抑者罪之。

24 金主以有兵事，罷萬秋節之宴。

25 蒙古圍金西京，元帥左都監鄂屯襄鄂屯，舊作奥屯，今改。率師來援。蒙古主遣兵誘之密谷口，【考異】金史鄂屯襄傳作墨谷口，今從元史本紀。逆擊之，一軍盡殪，襄僅以身免。蒙古主復攻西京，中流矢，乃解圍去。遣薩巴勒舊作扎八兒，今改。使於金，金人不禮之，既而悔之，議通和，未決。舒穆嚕額森舊作石抹也先，今改。言於蒙古主曰：「東京爲金根本之地，蕩其根本，中原可傳檄而定。」蒙古主然之。

額森，故遼人，世爲后族，遼亡，其祖率部落遠徙。額森年十歲，從其父問遼爲金滅之事，即大憤曰：「兒能復之。」及長，勇力過人，善騎射，多智略，豪服諸部，金人聞其名，徵爲奚部長，即讓其兄，遂深自藏匿，居北野山，射狐鼠而食，至是歸於蒙古。

26 九月，丙午，太白晝見。

27 己酉，有司上續中興禮書。

28 辛未，罷沿海諸州海船錢。

29 是月，四川復榷石脚井鹽。

先是石脚井鹽已閉，民有犯法私煉者，制置大使安丙因復榷之。然鹽既苦惡，率以抑售土人，而私販肆行，民間不以爲便。

30 蒙古察罕攻克金奉聖州。

31 冬，十月，辛巳，詔：「諸路總領官歲舉可爲將帥者，安撫、提刑司舉可備將材者二人。」

32 金曲赦西京、遼東、北京。

33 十一月，庚申，朝獻景靈宮。辛酉，朝饗太廟。壬戌，祀天地於圜丘，大赦。

34 金賑河東南路、南京路、陝西東路、山東西路、衞州旱災。

35 十二月，丁丑，再蠲濠州租稅一年。

36 壬午，詔諸路轉運使參考州縣新舊稅籍，蠲其橫增之數。

37 甲申，蒙古左帥哲伯攻金東京，不拔，卽引去，獲金使者，遣往諭之。部將索濟倫布哈舊作槊直腯魯華，今改。曰：「東京，金舊都，備嚴而守固，攻之未易下，以計破之可也。請易服與其使偕往說之，彼將不疑。俟其門開，繼以大軍赴之，則可克矣。」如其言，夜，襲克之。【考異】元史索濟倫布哈傳，以謀破東京爲辛未年事，據元史本紀參考金史，則東京之破在壬申歲也，今改正。

金主聞撫、桓等州俱失，始思圖克坦鎰之言，歎曰：「早從丞相之言不至是！」繼聞東京不守，語近臣曰：「我見丞相，恥哉！」

38是冬，收兑舊會子，從湖廣總領王釜之請也。

39國子司業劉爚，請以朱熹論語、孟子集註立學，從之。

爚又言：「兩淮之地，藩蔽江南，干戈盜賊之後，宜加經理，必於招集流散之中，就爲足食足兵之計。臣觀淮東，其地平博膏腴，有陂澤水泉之利，而荒蕪實多；其民勁悍勇敢，習邊鄙戰鬬之事，而安集者少。誠能經畫郊野，招集散亡，約頃畝以授田，使無廣占拋荒之患；列溝洫以儲水，且備戎馬馳突之虞。爲之具田器，貸種糧，相其險易，聚爲室廬，聯以什伍，教以擊刺，或鄉爲一團，里爲一社，建其長，立其副，平居則耕，有警則守，有餘力則戰。」帝嘉納之。進國子祭酒。

40先是遼人耶律瑠格，舊作留哥，今改。金史作移剌留哥，今從元史。仕金爲北邊千戶。及蒙古主起兵朔方，金人疑遼遺民有他志，下令：「遼民一戶，以二女直戶夾居防之。」瑠格不自安，是歲，遁至隆安韓州，糾壯士剽掠其地。州發卒追捕，瑠格皆擊走之，因與耶的合勢募兵，數月，衆至十餘萬，推瑠格爲都元帥，耶的副之，營帳百里，威震遼東。

蒙古主命按陳那衍、渾都古行軍至遼，遇之，問所從來，瑠格曰：「我契丹軍也，往附大國，道阻馬疲，逗留于此。」按陳曰：「我奉命討女直，適與爾會，庸非天乎！然爾欲效順，何以爲信？」瑠格乃率所部會按陳于金山，刑白馬、白牛，登高北望，折矢以盟。按陳曰：「吾還奏，當以征遼之責屬爾。」

金遣完顏承裕帥軍六十萬，號百萬，攻瑠格，聲言得瑠格骨一兩者賞金一兩，肉一兩者賞銀亦如之，仍世襲千戶。瑠格度不能敵，告急于蒙古。蒙古主命按陳、孛都歡、阿魯都罕引千騎會瑠格，與金兵對陣于迪吉諾爾。（舊作腦兒。）瑠格以姪安努（舊作安奴。）爲先鋒，橫衝承裕軍，大敗之，以所俘輜重獻。蒙古主召按陳還，而以楚特格（舊作可特哥。）副瑠格屯其地。

嘉定六年（金至寧元年，貞祐元年，蒙古太祖八年。）（癸酉、一二一三）

1 春，正月，甲午（庚申），簽書樞密院事宇文紹節卒，謚忠惠。

2 詔：「侍從、臺諫、兩省官、帥守、監司各舉一二人。」

3 二月，丁丑，太白晝見。

4 丙戌，有司進吏部條法總類。

5 乙未，詔：「宗室毋得與胥吏通姻，著爲令。」

6 金知大名府烏古論誼謀不軌，伏誅。

7 三月，癸亥，參知政事樓鑰罷。

8 太陰、太白與日並行，相去尺餘。【考異】宋史不書，今據金史書之。

9 是春，耶律瑠格自立爲遼王，改元元統。

10 金以完顏弼爲元帥左監軍，扞禦遼東。弼請：「自募二萬人爲一軍，萬一京師有急，亦可以回戈自救；今驅市人以應大敵，往則敗矣。」金主曰：「我以東北路爲憂，卿言京師有急，何耶？就如卿言，我自有策。以卿皇后連姻，故相委寄，乃不體朕意耶？」弼曰：「陛下勿謂皇后姻親俱可恃也。」時提點內侍局、駙馬都尉圖克坦穆延侍側，弼意譏之。金主怒甚，顧謂穆延曰：「何不叱去！」穆延乃引弼起，付有司，論以奏對無人臣禮。詔免死，杖一百，謫雲內防禦使。

11 夏，四月，丙子，以章良能參知政事。

12 甲午，復發〔法〕科試經義法，雜流進納人不與。

13 五月，癸亥，流星晝隕。

14 丁卯，以不雨，命大理、三衙、臨安府決繫囚。

15 戊辰，修慶元以來寬卹詔令。

16 是月，金改元至寧。陝西大旱。

17 初，金主將召赫舍哩執中至中都，預議軍事，左諫議大夫張行信上書曰：「執中專逞私意，不循公道，蔑省部以示強梁，媚近臣以求稱譽，骫法行事，妄害平民。行院山西，出師無律，不戰先退，擅取官物，杖殺縣令，屯駐嬀川，乞移內地，其謀略槪可見矣。欲使改易前非，以收後效，不亦難乎！」行信，行簡之弟也。丞相圖克坦鎰亦以執中不可用，參知政事梁鏜亦言其姦惡，乃止。

執中善結近倖，交口稱譽，金主尋詔給半俸，預議軍事，行信復諫曰：「伏聞以執中老臣，欲起用之。人之能否，不在新舊，彼向之敗，朝廷既知之矣；今又用之，無乃不可乎！」乃寢其命。至是復用爲右副元帥，領武衞軍五千人，屯通玄門外。

18 六月，丁丑，遣董居誼賀金主生辰。會金國亂，不至而還。

19 丁亥，復監司臧否守令及監司、郡守舉廉吏所知。

20 丙辰，詔：「三衙、江上諸軍主帥各舉堪爲將帥者二三人。」

21 是月，金以戶部尚書胥鼎、刑部王維爲參知政事。

22 夏人破金之保安州及慶陽府。

23 秋，七月，金命左丞完顏綱行省於縉山。丞相圖克坦鎰使人謂綱曰：「果勒齊駐兵縉山，甚得人心，士皆思奮，與其行省親往，不若益兵爲便。」綱既行，鎰復使人止之曰：「果勒齊措畫已定，彼之功，卽行省之功也。」綱不從。【考異】金史衞紹王紀、完顏綱傳，俱以綱之將兵備邊行省於縉山爲八月事，然考元史，縉山之敗在七月，則綱之受命非八月矣。今從元史。

24 蒙古兵克宣德府，遂攻德興府。皇子圖壘、舊作拖雷，今改。駙馬齊奇舊作赤駒，今改。先登，拔之。

蒙古主進至懷來，金副統軍王檝守隘，鏖戰三日，兵敗，見執。完顏綱、果赫哷果勒齊復以師拒戰於縉山，蒙古兵擊敗之，僵尸四十餘里。蒙古乘勝至北口。

王檝既見執，將就戮，神色不變。蒙古主問之曰：「汝曷敢抗我師！獨不懼死乎？」檝曰：「吾以布衣蒙恩，誓捐軀報國，今既僨軍，得死爲幸！」蒙古主義而釋之，授都統，佩以金符，令招集山西潰兵。檝，虢縣人也。

25 金人恃居庸之塞，冶鐵錮關門，布鐵蒺藜百餘里，守以精銳。蒙古兵距關百餘里不能前，乃召薩巴勒（舊作扎八兒。）問計。薩巴勒曰：「從此而北，黑樹叢中有間道，騎行可一人，臣向嘗過之。若勒兵銜枚以出，終夕可至。」蒙古主留克特卜齊舊作可忒薄刹，今改。與金軍相持，乃自簡銳卒與哲伯潛發，令薩巴勒前導。日暮，入谷，黎明，諸軍已在平地，疾驅入紫荊口，金人猶睡，未知也，比驚起，倉卒逆戰於五回嶺，大敗，流血被野。耶律阿哈言於蒙古主曰：「好生乃聖人之大德，興創之始，願止殺掠以應天心。」蒙古主納之，進拔涿、易二州。

遼人呼嚕布勒舊作訛魯不兒，今改。等獻北口，哲伯遂取居庸，與克特卜齊會。【考異】金史衞紹王紀不載七月交兵之事，兩朝綱目備要載至寧元年秋七月蒙古兵復至山後，與元史太祖紀合，今從之。備要又云，都元帥福興迎戰而敗，據金史承暉傳，是年未嘗迎戰而敗，蓋因完顏綱之敗而誤以爲承暉也。元史云，趨涿鹿，西京留守呼沙呼遁去，然此時執中未嘗守涿鹿，蓋因珠(果)勒齊之敗而誤以爲執中也。今酌書之。

26 八月，己巳朔，詔：「諸路監司、帥臣舉所部官吏之才行卓絕、績用章著者。」

27 庚午，知思州田宗範謀作亂，夔州路安撫司遣兵討平之。

28 金右副元帥赫舍哩執中，與其黨完顏綽諾、舊作醜奴，今改。富察祿錦、舊作蒲察六斤，今改。烏庫哩道喇舊作烏古論奪剌，今改。等謀作亂。會金主以蒙古兵日近，而執中日務馳獵，不䘏軍事，遣使責之。使者至，執中方飼鷂，擲殺之，遂妄稱知大興府圖克坦南平及其子駙馬都尉穆延謀反，奉詔入討。【考異】大金國志云：左副元帥南平者，迎合衞王之意，沮格軍賞，衆共怨之。執中因人心之憤，回軍以誅南平爲名。按南平怙寵用事，金史亦言之。至執中之反，借以爲名，非因衆怨也，今不取。南平姻家福哈(舊作福海。)別將兵屯城北，執中以好語招而殺之，奪其兵。壬辰，自通玄門入，先遣一騎馳抵東華門，大呼曰：「達勒達(舊作達達。)至北闕，已接戰矣！」既又遣一騎往，亦如之。乃使其黨圖克坦(金壽召南平，南平行至廣陽門，執中手槍刺(之，墮馬，金壽斫)殺之，并殺穆延。符寶祗候善延，舊作鄯陽，今改。護衞十夫長完顏實古訥(舊作石古乃。)聞亂，遽召漢軍五百人赴難，與執中戰，不勝，皆死之。

執中至東華門，門閉，金主遣其子蔣王持詔書投於門下，募能殺執中者，白身除大興尹，世襲千戶，軍民無應者。

執中欲縱火焚門，護衛色埒奇爾舊作斜烈乞兒，今改。開門納之。執中進至大安殿，金主遙呼曰：「聖主令臣何往？」執中曰：「歸舊邸耳。」金主退入後宮。執中盡以其黨易宿衛，自稱監國都元帥，居大興府，陳兵自衛，夜，召聲妓，與其黨會飲，明日，以兵逼金主出居衛邸。

執中欲封拜其黨，令黃門入宮收璽，尙宮左夫人鄭氏掌寶璽，拒之曰：「璽天子所用，呼沙呼舊作胡沙虎，今改。人臣，取將何爲！」黃門曰：「今天時大變，主上且不保，何有一璽！御侍當思自脫計。」鄭氏厲聲罵曰：「若輩宮中近侍，恩遇尤隆，君難，不以死報，反爲逆豎奪璽耶？我可死，璽必不與！」遂瞑目不語，黃門出。執中卒取宣命之寶，除拜其黨數十人。召孟鑄、張行信至大興府，問曰：「汝輩向來彈我者耶？」鑄等各以正言對，執中乃遣之出，曰：「且須後命。」

丞相圖克坦鎰，時以墜馬傷足在告，聞難作，命駕將入省，或告之曰：「省府皆以軍士守之，不可入矣。」少頃，軍士索人于閭巷，鎰乃還第。

執中欲僭位，召禮部令史張好禮，欲鑄監國元帥印，好禮曰：「自古無異姓監國者。」執中乃止。以鎰人望，乃詣鎰訪之。鎰從容謂曰：「昇王，章宗之兄，顯宗長子，衆望所屬，元帥決策立之，萬世之功也。」執中默然。乃遣宦者李思中弒金主於邸。

時完顔綱將兵在外，執中使綱子安和作家書，使親信人召綱。綱至，囚之憫忠寺，旋押至市口，數以失四川〈州〉、敗縉山之事，殺之。

因盡撤沿邊諸軍赴中都，平州騎兵屯薊州以自重。遣圖克坦銘等迎昇王從嘉于彰德。

甲辰，至中都，卽皇帝位。拜執中太師、尙書令、元帥，封澤王。

續資治通鑑卷第一百六十

賜進士及第兵部尚書兼都察院右都御史總督湖北湖南等處地方軍務兼理糧餉世襲二等輕車都尉畢沅編集

宋紀一百六十

起昭陽作噩（癸酉）九月，盡彊圉赤奮若（丁丑）六月，凡三年有奇。

寧宗法天備道純德茂功仁文哲武聖睿恭孝皇帝

嘉定六年 金貞祐元年，蒙古太祖八年。（癸酉、一二一三）

1 九月，乙巳朔，金主諭尚書省：「事有規畫者，悉依世宗所行行之。」【考異】宋史九月有甲辰，而金史作九月乙巳朔，蓋南北置朔不同，今從金史書之。

2 丁未，金主臨奠前主於衞王邸第，有司奏舊禮當坐哭，金主命撤坐，伏哭盡哀。敕有司以禮改葬。

3 金主詔求直言。戊申，御仁政殿，視朝，賜赫舍哩（舊作紇石烈。）執中坐，執中不辭而坐。

4 辛亥，金封皇子守禮爲遂王，守純爲濮王。夔王永升薨，金主親臨奠。

5 壬子，金改元貞祐，大赦。丙辰，右丞相圖克坦（舊作徒單。）鎰進左丞相，封廣平郡王。左諫議大夫張行信上言崇節儉，廣聽納，明賞罰三事。

6 庚申，金赫舍哩執中議廢故衞王爲庶人。金主曰：「朕徐思之。」旋詔百官議於朝堂，議者二百餘人，太子少傅鄂屯（舊作奧屯。）忠孝、侍讀學士富察（舊作蒲察。）思忠阿附執中，議曰：「竊人之財，猶謂之盜，況偷大位以私己乎！請廢爲庶人。」戶部尚書武都、拾遺田庭芳等三十人，請降爲王侯；太子少保張行簡，請用漢昌邑王、晉海西公故事；侍御史完顏寓等十人，請降復王封。執中固執前議，金主不得已，乃降封東海郡侯。

7 金昭雪章宗元妃李氏，承御賈氏，詔曰：「大安之初，頒諭天下，謂李氏與其母王盼兒及李新喜同謀，令賈氏虛稱有身，各正罪法。章宗皇帝聖德聰明，豈容有此欺紿！近因集議，提點近侍局完顏達，霍王傅大政德，皆言賈氏事內有冤。朕親臨問左證，其事曖昧。當時被罪譴責者，可俱放免還家。」

8 丙寅，金主命六品以下官，事有可言者，言之無隱。

9 是月，初以京朝官監省門。

10 閏月，戊辰朔，詔御史臺考課監司。

11 金主拜日於仁政殿。自是每月吉爲常。

12 金主舊名珣，泰和中，改賜名從嘉，庚午，復舊名。詔：「前所更名二字，自今不須迴避。」

13 辛未，金主追尊其后（母）劉氏爲皇太后。

14 甲申，金立皇子守忠爲皇太子，從張行信請也。

15 丙戌，以金主新立，命四川謹邊備。

16 己丑，以湖北旱傷，詔監司、守令賑卹。

17 癸巳，雷。

18 甲午，史彌遠等上三祖下七世仙源類譜、高宗寶訓、皇帝玉牒、會要。帝命取孝宗敬天圖置左右，備省覽。

19 乙未，大雷。丙申，下罪己詔。

20 金以珠赫哷果勒齊舊作朮虎高琪，今改。爲元帥右監軍。金主諭之曰：「聞軍中事皆中覆，得無失機宜乎？自今當卽行之。朕但責成功耳。」旋命自鎭州守禦中都。

21 冬，十月，丁酉朔，金中都戒嚴。

22 戊申，遣眞德秀賀金主卽位；庚戌，遣李𡌴使金賀正旦；會金亂，皆不至而還。

23 蒙古選諸部精兵五千騎，使奇爾台、舊作合（校者按：合字衍。）怯台，今改。哈台二將趣中都。蒙古游騎至高橋，金宰執以聞。金主使人問執中，執中曰：「計畫已定矣。」既而讓宰執曰：「吾爲尚書令，豈得不先與議而遽奏耶！」宰執遜謝而已。【考異】大金國志云：蒙古兵至阜河，欲渡高橋，執中病足，乘車督戰，蒙古兵大敗。翌日，再戰，執中創甚，不能出。兩朝綱目備要與國志同。按執中爲西京留守，已望風先遁，此時貴溢富極，暮氣難振，豈能力疾以敗蒙古之兵哉！備要所載，係敵國傳聞之詞，容有失實。國志掇拾宋人之書而成，殊不足信。今從元史。

提點近侍局慶善努，舊作慶山奴，今改。副使惟弼，奉御惟康，請除執中。金主念援立功，隱忍不許。

執中遣果勒齊出戰，輒敗，執中欲斬之，金主諭免。執中乃益其兵，戒之曰：「勝則贖罪，不勝斬汝矣！」辛亥，果勒齊出戰，自夕至曉，北風大作，吹石揚沙，不能舉目，金兵大潰。果勒齊自度必爲執中所殺，乃以糺軍入中都，圍執中第。執中聞難，彎弓注矢外射，不勝，登後垣欲走，衣絓，墮而傷股，軍士就斬之。【考異】歸潛志云：果勒齊夕入執中第，被甲胄露刃以前。執中方濯足，大駭，走入臥內，軍士追殺之。所載與諸書小異，今從金史。果勒齊取其首，詣闕請罪。金主赦之，謂近侍局密達詔旨，爲果勒齊解，因以果勒齊爲左副元帥。執中之黨驅市人與糺軍鬭，糺軍多死。金主使近侍局慰諭之，乃止。壬子，出執中之黨於外。

24 甲寅，金張行信上封事曰：「春秋之法，國君立不以道，若嘗與諸侯盟會，卽列爲諸侯。東海在位已六年矣，爲其臣者，誰敢干之！執中握兵入城，躬行弑逆，當是時，惟善延、（舊作鄯陽。）實古訥（舊作石古乃。）率衆赴援，至於戰死，論其忠烈，在朝食祿者皆當愧之。陛下始親萬機，海內望化，褒顯二人，延及子孫，庶幾少慰貞魂。宋徐羨之、傅亮、謝晦，弑營陽王，立文帝，文帝誅之，以江陵奉迎之誠，免其妻子。執中，國之大賊，雖已死而罪名未正，宜暴其過惡，宣布中外，除名削爵，緣坐其家，然後爲快。陛下若不忍援立之勞，則依元嘉故事，亦足示懲戒。」乃下詔暴執中過惡，削其官爵。贈善延、實古訥官，錄其後。慶善努、惟康、惟弼皆遷賞。近侍局自此用事。

25 蒙古穆呼哩（舊作木華黎。）統兵侵金，所向殘破。永清人史秉直聚族謀曰：「方今國家喪亂，吾家百口，何以自保？」既而知降者皆得免，乃率里中數千人詣涿州軍門降。穆呼哩欲用秉直，秉直辭，乃以其子天倪爲萬戶，領降人家屬屯霸州。

26 癸亥，金放宮女百三十人。

27 十一月，戊辰，夏人寇金會州，圖克坦綽爾（舊作徒單醜兒。）出兵擊走之。

23 金主欲與蒙古議和，遣使報之。庚午，詔百官議於尚書省。

時握兵者皆畏縮不敢戰，曰恐壞和議。張行信上言曰：「和之與戰，本是二事，奉使者自專議和，將兵者惟當主戰，豈得以和事爲辭！自崇慶來，皆以和誤。若我軍時肯進戰，稍挫其鋒，則和事成也久矣。頃北使既來，然猶破東京，略河東，今我使方行，將帥輒按兵不動，於和議卒無益也。事勢益艱，芻糧益竭，和之成否，蓋未可知，豈當閉門自守以待斃哉！宜及士馬尚壯，擇猛將銳兵，防衞轉輸，往來拒戰，使之少沮，則附近蓄積皆可入京師，和議亦不日可成矣。」金主心知其善而不能行。

29 金以橫海節度使承暉爲右丞，以耿端義參知政事。

30 癸未，盧恨蠻寇中鎮寨。

31 蒙古兵攻金觀州，刺史高守約死之。

32 十二月，丁酉朔，金以圖克坦公弼爲右丞，承暉進都元帥兼平章政事，果勒齊進平章政事，仍兼左副元帥。

33 壬寅，蠲瓊州丁鹽錢。

34 夏取金涇州。

35 蒙古主留奇爾台、哈台屯金中都城北，分降人楊伯遇、劉伯林漢軍四十六都統并蒙古兵爲三道：命其子卓沁、舊作朮赤，今改。察罕台、舊作察合台，今改。諤格德依舊作窩闊台，今改。爲右軍，循太行而南，破保、遂、中山、邢、洺、磁、相、衞輝、懷、孟諸郡，徑抵黃河，掠澤、潞、平陽、太原之間；弟哈薩爾舊作哈撒兒，今改。及克特卜齊（舊作拙赤䚟薄剎。）等爲左軍，遵海而東，破灤、薊及遼西諸郡；蒙古主自將與子圖壘舊作拖雷，今改。爲中軍，破雄、莫、淸、滄、景、獻、河間、濱、棣、濟南等郡。三道兵還，復屯大口，以逼中都。時諸路兵皆往山後防遏，乃簽鄉民爲兵，上城守禦，蒙古盡驅其家屬來攻，父子兄弟，往往遙呼相應，由是人無固志，故所至郡邑皆下。凡破金九十餘郡，兩河、山東數千里，人民殺戮幾盡，金帛、子女、羊畜牛馬席捲而去，屋廬焚燬，城郭丘墟，惟中都、通、順、眞定、清、沃、大名、東平、德、邳、海州十一城不下。

36 金張行信言：「自兵興以來，將帥甚難其人。願陛下令重臣各舉所知，才果可用，褒顯獎諭，令其自效，必有奮命報國者。昔李牧爲趙將，軍功爵賞，皆得自專，出攻入守，不從中覆，遂能北破大敵，西抑強秦。命將若不以文法拘繩，中旨牽制，委任責成，使得盡其智能，則克復之功可望矣。」金主善其言。

37 蒙古兵圍中都。

金置招賢所於東華門內外，士庶皆得言事，或不次除官，由是閭閻細民，往往衒鬻求售。王守信者，本一邨夫，敢爲大言，以諸葛亮爲不知兵，完顏寓薦於朝，詔署行軍都統。募市井無賴爲兵，教閱進退跳躍，大概似童戲；大書「古今相對」四字於旗上，作黃布袍、緇巾、鐵牌各三十六事，牛頭響環六十四枚，欲以怖敵而走之，大率皆誕妄；因與其衆出城，殺百姓之樵采者以爲功。賈耐兒者，本岐路小說人，俚語詼嘲以取衣食，製運糧車千輛；是時材木甚艱，所費浩大，觀者皆竊笑之。草澤李棟，在大安末，嘗事司天監李天惠，依附天文，假託占卜，趨走貴臣，得爲天文官。棟嘗密奏：「白氣貫紫微，主京師兵亂，幸不貫徹，得不成禍。」既而果勒齊殺執中，金主益信之。

張行信上言：「易稱『開國承家，小人弗用』，聖人所以垂戒後世者，其嚴如此。今敵兵縱橫，人情恟懼，應敵興理，非賢智莫能。狂子庸流，猥蒙拔擢，參預機務，甚無謂也。」於是金主皆罷之。

38 金珠赫哷果勒齊辟御史李英爲經歷官。英上書於果勒齊曰：「中都之有居庸，猶秦之有崤、函，蜀之(有)劍門也。邇者撤居庸兵，我勢遂去。今土豪守之，朝廷當遣官節制。失此不圖，忠義之士，將轉爲他矣。」又曰：「可鎮撫宣德、德興餘民，使之從戎，所在自有宿藏，足以取給，是國家不費斗糧尺帛，坐收所失之關隘也。居庸咫尺，在都之北，而不能衞護，英實恥之。」果勒齊奏其書，卽除工部員外郎，充宣差都提控，居庸等關隘悉隸焉。

39 金元帥右都監內族額爾克舊作訛可，今改。率兵五千護糧通州，遇蒙古兵輒潰。張行信上言曰：「御兵之道，無過賞罰。使其臨敵有所慕而樂於進，有所畏而不敢退，然後將士用命而功可成。若額爾克敗衄，宜明正其罪。朝廷寬容，一切不問，臣恐御軍之道未盡也。」金主報曰：「卿意具悉，額爾克已下獄矣。」

40 金山東被兵，郡縣望風而遁，泰安州刺史和速嘉安禮獨城守。或勸其去，安禮曰：「我去，城誰與保？且爲人臣而避難，不負國家之恩乎？」乃團練繕完，爲守禦計。已而蒙古兵至，攻旬日，不能下，謂之曰：「此孤城耳，內無糧儲，外無兵援，不降，無遺類矣。」安禮不聽。城破，被執，或指爲酒監，安禮曰：「我刺史也，何以諱爲！」使之跪，安禮不屈，遂以戈椿其胸而殺之。詔贈泰定軍節度使，謚堅貞。安禮，大名路人也。

41 是歲，兩浙諸州大水，賑之。

嘉定七年 金貞祐二年，蒙古太祖九年。（甲戌、一二一四）

1 春，正月，丁卯朔，金以邊事未息，免朝賀。

2 四川制置使安丙，遣提舉皁郊博馬務何九齡等率諸將及金人戰于秦州城下，敗還。沔州都統制王大才，執九齡等七人，斬之，梟首境上，而訟丙于朝，謂有異志。

3 辛未，蒙古兵攻金彰德府，知府洪果玖珠 舊作黃擱（摑）九住，今改。 死之。玖珠，臨潢人也。

4 丁丑，參知政事章良能卒。【考異】宋史全文繫於二月，今從兩朝綱目備要、宋史本紀。

5 乙未，蒙古兵入懷州，金沁南軍節度使宛平宋扆死之。

6 是月，金李英乘夜與壯士李雄、郭仲元等四百九十人出中都城，緣西山進至佛巖寺，令雄等下山招募軍民，旬日，得萬餘人，擇衆所推服者領之，詭稱土豪，屢與蒙古兵戰，被創，召還。

7 金知大興府事胥鼎，以在京貧民闕食者衆，宜立法賑救，上言：「京師官民有能贍給貧民者，宜計所贍，遷官升秩以勸奬之。」遂定權宜鬻恩例格。

8 二月，丁未，青羌卜籠十二骨來降。卜籠，青羌部族也，性殘忍，多器械，仰擄掠爲生。十二骨者，十二種也。

9 三月，丁卯，召安丙爲同知樞密院事，以成都路安撫使董居誼爲四川制置使。

10 庚辰，金遣使來督二年歲幣。

11 金參知政事耿端義，以中都圍久，將帥皆不肯戰，言於金主曰：「今日之患，東海啓之。士卒縱不可使，城中軍自都統至穆昆（舊作謀克。）不啻萬餘，遣此輩一出，或可以得志。」議竟不行。

12 癸未，金主以糧運道絕，下令括粟，中都大擾。張行信上書曰：「近日朝廷令知大興府胥鼎便宜計畫軍食，因奏許人納粟買官。既又遣參知政事鄂屯忠孝括官民糧，戶存兩月，餘悉令輸官，酬以爵級、銀鈔。時有粟者，或先具粟於鼎，未及入官。忠孝復欲多得，以明己功，凡鼎所籍者，不除其數，民甚苦之。今米價踴貴，無所從糴，民糧止兩月，又奪之。敵兵在邇，人方危懼，若復無聊，或生他變，則所得不償所損矣。」金主善其言，命行信偕近臣審處。仍諭忠孝曰：「極知卿盡心於公，然國家本欲得糧，今既得矣，姑從人便可也。」

13 戊子，金以濮王守純爲殿前都點檢兼侍衞親軍都指揮使、權都元帥府事。

14 蒙古主駐金中都之北郊，諸將請乘勝破燕，蒙古主不從，遣薩巴勒（舊作札八兒。）謂金主曰：「汝山東、河北郡縣，悉爲我有，汝所守惟燕京耳。天旣弱汝，我復迫汝，天其謂我何！我今還軍，汝不能犒師以弭我諸將之怒耶？」平章政事珠赫哷果勒齊謂金主曰：「蒙古人馬疲病，當決一戰。」都元帥完顏承暉曰：「不可。我軍身在都城，家屬各居諸路，其心向背未可知，戰敗必散，苟勝，亦思妻子而去。社稷安危，在此一舉，莫如遣使議和，待彼還軍，更爲之計。」左丞相圖克坦鎰亦以和親爲便。金主然之，遣承暉詣蒙古請和。壬寅，以東海郡侯女爲岐國公主，歸於蒙古主，蒙古所稱公主皇后也。幷以金帛、童男女五百、馬三千賂之。蒙古兵退，中都解嚴，仍遣承暉送出居庸。

15 壬辰，蒙古兵破金嵐州，鎭西京（軍）節度使烏庫哩（舊作烏古論。）仲溫死之。

16 夏，四月，乙未朔，金以胥鼎爲右丞。以蒙古和議成，大赦，命布薩（舊作僕散。）安貞爲宣撫使，安輯遺黎。安貞，揆之子也。

17 金南京留守布薩端等請幸南京，金主將從之。左丞相圖克坦鎰曰：「鑾輿一動，北路皆不守矣。今已講和，聚兵積粟，固守京師，策之上也。南京四面受兵。遼東根本之地，依山負海，其險足恃，禦備一面，以爲後圖，策之次也。」金主不從。

庚戌，謚卒。謚明敏方正，學問淵貫，一時名士皆出其門。

18金以張行信爲山東轉運按察使。將行，求入見，言曰：「參政鄂屯忠孝，飾詐不忠，臨事慘刻，黨於赫舍哩執中，罪狀顯著。無事之時，猶不容一相非才；況今多故，乃使此人與政，如社稷何？」金主曰：「朕初卽位，當以禮進退大臣，卿語其親知，諷令求去可也。」行信以語右司郎中巴圖魯，（舊作把胡魯，今改。）巴圖魯以金主意告忠孝，忠孝靦然不卹。頃之，出知濟南府。

19五月，甲戌，金霍王從彝卒。

20丁丑，太白經天。

21乙酉，賜禮部進士袁甫以下五百四人及第、出身。

22辛巳，金遷東海侯、鎬厲王家屬於鄭州。

23金主以國蹙兵弱，財用匱乏，不能守中都，乃決意南遷。太學生趙昉等上章極論利害；以大計已定，不能中止，皆慰諭而遣之。命平章政事、都元帥承暉，尚書左丞穆延（舊作抹撚。）盡忠，奉太子守忠留守中都，遂與六宮啓行。以巴圖魯李英爲御前經歷官。詔曰：「扈從軍馬，朕自總之，事有利害，可因近侍局以聞。」

蒙古主聞之，怒曰：「既和而遷，是有疑心而不釋，特以解和爲款我之計耳。」復圖南侵。

金主至良鄉，命扈衞乣軍元給鎧馬，悉復還官。乣軍怨之，遂作亂，殺其主帥索琿舊作素溫，今改。而推札達、舊作斫答，今改。貝實勒、舊作北涉兒，今改。札拉爾舊作札剌兒，今改。三人爲帥，北還。承暉聞變，以兵阻盧溝，札達擊敗之，遣使乞降于蒙古。

蒙古主遣舒穆嚕（舊作石抹。）明安及繖格巴圖舊作三合拔都，今改。援之，入古北口，徇景、薊、檀、順諸州。諸將議欲屠之，明安曰：「此輩當死，今若生之，則彼之未附者，皆聞風而自至矣。」蒙古主從之。明安等遂與札達合兵逼中都。

金主聞之，遣人召太子，應奉翰林文字完顏素蘭以爲不可。珠赫哷果勒齊曰：「主上居此，太子宜從。且汝能保都城必完乎？」素蘭曰：「完固不敢必，但太子在彼，則聲勢俱重，邊隘有守，則都城無虞。昔唐明皇幸蜀，太子實在靈武，蓋將以繫天下之心也。」不從，竟召太子。

24 楊安兒賊黨日熾，濰州李全等並起剽掠。全，卽開禧中戚拱結以復漣水者也。賊皆衣紅，時目爲紅襖賊。全與仲兄福尤桀鶩，劉慶福、國用安、鄭衍德、田四子、洋子潭等皆附之，與安兒相應。金宣撫使布薩安貞至益都，敗安兒於城東。安兒奔萊陽，萊州徐汝賢以城降，安兒勢復振。登州刺史耿格開門納州印，郊迎安兒，發帑藏以勞賊。安兒遂僭號，置官屬，改元天順，凡詔表、符印、儀式，皆格草定。遂陷寧海，攻濰州。僞元帥郭方三據密州，略沂、海。李全犯臨朐，扼穆陵關，欲取益都。安貞以沂州防禦使布薩瑠嘉（舊作僕散劉家。）爲左翼，安化軍節度使完顏恩楞（舊作訛論。）討之。

25 六月，甲午朔，金以按察轉運使高汝礪爲參知政事。

26 甲辰，以旱，命諸路監司、守臣決滯訟。壬子，釋大理、三衙及兩浙路杖以下囚。

27 自史彌遠得政，廷臣俱務容默，無敢慷慨盡言者。權刑部侍郎劉爚奏：「願詔大臣崇獎忠讜以作士氣，深戒諛佞以肅具僚。」未幾，監進奏院陳宓上封事言：「宮中宴飲，或至無節；非時賜予，爲數浩穰。一人蔬食，而嬪御不廢於擊鮮；邊事方殷，而椿積反資於妄用。此宮闈儀刑有未正也。大臣所用，非親既（卽）故，執政擇易制之人，臺諫用慎默之士，都司樞掾，無非親暱，貪吏無不得志，廉吏動招怨尤。此朝廷權柄有所分也。鈔鹽變易，楮幣稱提，安邊所創立，固執己見，動失人心。敗軍之將，躐躋殿巖，庸鄙之夫，又尹京兆。宿將有守城之功，以小過而貶；三衙無汗馬之勞，託公勤而擢。此政令刑賞多所舛逆也。若能交飭內外，一正紀綱，天且不雨，臣請伏面謾之罪。」奏入，彌遠不樂。帝爲罷中宮慶壽三衙獻遺。宓，俊卿之子也。

28 秋，七月，甲子朔，以左諫議大夫鄭昭先簽書樞密院事。

29 庚辰，金布薩安貞軍昌邑東，徐汝賢等以三州之衆十萬來拒戰，自午抵暮，轉戰三十里，殺賊數萬。壬午，賊棘七率衆四萬陣於辛河，安貞令瑠嘉由上流膠西濟，繼以大兵，殺獲甚衆。甲申，安貞軍至萊州，僞寧海州刺史史潑立以二十萬陣於城東。瑠嘉先以輕兵薄賊。諸將繼之，賊大敗，招之降，不應。安貞遣萊州黥卒曹全等詐降於汝賢爲內應，曹全與賊戍卒姚雲相結，約納官軍。丁亥夜，曹全縋城出，潛告瑠嘉，瑠嘉募勇敢士三十人，從曹全入城，雲納之，大軍畢登，斬汝賢。安兒脫身走，耿格、史潑立皆降。瑠嘉略定膠西諸縣，襲殺郭方三，復密州。

30 金人來告遷。庚寅，起居舍人眞德秀上疏，請罷金歲幣，其略曰：「女直以蒙古侵淩，徙都於汴，此吾國之至憂也。蓋蒙古之圖滅女直，猶獵師之志在得鹿，鹿之所走，獵必從之。既能越三關之阻以攻燕，豈不能絕黃河一帶之水以趨汴！使蒙古遂能如劉聰、石勒之據有中原，則疆域相望，便爲鄰國，固非我之利也；或如耶律德光之不能卽安中土，則姦雄必將投隙而取之，尤非我之福也。今當乘敵之將亡，亟圖自立之策，不可乘敵之未亡，姑爲自安之計也。夫用忠賢，修政事，屈羣策，收衆心者，自立之本；訓兵戎，擇將帥，繕城池，飭戍守者，自立之具。以忍恥和戎爲福，以息兵忘戰爲常，積安邊之金繒，飾行人之玉帛，女直尙存，則用之女直，強敵更生，則施之強敵，此苟安之計也。陛下以自立爲規模，則國勢日張；以苟安爲志嚮，則國勢日削；安危存亡，皆所自取。若夫當事變方興之日，而示人以可侮之形，是堂上召兵，戶內延敵也。」帝納之，議罷歲幣。淮西轉運使喬行簡上書丞相曰：「蒙古漸興，其勢已足以亡金。金，昔我之讎也，今吾之蔽也。宜姑與幣，使得拒蒙古。」議不決。【考異】宋史本紀：嘉定七年七月，以起居舍人眞德秀奏，罷金國歲幣。然是年十一月八年正月卽遣使，是未嘗罷也；蓋因德秀之言而議罷，因喬行簡之言而改計耳。今從四朝聞見錄酌書之。

31 是月，夏左樞密使萬慶義勇，遣二僧齎蠟書來四川，議夾攻金以恢復故疆，制置使董居誼不報。由是夏訊中絕。

32 金主至南京，詔立元妃都察舊作溫敦，今改。氏爲皇后。后本王氏，中都人，都察，其賜姓也。姊有姿色，爲金主所納，封淑妃，至是亦晉封元妃。【考異】金史謂宣宗爲諸王時，元妃生太子守忠，貞祐元年立爲后，其名氏不可考。又云，自王氏姊妹入宮而后寵衰，尋爲尼。按本紀，貞祐二年立都察氏爲皇后，其時太子守忠尙在，金主何故遽廢其母？且太子既薨，復立太孫，及太孫復薨，始立王氏之子守禮，可見金主未嘗移寵於王氏，元、二年間遽有廢立也。金史傳疑之詞，本無實據，今從闕。

33 八月，庚子，金太子守忠至自中都。

34 癸卯，金復來督歲幣。

35 乙巳，太白經天。

36 戊申，以安丙爲觀文殿學士，知潭州。

37 甲寅，金完顏素蘭上書曰：「昔東海在位，信用讒諂，疏斥忠良，以致小人日進，君子日退，紀綱紊亂，法度益隳。風折城門之關，火焚市里之舍，蓋上天垂象以儆懼之也，東海不悟，遂至滅亡。誠能大明黜陟以革東海之政，則治安之效，可指日而待也。陛下不思出此，輒議南遷，詔下之日，士民相率上章請留；啓行之期，風雨不時，橋梁數壞；人心天意，亦可見矣。陛下爲社稷計，宮中用度，皆從貶損，而有司復多置軍官，不恤妄費，甚無謂也。或謂軍官之衆，所以張大威聲，臣竊以爲不然。不加精選而徒務其多，緩急臨敵，其可恃乎？且中都惟因糧乏，故車駕至此。稍獲安地，遂忘其危，萬一再如前日，未知有司復請陛下何之也？」

38 九月，壬戌朔，日有食之。太白晝見。

39 乙丑，史彌遠上高宗中興經武要略。

40 冬，十月，丁酉，蒙古兵徇金順州，勸農使王晦死之。晦，澤州高平人，被執時，謂其愛將牛斗曰：「若能死乎？」曰：「斗蒙公見知，安忍獨生！」遂幷見殺。

41 壬寅，金穆延盡忠進平章政事。以富珠哩（舊作孛朮魯。）德裕爲參知政事。旋命德裕行尚書省於大名府，令其貶損用度。

42 丙辰，蒙古取金成州。

43 金德州防禦使完顏綽諾（舊作醜奴。）伏誅。

44 蒙古穆呼哩攻遼東高州，盧琮、金樸等降。錦州張鯨，殺其節度使，自立爲臨海王，降於蒙古。

45 十一月，辛丑朔，遣聶子述使金賀正旦，刑部侍郎劉爚等言其不可。太學諸生上書請斬喬行簡，不報。

46 丁卯，金以布薩端爲左丞相。

47 金蘭州譯人程陳僧叛，西結夏人爲援。

48 十二月，嗣秀王師揆卒。

49 金曲赦山東，唯楊安兒、耿格不赦。乙卯，格伏誅。【考異】金史布薩安貞傳作辛亥耿格伏誅，今從本紀。

金軍方攻賊於大沫堌，知東平府事烏凌阿（興）（舊作烏林答與。）以聞赦，卽引軍還。賊衆乘之，復出爲患。金主以陝西統軍使完顏弼知東平府。

其後安兒與其黨汲政等乘舟入海，欲走岠嵎山，舟人曲成等擊之，安兒墜水死。【考異】薛氏通鑑以安兒之死爲貞祐三年事，今從金史布薩安貞傳。

50 蒙古兵徇金懿州，節度使高閭山死之。

閭山，析木人，爲政嚴酷，乃能以死事著。

51 青羌既降，守臣袁枏知蓄卜勢孤，遣人諭降，蓄卜疑不敢出；復遣漢人入蓄爲質，蓄卜從三百人至州，枏坐受其降，厚犒之。蓄卜留州城十日，將渡河，送還漢質。自蓄卜犯邊至此，更七年而後定云。

52 金遣使招耶律瑠格（舊作留哥。）降，許以重祿；瑠格不從。金主怒，復遣宣撫萬努（舊作萬奴。）領軍四十餘萬攻之。瑠格迎戰於歸仁縣北河上，金兵大潰，萬努收散卒奔東京。安東同知阿林懼，遣使求附，于是盡有遼東州郡，遂都咸平，號爲中京。金左副元帥伊喇（舊作移剌。）都以兵十萬攻瑠格，瑠格拒戰，敗之。

嘉定八年 金貞祐三年，蒙古太祖十年。（乙亥、一二一五）

1 春，正月，乙丑，金命山東安撫使布薩安貞等討紅襖賊劉二祖。

2 辛未，以師禹爲嗣秀王。師禹，師揆弟也。

3 丁亥，金北京宣差提控完顏實喀，舊作習烈，今改。殺宣撫使兼留守鄂屯襄，舊作奧屯襄，今改。推烏庫嘿〔哩〕音達琿 舊作烏古論寅答虎，今改。【考異】元史作「寅答虎烏古論」，疑載筆者未知烏古論爲姓，寅答虎爲名，文有顛倒耳。蘇天爵名臣事略作烏古論寅答虎，是矣。今改正。爲帥。實喀爲宣撫使所殺。

4丁丑，金右副元帥富察齊錦，（舊作蒲察七斤。）以通州降於蒙古，舒穆嚕明安命復其職，置之麾下，遂駐軍於中都南建春宮。

5乙酉，金太子守忠卒，謚莊獻。

6夏人攻金環州，二月，辛卯，刺史烏庫哩延壽等擊卻之。

7丙午，知樞密院事雷孝友罷。

8金尚書省以南遷後，吏部秋冬置選南京，春夏置選中都，赴調者不便，請併選於南京，從之。

9丁未，金布薩安貞遣提控赫舍哩約赫德，（舊作紇石烈牙吾塔，今改。）破巨蒙等四堌及破馬耳山，殺紅襖賊四千餘，遂會宿州兵同攻大沫堌，賊千餘逆戰，騎兵擊之，盡殪。提控穆延（舊作沒烈，今改。）奪其北門以入，別軍取賊水寨，諸軍繼進，殺賊五千餘。劉二祖被創，擒斬之。楊安兒餘黨李思溫等保大、小蠖角子山，金兵擊破之。

安兒妹妙眞，號四娘子，勇悍善騎射，賊黨劉福等奉之，稱爲姑姑，衆尚數萬，掠食磨旗山。李全率衆附之，妙眞與之通，遂以爲夫。

10蒙古穆呼哩遣部將史天祥等進攻北京，烏庫哩音達琿舉城降。穆呼哩怒其降緩，欲坑其衆。舒穆嚕額森（舊作石抹也先。）諫曰：「北京爲遼西重鎭，當撫之以慰人望，柰何坑之？」穆呼哩乃止。以音達琿權北京留守，烏頁爾舊作吾也兒，今改。權兵馬都元帥。【考異】音達琿降蒙古，陳桱續編繫於嘉定七年，王氏、薛氏從之，今據元史太祖紀更正。

11 金興中府元帥石天應降於蒙古，蒙古以爲興中府尹。

12 三月，辛巳，應賢良方正能直言極諫科何致，坐妄造事端，熒惑衆聽，配廣西牢城。

13 癸未，安定郡王伯柷卒。

14 己丑，金禁州縣置刃于杖以決罪人。

15 金中都久被圍，右丞相、都元帥承暉，以右丞穆延盡忠久在軍旅，委以腹心，而已總持大綱，期于保完都城。及富察齊錦叛，中都益急，金主遣左監軍永錫、左都監烏庫哩慶壽將兵三萬九千，御史中丞李英運糧大名，行省富珠哩舊作孛朮魯，今改。德裕調遣繼發，以救中都。承暉遣間使奉礬書奏曰：「齊錦既降，城中莫有固志，臣雖以死守之，豈能持久！伏念一失中都，遼東、河朔皆非我有。諸軍倍道來援，猶冀有濟。」永錫軍至涿州之旋風寨，與蒙古兵遇而潰。李英收清、滄義軍數萬以進，遇蒙古兵于霸州。英馭衆素無紀律，又值被酒，遂大敗，盡失其所運糧，英死，士卒殲焉。【考異】歸潛志：李英援燕都，至灤州，遇北兵戰死。據金史，英死于霸州，非灤州也，歸潛志係傳聞之誤。慶壽軍聞之，亦潰歸。由是中都孤立，內外不通。

16 夏，四月，癸卯，詔中外臣民直言時政得失。

17 金用山東西路宣撫副使完顏弼言，招大沫堌渠賊孫邦佐、張汝楫以五品職，下詔湔洗其罪。汝楫尋謀復叛，爲弼所殺。

18 金平章珠赫哷果勒齊居中專政，忌承暉成功，諸將又皆顧望，雖屢遣援兵，而終無一人至中都者。

先是完顏素蘭自中都計議軍事迴，上書求見，乞屏左右。金主召至近侍局，給紙劄，令書所欲言，書未及半，金主出御便殿見之，悉去左右，惟近侍局直長趙和仲在焉。素蘭言：「臣聞興衰治亂，有國之常，在所用之人何如耳。用得其人，雖衰亂尙可扶持；一或非才，則治安亦亂矣。向者乣軍之變，中都帥府自足剿滅，朝廷措置乖方，遂不可制。臣自外風聞，皆平章果勒齊之意。」金主曰：「何以知之？」素蘭因陳其交結狀，金主頷之。素蘭又曰：「果勒齊本無勳勞，亦無公望，向以畏死故，擅誅赫舍哩執中，蓋出無聊耳。一旦得志，妬賢能，樹姦黨，竊弄國權，自作威福。去年，都下書生樊知一者，詣果勒齊，言乣軍不可信，恐終作亂，遂以刀杖決殺之，自是無復敢言軍國利害者。昔東海時，執中跋扈無上，天下知之而不敢言，獨臺臣烏庫哩德升、張行信彈劾其惡，東海不察，卒被其禍。今果勒齊之姦，過於執中遠矣，臺諫當言責，迫於凶威，噤不敢言。然內外臣庶，見其恣横，莫不扼腕切齒，欲剸以刃，陛下何惜而不去之耶！」金主曰：「此大事，汝敢及之，甚善。」素蘭請召還承暉。金主曰：「都下事殷，丞相恐不可輟。朕徐思之。」素蘭出，金主復戒曰：「今日與朕對者，止汝二人，慎無泄也！」尋令素蘭再任監察御史。

19 蒙古舒穆嚕明安攻金之萬寧宮，克之，取富昌、豐宜二關，拔固安。

中都危在旦夕，承暉與穆延盡忠會議，期同死社稷。盡忠不從，承暉怒，卽起還第。然兵柄旣皆屬盡忠，承暉無如之何，乃辭家廟，召左司郞中趙思文，謂之曰：「事勢至此，惟有一死以報國家！」五月，庚申，承暉作遺表，付尙書省令史師安石書之，皆論國家大計及果勒齊姦狀，且謝不能終保都城之罪。從容若平日，盡出財物，召家人，隨年勞多寡分給之。擧家號泣，承暉神色泰然，方與安石擧白引滿曰：「承暉於五經皆經師授，謹守而力行之，不爲虛文。」旣被酒，取筆與安石訣，最後倒寫二字，投筆曰：「遽爾謬誤，得非神志亂耶？」謂安石曰：「子行矣！」安石出門，聞哭聲，則已仰藥死矣，家人匆匆瘞庭中。

是日暮，凡在中都妃嬪，聞盡忠將南奔，皆束裝至通玄門，盡忠紿之曰：「我當先出，爲諸妃啓途。」乃與愛妾及所親者先出城，不復反顧。蒙古兵入城，戶部尙書任天寵、知大興府高霖，皆及於難，宮室爲亂兵所焚。及明安至，官屬、父老出迎，明安曰：「負固不服，以至此極，非汝等罪，守者之責也。」悉令安業。時蒙古主避暑桓州，聞中都破，遣使勞明安等，悉輦其府庫之實北去，於是金祖宗神御及諸妃嬪皆淪沒。盡忠行至中山，謂所親曰：「若與諸妃偕來，我輩豈得至此！」

安石奉承暉遺表至汴，贈承暉尚書令、廣平郡王，謚忠肅。盡忠旋亦至，金主釋其罪不問，仍以爲平章政事。

20 蒙古以舒穆嚕明安爲太傅，封邵國公，兼管蒙古、漢軍兵馬都元帥。明安旋以疾卒。

21 蒙古主訪求遼舊族，得金左右司員外郎耶律楚材，召謂之曰：「遼、金世讎，朕爲汝雪之。」對曰：「臣父祖嘗委贄事之，既爲之臣，敢讎君耶！」蒙古主異其言，處之左右。楚材身長八尺，美髯弘聲，都木達王托雲舊作東丹王突欲，今改。八世孫，尚書右丞履即伊喇履，舊作移喇履。之子也。

22 辛未，金立皇孫鏗爲皇太孫。

癸酉，金進士葛城劉炳條便宜十事：「一曰任諸王以鎮社稷。臣觀往歲王師，屢戰屢衄。承平日久，人不知兵，將帥非材，既無靖難之謀，又無效死之節，外託持重之名，內爲自安之計，擇驍果以自隨，委疲懦以臨陣，陣勢稍動，望塵先奔，士卒從而大潰，朝廷不加詰問，輒爲益兵，是以法度日紊，土地日蹙。自大駕南巡，遠近益無固志，任河北者以爲不幸，逡巡退避，莫之敢前。臣願陛下擇諸王之英明者，總監天下之兵，北駐重鎮，移檄遠近，則四方聞風者皆將自奮。二曰結人心以固基本。今艱危之後，易於爲惠，願寬其賦役，信其號令，凡事不便者一切停罷。三曰廣收人才以備國用。備歲寒者必求貂狐，適長塗者必蓄騏驥，河南、陝西有操行爲民望者，稍擢用之，陰係天下之心。四曰選守令以安百姓。今衆庶已斂，官吏貪暴昏亂，與姦爲市，公有斗粟之賦，私有萬錢之求，遠近囂囂，無所控告；自今非才器過人，政迹卓異者，不可任此職。五曰褒忠義以勵臣節。忠義之士，奮身效命，有司略不加省，棄職者顧以恩貸，死事者反不見錄，天下何所慕憚而不爲自安之計耶！六曰務農力本以廣蓄積。此當今之要務也。七曰崇節儉以省財用。今海內虛耗，紓生民之急，無大於此者。八曰去冗食以助軍費。九曰修軍政以習守戰。十曰修城池以備守禦。」金主雖異其言而不能用，以補御史臺令史。

23 秋，七月，戊午朔，蒙古取金濟源縣。

24 辛酉，以鄭昭先參知政事，禮部尚書曾從龍簽書樞密院事。

25 成忠郎李珙，投匭爲楊巨源訟冤。壬戌，詔四川立巨源廟，名曰褒忠，贈官，錄其後。

26 庚辰，詔皇弟揞更名思正，皇姪均更名貴和。

27 金主聞河北譏察官要求民財始聽渡河者，民避兵至或餓死、自溺，命御史臺體訪之。

28 丙子，金尚書省奏給皇太孫歲賜錢，金主不從，曰：「襁褓兒安所用之！」

29 （甲申），金改交鈔名「貞祐寶券」。

自泰和以來，交鈔日多而輕，乃更作二十貫至百貫、二百貫、千貫，謂之大鈔。初雖稍重，未幾益輕而愈滯，市邑視爲無益之物。富家內困藏鏹之限，外敝交鈔屢更，皆至窘敗，謂之「坐化」。商人往往舟運貿易於江、淮，錢多入宋。至是改名而弊如故。

[30]金工部下開封市白牯，取皮治御用鞠仗，器物局副使珠赫哷（舊作朮虎。）筠壽，以其家所有鞠仗以進，因奏曰：「中都食盡，遠棄廟社，陛下當坐薪懸膽之日，柰何以毬鞠細物，動搖民間，使屠宰耕牛以供不急之用！非所以示百姓也。」金主不懌。旋出筠壽爲橋西提控。

[31]紅羅山寨主杜秀降于蒙古，以秀爲錦州節度使。

[32]蒙古主駐軍魚兒濼，遣織格巴圖（舊作三哥拔都，今改。）帥萬騎自西夏趨京兆，以攻金潼關，不能下，乃由留山小路趨汝州，遇山磵，輒以鐵鎗相鎖，連接爲橋以渡，遂赴汴京。金主急召花帽軍于山東，蒙古兵至杏花營，距汴京二十里，花帽軍擊敗之。蒙古兵還至陝州，適河冰合，遂渡而北，金人轉守關輔。時蒙古兵所向皆下，金人遣使求和。蒙古主欲許之，謂薩木哈（舊作撒沒喝，今改。）曰：「辟如圍場中獐鹿，吾已取之矣，獨餘一兔，盍遂舍之！」薩木哈恥于無功，不從，遣伊實里（舊作乙職里。）謂金主曰：「若欲議和，以河北、山東未下諸城來獻，及去帝號稱臣，當封汝爲河南王。」議遂不成。

[33]八月，戊子朔，金以陝西統軍使完顏哈達（舊作合打，今改。）簽樞密院事。

34 己丑，賜張栻謚曰宣。

35 庚子，金主慮平陽城大，兵食不足，議棄之，宰執不可。乃以太常卿侯摯爲參知政事，行中書省於河北東、西兩路。

36 蒙古以史天倪南伐，授右副都元帥，賜金虎符。遂取金平州，經略使奇珠（舊作古住。）降。

37 蒙古穆呼哩遣史進道等攻廣寧府，降之。

38 是月，蘭州盜程彥暉求內附，四川制置使董居誼卻之。

39 九月，乙亥，申嚴兩浙圍田之禁。

40 金穆延盡忠，與果勒齊不相能，而果勒齊恃近侍局爲內援，盡忠患之，乘間言于金主，請以完顏素蘭爲近侍局。金主曰：「近侍局例注本局人及宮中出身，雜以他流，恐或不和。」盡忠曰：「若給使左右，可止注本局人；既令預政，固宜慎選。」金主曰：「何謂預政？」盡忠曰：「中外之事，得議論訪察，卽爲預政矣。」金主曰：「自世宗、章宗朝許察外事，非自朕始也。如請謁、營私，擬除不當，臺諫不職，非近侍體察，何由知之？」參知政事烏庫哩德升曰：「固當慎選其人。」金主曰：「朕於庶官，曷嘗不慎！有外似可用而實無才力者，視之若忠孝而包藏悖逆者。富察齊錦以刺史立功，驟升顯貴，輒懷異志；富鮮萬努（舊作蒲鮮萬奴。）委以遼東，乃復肆亂；知人之難如此，朕敢輕乎！」德升曰：「比來訪察開決河隄，水損田禾，覆之皆不實。」金主曰：「朕自今不敢問若輩，外間事皆不知，朕幹何事，但終日默坐，聽汝等所爲矣。方朕有過，汝等不諫，今乃面訐，此豈爲臣之義哉！」

未幾，或告盡忠謀逆，下獄，誅之。德升旋出爲集義軍節度使。盡忠之棄中都也，金主釋不誅，至是乃以論近侍局獲罪。以後近侍局益横，中外蔽隔，以至於亡。

41 紅襖賊周元兒陷金深、祁二州，束鹿、安平、無極等縣，眞定帥府以計破之，斬元兒及其黨五百餘人。

自楊安兒、劉二祖敗後，河北殘破，干戈相尋，紅襖賊餘黨往往復相團聚。金軍雖時有斬獲，不能除也，大概皆李全、國用安、時青之徒焉。

42 是秋，蒙古取金城邑凡八百六十有二。

43 冬，十月，江東計度轉運副使眞德秀朝辭，言曰：「金自南遷，其勢日蹙，蒙古、西夏，東出潼關，深入許、鄭，攻圍都邑，游騎布滿山東，而金以河南數州之地抗西北方張之師，加以羣盜縱横，叛者四起，危急如此。臣謹按圖史，女眞叛遼在政和甲午，其滅遼也在宣和己巳，而犯中原卽于是年之冬。今日天下之勢，何以異政、宣之時！陛下亦宜以政、宣爲鑑。臣觀蒙古之在今日，無異昔日女眞方興之時，一旦與我爲鄰，亦必祖述女眞已行之故智。蓋女眞嘗以燕城歸我矣，今獨不能還吾河南之地以觀吾之所處乎！受之則享虚名而召實禍，不受則彼得以陵寢爲詞，仗大義以見攻。女眞嘗與吾通好矣，今獨不能卑辭遣使以觀吾之所啓乎！從之則要索無厭，不從則彼得藉口以開釁端，不可不預圖所以應之也。」因以五不可爲獻：一曰宗社之恥不可忘，二曰比鄰之盜不可輕，三曰幸安之謀不可恃，四曰導諛之言不可聽，五曰至公之論不可忽。反覆極言，帝不能用。

44（壬子），金以衍聖公孔元措爲太常博士。或言宣聖墳廟在曲阜，宜遣之奉祀，金主以元措聖人之後，山東寇盜縱橫，恐罹其害，是使之奉祀而反絕之也，故有是命。

45（丙午），夏人攻金保安、延安，陷臨洮。（校者按：此條應移44前。）

46金宣撫使富鮮萬努據遼東，僭稱天王，國號大眞，改元天泰。

47十一月，丙辰朔，封伯澤爲安定郡王。

48夏人攻金綏德及熟羊寨，皆爲守將所敗。

49蒙古兵徇金彰德府，知府圖們色埒（舊作陀滿斜烈，今改。）死之。

50蒙古史天祥攻金興州，擒節度使趙守玉。

51耶律瑠格破東京。

克特格（舊作可特哥。）娶萬努之妻李僊娥，瑠格不直之，有隙。既而耶斯布（舊作耶廝不。）等勸瑠格稱帝，瑠格曰：「向者吾與案陳那衍盟，願附大蒙古國，削平疆守，倘食其言而自爲東帝，是逆天也。」衆請愈力，瑠格稱疾不出，潛與其子薛闍奉金幣九十車入覲于蒙古。蒙古主曰：「漢人先納款者先引見。」太傅阿哈（舊作阿海。）曰：「劉伯林納款最先。」帝曰：「伯林雖先，然迫于重圍而來，未若瑠格仗義效順也，其先瑠格！」既見，蒙古主大悅，因問：「舊何官？」對曰：「遼王。」命賜金虎符，仍遼王。又問：「戶籍幾何？」對曰：「六十餘萬。」蒙古主曰：「可發三千人爲質，朕發蒙古三百人往取之。」

瑠格遺奇努（舊作乞奴。）等與俱，且命拘繫克特格以來。克特格懼，與耶斯布等紿其衆曰瑠格已死，遂以其衆叛，殺所遣三百人，唯三人逃歸。

52 十二月，乙酉朔，金徙朔州民屯嵐、石、隰、吉、絳、解等州。

53 壬辰（乙未），金太康縣民劉全、時溫、東平府民李寧謀反，伏誅。

54 乙巳，蒙古兵徇金大名府。

55 癸丑，金皇太孫鑑卒，謚沖懷。

蒙古以張鯨總北京十提控兵，從奪呼蘭薩里必（舊作奪忽蘭撒里必，今改。）南伐。鯨懷反側，穆呼哩覺之，令舒穆嚕額森監其軍。至平州，鯨稱疾不進，額森執而殺之。鯨弟致，殺長史，據錦州，自稱瀛王，改元興隆，下平、灤、瑞、利、義、懿、廣寧等州。穆呼哩率先鋒蒙古布哈、舊作蒙古不花，今改。權帥烏頁爾（舊作吾也兒，今改。）等軍討之。【考異】元史太祖紀云，張致僭號漢興皇帝，改元興龍。今從陳桱通鑑續編。

56 是歲，兩浙、江東西路旱、蝗。

嘉定九年 金貞祐四年，蒙古太祖十一年。（丙子、一二一六）

1 春，正月，乙丑，賜呂祖謙謚曰成。

2 庚午，蒙古取金曹州。

3 己卯，金立皇子遂王守禮爲皇太子。

4 二月，甲申朔，日有食之。

5 金命皇太子控制樞密院事。

6 蒙古圍金太原府，己亥，攻下霍山諸隘。

7 辛亥，東、西兩川地大震。

8 金同知觀州張開復河間府、滄、獻等州，并屬縣十三。

9 三月，乙卯，東、西兩川地震；甲子，又震。馬湖夷界山崩八十里，江水不通。丁卯，又震；壬申，又震。

10 是月，金復恩、邢二州。

11 夏，四月，癸丑〔巳〕，金張開復青〔清〕州等十一城。

12 甲午，金皇太子守禮改賜名守緒。

13 戊戌，泰〔秦〕州人唐進，與其徒何進等引衆十萬來歸，四川制置使董居誼拒卻之。

14 金知平陽府胥鼎，聞蒙古兵度潼關，卽遣必喇阿嚕岱、舊作必蘭阿魯帶，今改。圖克坦伯嘉，舊作徒單百家，今改。帥兵萬五千，由便道濟河，趨關陝，而自以精兵援汴京。又遣布薩薩固珠舊作僕散埽吾出，今改。帥兵會諸將，以拒蒙古兵之自關而東者。金主拜鼎尚書左丞，行省事于平陽。

15 五月，癸酉，太白晝見。

16 金來遠鎮獲諜者陳岊等，知夏人將圖鞏州，闚長安，命陝西行省嚴爲之備。夏人修來羌城界河橋，元帥右都監完顏薩布舊作賽不，今改。遣兵焚之，俘馘甚多。

17 六月，辛卯，西川地震；壬辰，又震；乙未，又震。黎州山崩。

18 丁未，金改宣撫司爲經略司。

19 （壬辰），張致降金，金以致行北京路元帥府事。（校者按：此條應移18前。）

20 秋，七月，癸丑朔，金昭義軍節度使必喇阿嚕岱復威州及獲鹿縣。

21 金侯摯行省于東平，獲紅襖賊，訊之，知其渠帥郝定僭號、署官、改元，已攻陷滕、兗、單諸州，萊蕪、新泰等十餘縣，道路不通，摯帥師進擊，執定送南京，誅之。

22閏月，壬午朔，日有食之。【考異】宋史不書，今據金史書之。

23辛卯，金復深州。

24八月，金定僧道納粟補威儀、監寺之令。

25夏人入金安塞堡，元帥左監軍烏庫哩慶壽遣軍敗之。

26丙子，蒙古攻金延安。

27己卯，夏人入金結耶觜川，守將擊走之。

28九月，辛巳朔，蒙古攻金坊州，金主命御史大夫永錫領兵赴陝西，便宜從事。

29壬辰，蒙古攻金代州，經略使鄂屯綽和尚死之。蒙古繖格巴圖魯率師由西夏趨關下。冬，十月，越潼關。金安西軍節度使尼龐古富勒呼（舊作尼厖古蒲盧虎。）戰歿。

30癸亥，西川地震；甲子，又震。

31（丙寅），金復東海侯爲衞王，謚曰紹，徙其家屬及鎬厲王家屬于南京。

32蒙古兵次嵩、汝間，金御史臺言：「敵兵踰潼關、崤、澠，深入重地，近抵西郊。彼知京師屯宿重兵，不復扣城索戰，但以游騎遮絕道路，而別兵攻擊州縣，是亦困京師之漸也。若專以城守爲事，中都之危，又將見于今日；況公私蓄積，視中都百不及一。願陛下命陝西兵扼潼關，與伊爾必斯（舊作阿里不孫。）爲掎角之勢，選在京勇敢之將十數人，各付精兵，隨宜伺察，且戰且守；復諭河北，亦以此待之。」金主以奏付尚書省。平章珠赫哷果勒齊曰：「臺官素不習兵，備禦方略，非所知也。」遂止。果勒齊以蒙古兵日逼，欲以重兵屯駐汴京以自固，州縣殘破不復卹，金主惑之。

33 金河南行省胥鼎，遣潞州元帥左監軍必喇阿嚕岱以軍一萬，孟州經略使圖克坦伯嘉以軍五千，由便道濟河趣關陝，自將平陽精兵援南京，金主命樞密院督軍應之。

34 金行樞密院、知河南府事完顏哈達以徵兵失律，坐誅。

35 富鮮萬努降于蒙古，而以其子迪格（舊作帖哥。）入侍，既而復叛，僭稱東夏。

36 十一月，乙酉，金元帥右都監完顏薩布，奏大敗夏人于定西。

37 蒙古兵次于澠池，金右副元帥富察伊爾必斯（舊作蒲察阿里不孫，今改。）軍潰而遁。

38 金胥鼎慮蒙古兵扼河，乃檄絳、解、隰、吉、孟州五經略司，相與會師，爲夾攻之勢。及蒙古自三門集津北渡至平陽，鼎遣兵拒戰，蒙古兵敗去。金人復潼關。

39 金河南路統軍使赫舍哩薩哈，（舊作紇石烈埽合，今改。）以發兵後期坐誅。

40 蒙古穆呼哩以張致兵精，且依險爲阻，欲設奇取之，乃遣烏頁爾等別攻溜石山堡，且諭之曰：「汝等急攻溜石，賊必遣兵往援，我出其不意，斷其歸路，可一戰擒也。」又令蒙古布哈別屯永德縣西十里以伺之。致聞溜石被圍，果以兵往救，蒙古布哈遣騎扼其歸；且馳報穆呼哩，使夜半引軍疾馳，比曙，抵神水與致遇，布哈兵亦會，前後夾擊，大破之，致遂奔潰，進圍錦州。致屢戰不利，乃閉門拒守，月餘，其監軍高益縛致出降，穆呼哩殺之。

41 十二月，癸亥，蒙古攻金平陽。

42 丙寅，蒙古攻金大名府。

43 壬申，蒙古兵進自代州神山、横城及平定、承天鎮諸隘，攻太原府。金宣撫使烏庫哩禮遣人間道齎礬書至南京告急，詔發潞州元帥府、平陽、河中、絳、孟宣撫司兵援之。

44 乙亥，金珠赫哷果勒齊請修南京裏城。金主曰：「民力已困，此役一興，病滋甚矣，城雖完固，朕亦何能安此乎！」

45 是歲，奇努、金山、青狗、統古與等，推耶斯布僭帝號于澄州，國號遼，改元天威。以遼王瑠格兄通喇（舊作通剌。）爲平章，置百官。方閲月，其元帥青狗叛歸于金，耶斯布爲其下所殺，推其丞相奇努監國，與其行元帥錫爾（舊作錫兒。）分兵民爲左右翼，屯開保州關，金蓋州守將重嘉努（舊作衆家奴。）引兵攻敗之。瑠格引蒙古軍數千適至，得兄通喇幷妻姚里氏，戶二千。錫爾引敗軍東走，瑠格追擊之，還，度遼河，招撫懿州、廣寧，徙居臨潢府。奇努走高麗，爲金山所殺。金山又自稱國王，改元天德。統古與復殺金山而自立，赫舍（舊作喊舍。）殺之，亦自立。

嘉定十年 金興定元年，蒙古太祖十二年。（丁丑、一二一七）

1春，正月，癸未，賀正旦使陳伯震自金辭還。金主謂宰臣曰：「聞恩州南境有盜，此乃彼界飢民，沿淮爲亂耳，宋人何故攻我？」珠赫呼果勒齊請伐之以廣疆土，金主曰：「朕意不然，但能守祖宗所付足矣，安事外討！」

2癸巳，雨土。

3乙巳，蒙古攻金觀州。

4魏了翁以狀言：「聞謚者行之迹，昔人所以旌善而懲惡，節惠而尊名也。爰及後世，限以品秩，濟以請託，于是嘗位大官者，雖惡猶特予之；品秩之所不逮，則有碩德茂行而不見稱於世者矣。夏竦、高若訥而謚文莊，蔡卞、鄭居中而謚文正，鄧洵武、蔡翛而謚文簡，呂惠卿而謚文敏，張商英而謚文忠，強淵明而謚文獻，林希而謚文節，溫益而謚文簡，汪伯彥而謚忠定，秦檜而謚忠獻，皆名浮于行而章章在人耳目者。自餘此類，又何可勝數！而舉世視爲當然，未嘗以爲訝也。至于倡明正學于千有餘載之後，上嗣去聖，下開來哲，如周敦頤、程顥、程頤、張載及一時淑艾高弟，其有功于生民之類，亦不爲少矣；世之相後，不爲近矣，而卒未有表而出之者，人亦不以爲闕也。臣前誤被簡擢，攝承漕寄，遂因職分所關，輒爲周敦頤冒陳易名之請，已荷俞允以所奏下之有司。維時春官亦專以程顥兄弟爲請，申命所司，已二年于茲，猶未有以易其名者。豈事大體重，未容以輕議也？望申飭有司，速加考訂，俾隆名美謚，早有以風厲四方，示學士大夫趨向之的也。」

5 金主命選兵三萬五千，付圖們呼圖克們，（舊作駝滿胡土門。）統之西伐，尚書左丞胥鼎馳奏，以爲非便，略曰：「自北兵經過之後，民食不給，兵力未完，若又出師，非獨饋運爲勞，而民將流亡，愈至失所。宋人乘隙而動，復何以制之？此繫國家社稷大計。方今事勢，止當備禦南邊，西征未可議也。」遂止。

6 二月，戊申朔，金初用貞祐通寶，凡一貫當貞祐寶券十貫。

7 癸丑，金罷招賢所。

8 乙卯，金皇孫生。

9 庚申，地震。

10 壬戌，金尚書省以軍儲不繼，請罷州府學生廩給，金主曰：「自古文武並用。向在中都，設學養士，猶未嘗廢，況今日乎！其仍舊給之。」

11 三月，金主徵山東兵接應苗道潤，其（共）復中都，而石海方據眞定叛，慮爲所梗，乃集鈕祜祿（舊作粘割。）貞、郭文振及威州刺史武仙所部精銳，與東平軍爲掎角以圖之。武仙率兵斬石海及其黨二百餘人，降葛仲、趙林、張立等軍，盡獲海僭擬物。遂以武仙權知眞定府事。

12 金起復張行信權參知政事。

時珠赫哷果勒齊用事，惡不附己者，衣冠之士，動遭窘辱，惟行信屢引舊制，力詆其非。旋眞拜參知政事。

13 金果勒齊力勸金主侵宋，金主惑之。初，金有王世安者，獻取盱眙、楚州之策，金主以爲淮南招撫使，遂有侵宋之謀。至是命烏庫哩慶壽、完顏薩布帥師南侵，遂渡淮；夏，四月，丁未朔，攻光州中渡鎭，執榷場官盛允升，殺之。慶壽分兵攻樊城，圍棗陽、光化軍，別遣完顏阿林入大散關，以攻西和、階、成州。詔京湖、江淮、四川制置使趙方、李珏、董居誼俱便宜行事以禦之。

14 金濟南、泰安、滕、兖等州賊幷起，皆劉二祖餘黨，侯摯遣完顏霆率兵討之。霆自清河出徐州，破斬霍儀，招降僞元帥石珪、夏全，餘衆皆潰。

15 金人侵襄陽，趙方語其子范、葵曰：「朝廷和戰未定，益亂人意，惟有提兵臨邊，決戰以報國爾！」遂抗疏主戰；因親往襄陽，檄統制扈再興、陳祥、鈐轄孟宗政等禦之，仍增戍光化、信陽、均州以聯聲勢。

金人來自團山，勢如風雨，再興等分三陣，設伏以待。旣至，再興中出一陣，復卻，金人逐之，宗政與祥合左右兩翼掩擊之，金人三面受敵，大敗，血肉枕藉山谷間。尋報棗陽圍急，宗政午發峴首，遲明抵棗陽，馳突如神，金人大駭，宵遁。方以宗政權知棗陽軍。未幾，京湖將王辛、劉世興亦敗金兵于光山、隨州，金人乃去。

16五月，甲申，賜禮部進士吳潛以下五百二十三人及第、出身。

17癸卯，趙方請以伐金詔天下，六月，戊午，詔曰：「朕厲精更化，一意息民。寧不知機會可乘，讎恥未復；念甫申於盟誓，實重起於兵端。豈謂敵人，遽忘大德，皇華之轡朝遣，赤白之囊夕聞。叛卒鴟張，率作如林之衆；飢甿烏合，驅爲取麥之師。除戎當戒於不虞，縱敵必貽於後患。一朝背好，誰實爲之！六月飭戎，予非得已。諒深明曲直順逆之理，其孰無激昂奮發之思！師出無名，彼既自貽於顛沛；兵應者勝，爾立急赴於事機。若能立非常之功，則亦有不次之賞。」

18乙丑，金左丞相兼都元帥布薩端薨。

19辛未，東川大水。

20癸酉，太白經天。

續資治通鑑卷第一百六十一

賜進士及第兵部尚書兼都察院右都御史總督湖北湖南等處地方軍務兼理糧餉世襲二等輕車都尉畢沅編集

宋紀一百六十一 起強圉赤奮若（丁丑）七月，盡重光大荒落（辛巳）三月，凡三年有奇。

寧宗法天備道純德茂功仁文哲武聖睿恭孝皇帝

嘉定十年 金興定元年，蒙古太祖十二年。（丁丑、一二一七）

1 秋，七月，丙子朔，日有食之。

2 癸未，金陝州振威軍萬戶馬寬，逐其刺史李策，據城叛，金主遣人招之，乃降。已而復謀變，州吏擒戮之，夷其族。

3 丁亥，嗣濮王不儔卒。

4 時李全等出沒島嶼，寶貨山積而不得食，相率食人。會鎮江武鋒卒沈鐸，亡命山陽，誘致米商，斗米輒售數十倍，知楚州應純之償以玉貨，北人至者輒舍之。鐸因說純之以歸銅錢爲名，弛渡淮之禁，由是來莫可遏。

初，楊安兒有意歸朝；定遠民季先，大俠劉佑之廝養也，嘗隨佑部綱客山陽，安兒處以軍職。安兒死，先至山陽，夤緣鐸得見純之，言山東豪傑願歸正之意。純之命先譏察，諭意羣豪，以鐸爲武鋒副將，與高忠皎各集忠義民兵攻海州；糧援不繼，退屯東海。

純之見蒙古方困金，密聞于朝，謂中原可復。時頻歲小稔，朝野無事，丞相史彌遠鑒開禧之事，不明言招納，密敕純之慰接之，號忠義軍，就聽節制，給忠義糧。于是東海馬良、高林、宋德珍等萬人輻輳漣水，李全等生羨心焉。

5八月，壬子，金削御史大夫永錫官爵。有司論失律當斬，金主以近族，特貰其死。

6丙寅，金左司諫布薩（舊作僕散。）毅夫請吏開封府號，賜美名，以尉氏縣爲刺郡，睢州爲防禦，與鄭、延二州左右前後輔京師。金主曰：「山陵在中都，朕豈樂久居此乎！」乃止。

7蒙古主以穆呼哩（舊作木華黎。）有佐命功，拜太師，封國王，承制行事，賜誓券、金印，分鴻吉哩（舊作弘吉剌。）等十軍及蕃、漢諸軍，並隸麾下，建行省於燕雲，且謂之曰：「太行之北，朕自經略，太行之南，卿其勉之！」穆呼哩乃自中都南攻遂城及蠡州，皆下之。

初，蠡州拒守，力屈乃降，穆呼哩怒，將屠其城；州人趙瑨，從穆呼哩爲署百戶，泣曰：「母與兄在城中，乞以一身贖一城之命。」穆呼哩義而許之。

8九月，壬午，金改元興定，大赦。

9 辛卯，蒙古兵徇金隰州及汾西縣；癸巳，攻沁州。

10 先是金遼東行省於春初擊敗契丹，夏末，遣人來獻捷；至是行省完顏伊爾必斯（舊作阿里不孫，今改。）爲叛人伯德呼圖（舊作伯德胡土。）所殺。

11 丁酉，蒙古兵薄金太原城，攻交城、清源。

12 冬，十月，乙巳朔，以久雨，釋大理、三衙、臨安府及兩浙諸州杖以下囚。

13 甲寅，金命高汝礪、張行簡修章宗實錄。

14 乙卯，蒙古兵徇金中山府及新樂縣，旋下磁州。

15 壬戌，金右司諫兼侍御史許古，上疏諫南伐曰：「昔大定初，宋人犯宿州，已而屢敗。世宗料其不敢遽乞和，乃敕元帥府遣人議之，自是太平幾三十年。泰和中，韓侂胄妄開邊釁，章宗遣駙馬布薩揆討之，揆慮兵興費重，陰遣侂胄族人賫乃祖琦畫像及家牒，僞爲歸附，以見丘崈，因之繼好，振旅而還。夫以世宗、章宗之隆，府庫充實，天下富庶，猶先俯屈以卽成功，告之祖廟，書之史册，爲萬世美談。今蒙古兵少息，若復南邊無事，則太平不遠矣。或謂專用威武，可使宋人屈服，此殆虛言，不究實用，借令時獲小捷，亦不足多賀。彼見吾勢大，必堅守不出；我軍倉卒無得，須還以就糧，彼復乘而襲之，使我欲戰不得，欲退不能，則休兵之期，乃未見也。況彼有江南蓄積之餘，我止河南一路，征斂之弊，可爲寒心。宜速與通和，則蒙古聞之，亦將斂迹，以吾無掣肘故也。」

金主以問宰臣，高汝礪曰：「宋人多詐無實，雖與文移往來，而邊備未敢遽撤，備既不撤，則議和與否，蓋無以異。或復蔓以浮詞，禮例之外，別有求索，言涉不遜；或舉大定中和議爲言。夫彼若請和，於理爲順，豈當先發此議以示弱耶！」張行信曰：「宋人幸吾釁隙，數肆侵掠，我大國，不責以詞而責以兵，玆非示弱乎？至於問而不報，報而不遜，曲自在彼，何損於我！大定遣使，正國家故事，何失體之有！且國家多艱，戍兵滋久，不思所以休息之，如民力何！」

金主命古草議和牒文，既成，以示果勒齊，（舊作高琪。）果勒齊以爲詞有哀祈之意，自示微弱，議遂寢。

16 辛未，蒙古取金鄒平、長山及淄川。

17 十一月，丙戌，太白晝見。金遣翰林侍講學士楊雲翼禜之。

18 蒙古取金濱、棣、博三州；己丑，下淄州；庚寅，下沂州。

19 戊戌，太白經天。

20 蒙古兵攻金太原府

21 十二月，甲辰朔，蒙古攻金潞州，都統馬甫死之。

22 戊申，以軍興，募人納粟補官。

23 庚戌，蒙古取金益都府；辛酉，取密州，節度使完顏寓死之。

24 辛亥，金胥鼎奉詔發兵，由秦、鞏、鳳翔三路南伐，乃上書諫曰：「自大安之後，天下騷然者累年，民間差役重繁，浸以疲乏，乃日勤師旅，遠近動搖，未獲一敵而自害者衆，其不可一也。西北二兵如乘隙併至，雖有潼關、黃河之險，殆不足恃，三面受敵，恐貽後悔，其不可二也。車駕幸汴，益近宋境，彼必朝夕憂懼，委曲爲防，聞王師出唐、鄧，必所在清野，使我軍無所得，徒自勞費，其不可三也。宋我世讎，比年非無恢復雪恥之志，特畏吾威力，未敢輕舉，今我軍皆烏合之衆，遽使從戎，豈能保其決勝哉！其不可四也。沿邊人戶，賦役煩重，不勝困憊，又凡失業居河南者，類皆衣食不給，貧窮之迫，盜所由生，如宋人陰爲招募，使爲鄉導，則內有叛民，外有勍敵，未易圖之，其不可五也。今春事將興，若進兵不還，必違農時，以誤防秋之用，其不可六也。」金主以問宰臣，以爲諸軍已進，不從其議。【考異】歸潛志：朝廷將伐宋取蜀，召鼎議，上言止之，坐是忤旨，致仕。據金史，鼎雖上言止伐宋，然金主方任以兵事，不因此致仕也。今從金史。

25 癸酉，金完顏賽以步騎萬人侵四川；戊辰，迫湫池堡；己巳，破天水軍，守臣黃炎孫遁。金人攻白環堡，破之；庚午，迫黃牛堡，統制劉雄棄大散關遁。

26 李全及其兄福襲金青、莒州，取之。

27是歲，金延州刺史溫薩克喜（舊作溫撒可喜。）言：「近世河離故道，自衞東南流，由徐、邳入海，以此河南之地爲狹。竊見新鄉縣西，河水可決使東北流，其南有舊隄，水不能溢，行五十餘里，與淸河合，由淸州柳口入海。此河之舊道也，皆有故隄，補其缺罅足矣。如此，則山東、大名等路皆在河南，而河北諸郡亦得其半，退足以爲備禦之計，進足以壯恢復之圖。」議者以爲河流東南已久，決之，恐故道不容，衍溢而出，遂寢。

嘉定十一年金興定二年，蒙古太祖十三年。（戊寅、一二一八）

1春，正月，壬午，李全率衆來歸，詔以全爲京東路總管。

2戊子，金人圍皁郊堡。

3丁酉，金人侵隔芽關，興元都統李貴遁，官軍大潰。

4是月，蒙古圍夏興州，夏國主遵頊命其子居守而出走西涼。

5金主諭胥鼎曰：「大散關可保則保，不可保則焚毀而還。」二月，甲辰，金人焚大散關，退去。

6丙午，金人破皁郊堡，死者五萬人。先是安丙約夏人會師攻秦、鞏，夏人不至，遂有此敗。

7丁未，金人破湫池堡。

8戊申，金人圍隨州、棗陽軍。

孟宗政初視事，愛僕犯令，立斬之，軍民股栗。于是築隄積水，修治城堞，簡閱軍士。完顏薩布（舊作賽不。）擁步騎圍城，宗政與扈再興合兵角敵，歷三月，大小七十餘戰，宗政身先士卒。金人戰輒敗，忿甚，周城開濠，列兵濠外，以絢鈴吠犬自警。宗政募壯士乘間突擊，金人不能支，盛兵薄城，宗政隨方力拒。隨州守許國援師至白水，鼓聲相聞。宗政率諸將出戰，金人奔潰。

9辛亥，金參知政事張行信出爲彰化節度使兼涇州管內觀察使。金主諭之曰：「初，朕以朝臣多稱卿才，乃令參決機務。而廷議之際，多不據正，妄爲異同，甚非爲相之道。復聞邇來殊不以幹當爲意，豈欲求散地耶？今授此職，卿宜悉之。」行信數與杲勒齊辯，近侍局譖之，故外貶。【考異】張行信出鎭涇州，金史本傳作有以飛語聞者，歸潛志作爲內侍所譖，蓋杲勒齊固結內侍者也。今從歸潛志。

10丙寅，金主諭尚書省曰：「聞中都納粟官，多爲吏部繳駁，殊不知方闕乏之時利害爲何如。又，立功戰陣人必責保官，若輩皆義軍、白丁，豈識朝官！苟文牒可信，卽當與之。至若在都時，規運薪炭入城者，朕嘗許恩授以官，此豈容僞！而間亦爲所沮格。今後勿復爾。」

11三月，丁丑，金人焚湫池堡而去。

12 戊子，金以御史中丞巴圖魯（舊作把胡魯。）爲參知政事。

13 利州統制王逸等帥師及忠義人十萬，復大散關及皁郊堡，追斬金副統軍完顏贇，進攻秦州。至赤谷口，逸傳沔州都統劉昌祖之命退師，且放散忠義人，軍遂大潰。

14 癸巳，金包長壽率長安、鳳翔之衆復攻皁郊，遂趨西和州。

是日，鎮江忠義統制彭惟誠等之兵敗於泗州。

15 丙申，劉昌祖焚西和州遁，守臣楊克家棄城去，遂爲金人所有。

16 夏，四月，甲辰，劉昌祖焚成州循，守臣羅仲甲棄城去。

是日，金人去西和州。

17 乙巳，金曲赦遼東等路，以戶部尚書瓜勒佳必喇（舊作夾谷必蘭。）爲翰林學士承旨、權參知政事，行省于遼東。

18 戊申，階州守臣侯頤棄城去。是日，金人去成州。

19 壬子，金遣侍御史完顏素蘭等赴遼東，察訪富鮮萬努（舊作蒲鮮萬奴。）事體。癸丑，素蘭請宣諭高麗，復開互市，從之。

20 戊午，金人復侵大散關，守臣王立遁。己未，金人侵黃牛堡，興元都統吳政拒追之。癸亥，政至大散關，斬立以徇。金人連破諸州，前後獲糧九萬斛，錢數千萬，軍實不可勝計。事聞，政進三官，劉昌祖安置韶州，楊克家等各責遠州居住。

21金伊爾必斯，自潼關之敗，失其所在，變姓名匿居柘城；爲御史覺察，繫其家屬，將窮治之，乃遣子上書詣吏待罪。臺臣請誅之以懲不忠，金主卒赦其罪，諭以自效。

22五月，癸未，蚩尤旗見，長竟天。

23金苗道潤素與中都經略副使賈瑀有隙，道潤從數騎行，瑀伏甲射之，道潤顚於道左，遂卒。

瑀不自安，遣使告道潤將張柔曰：「吾得除道潤者，以君不助兵故也。」柔怒，叱使者曰：「瑀殺吾帥，吾食瑀肉且未足快意，反以此言相戲耶！」遂檄召道潤部曲，告以復讎之意，衆皆羅拜，推柔爲長，柔會兵趨中山。

蒙古兵出自紫荆關，柔遇之，遂戰於狼牙嶺。柔馬跌，被執，見主帥明安，柔不跪。左右強之，柔叱曰：「彼帥，我亦帥也。死卽死，終不偷生爲他人屈！」明安壯而釋之。潰卒稍集，明安恐柔爲變，質其二親於燕京，柔乃降。蒙古以柔爲河北都元帥。

24蒙古徇金錦州，元帥劉仲亨死之。

25六月，甲辰，金樞密院以賈瑀等殺苗道潤，請治其罪，金主曰：「道潤之衆，亟收集之。瑀等是非未明，姑置勿問。」

26金石州賊馮天羽，據臨泉縣爲亂，刺史赫舍哩（舊作紇石烈。）公順，遣將王九思攻破之。金主命國史院編修官馬季良特〔持〕詰敕、金幣往招其黨，安國用降，就署國用同知孟州防禦使。

27辛酉，湖州水，賑之。

28秋，七月，庚午朔，日有食之。【考異】宋史不書，今從金史宣宗紀。

29辛未，夏人攻龕谷，金提控瓜勒佳瑞（舊作夾谷瑞。）擊走之。已而夏人復至，瑞仍擊破之。

30癸酉，奪知天水軍黃炎孫三官，辰州居住。

31己卯，金以旱，命禮部尚書楊雲翼分理寃獄。癸未，大雨。

32乙酉，修孝宗寶訓。

33八月，蒙古穆呼哩率步騎數萬，自太和嶺徇河東，取金代、隰二州。九月，乙亥，破太原府。元帥烏庫哩（舊作烏古論。）德升力拒之，城西北隅壞，德升聯車塞其處，三卻三登，矢石如雨，守陴者不能立。城破，德升自縊而死，其姊及妻皆自殺。蒙古兵徇金汾州，節度使完顏恩徹亨舊作訛出虎，今改。死之。

34是月，李全破金密州及壽光縣。

35冬，十月，蒙古徇金絳、潞。壬子，攻平陽，提控郭用死之。行省參政李革守平陽，兵少援絶，癸丑，城陷。或謂革，宜上馬突圍出，革歎曰：「吾不能保此，何面目見天子！汝輩可去矣。」遂自殺。

36 是月，李全破鄒平、臨朐、安丘等縣，金提控王顯死焉。

37 十一月，壬申，金人攻安豐黄口灘。

38 陝西人張羽來歸。

39 蒙古取金潞州，元帥右監軍納哈塔布拉圖、（舊作納合蒲剌都，今改。）參議官王良臣死之。

40 十二月，金主欲乘勝來議和，以開封府治中呂子羽爲詳問使，至淮中流，不納。金主怒，以布薩安貞爲左副元帥，輔太子守緒，會師南侵。

41 金宰相請修山寨以避兵，御史中丞完顔伯嘉諫曰：「建議者必曰據險可以安君父，獨不見陳後主之入井乎？假令入山寨可以得生，能復爲國乎？人臣有忠國者，有媚君者；忠國者或拂君意，媚君者不爲國謀。臣竊謂有國可以有君，有君未必有國也。」果勒齊、高汝礪聞之，怒甚，旋出伯嘉行省河中。

42 是歲，契丹陸格（舊作六哥。）據高麗江東城，蒙古遣哈珍札拉（舊作合眞扎剌。）率師平之，高麗王瞰遂降，歲貢方物。

43 遼王瑠格（舊作留哥。）引蒙古契丹軍及東夏國元帥呼圖（舊作胡土。）兵十萬圍赫舍，（舊作喊舍。）高麗助兵四十萬，克之。赫舍自經死。徙其民於西樓。

嘉定十二年　金興定三年，蒙古太祖十四年。（己卯、一二一九）

1春，正月，戊辰朔，召四川制置使董居誼赴行在。居誼黷貨，所至輒敗，故以聶子述代之。

2戊子，金人攻成州，都統張威自西和州退守仙人原。

3辛卯，金人復侵西和州，守將趙彥吶設伏待之，殲其衆。

4壬辰，金主以蒙古已破太原，河北事勢非復昔比，詔百官議所以爲長久之利者。翰林學士承旨圖克坦（舊作徒單。）鎬等以謂：「制兵有三：一曰戰，二曰和，三曰守。今欲戰則兵力不足，欲和則敵人不從，唯有守耳。河朔州郡旣殘破，不可一概守之，宜取願就遷徙者，屯於河南、陝西，其不願者，許自推其長，保聚險阻。」刑部侍郎溫屯呼哈勒（舊作奧屯胡撒合。）等曰：「河北諸郡，宜令諸郡選才幹，衆所推服，能糾民遷徙者，願之河南或晉安、河中及諸險隘，量給之食，授以曠土，盡力耕稼，置僑治之官，撫循教戰，漸圖恢復。」宣徽使依（伊）喇（舊作移剌。）光祖等曰：「太原雖暫失，頃亦可復。當募土人威望服衆者，假以方面，重權能；克復一道，卽以本道總管授之，能捍州郡，卽以長佐授之，必各保一方，使百姓復業。」廷臣多同光祖議。已而河中行省完顏伯嘉亦上書曰：「中原之有河東，如人之有肩背。古人云：

『不得河東，不可爲雄。』萬一失之，恐未易取也。」

5甲午，金人破鳳州，夷其城。乙未，興元都統吳政及金人戰於黃牛堡，死之。

6金主謂宰臣曰：「頃近侍還自陝西，謂拜甡（舊作白撒，今改。）已得鳳州，如得武休關，將遂取蜀。朕意殊不然。假使得之，亦何可守！此舉蓋爲宋人渝盟，初豈貪其土地耶！朕重惜生靈，惟和議早成爲佳耳。」

7二月，庚子，太白晝見。

8金主與太子謀南征帥，不得其人，歎曰：「天下之廣，緩急無可使者，朕安得不憂！」

9癸卯，金人乘勝破武休關，都統李貴遁還。

10丙午，金主謂宰臣曰：「江、淮之人，號稱選愞，然官軍攻蕩菁嶋，其衆困甚，招之使降，無一肯從者。我家河朔州郡，一遇北兵，往往出降，此何理也？」

11丁未，金人破興元府，權府事趙希昔棄城走。

12庚戌，以曾從龍同知樞密院事兼江淮宣撫使，吏部尚書任希夷簽書樞密院事。

13辛亥，金人破大安軍，遂破洋州。壬子，前四川制置使董居誼遁。都統張威使石宣，邀擊金人，大破之，殲精兵三千人，俘其將巴圖魯安（舊作巴土魯安。），乃遁去。

14金完顏額爾克（舊作訛可，今改。）復大舉圍棗陽，塹其外，繞以土城，趙方遣統制扈再興等引兵三萬餘，分道出攻唐、鄧二州，又命其子范監軍，葵爲殿。

15 乙丑，夏人復以書來四川，議夾攻金人，利州安撫丁焴許之。

16 三月，己巳，以鄭昭先知樞密院事，曾從龍參知政事。

17 癸酉，金人復入洋州，焚其城而去。

18 丁亥，太白晝見。

19 金完顏伯嘉自河中召還，仍爲御史中丞，言於金主曰：「河中、晉安，被山帶河，保障關陝，此必爭之地，今雖殘破，形勢猶存。若使他人據之，因鹽池之饒，聚兵積糧，則河津以南，太行以北，皆不足恃矣。」甲午，金主詔太原等路州縣闕正授官，令民推其所愛爲長佐，行省量與職任，及運解鹽入陝西以濟調度，命胥鼎兼領其事。

20 金人自盱眙退師。

21 閏月，癸亥，興元軍士張福、莫簡等作亂，以紅巾爲號。

22 庚子，金皇子守純進封英王。

23 是春，金左副元帥布薩安貞圍安豐軍及滁、濠、光三州，江淮制置使李珏命池州都統武師道、忠義軍都統制陳孝忠救之，皆不克進。安貞遂分兵自光州侵麻城，自濠州侵石磧，自盱眙侵全椒、來安、天長、六合，淮南流民渡江避亂，諸城悉閉。金游騎數百至采石楊林渡，建康大震。

時賈涉以淮東提刑知楚州，節制京東忠義，慮忠義人爲金所用，亟遣陳孝忠向滁州，石珪、夏全、時青向濠州，季先、葛平、楊德廣趨滁、濠，李全、李福要其歸路。全進至渦口，與金左都監赫舍哩約赫德（舊作紇石烈牙吾塔。）連戰于化湖陂，殺金將數人，得其金牌，金人乃解諸州之圍而去。全追擊，敗之于曹家莊，金人自是不敢窺淮東。涉，天台人也。

初，涉募能殺金太子者，賞節度使；殺親王者，賞承宣使；殺駙馬者，賞觀察使。全因致所得金牌給涉，云殺駙馬阿哈（舊作阿海。）所獲，涉遂請授全廣州觀察使。所云駙馬阿哈，指安貞也，安貞小字阿海。時安貞方在軍中，而全敢於虛誑如此。安貞旋自軍前入見金主於仁安殿。

24 夏，四月，（甲戌），金以知臨洮府事特嘉喀齊喀（舊作石盞合喜。）爲元帥左都監，行元帥府事於鞏州。

25 癸未，金陝西地大震。

26 癸巳，參知政事曾從龍罷。

27 張福、莫簡等衆入利州，聶子述保劍門，檄醴泉觀使安癸仲兼節制軍馬，討賊，癸仲召都統張威等帥兵來會。福等殺總領財賦楊九鼎，掠閬、果二州，四川大震。趙方、魏了翁移書宰執，謂安丙不起，則賊未即平，蜀未可定，遂以丙爲四川宣撫使，董居誼落職，奪三官。時李壁、李𡌴並鎭潼、遂，亦皆以國事勉丙。

28金提舉榷貨司王三錫請榷油，歲可入銀數萬，果勒齊以用度方急，勸金主行之。高汝礪曰：「油者，世所共用，利歸於公則害及於民，故古今皆置而不論，亦厭苛細而重煩擾也。若從三錫議，是以舉世通行之貨爲榷貨，私家常用之物爲禁物，自古不行之法爲良法，竊爲聖朝不取，且其害有不勝言者。」金主重違果勒齊意，令百官集議。禮部尚書楊雲翼、翰林侍讀學士趙秉文等皆以爲不可，金主曰：「古所不行者而今行之，是又生一事也，其罷之。」

29五月，乙（己）亥，太學生何處恬等伏闕上書，以工部尚書胡榘欲和金人，請誅之以謝天下。

30（庚午），金築南京裏城，以珠赫呼（舊作朮虎。）果勒齊固請也。金主慮擾民，募人能致甓五十萬者遷一官，百萬升一等。于是平陽判官完顏阿拉、（舊作阿剌。）左廂譏察霍定和發蔡京故居，得甓二百萬有奇，準格遷賞。金主問曰：「人言此役恐不能就，如何？」果勒齊曰：「終當告成，但其濠未及浚耳。」金主曰：「無濠可乎？」果勒齊曰：「苟防城有法，正使兵來，臣等愈得效力。」金主曰：「與其臨城，曷若不令至此爲善？」果勒齊無以對。及城成，果勒齊受金鼎之賞，建碑書功于會朝門。（校者按：此條應移24前。）

31蒙古使張柔帥兵南下，遂克雄、易、保、安諸州。賈瑀據孔山臺，柔攻之，不下。臺無水，汲山下，柔斷其汲道，瑀窮，乃降，柔剖其心以祭苗道潤。引兵次滿城，金將武仙會鎮、定、深、冀兵數萬攻之。柔全軍適出，帳下才數百人，柔命老弱婦女秉〔乘〕城，自率壯士突出仙兵後，毀其攻具，從數騎策馬杖槊，大呼入圍，仙衆皆披靡。復使緣山多張旗幟，聲言救至，曳柴揚塵，鼓噪以進，仙兵大潰，柔追擊之，尸橫數十里。柔乘勝攻定州，下之，於是祁陽、曲陽等帥皆降於柔。柔遂圍中山府，仙遣其將葛鐵鎗與柔戰於新樂，飛矢中柔頰，落其二齒，柔拔矢戰，葛鐵鎗大敗，死者數千人。仙復遣劉成攻柔，柔又敗之，遂南掠鼓城、深澤、寧晉諸縣。由是深、冀以北，鎮、定以東三十餘城，望風悉來降附。

32六月，甲子朔，金以河南統軍使實嘉紐勒歡舊作石盞女魯歡，今改。爲元帥右都監，行平涼元帥府事；以御史中丞完顏伯嘉行樞密院於許州。

33張福擁衆薄遂寧，權府事程遇孫棄城走。福入遂寧，焚其城，遂入普州，守臣張已之棄城走。福屯於普州之茗山，安丙自果州如遂寧，令諸軍合圍，絕其樵汲以困之。庚午，張威引兵至，福窮，請降，威執之以獻於丙。

34辛巳，西川地震。太白晝見。

35丁亥，嗣濮王不嫖卒。

36 戊子，金人復太原府。

37 辛卯，太白經天。

38 癸巳，丁焴復以書約夏人伐金。

39 西域殺蒙古使者，蒙古主親征，取謁答喇（舊作訛答剌。）城，擒其酋哈只爾只蘭圖（舊作哈只兒只蘭秃。）

40 秋，七月，丙申，張福伏誅；張威又捕賊衆千餘人，誅之，莫簡自殺；紅巾賊悉平。再貶董居誼永州居住。

41 金完顏額爾克擁步騎傅棗陽城，孟宗政囊糠盛沙以覆樓柵，列甕瀦水以防火，募礮手擊之，一礮輒殺數人。金人選精騎二千，號弩子手，擁雲梯、天橋先登，又募銀鑛石工晝夜埳城，運茅葦直抵圜樓下，欲焚樓。宗政先毀樓，掘深坑，防地道；創戰棚，防城損；穿穽才透，卽施毒煙烈火，鼓鞴（韛）以薰之。金人窒以溼氈，析路以刳土，城頹，樓陷。宗政撤樓益薪，架火山以絕其路，列勇士，以長鎗勁弩備其衝；距樓陷所數丈，築偃月城，袤百餘丈，翼傅正城。金人摘強兵，披厚鎧、氈衫、鐵面具而前，又溼氈濡革，蒙火山，覆以冰雪，擁雲梯徑抵西北圜樓，登城。城中以長戈摏其喉，殺之；敢勇軍自下夾擊，金兵墜死燎焰。宗政激將士血戰，凡十五陣，金人連不得志。會扈再興、許國兩道並進，掠唐、鄧境，焚其城柵糧儲。金屯兵棗陽城下八十餘日，趙方知其氣竭，乃召國、再興還，併東師隸於再興，刻期合戰。再興敗金人於瀼河，又敗之城南。宗政自城中出擊，內外合勢，士氣大振，賈勇入金營，自晡至三更，殺其衆三萬，金人大潰。額爾克單騎遁，追至馬磴寨，焚其城，入鄧州而還。金人自是不敢窺襄陽、棗陽。中原遺民來歸以萬數，宗政發廩贍之，給田創屋，籍其勇壯，號忠順軍，俾出沒唐、鄧間。宗政由是威振境外。

42 李全引兵至齊州，金守臣王贇以城降。

43 八月，丙寅，金補闕許古等削官解職。

金自南渡後，古與陳規並以諫官著聲，而規尤見重。金主嘗令文繡署作大紅半身繡衣，戒以勿令陳規知；及成，復問規知否，答以不使知。金主因歎曰：「陳規若知，必以華飾諫我，我實畏其言。」凡宮中舉事，必曰恐陳規有言。金主雖重其言，然不能用。

44 戊辰，復合利州東、西路爲一。

45 壬申，蒙古取金武州，判官郭秀死之。丁丑，又取合河，縣令喬天翼死之。

46 九月，丙午，以賈涉主管淮東制置司公事，兼節制京東、河北軍馬。

初，山東來歸者日衆，而石珪以計殺沈鐸於漣水，應純之亦罷去，權楚州梁丙無以贍之。季先乞預借兩月糧，然後帥所部五千并馬良等萬人往密州就食，丙不許。先請速遣李全代領其衆，丙亦不從，而以珪權軍務。珪乃奪運糧之舟，渡淮大掠，至楚州南渡門，焚燬幾盡，丙遣人諭之，不止。時涉知盱眙軍，上書言：「忠義之人源源而來，不立定額，自爲一軍，處之北岸，則安能以有限之財應無窮之需！飢則噬人，飽則用命，其勢然也。」朝廷因命涉節制忠義人。涉受命，卽遣傳翼諭石珪、楊德廣等以逆順禍福，珪等乃謝罪。涉慮其人衆思亂，因滁、濠之役，分石珪、陳孝忠、夏全爲兩屯，李全爲五砦。又用陝西義勇法，涅於手，合諸軍，汰者三萬有奇，涅者不滿六萬人，正軍常屯七萬，使主勝客，朝廷歲省費什三四。至是分江淮制置爲沿江、淮東、西三司，命涉主管淮東。

47 金張林以山東諸郡附李全來歸。

初，蒙古克益都，不守而去。益都府卒張林，與其黨復立府歸金，以功爲治中，凶險不逞。知府田琢失衆心，林逐琢，遂據益都，山東諸郡皆附之。林欲來歸以自固，會李全自齊州還，薄兵青州城下，遣人說林早附，林恐全誘己，猶豫未決。全挺身入城，惟數人從，林納之，相見甚歡，置酒結爲兄弟，附表奉青、莒、密、登、萊、濰、淄、濱、棣、寧海、濟南十二郡版籍來歸，表詞有云：「舉七十城之全齊，歸三百年之舊主。」詔授林武翼大夫、京東安撫使兼京東總管。

48 是秋，蒙古穆呼哩取金嵐、吉、隰等州，進攻絳州，拔其城，屠之。

49冬，十月，乙丑，金用蒙古綱言，招集義軍，各置都統、副統等官。

50壬辰，金命有司葺閒舍，給薪米，以濟貧民，期明年二月罷。

51十一月，癸巳朔，金以樞密副使布薩安貞同簽院事，額爾克行院事於河北。

52辛亥，進封楊次山爲會稽郡王。

53戊午，蒙古兵破晉安府，金行元帥府事鈕祜祿（舊作粘割。）貞死之。

54十二月，乙亥，築興元府城。

55京湖制置使趙方，以金人屢敗，必將同時並攻，當先發以制之；己丑，遣扈再興、許國、孟宗政帥師六萬分三道【考異】宋史作二道。今從兩朝綱目備要。伐之，戒之曰：「毋深入，毋攻城，第潰其保甲，燬其城砦，空其資糧而已。」

56大雨雪，淮冰合。李全請於賈涉曰：「每恨泗州阻水，今如平地矣，請取東西城自效。」涉許之。全以長鎗三千人夜半渡淮，潛向泗之東城，將踏濠冰傅城下，俄城上荻炬數百齊舉，遙謂全曰：「賊李三，汝欲偷城耶？天黑，特以火燭之。」全知有備，乃引兵還。

57金右丞相珠赫哷果勒齊專固權寵，擅作威福，與平章政事高汝礪相倡和。果勒齊主機務，汝礪掌利權，附己者用，不附者斥，凡言事忤意及負才力或與己頡頏者，于金主前陽稱其才，使幹當河北，陰置之死地。又以己爲相不得兼樞密、元帥以攬兵柄，乃與汝礪力勸金主南侵，置河北於不問，凡精兵皆集河南，以苟且歲月。至是使奴薩布殺其妻，因歸罪於薩布，而殺之以滅口。事覺，金主久知其姦，下果勒齊於獄，殺之。

初，金主將遷汴，欲置乣軍於平州，果勒齊難之。及發中都，金主命穆延（舊作抹撚。）盡忠厚撫乣軍，而盡忠輒殺數人，且勸金主取其元給器用，故有札達（舊作斫答。）之難，而中都已亡。金主嘗歎曰：「壞天下者，果勒齊、摶多（舊作衮多。）也。」摶多，即盡忠小字。

58 是歲，復京東、河北二府、九州、四十縣。

雅州蠻入盧山縣，焚碉門寨而去。

嘉定十三年金興定四年，蒙古太祖十五年。（庚辰、一二二〇）

1 春，正月，丁酉，扈再興攻鄧州，許國攻唐州，皆不克而還。金人追之，遂攻樊城，趙方督諸將拒卻之。【考異】金史作庚戌圍鄧州，蓋據奏聞之日，今從宋史。

2 蒙古破金好義堡，霍州刺史伊喇阿里哈（舊作移剌阿里合。）等死之。

3 己酉，以不淩為嗣濮王。

4 戊午，夏人復以書至四川，議夾攻金人。

5 是月，孟宗政敗金人于湖陽。

6 金宰臣因伊喇光祖之議，請分置公府，金主意未決。御史中丞完顏伯嘉曰：「宋人以虛名致李全，遂有山東實地。苟能統軍守土，雖三公亦何惜焉！」金主曰：「他日事定，公府無乃多乎？」伯嘉曰：「若事定，以三公就節鎭，何不可者！」金主意乃決。

二月，【考異】薛氏通鑑以金封九公事繫於四月，今從金史苗道潤傳改正。以河北、山東地封滄州經略使王福爲滄海公，以淸、觀、滄州、鹽山、無棣、樂陵、東光、寧津、吳橋、將陵、阜城、蓨縣隸之；河間招撫使伊喇重嘉努（舊作移剌衆家奴。）爲河間公，以獻、蠡、安、深州、河間、肅寧、安平、武強、饒陽、六家莊、郎山寨隸之；眞定經略使武仙爲恆山公，以（中山）、眞定府、沃、冀、威、鎭寧、平定州、抱犢寨、欒城、南宮縣隸之；中都東路經略使張甫爲高陽公，以雄、霸、莫州、高陽、信安、文安、大城、保定、靜海、寶坻、武淸、安次縣隸之；中都西路經略使靖安民爲易水公，以涿、易、安肅、深州、君民川、季鹿、三保、河北、江磬山寨、靑白口、朝天寨、水谷、懽谷、東安寨隸之；遼州刺史行元帥府事郭文振爲晉陽公，以河北東路皆隸之；平陽招撫使胡天作爲平陽公，以平陽、晉安府、隰、吉州隸之；昭義節度使完顏開爲上黨公，以澤、潞、沁州隸之；山東安撫副使燕寧爲東莒公，以益都府路皆隸之。九公皆兼宣撫使，總帥本路兵馬，署置官吏，徵斂賦稅，賞罰號令，得以便宜行事。除已畫定所管州縣外，如能收復鄰近州縣者，亦聽管屬。

7 三月，辛丑，金議遷睢州，治書侍御史富勒呼舊作蒲盧虎，今改。奉詔相視京東城池，還，言勿遷便，從之。

8 辛亥，金平章政事高汝礪進尚書右丞相；陝西行省胥鼎罷。

9 壬子，金紅襖賊于忙兒襲海州，據之。

10 夏，四月，庚申朔，詔淮東制置賈涉招諭山東、兩河豪傑。

11 戊辰，金禘於太廟。

12 金人復大名府，以參知政事巴圖魯權尚書右丞，左都監承立權參知政事，同行尚書省元帥府於京兆。

13 丙戌，史彌遠等進玉牒。

14 五月，癸巳，金紅襖賊寇樂陵，王福擊敗之。

15 丙辰，蒙古兵徇金兗州，泰定軍節度使完顏畏克（舊作畏可。）死之。

16 六月，癸酉，賜禮部進士劉渭以下四百七十五人及第、出身。

時史彌遠柄國久，鄧若水對策，論其姦，宜罷之，攷官置之末甲；策語播行都，士爭誦之。彌遠怒，諭府尹，使逆旅主人譏其出入，將置之罪，久之乃已。

17 丁丑，蒙古取金大名府，又攻開州及東明、長垣等縣。

18 李全自化湖陂之捷，有輕諸將心，以漣水忠義副都統季先威望出己上，陰結賈涉吏莫覬〔凱〕使譖先欲反，涉信之，壬午，命先赴樞密院議事，殺之于道，而遣統制陳選總其衆于漣水。先部曲裴淵、宋德珍、孫武正、王義深、張山、張友拒選不納，迎石珪于盱眙，奉爲統帥。珪道楚城，涉不之覺，遂入漣水。選還，涉恥之，謀分珪軍爲六，請于朝，出修武、京東路鈐轄印誥各六，授淵等。淵等陽從命，而實不奉涉教令，涉恐甚。詔以珪爲漣水忠義軍統轄。

19 追謚周敦頤曰元，程顥曰純，程頤曰正。

20 秋，七月，戊戌，以京東路、河北諸州守臣空名告身付京東、河北節制司，以待豪傑之來歸者。

21 丙午，以任希夷參知政事。

22 金使烏庫哩仲端如蒙古求和，呼蒙古主爲兄，蒙古主不允。

23 八月，癸亥，皇太子詢卒，謚景獻。

24 金長清令嚴實爲主將所疑，挈家壁于青崖堌，依益都張林以避之。會趙拱以朝命諭京東，過青崖，實因求內附。拱奉實款至楚州，賈涉以聞。實分兵四路，所至州縣皆下，于是太行之東，皆受實節制，實乃舉魏、博、恩、德、懷、衞、開、相等郡來歸。

涉再遣拱往諭，配以兵二千；李全亦請往，涉不能止，乃帥楚州及盱眙忠義萬人以行。

拱說全曰：「將軍提兵渡河，不用而歸，非示武也。今乘勝取東平，可乎？」全乃合張林軍數萬襲東平，金行省蒙古綱率師固守，全索戰不得，乃與林夾汶水而砦。明日，金監軍王庭玉，以騎兵三百奄至，全欣然上馬，帥帳前騎赴之，殺數人，奪其馬。逐北，抵山谷，遇金龍虎上將軍鄂博台（舊作斡不苔，今改。）盛兵以出，旁有繡旗女將，馳馬突鬬，全幾不免。諸將赴援，拔全出，退保長清，精銳喪失大半。全恐所攜鎮江軍五百人懷憤，乃使拱將之先行，而自以餘衆道滄州，假鹽利慰贍之，尋還楚州。

張林攻金滄州，王福以城降。

25 壬申，安丙遺夏人書，定議夾攻金，以夏兵野戰，我師攻城，遂命利州統制王仕信帥師赴熙、秦、鞏、鳳翔，委丁焴節制，且傳檄招諭陝西五路官吏軍民。

26 甲申，復海州，以徐晞稷知州事。

27 夏取金會州，金陝西行省與議和。

28 蒙古穆呼哩至滿城，使蒙古布哈（舊作不花。）將輕騎三千出倒馬關。適金恆山公武仙遣葛鐵鎗攻臺州，蒙古布哈與之遇，葛鐵鎗戰敗，仙舉城降。

史天倪說穆呼哩曰：「今中原已漸定，而大兵所過，猶縱鈔掠，非王者弔民伐罪之意。且王爲天下除暴，豈可效他軍所爲乎！」穆呼哩喜，下令禁剽掠，遣所俘老幼，軍中肅然。

29九月，辛卯，金進章宗實錄。

30夏樞密院使甯子寧率衆二十萬圍鞏州，且來趣兵。

甲午，王仕信帥師發宕昌。乙未，四川宣撫司統制質俊、李實帥師發下城。戊戌，安丙命諸將分道進兵，瀘州都統張威出天水，利州副都統程信出長道，興元都統陳立出大散關，【考異】兩朝綱目備要作「陳力」，今從宋史。統制田冐出子午谷，金州副都統陳昱出上津。

己亥，張威下令，所部諸將毋得擅進，諸將遲疑不進。庚子，質俊等克來遠鎮，敗金人于定遠城。辛丑，王仕信克鹽川鎮。乙巳，程信、王仕信引兵會夏人于鞏州城下。丁未，攻城，不克，【考異】兩朝綱目備要作丁巳，今從宋史。遂趨秦州。丙辰，夏人自安遠砦退師。

冬，十月，丁巳朔，程信復邀夏人共攻秦州，夏人不從。信遂自復羌城引兵還，諸將皆罷兵。戊寅，程信以宣撫司令斬王仕信于西和州，罷張威官。

31蒙古主遣達呼舊作答忽，今改。報金，謂烏庫哩仲端曰：「向欲汝主授我河朔地，彼此罷兵，汝主不從。今念汝遠來，河朔既爲我有，關西數城未下者，其割付我，令汝主爲河南王。勿復違也。」

32時青與叔父全俱爲紅襖賊，及楊安兒、劉二祖敗，青承赦降，隸軍中爲濟州義軍萬戶，後附李全來歸，處之龜山，有衆數萬。至是金元帥赫舍哩約赫德遣人招之，青以書乞假邳州以屯老幼，當襲取盱眙，盡定淮南以贖罪。金主乃以青爲濟州宣撫使，封滕陽公，使領本處兵馬，而未授以邳。

33 十一月，丁亥朔，金易水公靖安民出兵至礬山，復取檀車寨。蒙古兵圍安民所居山寨，守寨提控馬豹等以安民妻子及老弱出降。安民軍中聞之駭亂，欲降以保妻子，安民及經歷官郝端不從，遂遇害。

34 庚戌，大風。壬子，臨安府火。著作郎吳泳上疏曰：「京城之災，京城之所見也；四方有敗，陛下亦得而見之乎？夫慘莫慘于兵也，而連年不戢，則甚于火；酷莫酷于吏也，而頻歲橫征，則猛于火。閩之民困于盜，浙之民困于水，蜀之民困于兵。橫斂之原既不澄于上，苞苴之根又不絕于下，譬彼壞木，疾用無枝，而內涸之形見矣。」

35 蒙古穆呼哩既戢士卒，州郡悅附，遂以輕騎入濟南，嚴實挈所部二府、六州、戶三十萬詣軍門降，穆呼哩承制拜實行尚書省事。實將李信，乘實出，殺其家屬來降，實攻信，殺之。時金兵二十萬，屯黃陵岡，遣步卒二萬襲穆呼哩于濟南，穆呼哩迎戰，敗之，遂薄黃陵岡。金兵陣河南岸，穆呼哩令騎下馬，短兵接戰。金兵大敗，溺死者衆。穆呼哩遂陷黃陵岡，進取楚丘，由單州趨東平，圍之。

36 蒙古耶律楚材進庚午元曆。楚材通術數之學，尤邃于太玄，蒙古主每征伐，必令楚材預卜吉凶，亦自燒羊胛以符之，然後行。

37漣水忠義軍統轄石珪，以入漣水非賈涉意，心懷不安，李全復請討珪；涉遂以全兵列于楚州之南渡門，移淮陰戰艦于淮安，示珪有備。因命一將招珪軍，來者增錢糧，不至者罷支給，衆心遂散。十二月，壬申，珪殺裴淵，挾孫武正、宋德珍降于蒙古，穆呼哩以珪爲元帥。珪既去，漣水之衆未有所屬，李全求併將之，涉不能卻，遂以付全。

38鎭江副都統翟朝宗【考異】兩朝綱目備要作「翟興宗」，今從宋史。得璽于金師，獻之，其文曰「皇帝恭膺天命之寶」。

39時青復自金來附，以爲京東鈐轄。

40金兵固守東平，穆呼哩謂嚴實曰：「東平糧盡，必棄城去，汝卽入，安輯之，勿苦郡縣以敗事。」留蘇嚕克圖，舊作唆魯忽禿，今改。以蒙古兵守之，以嚴實權行省；謂千戶薩里臺舊作撒兒塔，今改。曰：「東平破，可命嚴實、石珪分城內南北以守之。」遂北還。

41金禮部郎中穆延呼圖賚，舊作抹撚胡魯剌，今改。以言事忤旨，命集五品以上官顯責之。完顏伯嘉諫曰：「自古帝王，莫不欲法堯、舜而恥爲桀、紂，蓋堯、舜納諫，桀、紂拒諫也。故曰納諫者昌，拒諫者亡。呼圖賚所言是，無益於身，所言不是，無損於國。陛下廷辱如此，獨不欲爲堯、舜乎？」【考異】金史完顏伯嘉傳繫呼圖賚上書事於興定二年，今從本紀作四年。

42是歲，蒙古主攻西域蒲華城、尋思干城、斡脫羅兒城，皆克之。

43遼王耶律榴格卒。蒙古以其妻姚里氏佩虎符，權領其衆。

嘉定十四年金興定五年，蒙古太祖十六年。（辛巳、一二二一）

1春，正月，甲午，金尚書省言：「章宗實錄已進呈，衞王事迹，亦宜依海陵庶人實錄纂集成書，以示後世。」詔可。史官以衞王事迹舊無紀載，人罕能言之者，前左丞賈益謙嘗事衞王，致仕，居鄭州，遣編修一人就訪之。益謙知其旨，謂之曰：「知衞王莫如我。然我聞海陵被弒而世宗立三十餘年，禁近能暴海陵蟄惡者，輒得美仕，故當時史官修實錄，多所附會。衞王爲人勤儉，愼惜名器，較其行事，中材不及者多矣。吾知此而已，設欲飾吾言以實其罪，吾亦何惜餘年！」朝議偉之。

2乙未，地震。

3以李全還自山東，賜緡錢六萬。

4丁酉，蒙古兵攻天井關。

5辛丑，太白晝見。

6乙巳，金集諸道兵於蔡州，命布薩安貞南伐。

7二月，辛未，布薩安貞出息州，軍於七里鎭。南兵據淨居山，遣兵繫〔擊〕敗之，南兵保山寺，縱火焚寺，乘勝追至洪門山，奪其栅。南軍保黃土關，關絶險，素有備，堅壁不出。安貞遣輕兵分爲左右軍，潛登，別以兵三千直逼關門。翌日，左右軍會於山顛，守關兵潰。進克梅林關，拔麻城。治舟於團風，弗克濟，遂圍黃州，分兵破諸縣，又遣別將攻漢陽軍。

8 丁丑，李全攻金泗州，赫舍哩約赫德救之，全敗走。約赫德進逼渦口，糧盡而還。

9 甲申，詔：「淮東、京湖諸路應援淮西沿江制置司，防守江面。」

10 三月，丙戌朔，鄂州副都統扈再興引兵攻唐州。

11 黃州被圍，知州何大節取郡印佩之，誓以死守。丁亥夕，兵士忽奔告曰：「城陷矣！」擁之登車，纔出門，而金兵已大至。大節自沈于江。

12 庚寅，長星見。

13 丙申，金參知政事圖克坦思忠進尚書右丞，以太子詹事布薩毅夫爲參知政事。

14 金主諭宰臣曰：「今奉御奉職，多不留心采訪外事，聞章宗時，近侍人秩滿，以所采事定升降，今亦宜預爲攷覈之法以激勸之。」

15 己亥，金布薩安貞取蘄州，知州李誠之家人皆赴水死，然後自殺，官屬亦多死者，詔皆褒贈之，立廟蘄州。

16 癸丑，金人退師，扈再興邀擊，敗之于天長鎮。

續資治通鑑卷第一百六十二

賜進士及第兵部尚書兼都察院右都御史總督湖北湖南等處地方軍務兼理糧餉世襲二等輕車都尉畢沅編集

宋紀一百六十二

起重光大荒落(辛巳)四月,盡閼逢涒灘(甲申)十二月,凡三年有奇。

寧宗法天備道純德茂功仁文哲武聖睿恭孝皇帝

嘉定十四年金興定五年,蒙古太祖十六年。(辛巳、一二二一)

1夏,四月,乙卯,復置諸王宮大小學教授。

2乙丑,命任子廉試於御史臺。

3戊辰,金人渡淮北去,李全遣兵追擊,敗之。

4(己未),金東莒公燕寧與蒙古兵戰,敗死。山東行省言:「寧所居天勝砦據險,寧死,衆無所歸,權署其提控孫邦佐爲招撫使。」(校者按:此條應移2前。)

5壬申,金左副元帥布薩(舊作僕散。)安貞,以所俘宋宗室男女七十餘口獻於汴都。安貞獲宋壯士,輒釋不殺,用其策有功。金主謂宰臣曰:「安貞將略固善矣,此輩得無思歸乎?南京密邇宋境，此輩既不可盡殺，驅之境上遣歸，何如？」宰臣莫對。

[6]五月，甲申朔，日有食之。

[7]壬辰，史彌遠等上孝宗寶訓、皇帝會要。

[8]丙申，西川地震。

[9]蒙古久圍東平，餉道絕，金行省蒙古綱奏請移軍於河南，金主命百官議。御史大夫赫舍哩呼圖克們舊作紇石烈胡失門，今改。等曰：「金城湯池，非粟不守。東平孤城無援，萬一失之，則官吏兵民俱盡，宜徙之河南以助防秋。」翰林待制穆延阿固岱舊作抹撚阿虎德，今改。曰：「不然，車駕南遷，恃大河以爲險，大河以東平爲藩籬，今乃棄之，則大河不足恃矣。兵以將爲主，將以心爲主，綱心已搖，不可使守，宜別遣行省規畫軍食。」金主不能決。樞密院議綱內徙行省邳州，監軍王庭玉屯黃陵岡。綱率衆南走，蒙古索嚕呼圖舊作唆魯忽禿，今改。邀擊之，斬七千餘級，綱以數百騎遁去。

嚴實入城，建行省於府第，薩爾達舊作撒兒塔，今改。以穆呼哩舊作木華黎，今改。命，中分其城，以嚴實撫安東平以北恩、博等州，石珪移治曹州，于是金不復能守山東矣。【考異】元史本紀及穆呼哩傳俱以嚴實入守東平爲四月事，據金史，則五月中蒙古綱始棄東平也。今從金史。

[10]六月，丙寅，詔以皇姪福州觀察使貴和爲皇子。

初，帝以景獻太子卒，國本未立，選太祖十世孫年十五以上者，教育宮中，如高宗擇普安、恩平故事。至是遂立爲皇子，更名竑，進封祁國公。

11乙亥，以宗室子與莒爲秉義郎。與莒，燕懿王德昭之後，希瓐子也，母全氏，家于紹興之山陰。

初，慶元人余天錫，爲史彌遠童子師，性謹愿，彌遠器重之。皇子竑之立，非彌遠意，欲有所廢立，以沂王置後爲名，陰求宗室中可立者，以備皇子之選。天錫適還秋試，彌遠密語之曰：「沂王無後，宗子賢愿者具以來。」天錫舟抵越西門，天大雨，避全保長家，保長知其爲丞相客，治具甚肅。有二子侍立，天錫問之，保長曰：「此吾外孫也！日者言二兒後極貴。」問其姓，長曰趙與莒，次曰與芮。天錫還臨安，以告彌遠。【考異】東南紀聞云：理宗初在潛邸，與余天錫同里，初生之夕，見異瑞甚多。後史彌遠密謀於余，余告以理宗降誕之異，史遂命余薦之，權處以小職。按天錫，慶元人，理宗生於紹興，非同里也，今不取。彌遠命召二子來，保長喜，鬻田，治衣冠，集姻黨送之，且詫其遇。彌遠善相人，及見，大奇之，恐事泄，遽使歸。保長大慙，其鄉人亦竊笑之。踰年，彌遠謂天錫曰：「二子可復來乎？」天錫召之，保長謝不遣。彌遠乃使天錫密諭保長曰：「二子，長者最貴，宜還撫於其父家。」遂載至臨安。及竑立爲皇子，乃補與莒秉義郎，賜名貴誠，年十七矣。【考異】癸辛雜識云：理宗初被選也，史衞王當國，并選宗室子與號十歲以下者，各與課算五行，於是就其中選到十人。善五行者指理宗、福王二命謂衞王曰：「二者皆帝王之命也。」於是理宗改訓與莒、福王改訓與芮，蓋取二國以爲名也。又云：私引理宗入書院中，試令寫字，即大書：「朕聞上古，」衞王慄而起曰：「此天命也！」於是立儲之意以定云。按宋史以爲彌遠善相，雜識以爲取決於五行及寫字，蓋傳聞有互異也。今從宋史。

12 軍器監豐城范應旂，嘗因召見言曰：「國事大且急者，儲貳爲先。陛下不斷自宸衷，徒眩惑於左右近習之言，轉移於宮庭嬪御之見，失今不圖，姦臣乘夜半，片紙或從中出，忠義之士，束手無策矣。」帝爲之動容而不能用。

13 戊寅，金殺其左副元帥兼樞密副使布薩安貞。

安貞先爲尚書省所劾，金主謂平章政事英王守純曰：「國家誅一大臣，必合天下後世公議，其令覆按之。」初，安貞憂讒，嘗以金玉帶遺近侍局，爲近侍局所發；又以安貞獲宋宗室不殺，誣爲謀叛奔宋。下詔數其罪，併其二子殺之。以其祖忠義、父揆有大功，免兄弟緣坐。安貞之典兵征伐也，每自歎曰：「三世爲將，道家所忌。」至是果及於難。

14 己卯，金越王永功薨，謚忠簡。

永功勇健絕人，涉書史。子璹，博學有俊才。金之南遷也，諸王宗室顛沛奔走，璹獨載其書以從。時諸王之禁猶嚴，璹潛與士大夫吟咏倡酬，不敢明白往來。永功薨後，禁稍弛，璹始得與文士楊雲翼、趙秉文、元好問等相交善，然祇奉朝請，不語及時事。

15是月，金上黨公張開，即完顏開。以厚賞誘晉陽公郭文振之將士，頗有亡歸者。詔分遼、潞粟賑太原飢民，開不與，文振奏其事。金主遣使諭以各守疆土，同心濟難，毋以細故啓釁端，誤國事。

16是夏，蒙古主駐鐵門關。

17遣苟夢玉通好於蒙古，蒙古旋遣使來報。

18秋，七月，己亥，金義勇軍叛，據碭山，旋襲永城，行軍副總領高琬敗之。金主命蒙古綱併力進討。

19辛丑，以趙方爲京湖制置大使，賈涉爲淮東制置使，兼京東、河北路節制使。

20丁未，修光宗寶訓。

21八月，乙卯，知樞密院事任希夷罷。

22賜史彌遠家廟。

23壬戌，以兵部尙書宣繒(繒)同知樞密院事，給事中俞應符簽書樞密院事。

24乙丑，追封史浩爲越王，改謚忠定，配饗孝宗廟廷。

25京湖制置大使趙方卒。

方先知青陽縣，告其守史彌遠曰：「催科不擾，是催科中撫字；刑罰無差，是刑罰中教化。」人以爲名言。守襄、漢十年，以戰爲守，合官民兵爲一體，通總制司爲一家，許國之忠，應變之略，隱然有俎樽折衝之風，故金人南侵，淮、蜀大困，而京西獨全，既歿，人皆思之。

26先是金賈益謙建言：「汴之形勢，惟恃大河。今河朔受兵，羣盜並起，宜嚴河禁以備不虞。凡自北來而無公憑者，勿聽渡。」是月，金主諭樞密院曰：「河北艱食，貧民欲南來者日益多，速令渡之，毋致殍死。」

27九月，癸未，立果州團練使貴誠爲沂靖惠王後。貴誠凝重寡言，潔修好學，每朝參待漏，他人或笑語，貴誠獨儼然；出入殿庭，矩度有常，見者斂容。史彌遠益異之。

28金南渡後，監察御史多被的決，參知政事張行信上言曰：「大定間，監察坐罪，大抵收贖，或至奪俸，重則外降而已；間有的決者，皆有爲而然，當時執政程煇已面論其非。近日無論事之大小，情之輕重，一概的決，以爲大定故實，先朝明訓，過矣。」甲申，金主命尚書省更定監察罪名。

29己丑，朝獻景靈宮。庚寅，朝饗太廟。辛卯，合祭天地於明堂，大赦。

30冬，十月，復滄州。

31甲寅，復以齊州爲濟南府，兗州爲襲慶府。

32丙寅，夏人復以書至四川，趣會師伐金。

33初，蒙古太師、國王穆呼哩由東勝州涉河，引兵而西。夏主聞之懼，遣塔爾海舊作答海，今改。監府等宴穆呼哩於河南，且遣塔海甘布舊作塔海甘普，今改。將兵五萬屬焉。至是穆呼哩引兵東行入葭州，金將王公佐遁，穆呼哩以石天應權行臺守葭，而自將攻綏德，破馬蹄、克戎兩寨，夏主遣瑪爾布舊作迷僕，今改。帥衆會之。瑪爾布問穆呼哩相見之儀，穆呼哩曰：「汝見汝主，卽其禮也。」瑪爾布曰：「未受主命，不敢拜。」乃引衆去。

十一月，穆呼哩進攻延安，瑪爾布始質馬而拜。金元帥哈達舊作合達（答），今改。與納邁珠舊作納買住，今改。禦之。哈達以兵三萬陣于城東。蒙古將蒙古布哈舊作不花，今改。先以騎士三千趣之。夜半，穆呼哩命軍士銜枚潛進，伏于城東兩谷中。次日，蒙古布哈望見金兵，佯棄旗鼓走，金兵追之。穆呼哩出伏乘其後，鼓譟震天，金兵大亂，穆呼哩追殺七千餘人。哈達走入延安城，堅壁不出。穆呼哩以城池堅深，猝不可拔，乃留軍圍之，而自將兵徇鄜、坊等州。

34庚寅，金募民興南陽水田。

35己亥，四川宣撫使安丙卒。命崔與之爲四川制置使以代之。

丙握重兵久，每忌蜀帥之自東南來者，諸將多不協和。與之開誠布公，戒以同心體國之大義，人人悅服，軍政始立。

36 金邳州行省蒙古綱言：「宿州連年饑饉，加之重斂，百姓離散。鎮防軍遽征逋課，窘迫凌辱，有甚於官，百姓不勝其酷，皆懷報復之心。武夫不識緩急，乃至於此。請一切所負並令停止，俟明年夏秋收成徵還，軍人可量增廩給。」辛丑，金主命蠲徐、邳、宿、泗等州逋租，官吏有能墾闢閑田，除來年科徵，歸、亳、壽、潁停閣逋戶租外，仍蠲三之一。逋戶田廬，有司募民承業，禁其毀損，以俟來復。

37 京東安撫張林叛，降于蒙古。

先是李全既併將漣水忠義，益驕悍，輕朝廷。嘗遊金山，作佛事以薦國殤，知鎮江府喬行簡以方舟逆全，大合樂以享之。全歸，語其徒曰：「江南佳麗無比，須與若等一到。」始造舭艛舟，謀爭舟楫之利。

膠西當登、寧海之衝，百貨輻輳，全使其兄福守之爲窟宅。時互市始通，北人尤重南貨，價增十倍。全誘商人至陽山〔山陽〕，以舟俘〔浮〕其貨而中分之，自淮轉海，達於膠西。福又具車輦之，而稅其半，乃聽往諸郡貿易，車夫皆督辦于張林，林不能堪。林財計仰六鹽場，福恃弟有恩於林，欲分其半，林許福恣取鹽而不分場，福怒曰：「若背恩耶？待與都統提兵取若頭耳！」林懼，其黨李馬兒說林叛，林遂以京東諸郡請降于蒙古。穆呼哩以林行山東東路益都·滄·景·濱·棣等州都元帥府事。福狠狽走還楚州。

38十二月，庚申，知樞密院事鄭昭先罷。

39金伊喇（舊作移剌。）福僧嘗言：「自永安用兵，軍中置監戰官，論議之間，動相矛盾，不懲其失，反以爲法。若輩平居皆選材勇自衞，一旦有急，驅疲懦出戰，寧不敗事！罷之爲便。」辛未，罷行總管府及招討統軍檢察等司。

40閏月，辛巳朔，以宣繪（繒）兼參知政事，俞應符兼權參知政事。

41蒙古攻金鄜州，節度使完顏祿錦、舊作六斤，今改。都統赫舍哩（舊作紇石烈。）鶴壽、富察洛索舊作蒲察婁室，今改。皆死之。

時石天應擒送金驍將張鐵槍，穆呼哩責其不降。厲聲答曰：「我受國家厚恩二十餘年，今有死而已！」穆呼哩義之，欲解其縛；諸將怒其不屈，遂遇害。

42蒙古取金坊州。

43壬寅，金以陳、亳等州、鹿邑城父諸縣盜蠭起，趣樞府遣官討之。

44己酉，金更造興定寶泉，每一貫當通寶四百貫。

45是歲，蒙古主及皇子卓沁、舊作朮赤，今改。察罕台、舊作察合台，今改。諤格德依舊作窩闊台，今改。攻下西域玉龍哈實舊作玉龍傑赤，今改。等十餘城。

嘉定十五年　金元光元年，蒙古太祖十七年。（壬午、一二二二）

1春，正月，庚戌朔，御大慶殿，受恭膺天命之寶。

先是翟朝宗得璽，獻于朝，既而趙拱又得玉印，文與前璽同而加大。朝廷喜，受之，行慶賀禮，大赦。

賈涉移書史彌遠，謂：「天意隱而難知，人事切而易見。當思今日人事，尚未有可答天意者。昔之患不過於金，今之患又有山東忠義與北邊，宜亟圖之。」彌遠不懌。

2辛亥，金元帥惟弼破紅襖賊於張籌店。

3丁巳，詔撫諭山東、河北將帥官吏。

4壬午，金遣官墾種京東、西、南三路水田。

5金行省參知政事巴圖魯（舊作把胡魯。）罷知河南府，以去歲延安被圍，屢請益兵故也。

陝西西路轉運瓜勒佳德新（瓜勒佳舊作夾谷，今改。）上言曰：「伏見知河中府巴圖魯，廉直忠孝，公家之利，知無不爲，實朝廷之良臣也。去歲兵入延安，巴圖魯遣將調兵，城賴以完，不爲無功。今哈達、邁珠各授世封，而巴圖魯改知河中府。竊謂方今用人之時，使謀略之臣不獲展力，緩急或失事機。誠宜復行省之任，使與承裔共守京兆，令哈達、邁珠捍禦延安，以藩衛河南，則內外安矣。」不報。

6 二月，祕書郎何澹言：「有司出題，強裂句讀，專務斷章，破碎經文。宜令革去舊習，使士子明綱領而識體要，考注疏而辨異同。」從之。

7 戊申，金恆州軍變，萬戶呼延棫等十餘人，殺掠城中，焚廬舍而去。

8 金主以歲幣既絕，國用空虛，己酉，遣左監軍額爾克舊作訛可，今改。行元帥府事，節制三路軍馬南伐，同簽書樞密院事時全副之。

9 三月，丁巳，賑江西州縣旱傷。

10 戊辰，金樞密院差委官賈天安上書言利害，不報。

時方議興南伐之師，翰林學士楊雲翼言於金主曰：「今之事勢，與泰和不同。泰和以冬征，今將以夏往，此天時之不同也。冬則水涸而陸多，夏則水潦而塗淖，此地利之不同也。泰和舉天下全力，驅糺軍以爲前鋒，今能之乎？此人事之不同也。議者徒見泰和之易，而不知今日之難。請以夏人觀之，向日弓箭之手在西邊者，則搏而戰，袒而射，彼已奔北之不暇，今乃陷吾城而擄守臣，敗吾軍而擒主將；曩則畏我如彼，今日侮我如此。夫以夏人既非前日，奈何謂宋人獨如前日哉！願陛下思其勝之之利，又思其敗之之害，無悅甘言，無貽後悔。」金主不省。

11 金翰林侍講學士完顏伯嘉，坐言事過切，降遙授同知歸德府事。

伯嘉純直，不能與時低昂，嘗曰：「生爲男子，當益國澤民，其他不可學也。」高汝礪方希寵，固相位，伯嘉論事輒與之忤，故貶。

12 壬申，金右丞圖克坦（舊作徒單。）思忠以病馬輸官，冒取高價，御史劾之。有司以監主自盜論死，金主命降授陳州防禦使。

13 癸酉，金提控李師林敗夏人于永木嶺。

14 夏，四月，辛巳，金置大司農司，設大司農卿、少卿、丞，京東、西、南三路置行司，並兼采訪事。

15 壬午，蒙古兵攻金陵州縣。

16 金額爾克、時全等由潁、壽渡淮，敗南軍于高塘市，攻固始縣，破廬州將焦思忠兵。丁未，以捷聞。既而獲生口，言時全之姪青，受宋詔與全兵相拒，匿其事。

五月，額爾克引衆還。距淮二十里，諸軍將渡，全矯稱密詔，諸軍且留收淮南麥。遂下令，人獲三石以給軍，衆惑之。留三日，額爾克謂全曰：「今淮水淺狹，可以速濟。若值暴漲，宋乘其後，將不得完歸矣。」全力拒之。是夕，大雨，淮果暴漲，乃爲橋以渡；南軍襲之，全兵大敗。橋壞，全以輕舟先濟，士卒皆覆沒，金之兵財由是大竭。金主詔數全罪，誅之。

17庚戌，太白晝見。

18丁巳，進封皇子祁國公竑爲濟國公，以沂王嗣子貴誠爲邵州防禦使。

竑好鼓琴，史彌遠買美人善鼓琴者，納諸竑而厚撫其家，使瞯竑動息。美人知書慧黠，竑嬖之。時楊皇后專國政，彌遠用事久，宰執、侍從、臺諫、藩閫皆所引薦，權勢熏灼，竑心不能平，嘗書楊后及彌遠之事于几上，曰：「彌遠當決配八千里。」宮壁有輿地圖，竑指瓊、厓曰：「他日當置史彌遠于此。」美人以告彌遠。竑又嘗呼彌遠爲「新恩」，以他日非新州則恩州也。【考異】癸辛雜識云：濟王在邸，新飾素屏，書「南恩新」三大字，或扣其說，則曰：「花兒王與史丞相通同爲姦，待異日，當竄之上二州也。」既而語達王與史，密謀之楊后，遂成廢立之禍焉。按當日東南遺老痛心於彌遠之姦險，遂至誣及宮闈，未足據也。今從宋史。彌遠聞之，因七月七日，進乞巧奇玩以覘其意，竑乘醉碎之于地。彌遠大懼，日夜思以傾竑，而竑不知。

眞德秀時兼宮教，諫竑曰：「皇子若能孝於慈母而敬大臣，則天命歸之，否則深可慮也？」竑不聽。

一日，彌遠爲其父浩飯僧淨慈寺，與國子學錄鄭清之登慧日閣，屏人語曰：「皇子不堪負荷，聞後沂邸者甚賢，今欲擇講官，君其善訓導之，事成，彌遠之座卽君座也。然言出于彌遠之口，入于君之耳，一語泄，吾與君皆族矣！」清之曰：「不敢。」乃以清之兼魏惠憲王府學教授。清之日教貴誠爲文，又購高宗御書，俾習焉。清之謁彌遠，卽示以貴誠詩文翰墨，譽之不容口。彌遠嘗問清之曰：「吾聞皇姪之賢已熟，要竟何如？」清之曰：「其人之賢，更僕不能數，然一言以斷之曰：『不凡。』」彌遠頷之再三，遂堅定策之意。乃日媒孽竑之失於帝，覬帝廢竑立貴誠，而帝懵然不悟。眞德秀聞其事，力辭去，臨行，復以前言進于竑，竟不聽。

19 壬戌，知濟南府种贇討張林，林敗走。李全入青州，據之。

20 蒙古兵屯隰、吉、翼等州。

21 丁卯，金主敕尚書省曰：「前平章胥鼎、左丞賈益謙等，皆致仕老臣，經練國事，當邀赴省，與議利害。仍遣侍官諭意。」

22 六月，戊寅朔，金造舟運陝西糧，由大慶關渡抵湖城。

23 癸未，金大赦。

24 （金）陳州防禦使呂子羽坐乏軍興自盡。

25 辛卯，簽書樞密院事俞應符卒。

26 丁酉，紅襖賊掠柳子鎮，驅百姓及驛馬而去，金提控張瑀追擊，奪所掠還。僞監軍王二據黎陽，金提控王泉討之，復其城。

27金召巴圖魯爲大司農。巴圖魯言：「近京寇盜擾攘，民不得穫，宜早處置。」

28金晉陽公郭文振奏：「河朔受兵有年矣，向皆秋來春去，今已盛暑不迴，且不嗜戕殺，恣民耕稼，此殆不可測也。樞府每檄臣會合府兵進戰，公府雖號分封，力實單弱，且不相統攝，方自保不暇。朝廷不卽遣兵爲援，臣恐人心以爲舉棄河北，甚非計也。前平章政事胥鼎，才兼將相，威望甚隆，向行省河東，人樂爲用，今雖致仕，精力未衰，乞付重兵，使總制公府，同力戰禦，庶幾人皆響應，易爲恢復。」

29秋，七月，蒙古穆呼哩令蒙古布哈引兵出秦、隴以張聲勢，視山川險要。乃自率兵道雲中，攻下孟州四蹄寨，遷其民於州；拔晉陽義和寨；進克三清巖；入霍州山堡，遷其人于趙城；攻青龍堡。金平陽公胡天作拒守，勢甚危急，金主詔上黨公張開及郭文振等救之，次彈平寨東三十里，不得進。裨將富察鼎珠、舊作蒲察定住，今改。監軍王和開壁降，執天作，遷于平陽。【考異】金史胡天作傳，青龍堡破，天作被執，俱在十月，今從元史穆呼哩傳繫于七月。穆呼哩令昂吉舊作案赤，今改。屯晉陽、冀州之境。

30丙辰，金張開復澤州。

31甲子，詔江淮、荊襄、四川制置、監司條畫營田。

32戊辰，紅襖賊襲徐州之十八里砦，又襲古城桃園，金人擊敗之。

33 乙亥，太白晝見，經天，與日爭光。

34 八月，己卯，彗星出于氐。蒙古耶律楚材謂其主曰：「女直將易主矣。」隱士喬靜眞告穆呼哩曰：「今觀天象，未可征進。」穆呼哩曰：「主上命我平定中原，今河北雖平，而河南、秦、鞏未下，若因天象而不進兵，天下何時定耶？」

35 甲申，金以彗星見，改元元光，大赦。

36 金以巴圖魯爲參知政事。金主謂之曰：「卿頃爲大司農，巡行郡縣。盜賊如何可息？」對曰：「盜賊之多，由賦役多也，賦役省則盜賊息。」金主曰：「朕固省之矣。」巴圖魯曰：「如行院、帥府擾之何！」金主曰：「司農既兼采訪，自今其令禁止之。」

37 癸巳，金河間公伊喇重嘉努、舊作移剌衆家奴，今改。高陽公張甫復河間府。

38 夏人攻金德順，旋又掠其神林堡。

39 九月，大名忠義彭義斌復京東州縣，嚴實將晁海以青厓堌降。

40 辛亥，以宣繒參知政事，給事中程卓同知樞密院事，吏部尚書薛極賜出身，簽書樞密院事。

41 壬戌，彗星沒。辛未，太白晝見。

42 冬，十月，壬午，張惠攻金之零子鎮，爲金人所敗。

43 癸未，金王庭玉復曹州，殺蒙古將石珪。

44 乙未，蒙古穆呼哩兵下榮州之湖壁壘及臨晉。

時吉州殘破，金人於牛心寨僑治州事。穆呼哩自隰州攻之。知州楊貞，令妻孥先墜崖死，已從之。

穆呼哩入寨，留兵以守，進攻河中府。治中侯小叔，盡護農民入城，以家財賞戰士。提控吳得，說小叔出降，叱出斬之。小叔有表兄張先，從容言敵兵勢重，可出降以保妻子，小叔怒曰：「我舟人子，致身至此，何爲出降！」縛先於柱而殺之。小叔由延津水手從軍，疊見拔擢，故感激盡力如此。頃之，樞密院遣人來議兵事，小叔出城會之，城遂陷。小叔退保樂李山寨。

蒙古都元帥石天應，自葭州謁穆呼哩於汾水東，穆呼哩謂之曰：「河中爲河東要郡，擇守者，非君不可。」乃以天應權行臺，平陽、太原、吉、隰等帥並受節制。【考異】金史侯小叔傳，以河中之路爲十二月事，宣宗紀作元光二年正月，元兵下河中府。元史石天應傳，以天應移軍河中爲九月事，前後互異，惟穆呼哩傳作十月。元太祖紀云：冬，十月，金河中來附，以石天應爲兵馬都元帥，守之。與穆呼哩傳同。今定從元史本紀。

45 石天應還葭州，謂其將佐曰：「吾累卿等留屯於此，河中東、西，皆平川曠野，可以駐軍規取關陜，諸君以爲何如？」或諫曰：「河中雖用武之地，南有潼關，西有京兆，皆金軍所屯；且民新附，其心未一，守之恐不易。」天應曰：「葭州止〔正〕通鄜、延，今鄜已平，延不孤立。若發國書令夏人取之，猶掌中物耳。且國家之急，本在河南。此州路險地僻，轉餉甚難。河中雖迫於二鎮，實用武立功之地，北接汾、晉，西連同、華，地五千餘里，戶數十萬，若起漕運以通餽餉，則關內可尅期而定，關內既定，長河以南，在吾目中矣。吾年垂六十，老耄將至，一旦臥病牀第〔笫〕，聞後生輩立功名，死不瞑目矣。男兒要當死戰陣以報國耳！」遂移軍河中。

46 甲辰，金以京兆官民避兵南山者多至百萬，詔兼同知府事完顏霆安撫之。

47 蒙古穆呼哩渡河，攻同州，十一月，丁未，拔之，金節度使李復亨，同知節度使完顏額爾克並自盡。穆呼哩遂下蒲城，徑趨長安，金京兆行省完顏哈達擁兵二十萬，固守不下。戊辰，穆呼哩令蒙古布哈攻鳳翔。

48 十二月，乙亥朔，發米賑臨安貧民。

49 金主謂太子曰：「吾嘗夜思天下事，必索燭以記，明而即行。汝亦當然。」

50 金以侯小叔權元帥府右都監，便宜行事。

51 胡天作既爲蒙古所執，受官爵，佩虎符，金主使張開、郭文振招之。天作至濟源，欲脫走，先遣人奉表南京，穆呼哩惡其反覆，誅之。乙酉，金以同知平陽府事史詠爲龍虎衞上將軍、權行平陽公府事。

52 丁亥，以李全爲保寧軍節度使、京東路鎭撫副使。

初，全有戰功，史彌遠欲加全官爵，賈涉止之，及是涉歎曰：「朝廷但知官爵可以得其心，寧知驕之將至於不可勸耶！」

53 金主諭近侍局曰：「奉御、奉職，皆少年不知書，朕憶曩時置說書人，日爲講論自古君臣父子之教，使知所以事上者。其復置。」

54 己丑，金簡州提控唐古（舊作唐括。）昉敗夏人於質孤壘。

55 蒙古穆呼哩自將大軍攻鳳翔。

56 是歲，蒙古皇子圖壘（舊作拖雷。）克西域圖斯尼、（舊作徒思尼。）察烏爾（舊作察兀兒。）等城，還經大〔木〕喇伊（舊作木剌夷。）國，大掠之。渡素克蘭河。（舊作搠搠蘭河。）克額里（舊作也里。）等城，遂與蒙古主會，合兵攻塔爾哈（舊作塔里。）寨，拔之。西域主塔賚鼎（舊作扎蘭丁。）出奔，與彌勒汗（舊作滅里汗。）合，呼圖呼（舊作忽都忽。）與之戰，不利，蒙古主自將擊之，擒彌勒汗。塔賚鼎遁去，遣巴喇（舊作八喇。）追之不獲；進薄回回國，其王委國而去，逃匿海嶼死。

嘉定十六年（金元光二年，蒙古太祖十八年。）（癸未、一二二三）

1 春，正月，戊申，詔命官犯贓毋免約法。

2 蒙古穆呼哩圍鳳翔，東自扶風、岐山，西連汧、隴，數百里間，皆具營栅。先是金主以鳳翔守將完顏仲元孤軍不足恃，遣平西軍節度使特嘉喀齊喀舊作赤盞合喜，今改。援之。及圍急，以同知臨洮府郭斌斌，小字蝦蟆，金史作郭蝦蟆，今從元史。總領軍事。斌長於應變，自冬涉春四十餘日，守禦不懈。嘗從喀齊喀巡城濠外，一人坐胡牀，以箭力所不及，氣貌若蔑視城守者，喀齊喀指示斌曰：「能射之乎？」斌測量遠近，曰：「可。」斌平時發矢，伺腋下甲不掩處射之，無不中，即持弓矢，伺坐者舉肘，一發而斃，蒙古爲之奪氣。喀齊喀以便宜擢斌爲通遠軍節度使。斌，會州人也。

穆呼哩以圍久不下，謂諸將曰：「吾奉命專征，不數年取遼西、遼東、山東、河北，不遺餘力；前攻天平、延安，今攻鳳翔，皆不下，豈吾命將盡耶？」乃解圍，循渭水南，遣蒙古布哈南越牛嶺關，徇鳳州而還。

3 蒙古石天應，作浮橋以通陝西，金侯小叔自中條率山寨兵襲河中。天應遣驍將吳澤【考異】元史穆呼哩傳作「吳權府」，今從石天應傳作吳澤。引兵五百，夜，出東門，伏兩谷間，戒之曰：「侯賊過半，急擊之，我出其前，爾攻其後，可也。」澤勇而嗜酒，是夕，方醉臥林中，小叔由間道直抵城下，守兵多新附者，爭縋而去。小叔坎城登，焚樓櫓，天應倉卒搏戰，左右從者四十餘騎，皆曰吳澤誤我！或勸西渡河，天應曰：「先時人諫我南遷，我違衆而來，今事急棄去，是不武也。縱太師不罪我，我何面目以見同列！今日惟死而已。」少頃，金兵四合，天應飲血力戰，至日午，死之。小叔遂燒絕浮橋，撫定其衆。遷昭毅大將軍。【考異】金史侯小叔傳以復取河中連繫於元年十二月，今從金史本紀作二年正月。

4甲寅，金主謂宰臣曰：「向有人言便宜事，卿等屢奏乞作中旨行之。帝王從諫足矣，豈可掠人之美以爲己出哉！」戊午，又諭曰：「鬻爵恩例，有丁憂官得起復者，是教人以不孝也，何爲著此令哉！」

5蒙古兵十萬圍河中，金總帥額爾克遣提控孫昌率兵五千，樞密副使完顏薩布（舊作賽不。）遣李仁智率兵三千，俱來救，侯小叔期以夜中鳴鉦，內外相應。及期，小叔出兵戰，昌、仁智不敢動，小叔斂衆入城。圍益急，衆議出保山寨，小叔曰：「去何之？」密遣經歷官張思祖潰圍出，奔告南京。丁卯，城破，小叔死之。【考異】元史穆呼哩傳作侯七遁去，今從金史忠義傳。

6穆呼哩聞石天應戰歿，痛惜之，命其子烏格（舊作斡可，今改。）襲領其衆。將渡河，橋梁已斷，穆呼哩顧諸將曰：「橋未畢工，安可坐待乎！」復攻下河西堡寨十餘。

7二月，壬午，金主詔曰：「軍官犯罪，舊制更不任用。今多故之秋，人才難得，朕欲除大罪外，徒刑、追配，有武藝可掌兵者，量才復用，尚書省集議以聞。」

8丁亥，（金）大赦。

9 己丑，嗣秀王師禹卒，追封和王。

10 三月，戊申，張林以所部邢、德來歸，詔進三官，復以爲京東東路副總管。

11 甲寅，金主謂宰臣曰：「人有才堪任事而處心不正者，終不足貴。」高汝礪曰：「其心不正而濟之以才，所謂虎而翼也。」金主又曰：「凡人處心善良而行事忠實，斯爲難得。然善良者，人多目爲平常。」汝礪曰：「人材少全，亦隨其所長取之耳。」

12 金以邳州經略司隸蒙古綱，令募勇敢收復山東。

13 蒙古太師、國王穆呼哩渡河還聞喜，病篤，召其弟岱遜舊作帶孫，今改。曰：「我爲國家助成大業，擐甲執銳，垂四十年，東征西討，無復遺恨，第恨汴京未下耳。汝其勉之！」

穆呼哩沈毅多智略，善射，與博爾濟、舊作博爾朮，今改。博勒呼、舊作博兒忽，今改。齊拉袞舊作赤老溫，今改。並隨蒙古主起事。蒙古主嘗失利，大雪，失牙帳所在，夜臥草澤中。穆呼哩、博爾濟張氈蔽之，自暮達曉不移足。博爾濟位終右萬戶，博勒呼以第一千戶歿於陣，唯穆呼哩勳績最著，然當時稱四人佐命功無異詞。

14 金以完顏伯嘉權參知政事，行省河中，與史詠圖復河東。夏，四月，癸酉朔，復霍州汾西縣。

15 五月，癸卯朔，金始造元光重寶。

16 丙午，金復河中府及榮州。

17 戊申，賜禮部進士蔣重珍以下五百四十九人及第、出身。

18 乙卯，金復霍州及洪洞縣。

19 丁巳，金造元光珍寶，同銀行用。

20 金主問宰執以修完樓櫓事，高汝礪言所用皆大木，顧今難得，方令計置，金主曰：「朕宮中別殿有可用者即用之。」汝礪對以不宜毀，金主曰：「所居之外，毀亦何害！不愈於勞民遠致乎？」

21 蒙古主避暑于八魯彎川，分兵攻諸部落之近者，悉下之，至昆塞，（舊作可溫寨。）與諸將會。以西域漸定，始置達嚕噶齊，（舊作達魯花赤，今改。）於各城監治之。達嚕噶齊，猶言掌印官也。

22 六月，壬午，淮東制置使賈涉，以李全驕暴難制，力求還朝，在道卒。

初，涉欲制〔置〕忠義兵，乃以翟朝宗統鎮江副司八千人，屯楚州城中；又分帳前忠義萬人，命趙邦永、高友統五千，屯城西；王暉、于潭統五千，屯淮陰。李全輕鎮江兵而忌帳前忠義，乃數稱高友等勇，出軍必請以自隨，涉不許。全每宴麾下，併召涉帳前將校，于是帳前亦願隸全，然未能合也。及涉卒，丘壽邁攝帥事，全請曰：「忠義烏合，尺籍鹵莽，莫若別置新籍，一納諸朝，一申制閫，一留全所，庶功過有攷，請給無弊。」壽邁從之。全乃合帳前忠義與己軍幷隸之，而併統其軍，壽邁不悟。

23 戊子，金遣人招李全、嚴實、張林，從蒙古綱之言也。

24 金完顏伯嘉卒。

甲午，金主命罷河中行省，置元帥府。時州縣多殘破，金人不能守，徙郭文振於孟州，未幾，又徙衞州。

25 丁酉，同知樞密院事程卓卒。

26 秋，七月，壬寅朔，夏入攻金積石州。

27 乙巳，金遣兵守衞解州鹽池。

28 金蒙古綱御下嚴，八月，辛未朔，邳州從宜經略使納哈塔陸格，舊作納合六哥，今改。率衆入行省殺綱，據州反；與蒙古將李二措致書海州，言欲來附，李全遣王喜兒以兵二千應接，而己繼之，二措納喜兒，囚之。全欲攻邳，四面限水，二措積勁弩備之。全不得進，合兵索戰而敗，欲還楚州，會濱、棣有亂，乃引兵趨青州。金行院總帥赫舍哩約赫德舊作紇石烈牙吾塔，今改。討殺陸格，復其城。

29 九月，庚子朔，日有食之。

30 丁卯，金權御史中丞師安石等劾英王守純不實，付有司鞫治。詔免罪，仍諭責之。

31冬，十月，己卯，金祫於太廟。

32十一月，辛亥，以太平州大水，賑卹之。

33十二月，以前淮西都統許國爲淮東制置使兼知楚州。

國奉祠家居，欲傾賈涉而代之，數言李全必反。會涉死，召國入對，國疏全姦謀益深，反狀已著，非有豪傑不能消弭，遂易國文階，授今官，命下，聞者驚愕。

淮東參幕徐晞稷，雅意開閫，及聞國見用，乃注釋國疏以寄全，全不樂。

34癸未，嗣濮王不淩卒。

35庚寅，金主殂，年六十一，太子守緒卽皇帝位。

金主疾革，時已暮夜，近臣皆出，惟前朝資明夫人鄭氏，已老，侍側，金主知其可託，謂之曰：「速召太子，舉後事！」言絶而殂，夫人祕之。是夕，皇后及貴妃龐氏問安寢閤，龐氏陰狡機慧，常以其子英王守純年長不得立懷怨。鄭氏恐其爲變，卽紿之曰：「上方更衣，后妃可少休他室。」伺其入，遽鑰之。急召大臣，傳遺詔，立皇太子守緒，始啓戶出后妃，發喪。太子方入宮，守純已先至。太子知之，分遣樞密院官及東宮親衛軍官伊喇布哈，金史作移剌蒲阿，元史作移剌不花。今改。集軍三萬餘于東華門。部署既定，命護衛四人監守純于近侍局，乃卽位柩前，宣遺詔。

36 壬辰，金大赦，詔曰：「朕述先帝之遺意，有便於時，欲行而未及者，悉奉而行之。國家已有定制，有司往往以情破法，使人妄遭刑憲。今後有本條而不遵者，以故入人罪罪之。草澤士庶，許令直言軍國利害，雖涉譏諷，無可采取者，並不坐罪。」

37 蒙古兵攻夏，夏主遵頊傳國於其子德旺，改元乾定。遵頊自號上皇。

38 蒙古蘇布特舊作速不臺，今改。擊奇徹，舊作欽察，今改。大掠西番邊部而還。

嘉定十七年金正大元年，蒙古太祖十九年。（甲申、一二二四）

1 春，正月，戊戌朔，詔補先聖裔孔元用爲通直郎。錄程頤後。

2 金改元正大。

3 庚子，金祕書監、權吏部侍郎富察哈珠，舊作蒲察合住，今改。出爲恆州刺史。哈珠以吏起身，爲宣宗所信，聲勢烜赫，性復殘刻，與王阿哩、（舊作阿里。）富察耀珠舊作蒲察咬住，今改。有宣朝三賊之目，人知其蠹國而莫敢言。至是外貶，士大夫爲之相賀。

4 金邠州貢白兔，金主曰：「得賢輔佐，年穀豐登，上瑞也，焉事此爲！」命有司給道里費，縱之。

5 丁巳，金主命羣臣議修復河中府，禮部尚書趙秉文、太常卿楊雲翼等，言陝西民方疲敝，未堪力役，遂止。

6 戊午，金尊皇后都察舊作溫敦，今改。氏、元妃都察氏皆爲皇太后，號其宮一曰仁聖，一曰慈聖。進封英王守純爲荆王，罷平章政事，判睦親府。以大司農守汝州防禦使李蹊爲太常卿，權參知政事。

7 癸亥，命淮東、西、湖北路轉運司提督營屯田。

8 金有男子服麻衣，望承天門且笑且哭，詰之，則曰：「吾笑，笑將相無人；吾哭，哭金國將亡。」羣臣請置重典，金主不許，曰：「近詔草澤諸人直言，雖涉譏訕不坐。唯君門非笑哭之所，宜重杖遣之。」

9 二月，癸巳，蠲台州逋賦。

10 甲午，命臨安府賑貧民。

11 金丞相高汝礪，老而貪位不去，金主初立，諫官劾其欺君固位，爲天下所共嫉，宜黜之以厲百官，金主不許。三月，辛亥，薨。汝礪以愼密廉潔結人主知，然循默避事，爲士論所譏。

12 癸丑，金葬宣宗於德陵。

13 甲寅，金起復邠州節度使致仕張行信爲左丞，以延安帥臣完顏哈達戰禦有功，權參知政事，行尙書省於京兆。

14 金荆王守純，或告其謀不軌，下獄。議已決，金主言於慈聖太后，太后曰：「汝止一兄，柰何以讒言欲害之？章宗殺伯與叔，享年不永，皇嗣又絕，何爲欲效之耶？趣赦出，使來見我。移時不至，吾不見汝矣！」金主起，太后立待守純至，涕泣慰諭之。

15 是月，召四川制置使崔與之爲禮部尚書，以鄭損代之。與之治蜀，將士輯睦，府藏充實，至是被召，以疾辭，歸廣州，蜀人祠焉。

16 夏，四月，癸酉，金以宣宗祔廟，大赦。

17 辛卯，賑廬州饑。

18 乙未，賜李全、彭義斌錢三十萬緡，爲犒賞戰士費。

19 五月，戊戌，金平章政事巴圖魯薨，贈右丞相、東平郡王。巴圖魯爲人忠實，憂國奉公。其歿也，人皆嗟惜之。

20 癸卯，金以樞密副使完顏薩布舊作賽不，今改。爲平章政事，參知政事特嘉（舊作石盞。）尉忻爲右丞，以李蹊爲翰林承旨，仍權參政。

21 戊申，金詔刑部：「登聞檢鼓院毋鎖閉防護，聽有冤者陳訴。」

22 六月，丁卯朔，太白晝見經天。

23 辛卯，金立妃圖克坦氏爲皇后。

24 金先遣尚書令史李唐英至滁州通好，至是復遣樞密判官伊喇布哈至光州榜諭，更不南侵。

25 壬辰，金大名府蘇椿等舉城來歸，詔悉補官，即以其州授之。

26 彭義斌侵河北，至恩州，爲蒙古史天倪所取。

27 秋，七月，丁酉朔，賑福建被水貧民。

28 辛亥，命師喦嗣秀王。

29 八月，丙戌，帝不豫。史彌遠遣鄭清之往沂王府，告貴誠以將立之意，貴誠默然不應。清之曰：「丞相以清之從遊久，故使布腹心，今不答一語，則清之將何以答丞相？」貴誠始拱手徐言曰：「紹興老母在。」清之以告，彌遠益相與歎其不凡。

壬辰，帝疾篤。彌遠稱詔，以貴誠爲皇子，改賜名昀，授武泰軍節度使，封成國公。

閏月，丁酉，帝崩於福寧殿，年五十七。【考異】東南紀聞云：寧宗不豫，史相繼進金丹百粒，有頃，上崩。是以彌遠爲弑君矣。彌遠之姦惡，宋史多爲之諱言，然金丹之進，則他書別無左證，今闕之。

彌遠遣皇后兄子谷、石以廢立事白后，后不可，曰：「皇子竑，先帝所立，豈敢擅變！」谷等一夜七往返，后終不許。【考異】癸辛雜識云：濟王夫人吳氏，憲聖太后之姪孫也，性極妒忌。王有寵姬數人，殊不能容，每入禁中，必訴之楊后，具言王之短，無所不至。一日，內宴，后以水晶雙蓮花一枝，命王親爲夫人簪之，且戒其夫婦和睦。未幾，王與吳復有小競，王乘怒誤碎其花。及吳再入禁中，遂譖言碎花之事，於是后意甚怒，已有廢儲之意。據宋史，則彌遠初謀廢立，后持議甚正，其後乃奪於彌遠之權勢，不能堅持耳，非先有廢儲之意也。今從宋史。谷等乃拜泣曰：「內外軍民皆已歸心，苟不立之，禍變必生，則楊氏無噍類矣。」后默然，良久曰：「其人安在？」彌遠卽于禁中遣快行宣昀，令之曰：「今所宣是沂靖惠王府皇子，非萬歲巷皇子，苟誤，則汝曹皆處斬！」竑時聞帝崩，跂足俟宣召，久而不至，乃屬目牆壁間，見快行過其府而不入，已而擁一人徑過，天瞑〔暝〕，不知爲誰，甚惑之。昀入宮見后，后拊其背曰：「汝今爲吾子矣。」

彌遠引昀至柩前，舉哀畢，然後召竑。竑聞命卽赴，至則每過宮門，禁衞拒其從者。彌遠亦引竑至柩前，舉哀畢，引出帷，殿帥夏震守之。遂召百官立班聽遺制，則引竑至舊班，竑愕然曰：「今日之事，我豈當仍在此班？」震紿之曰：「未宣制前當在此，宣制後乃卽位。」竑以爲然。已而遙見殿上燭影中有人在御座，則昀已卽位矣。宣制畢，閤門宣贊呼百官拜賀，竑不肯拜，震捽其首下拜。遂稱遺詔，以竑爲開府儀同三司，封濟陽郡王，判寧國府。尊皇后曰皇太后，垂簾同聽政。詔遵孝宗故事，宮中自服三年喪。尋進封竑爲濟王，出居湖州。【考異】齊東野語云：穆陵既正九五之位，皇兄竑出判宛陵，辭不就。史丞相同叔以其有逼近之嫌，遂徙寓於霅城之西。據宋史全文，竑出居湖州，由於彌遠之意，竑未嘗辭判寧國府也。

彌遠欲收衆望，勸帝褒表老儒。九月，詔起傅伯成爲顯謨閣學士，楊簡爲寶謨閣學士，及柴中行俱奉朝請。

30己卯，以眞德秀及禮部侍郎程珌、吏部侍郎朱著並兼侍讀，工部侍郎葛洪、起居郎喬行簡、李宗政、少卿陳貴誼、軍器監王曁並兼侍講。尋又以眞德秀直學士院，召魏了翁爲起居郎。

德秀初在朝，知史彌遠欲以爵祿縻天下士，慨然謂劉爚曰：「吾徒須急引去，使廟堂知世亦有不肯爲從官者。」遂力請外。至是自知潭州召還，入對，勸帝容受直言，召用賢臣，固結人心爲本，帝納之。

31帝追封所生父希瓐爲榮王，生母全氏爲國夫人，而以弟與芮嗣之。

32金伊喇布哈復澤、潞。

33冬，十月，乙亥，嗣秀王師嵒卒。

34夏及金平。

初，夏人與金通好，不交兵者八十年。貞祐初，以小故生釁，構難十年，一勝一負，遂至精銳俱盡，兩國皆敝。至是夏遣其吏部尙書李仲諤修好于金，稱弟而不臣，各用本國年號。金遣吏部尙書鄂羅（舊作奥敦。）良弼報之。【考異】金史哀宗紀：正大元年十月戊午，夏國遣使來修好。二年九月，夏國和議定，以兄事金，各用本國年號，遣使來聘，奉國書稱弟。十月，遣禮部尙書鄂羅良弼等爲夏國報成使，國書稱兄。西夏傳：正大元年，和議成，自稱兄弟之國。按夏國和議之成，紀云二年，傳云元年，今從傳。

35 十一月，甲子，右正言糜溧，請承順東朝，繼志述事，一以孝宗爲法。而新政之切者，曰畏天，悅親，講學，仁民。帝嘉納之。

36 癸未，以五月十六日爲皇太后慶壽節。

37 丁亥，詔改明年爲寶慶元年。

38 戊子，以工部尚書葛洪同簽書樞密院事。

39 己丑，詔以生日爲天基節。

40 十二月，癸丑，開經筵，詔輔臣觀講。

41 名皇太后所居殿曰慈明。

42 是歲，蒙古主進次東印度國鐵門關，侍衛見一獸，鹿身馬尾，綠色而獨角，能爲人言，曰：「汝君宜早回。」蒙古主怪之，以問耶律楚材。對曰：「此名角端，解四夷語，是惡殺之象。今大軍征西已四年，上天惡殺，遣告陛下。願承天心，宥此數國人命，實無疆之福。」蒙古主遂大掠而還。【考異】陳桱通鑑續編，此事繫嘉定十五年壬午。按元史太祖紀，十九年甲辰(申)歲，帝至東印度國，角端見，班師。甲申乃宋嘉定十七年也，今從之。印度一作忻都。

續資治通鑑卷第一百六十三

賜進士及第兵部尚書兼都察院右都御史總督湖北湖南等處地方軍務兼理糧餉世襲二等輕車都尉畢沅編集

宋紀一百六十三

起旃蒙作噩（乙酉）正月，盡柔兆掩茂（丙戌）十二月，凡二年。

理宗建道備德大功復興烈文仁武聖明安孝皇帝

諱昀，太祖十世孫，父榮文恭王。開禧三年正月癸亥，生於紹興府虹橋里第。前一夕，榮王夢一紫金帽人來謁，比寤，夜漏未盡數刻，室中五采爛然，起視，赤光屬天，如日正中。生三日，家中聞戶外車馬聲，亟出，則絕無所覩。幼嘗晝寢，人忽見體隱隱如龍鱗，咸神異之。嘉定十五年，授邵州防禦使；十七年閏八月，立爲皇子，改賜名，封成國公。

寶慶元年金正大二年，蒙古太祖二十年。（乙酉、一二二五）

1 春，正月，壬戌朔，詔舉賢良。

2 庚午，湖州人潘壬，與其弟丙、從兄甫，以史彌遠廢立，不平，乃遣甫密告謀立濟王意于李全。全欲坐致成敗，陽與之日期，進兵應接，實無意也。壬等信之，遂部分其家衆以待。及期，全兵不至。壬等懼事泄，乃以其黨雜鹽販盜千餘人，結束爲全軍狀，揚言自山東來，夜入州城，求濟王竑。竑聞變，匿水竇中，壬尋得之，擁至州治，以黃袍加竑身。竑號泣不從，壬等強之，竑不得已，乃與約曰：「汝能勿傷太后、官家乎？」衆許諾。遂發軍資庫金帛、會子犒軍。知州謝用〔周〕卿，率官屬入賀。壬僞爲李全榜揭於門，數史彌遠廢立罪，且曰：「今領精兵二十萬，水陸並進。」人皆聳動，比明視之，則皆太湖漁人及巡尉兵卒耳。竑知事不成，乃遣王元春告於朝，而帥州兵討壬，壬變姓名走，丙、甫皆死。元春至臨安，彌遠懼甚，急召殿司將彭任帥師赴之，至則事已平。壬走至楚州，爲小校明亮所獲，送臨安斬之。彌遠詐言竑有疾，令客秦天錫【考異】齊東野語作「余天錫」，薛氏通鑑亦作「余」。據宋史余天錫傳，無逼死濟王事，理宗紀、宗室傳俱作「秦天錫」，今從之。挾醫至湖州視之，天錫諭旨，逼竑縊于州治，以疾卒聞。

起居郎魏了翁，考功員外郎洪咨夔，相繼言竑之冤。禮部侍郎、直學士院眞德秀入見，奏曰：「我朝立國，根本仁義，先正名分。陛下初膺大寶，不幸處人倫之變有所未盡，流聞四方，所損非淺。霅川之變，非濟王本志，前有避匿之迹，後聞捕討之謀，情狀本末，灼然可見。顧詔有司，討論雍熙追封秦邸舍罪卹孤故事，斟酌行之。雖濟三〔王〕未有子息，興滅繼絕，在陛下耳。」帝曰：「朝廷待濟王亦至矣。」德秀曰：「若謂此事處置盡善，臣未敢以爲然。觀舜所以處象，則陛下不及舜明甚。人主但當以二帝、三王爲師，秦、漢以下人君，舉動皆不合理，難以爲法。」帝曰：「亦是一時倉卒耳。」德秀曰：「此已往之咎。惟願陛下知有此失，益講學進道，以贖前愆，以收人心。昔太平興國中，秦邸事作，太子太師王溥等議於朝堂者，七十有四人，然後有詔裁決，以大事不可輕也。慶曆間求西師，必取當世第一流；宰相呂夷簡至忘讎薦進，以重任不可輕也。邇者霅川之獄，未聞有參聽于槐棘之下；又如淮、蜀二閫之除，皆出僉論所期之外。天下之事，非一家之私，何惜不與衆共之！朝廷之于天下，當如天地之於萬物，栽培傾覆，付之公心，不可使有一毫私意於其間。當乾道、淳熙間，有位於朝者，以饋遺及門爲恥；受任於外者，以苞苴入都爲羞。今貨賂公行，薰染成風，恬不知怪。治世氣象，欲其寬裕，不欲其迫蹙。曩者以諱言之令，至於流竄、殺戮，都邑之民，搖手相戒。朝廷之上，斂鋭之士，多於老成，政事之才，富于經術。雖嘗以耆舊褒傅伯成、楊簡，以學行褒柴中行，以恬退用趙蕃、楊宰，至于忠亮敢言如陳宓、徐僑，皆未蒙錄用。願處伯成、簡于內祠，中行于經帷，擢宓、僑于言路，不獨人主賴其益，朝列新進之士亦有所矜式。伯成、簡皆年踰八十，縱使召之不至，必能用囊封以進忠言。」又言：「長人之官，撫字不聞，叨懫日甚。」帝曰：「如何無一廉者？」又問：「何以革之？」德秀言：「此在朝廷用舍黜陟之間，示以意向。」帝又問：「卿曾見有何廉吏？」德秀以袁州守趙篯夫對，因言：「崔與之帥蜀，楊長孜（孺）帥閩，皆有廉聲，臣一時不能悉數，乞廣加咨訪。」史彌遠深忌之。

3甲申，程珌進讀三朝寶訓，言曰：「藝祖皇帝受禪之初，與三軍約，不許殺戮一人，自此聖聖相承，守爲家法。」帝曰：「祖宗以人〔仁〕立國，朕當以人〔仁〕守之。」帝又問：「寶訓中云：『治世少而亂世多，君子少而小人多，』何也？」珌言：「治世所以少，亂世所以多者，正緣君子少而小人多也。蓋君子初未嘗少，聖君出而君子多；小人初未嘗多，庸君出而小人多。」帝曰：「然。」

己丑，朱端常言：「蜀士當得郡者，紹興以前悉親詣闕下，廟堂因得以審其人物而進退之。自慶元以來，以自作差辟，則馳牘干請。今請除曾任太守有治效人外，必令親到堂除授，奏事訖之任，次任與免。」從之。

5己丑，詔曰：「朕初纂丕圖，亟受慈訓，既御經幄，日親羣儒，深念進德立治之本，實由典學，朝夕罔敢怠忽。尙賴諸賢悉心啓迪，無有所隱，朕當垂聽，益加自勉。」

6二月，壬辰朔，雪。

7蒙古武仙聞彭義斌復山東州縣，乃叛蒙古，殺河北西路都元帥史天倪。【考異】武仙害史天倪，在太祖卽位之二十年。姚燧牧菴集撰史公神道碑誤作十年。天倪弟天澤，時護母歸燕，府僚王縉、王守道追及天澤於道，告之故，且曰：「變起倉卒，部曲散在近郊，公能迴轡，不招自至。」天澤曰：「不共國之讎，死亦當從，況未必死耶！」遂傾貲裝，易鎧仗，南還，遣監軍李伯祐詣國王富珠哩舊作孛魯，今改。言狀，且請濟師。富珠哩卽命天澤嗣兄職，遣薩訥台舊作笑乃台，今改。率銳卒三千授之，合勢進攻。仙將葛鐵槍擁衆來拒，天澤迎擊之，生擒鐵槍，餘衆潰。乘勝至中山，略無極，拔趙州，仙敗，奔西山。旣而天澤進兵，遂復眞定。富珠哩，穆呼哩舊作木華黎，今改。子也。【考異】元史本紀：二月，武仙以眞定叛，殺史天倪。三月，史天澤擊仙，走之，復眞定。據王惲秋澗集撰天澤家傳，則復眞定自在六月，今併書之。薛氏通鑑繫於正月，誤也。

8 癸巳，朱著、王曁進讀高宗寶訓孝德卷終，著言：「高宗當中興艱難之初，欽事慈寧太后，始終極孝；願陛下以高宗爲法。」帝嘉納，忽愀然曰：「雪作非時，朕終夜爲之不安，當益恐懼修德。凡有闕失，無忘忠告。」

9 甲午，詔：「故太師、武勝·定國軍節度使、鄂王岳飛，改謚忠武。」

10 丙申，以師彌嗣秀王。

師彌，秀王第二子也。潘壬之變，師彌避居菁山園廟，至是獎其能守園陵，故躐等升嗣。

11 戊戌，詔：「福州、溫州各添教官一員。」

12 甲辰，蠲兩浙州軍屬縣官私僦錢有差。

13 許國至鎭，李全妻楊妙眞郊迓，國辭不見，妙眞慚而歸。

國既視事，痛抑北軍，有與南軍競者，無曲直，偏坐之，犒賞十損八九。全自青州致書于國，國誇于衆曰：「全仰賴我養育，我略示威，即奔走不暇矣。」

全因留青州，國不能致，乃數致厚餽，邀全還。劉慶福亦使人覘國意，國左右語覘者曰：「制置無害汝等意。」慶福以報全，全集將校曰：「我不參制閫，則曲在我。今不計生死，必往見。」遂還楚州上謁。賓贊戒全曰：「節使當庭趨，制使必免禮。」及庭趨，國端坐納全拜，全退，怒曰：「全歸朝，拜人多矣，但恨汝非文臣，本與我等。汝向以淮西都統謁賈制帥，亦免汝拜。汝有何勳業，一日位我上，便不相假借耶！全赤心報朝廷，不反也。」國繼設盛會宴全，遺勞加厚，全終不樂。慶福謁國之幕客章夢先，夢先令隔簾貌喏，慶福亦怒。

既而全欲往青州，恐國苛留，自計曰：「彼所爭者拜耳，拜而得志，吾何愛焉！」更折節爲禮。因會集間，出劄白事，國見其細故，判從之，全即席再拜謝。自是動息必請，得請必拜，國喜曰：「吾折服此子矣！」

全往青州，國集兩淮馬步軍十三萬，大閱楚城外以挫北人之心。楊妙眞及軍校留者，懼其謀己，內自爲備。

初，全遣慶福還楚城，使爲亂，適潘壬事敗，全黨亦不安。或教妙眞畜一妄男子，指謂人曰：「此宗室也。」且語僚佐曰：「會令汝爲朝士。」潛約盱眙四軍爲應，皆不從，慶福謀中輟，第欲快意于國。計議官苟夢玉知之，以告國，國曰：「我豈文儒不知兵者耶！」夢玉懼禍及，復以告慶福。

一日，國晨起視事，忽露刃充庭，國厲聲曰：「不得無禮！」矢已及額，流血蔽面而走。亂兵悉害其家，縱火焚官寺，兩司積蓄，悉爲賊有。親兵翼國登城，縋而走。賊擁通判姚翀入城，犒兩軍使歸營。慶福手殺夢先以報其辱，國縊於途。【考異】齊東野語云：國額中一箭，徑趨避於楚臺。久之，令姚翀求和。則姚翀非賊擁入城者也。又云：翀回報，則國已遁。次日，北軍得國於三茅道堂，以小竹輿舁至李軍，國不能發一詔（語），復送還楚臺，以兵環守，國遂死焉。是國非縊於途也。且野語每多傳聞之誤，今仍從宋史書之。

事聞，史彌遠懼激他變，以徐晞稷嘗倅楚守海，得全歡心，乃授晞稷淮東制置使，令屈意撫全。全聞國死，自青還楚，佯責慶福不能彈壓，斬數人，上表待罪，朝廷不問。知揚州趙范，得制置使印于潰卒中，以授晞稷。晞稷至楚，全及門，下馬拜庭下，晞稷降等止之，賊衆乃悅。晞稷至，以恩府稱全，恩堂稱妙眞。

初，楚城之將亂也，有吏竊許國書篋二，以獻慶福，皆機事，慶福未之發。全發緘讀之，有廟堂遺國書令圖全者，全大怒。又有苟夢玉書，即以慶福謀告國者，全始惡夢玉反覆，殺之。

14戊午，出豐儲倉米七萬五千石賑臨安貧民。馬步軍諸班直、皇城司守衞官、兵，給犒有差。

15三月，癸酉，葬仁文哲武恭孝皇帝於永茂陵，廟號寧宗。

時皇太后垂簾，人多言本朝世有母后之聖，太后兄子萬壽觀使石獨曰：「事豈容概言！昔仁宗、英宗、哲宗嗣位，或尚在幼沖，或素由撫育，軍國重事，有所未諳，則母后臨朝，宜也。今主上熟知民事，天下悅服，雖聖孝天通，然不早復政，得無基小人離間之嫌乎！」乃密疏章聖、慈聖、宣仁所以臨朝之由，及漢、唐母后臨朝稱制得失以聞，太后然之。

16夏，四月，辛卯朔，寧宗祔廟，頒德音于臨安、紹興府。

17金起復莘國公胥鼎爲平章政事，行省事於衞州，進封英國公。

18壬辰，朱著進讀高宗寶訓，至高宗曰周公戒成王，惟在知稼穡艱難，帝曰：「朕近寫無逸一篇，揭爲四圖，置之坐右以便觀省，念茲在茲，不忘艱難。」

19甲午，金以京畿旱，遣使慮囚。

20丁酉，太后手書：「吾年晚多病，志在安閒，嗣君可日御便殿聽政，今後便撤簾。」戊戌，臣寮言：「伏讀太后還政御札，前代母后勉強不能爲之事，而太后聖斷行之，略無難色，實爲萬世母后臨朝之法。」帝曰：「朕受太后之恩如天，朝夕思之，未知所報，便當力請。」辛丑、壬寅，帝兩請太后仍垂簾，不允。

21 丙午，詔：「今後見供職及在外帶職從官，依元祐十科舊制，歲舉三人。」從右正言欒溱請也。

22 辛亥，出豐儲倉米八萬石賑臨安貧民。

23 己未，以端明殿學士薛極簽書樞密院事。【考異】理宗紀闕書，今據宰輔表書之。

24 五月，甲子，詔求直言。戶部郎官張忠恕上封事，其略曰：「天人之應，捷於影響。自冬徂春，雷雪非時，西霅，東淮，狂悖洊興。客星爲妖，太白晝見，正統所係，不宜諉之分野。陛下於濟王之恩，自謂彌縫曲盡矣，然不留京師，徙之外郡，不擇牧守，混之民居，一夫奮呼，闔城風靡，尋雖弭患，莫副初心。謂當亟下哀詔，痛自引咎，復崇卹典，選立嗣子，則陛下所以處之者，庶幾無憾。險佞之徒，凡直言正論，率指爲好名歸過。夫好名歸過，其自爲者非也，若首萌逆億厭惡之心，則將令言者望風含疑，此危國之煬毒也。況邇來取人，以名節爲矯激，以忠讜爲迂疏，以介潔爲不通，以寬厚爲無用，以趣辦爲強敏，以拱默爲靖共，以迎合爲適時，以操切爲任事，是以正人不遇，小人見親。又，士習益壞，民生益艱，第宅之麗，聲伎之美，服用之侈，餽遺之珍，向所未有。公家之財，視爲己物，薦舉、獄訟、軍伎、吏役，僧道、富民，凡可以得賄者，無不爲也。如此而欲基本之不搖，殆卻行而求前也。」魏了翁見其疏，歎曰：「忠獻有後矣！」忠恕，浚之孫也。

進士井研鄧若水上封事曰：「行大義，然後可以弭大謗；收大權，然後可以固大位；除大姦，然後可以息大難。寧宗皇帝晏駕，濟王當繼大位者也，廢黜不聞於先帝，過失不聞於天下。史彌遠不利其立，夜矯先帝之命，棄逐濟王，并殺皇孫而奉迎陛下，曾未半年，濟王竟不幸死於湖州，揆以春秋之法，非弒乎？非篡乎？非攘奪乎？當悖逆之初，天下皆歸罪彌遠而不敢歸過于陛下者，何也？天下皆知倉卒之間，非陛下所得知，亦諒陛下必無是心也，亦料陛下必能掃清妖氛，以雪先帝、濟王父子終天之憤。今踰年矣，而乾剛不決，威斷不行，無以大慰天下之望，昔之信陛下之必無者，今或疑其有，昔之信陛下之不知者，今或疑其知，陛下何忍以清明天日而身受此汚辱也？爲陛下計，莫若遵泰伯之至德，伯夷之清名，季子之高節，而後陛下之本心明於天下，此臣所謂行大義以彌〔弭〕大謗，策之上也。自古人君之失大權，鮮有不自廢立之際而盡失之。當其廢立之間，威動天下，既立則眇視人主。是故強臣挾恩以陵上，小人怙強以無上，久則內外相爲一體，上喑默以聽其所爲，日朘月削，殆有人臣之所不忍言者。威權一去，人主雖欲固其位，保其身，有不可得。宣繒、薛極，彌遠之肺腑也，王愈，其耳目也，盛章、李知孝，其鷹犬也，馮榯，其爪牙也。彌遠欲行某事，害某人，則此數人者相與謀之，曷嘗有陛下之意行夫其間乎！臣以爲不除此數凶，陛下非惟不足以弭謗，亦未可以必安其位，然則陛下何憚而久不爲哉？此臣所謂收大權以定大位，策之次也。此而不行，又有一焉，曰除大姦然後可以弭大難。李全，一流民耳，寓食于我，兵非加多，土地非加廣，勢力非特盛也。賈涉爲帥，庸人也，全不敢妄動，何也？名正而言順也。自陛下卽位，乃敢倔強，彼有辭以用其衆也。其意必曰：濟王，先皇帝之子也，而彌遠放弒之。皇孫，先皇帝之孫也，而彌遠戕害之。其辭直，其勢壯，是以沿淮數十萬之師，不敢睥睨其鋒。雖今暫無事，安知一日不羽檄飛馳，以濟王爲辭，以討君側之惡爲名！彌遠之徒，死有餘罪，不復可惜，宗社生靈何辜焉！陛下今日誅彌遠之徒，則全無辭以用其衆矣。上而不得，則思其次，次而不得，則思其下，悲夫！」奏上，彌遠以筆橫抹之。

25 丙寅，以師彌知大宗正事；以不熄嗣濮王。

26 許國旣死，李全牒彭義斌于山東曰：「許國謀反，已伏誅矣，爾軍並聽吾節制。」義斌大罵曰：「逆賊！背國厚恩，擅殺制使，我必報此讎！」乃斬齎牒人，南向告天誓衆。見者憤激。于是全自青州攻東平，不克。乃攻恩州，義斌出兵與戰，全敗走，獲其馬二千。劉慶福引兵救全，又敗。全退保山崓，抽山陽忠義以北。楊妙眞及劉全皆欲親赴難。會全遣人求晞稷書，與義斌連和，乃止。

義斌致書沿江制置使趙善湘曰：「不誅逆全，恢復不成。但能遣兵扼淮，進據漣海以殲之，斷其南路，此賊必擒。賊平之後，收復一京、三府，然後義斌戰河北，盱眙諸將、襄陽騎士戰河南，神州可復也。」

盱眙四總管亦遣使致書請助討賊，知揚州趙范亦以爲言，史彌遠戒范無出位專兵，各享安靖之福。范復以書力論之曰：「先生以撫定責之晞稷，而以鎮守責之范。責晞稷者，函人之事也；責范者，矢人之事也；既責范以惟恐不傷人之事，又禁其爲傷人之痛，惡其爲傷人之言，何哉？且賊見范爲備，則尚有顧忌而不得以肆其姦，他日必將指范爲首禍激變之人，劫朝廷以去范。先生始末之信也，左右曰可，卿大夫曰可，先生必將謂何惜一趙范而不以紓禍哉！必將縛范以授賊，而范遂爲宋晁錯。雖然，使以范授賊而果足紓國禍，范死何害哉！諺曰：『護家之狗，盜賊所惡。』故盜賊見有護家之狗，必將指斥于主人，使先去之，然後肆穿窬之姦而無忌。然則殺犬固無益于弭盜也。望矜憐之，別與閒慢差遣。」彌遠不答。

27 甲戌，詔曰：「自昔帝王卽政之初，首闢四門，達聰明目，訪予落止，小毖求助。凡令〔今〕內外文武大小之臣，有所見聞，其以啓告。忠言正論，朕所樂聽。事有可行，虛心而從；言或過直，無憚後害。封章來上，副朕延納之誠焉。」

28 丁丑，金主以旱甚責己，避正殿，減膳，赦罪。

29 六月，辛卯，太白晝見。

30 丁酉，錄行在繫囚。

31 丁酉〔未〕，史彌遠加太師，依前右丞相兼樞密使，進封魏國公。彌遠辭免，不允；五辭，從之。

32 辛亥，祕書監葉本言郡司貪刻之害，帝曰：「郡守不職，緣監司不得其人。監司得人，則一道蒙福。」

33 彭義斌既克山東，又納李全降兵，兵勢大振，遂圍東平。嚴實潛約蒙古將博羅罕舊作孛里海，今改。合兵攻之，兵久不至，城中食盡，乃與義斌連合。義斌亦欲藉實取河朔而後圖之，遂以兄禮事實。時實衆尚數千，義斌不之奪，而留所掠青崖之家屬不遣。

34 金陝西旱甚，行省完顏哈達舊作合達，今改。齋戒請雨；雨澍，歲事有收，民德之。時延安殘破，哈達令於西路買牛付主者，招集流亡，助其耕墾，自是延安之民稍復耕稼之利。

35 秋，七月，壬戌，將作監張忠恕輪對，帝曰：「詔下兩月，應者絕少，縱有之，亦未盡忠讜也。」忠恕引其伯父栻之言曰：「欲求仗節死義之臣，必求犯顏敢諫之臣。」既而忠恕自知不爲時所容，力請外補，遂出知贛州。

36 乙丑，陳貴誼言：「近下詔求言，恐詞有過直，乞賜包容。」帝曰：「大凡聽言，善者從之，非理者當容納之。」

37 詔：「三衙、臨安府、兩浙路（州）軍（四），杖以下釋之。」

38 丁丑，權工部侍郎喬行簡論及濟王事，帝曰：「朕待濟王，可謂至矣。」行簡曰：「濟王之罪，人所共知，當如周公待管、蔡之心，又當取孟子知周公受過之意。」

39 滁州水，詔發會子三千緡，米六百石，賑卹被災之家。

40 乙酉，行大宋元寶錢。

41 禮部侍郎眞德秀言：「高宗六飛南幸，駐蹕錢塘，其與前世之君披攘荊棘以立朝廷者，殆無以異，其艱勤可謂至矣。孝宗嗣守丕緒，志淸中原，二十八年間，蒐攬英材，精厲聽斷，未嘗一日少懈，用能保固大業，垂萬世無疆之休。今陛下所御之宮庭，卽二祖儲神閒燕之地也，仰瞻楹桷，俯視軒墀，常若二祖時臨其上。念昔者創守之惟艱，思今日繼承之匪易，則競（兢）業祗懼，其容少忽乎！此臣之所欲獻者一。陛下前所居室，密邇東朝，惟思曲盡人子之恭，其敢遽當人主之奉！今宮闈暨乘輿服用之需，頤指使令之便，必將浸備於昔。臣知聖性恬淡，固非外物可移；然以一心而受衆攻，非卓然剛明弗惑，未有不浸淫而蠹蝕者。然則惟學可以養此心，惟敬可以存此心，惟親近君子可以維持此心。蓋理義之與物欲，相爲消長者也。篤志于學，則日與聖賢爲徒而有自得之樂；持身以敬，則凜如神明在上而無非僻之侵；親賢人、君子之時多，則規儆日聞，謟邪不得而惑。三者交致其力，則聖心湛然，如日之明，如水之清，理義長爲之主，而私欲不能奪矣。此臣之所欲獻者二。三年之喪，行于宮壼，非獨衰麻在躬而已；哀慕之存于心者不可頃刻忘，憂戚之形于色者不可斯須已。古者卒哭而廬居，小祥而堊室，今雖未能如昔，然居處之制，不可不極其朴素也。古者服喪，非有疾不飲酒食肉，今雖未能如昔，然饔人大官之供，不可不極其菲儉也。古者終喪不處于內，今雖未能如昔，然防微謹獨，屛遠聲色，不可不極其嚴也。食則見先帝于羹，立則見先帝于牆，庶幾不負罔極之恩，丕昭純孝之實。倘因移御之適，凡所以自奉者，少異於居喪之儀，則雖衰麻在躬，猶不服也。此臣之所欲獻者三。陛下前者日侍慈明，兩宮之情，常歡然而無間。今視膳問安之敬雖無改于昔，而其朝有時矣。古之事親者，聽于無聲，視于無形，一舉足，一出言不敢忘父母。況太后親舉神器以授陛下，同聽萬幾，曾未數月，褰裳去之，如脫敝屣，隆恩厚德，與天地無極，陛下將何以報之乎？然則恭勤之禮，孝養之誠，當有加於前日可也。至於兩宮侍御之臣，恩義當使如一，愛其親者，及其犬馬，況左右使令者乎！今羣臣、萬物之命，繫於兩宮，惟兩宮慈孝交隆於上，則羣臣萬物皆有所恃以爲安；而兩宮侍御之臣亦得以保其富貴。此臣所欲獻者四。」又言：「臣竊謂古者平日視朝以爲常度，人主與天同運，故必與日俱出，以臨照百官，則陽德宣昭，政機無壅。先皇帝每旦御朝，卒在卯辰之間。陛下始初清明，正厲精庶政之日，而晨興聽事，乃頗後於先帝之時。正使宇內宴寧，猶恐示人以怠，況中外多虞之際乎！孔子曰：『昧爽夙興，正其衣冠。平旦視朝，慮其危難。一物失理，亂亡之端。』惟陛下深味斯言。自今臨朝必以日出爲節，于以法乾健而體離明，通下情而達民隱，實初政之首務也。」

42 彭義斌下眞定，道西山，與博羅罕等軍相望。義斌分嚴實以帳下兵，陽助而陰伺之。實知事迫，卽赴博羅罕軍，與之合，遂與義斌戰于內黃之五馬山，義斌兵潰。史天澤以銳卒略其後，遂擒義斌，說之降，義斌厲聲曰：「我大宋臣，義豈爲他人屬邪！」遂死之。

于是京東州縣復爲實有，實統有全魏，十分齊之三，魯之九，凡五十四城，後又割大名、彰德外屬，而益以德、兗、濟、單四州。時所在殘毀，獨實境內治安，四方爭赴之。

43 八月，壬寅，以司農丞姚子才封事切直，進官一秩，授祕書郎。

44 癸卯，以傅伯成、楊簡，先朝耆德，召赴行在，又擢趙籛夫直祕閣、福建提刑，從眞德秀之薦也。

45 丙午，詔：「侍從、給舍、臺諫、卿監、郎官及在外前執政、侍從、諸路帥臣、監司，各舉廉吏三人。」

46 戊申，詔：「侍從、兩省、臺諫等舉堪充將帥三人。」

47己酉，地震。

48甲寅，詔以程頤四世孫源爲籍田令。

49乙卯，罷直學士院眞德秀、攷功員外郎洪咨夔。咨夔論事剴切，嘗上書曰：「昔之宰相，端委廟堂，進退百官；今之宰相，招權納賄，倚勢作威而已。臺諫月課將臨，筆不敢下，稱量議論之異同，揣摩情分之厚薄，可否未決，吞吐不能。其相率勇往而不顧者，恭請聖駕款謁景靈宮而已。」德秀語人曰：「讀洪攷功封事，德秀殊有愧色。」史彌遠深銜之。

及梁成大爲監察御史，凡忤彌遠意者，與莫澤、李知孝三人相繼擊之。給事中王塈等，駁德秀所主濟王贈典，莫澤等既劾之，遂命德秀提舉玉隆宮。咨夔亦言濟王冤，成大等復交劾之，鐫二秩。由是名人賢士，排斥殆盡，人目之爲「三凶」。

50丁巳，詔：「監司、守令各精白自新，以稱朕意。其或不悛，必罰無赦！」

51除紹興府每歲經總制虛額錢九萬餘貫。

52金鞏州元帥田瑞反，行省完顏哈達討之，移文喻之曰：「罪止田瑞一身，餘無所問。」不數日，瑞弟濟斬瑞以降，哈達如約。撫定一州，民賴以寧。

53九月，己未，御史李知孝，奏大理評事胡夢昱上書言濟王事，辭語狂悖，詔夢昱除名勒停，象州羈管。

54 冬，十月，癸巳，有流星大如太白。

55 甲午，林略進對，論及渡江初僞齊連兵事，帝曰：「是時亦是諸將不協，故劉豫敢來犯。」略曰：「仰見陛下於中興本末留神。」帝曰：「今日不特兵少，且訓練不精。若兵勢既張，敵自不能爲患。」

56 金主謂臺諫完顏素蘭、陳規曰：「宋人輕犯邊界，我以輕騎襲之，冀其懲創通好，以息吾民耳。夏人從來臣屬我朝，今稱帝以和，我尚不以爲辱。果得和好以安吾民，尚欲用兵乎！卿等宜悉此意。」

57 知紹興府汪綱奏：「會稽攢宮所在，稅賦盡免折科；山陰同應辦之勞，乞照會稽除免。」詔權免三年。

58 喬行簡上疏曰：「求賢、求言二詔之頒，果能確守初意，深求實益，則人才振而治本立，國威張而姦宄銷。臣竊觀近事，似或不然。夫自侍從至郎官凡幾人，自監司至郡守凡幾人，今其所舉賢能才識之士，又不知其幾也，陛下蓋嘗摭其一二，欲召用之矣。凡內外大小之臣，囊封來上，或直或巽，或切或泛，無所不有，陛下亦嘗摭其一二，見之施行，且褒賞之矣。而天下終疑陛下爲具文者，蓋以所召者，非久無宦情決不肯來之人，則年已衰暮決不可來之人耳。彼風節素著，持正不阿，廉介有守，臨事不撓者，論薦雖多，固未嘗召也。其所施行褒賞者，往往皆末節細故，無關理亂，粗述古今，不至抵觸，然後取之，以示吾有聽受之意。其間亦豈無深憂遠識高出衆見之表，忠言至計有補聖聽之聽者！固未聞采納而用之也。自陛下臨御至今，班行之彥，麾節之臣，有因論列而去，有因自請而歸；其人或以職業有聞，或以言語自見，天下未知其得罪之由，徒見其置散投閒，倏來驟去，甚至廢罷而鐫級，削奪而流竄，皆以爲陛下黜遠善士，厭惡直言，去者遂以此而得名，朝廷乃因此而獲謗，亦何便於此！」

59 十一月，癸亥，以宣繒兼同知樞密院事，薛極參知政事，葛洪簽書樞密院事。

60 詔：「邵州係潛藩，陞爲寶慶府。筠州與御名聲近，改爲瑞州。」

61 蒙古使人如高麗，未至，盜殺之。自是高麗與蒙古不通。

62 彭義斌既敗，武仙勢益蹙，潛令諜者結死士，匿眞定城中大曆寺爲內應，仙夜斬關而入，據之。蒙古史天澤出奔槀城。

63 金內族旺嘉努（舊作王家奴。）故殺鮮于主簿，權貴多救之者，金主曰：「英王朕兄，敢妄撻一人乎？朕爲人主，敢以無罪害一人乎？國家衰弱之際，生靈有幾何！而族子恃勢殺一主簿，吾民無主矣。」特命斬之。

64 金詔有司，爲死節士十三人立褒忠廟。

65 乙丑，楊石進封新安郡王。丙寅，楊谷進封永寧郡王。眞德秀上言：「戚里之賢，加以王爵，稽諸典故，所未前聞。其老成靜重，避遠權勢，治家教子，風采凜然，誠近世戚畹之所未有。然臣觀古今載籍之傳，莫不以恩寵太甚爲外家之深戒，蓋倚伏無常，古今所畏。望陛下清燕之閒，常思所(以)安全外族，俾蒙謙謹之福而不蹈滿盈之咎，誠宗社無疆之休。」

66 辛未，詔：「行都及諸路公私僦舍錢米經減者，減三分。」從朱端常請也。

67 庚辰，幹辦諸事司糧料院趙彥覃言州縣折色病民，帝曰：「纖悉如此，殊失愛民之意。」

68 辛卯，詔：「中外繫囚，杖以下釋之。」

69 甲申，再貶魏了翁官，罷眞德秀祠祿。

初，胡夢昱之貶，了翁出關送別，右正言李知孝遂指了翁首倡異論，將擊之。史彌遠猶畏公議，外示優禮，改權工部侍郎。了翁力以疾辭，乃出知常德府。乙酉，諫議大夫朱端常，劾魏了翁欺世盜名，朋邪謗國，德秀奏劄誣詆。詔了翁落職，罷新任，追一官，靖州居住；德秀落職，罷祠。知孝上書，乞竄德秀以正典刑。梁成大亦言了翁雖經追竄，人以爲罪大罰輕，德秀狂僭悖謬，不減了翁。彌遠勸帝下其章，帝曰：「仲尼不爲已甚。」乃止。成大遺書所親曰：「眞德秀乃眞小人，魏了翁乃僞君子。此舉大快公論。」識者笑之。

70 壬辰，御射殿，閱崇政殿親從射藝，遷補有差。

71 癸丑，太學正徐介進對，論中庸謹獨之旨，帝曰：「此是以敬存心，不愧屋漏之意。」

72 金主命趙秉文、楊雲翼作龜鏡萬年錄。

寶慶二年金正大三年，蒙古太祖二十一年。（丙戌、一二二六）

1 春，正月，丁巳朔，帝不視事。

2 癸亥，詔贈沈煥、陸九齡官，仍賜煥謚端憲，九齡文達。錄張九成、呂祖謙、張栻、陸九淵子孫官各有差。又詔以布衣李心傳專心文學，令四川制置司津發赴闕。

3 是月，蒙古主以夏納仇人，又不遣質子，自將伐之。旋取黑水等城。

4 二月，丙戌朔，手諭知貢舉、禮部尚書程珌等曰：「國家三歲取士，試于南宮，蓋公卿大夫由此其選，事至重也。朕屬在哀疚，未遑親策，爰咨近列，往司衡鑑。卿等宜協心盡慮，精攷切擇。夫文辭浮靡者，必非偉厚之器；議論詭激者，必無正平之用。去取之際，其務審此。」帝留意文藝，遇貢舉，屢降御筆，當時稱帝爲「文章天子」。

5 戊子，以右正言李知孝言，詔：「贓吏有實迹者，永不得與親民及師儒差遣；繼經赦宥，不許改正。有監司、守臣保舉三員者聽之，仍每以保一員爲額。」

6 辛卯，詔：「諸道提點刑獄以五月按部理囚徒。」

7 梁成大言：「眞德秀有大惡五，其奏濟王事，乞追封以蓋逆狀，趣立嗣以召禍端，改節聖語，謗訕朝廷，無將之心，與魏了翁同罪。了翁已從竄削，德秀僅褫職罷祠，宜一等施行。」詔削秩二等。

8 蒙古稾城守將董俊，以銳卒數百授史天澤，天澤夜赴眞定，與薩納台舊作笑乃台，今改。合攻武仙，仙走西山。薩納台怒眞定民反覆，驅萬人，將斬之，天澤曰：「是皆吾民，我力不能及，一旦委去，不幸被脅，殺之何罪！」乃釋之。

9 三月，丙辰朔，梁成大奏寢王長孺召命，徐瑄、胡夢昱重議施行。

初，長孺餞夢昱詩，比諸胡銓。成大以儗非其倫，黨和邪說，不宜立朝。瑄舉夢昱賢能才識，有憂國敢言之詞。成大謂夢昱狂悖，瑄必與之合謀。二人雖已竄削，而罪大罰輕，於是併及之。尋予長孺祠；瑄削秩三等，徙居象州；夢昱徙欽州編管。

10 庚申，詔曰：「朕自下求言之詔，凡封章所上，必詳加省覽，亦已揀擇施行。而遐方小臣，猶未有應詔。近者始見普安軍推官羅宰所陳利病，辭旨勤懇。一介之士，身處川蜀萬里之外，乃能獨先衆人，惓惓效忠，深可嘉尚，可特與陞擢差遣，以勸來者，以副朕聽納之志。」

11 辛未，喬行簡進讀高宗寶訓謹名器篇，至祖宗朝教坊官有求爲郡者，太祖以唐莊宗爲監，不與，帝曰：「用伶人爲郡守，非獨輕褻名器，亦必爲民害。」行簡言：「謹守祖宗法度，則名器自不濫。」帝曰：「祖宗法度，自是精密，豈容不守！」

12 癸酉，以楊簡爲敷文閣直學士、中大夫，提舉南京鴻慶宮。

先是召簡以內祠、奉朝請，仍進職。簡以疾抗章不至，遂以是寵之。

13 以久雨，蠲大理寺、三衙、臨安府酒所贓賞錢。

14 戊寅，詔曰：「朕近召游涔，見于便殿，詳覽二疏，因加訪問，議論正大，指證明切，有益于君德治道，聳聽嘉歎！可特與改合入官，仍除館職。旌忠讜以導敢言，乃朕志也。」先是涔以浙西提刑司幹辦公事召爲太學博士，尋爲祕書郎。

15 詔太常寺建功臣閣，繪趙普以下二十有三人，以昭勳、崇德爲名。

16 庚辰，以京湖制置使陳晐經理屯田有緒，詔獎之。

17 壬辰，決大理寺、三衙、臨安府、兩浙州縣繫囚。

18 是春，夏主父遵頊卒，年六十四，謚曰英文皇帝，號曰神宗。

19 夏，四月，己丑，以隆興格制輔臣俸。

先是帝覽尚書省所進請給冊，以輔臣俸薄，令戶部條奏，遂有是命。

20 辛卯，金饗於太廟。

21以莫澤言，令二廣諸司：「今後守倅以下闕官，須申省部，未有注授者方許奏辟，倅令未滿求辟者禁之。」

22以久雨，詔大理寺、三衙、臨安府、兩浙州縣決繫囚，杖以下釋之。

23癸巳，祕書少監范楷，言淫雨未止，歲事可慮，帝動容曰：「不知何以弭災？」楷曰：「願陛下益加儆懼。」帝曰：「洪範雨暘寒燠風，皆歸之肅乂哲謀聖。以此知人事與天意常相感通。」楷曰：「人主與天地尤近，所以古人夙夜畏威。」帝曰：「敬天一念，朕因此加謹。」

24庚子，下詔省刑。

25五月，辛酉，大理少卿葉宰言：「請令諸州軍奏讞來上，先以期日關奏邸及刑寺，以稽留獄之弊。」從之。

26戊寅，李知孝奏請速正濟王叛逆之罪，追奪王爵。

先是知孝以爲言，帝曰：「觀卿之意，欲正名分，明國法耳。如朕始者所行，正欲全恩意也。」知孝言：「陛下隆骨肉之愛，自是美事，但叛逆之臣，不正典刑，非所以訓。」帝曰：「更當審慮區處。」及是章復三上，帝曰：「此事卿屢奏陳，朕欲全始終之恩，所以重於施行。」知孝曰：「陛下篤親睦族，可謂至矣。臺諫、給舍既屢奏諫，若有施行，亦非得已。」帝曰：「卿言既如此切至，朕當出卿所陳，更與大臣商榷。」

27 癸未，令萬壽觀建寧宗神御殿室。

28 乙未，以傅伯成爲龍圖閣學士、提舉南京鴻慶宮。先是召伯成，以疾抗章不至，遂以是寵之。

29 丙申，賜禮部進士王會龍等九百九十八人及第、出身。

30 壬寅，以先聖五十二代孫孔萬春襲封衍聖公。

31 己酉，錄行在繫囚。

32 蒙古主避暑于渾垂山，取夏甘、肅等州。

33 秋，七月，戊辰，大風。詔釋大理寺、三衙、兩浙州軍繫囚。喬行簡因進讀，奏風變，帝曰：「大風可畏，皆朕不德有以致之。」行簡曰：「陛下引咎責躬，此意上通於天，在祖宗朝皆有已行典故，臣已略具敷陳，欲乞陛下思所以應天之實。」帝曰：「所陳甚善，朕當益加修省。比以害稼爲憂，當令體訪。知早稻已穫，晚稻未花，又幸不崇朝而止。」

34 庚午，金平章政事英國公胥鼎薨。

35 是月，蒙古主取夏西涼府搠羅、河羅等縣，遂踰沙陀，至黃河九渡，取應里等縣。夏國主德旺驚悸而卒，年四十六，號曰獻宗。國人立其弟南平王睍，以兵事方殷告於金，各停使聘。

36 八月，金伊喇布哈舊作移剌蒲阿，今改。復曲沃及晉安。

37辛卯，金設益政院于內廷，以禮部尚書樂平楊雲翼等爲說書官，日二人直，備顧問。雲翼爲金主講尙書，言帝王之學，不必如經生分章析句，但知爲國大綱足矣。因舉任賢去邪，與治同道，與亂同事，有言逆于汝心，有言遜于汝志等數條，一皆本于正心、誠意，敷繹詳明。一日，經筵畢，因言：「人臣有事君之禮，有事君之義。禮不敢齒君之路馬，蹴其芻者有罰；入君門則趨，見君之几杖則起；君命召，不俟駕而行；受命不宿于家；是皆事君之禮，人臣所當盡也。然國家之利害，生民之休戚，一一陳之，則向所謂禮者，特虛器耳。君曰可而有否者，獻其否；君曰否而有可者，獻其可。言有不從，雖引裾、折檻、斷鞅、軔輪有不惜焉者。當是時也，姑徇事君之虛禮而不知事君之大義，國家何賴焉！」金主變色曰：「非卿，朕不聞此言。」雲翼嘗患風痹，及愈，金主問愈之(之)方，對曰：「但治心耳，心和則邪氣不干。治國亦然。人君先正其心，則朝廷百官莫不一于正矣。」金主瞿然，知其以醫諫也。

38壬辰，令戶部申嚴州縣受租苛取之禁，轉運使察其違者劾之。

39甲午，以久雨，蠲大理寺、三衙、臨安府點檢提領酒所贓賞錢。

40濟王竑之死也，始欲治葬於西山寺，後遂槀葬西溪。史彌遠患人言不已，思有以折抑之，乙巳，上言曰：「昔秦王廷美以昵比凶惡，羣臣就請行法，遂勒歸私第，尋降涪陵縣公，房州安置。比濟王從賊僭僞，給舍、臺諫俱有奏請，乞正名定罪，陛下欲全始終之恩，弗俞其請，今又論奏不已。臣等切詳秦王以言語不順，尙坐追降竄責，今濟王逆節著明，負先帝教育之大恩，忘陛下友愛之至德，參之公論，揆之國法，死有餘罪。臣等詳議審處，請將濟王追降巴陵縣公，庶幾上全仁恩，下伸公議。」從之。

41 丙午，衞涇薨。

42 乙卯，詔：「新中法科而資淺者，須外應二攷以上，方擢爲評事。」從陳貴誼請也。

43 九月，庚申，雷。

44 李全破益都，執張琳（林）送楚州。蒙古郡王岱遜舊作帶孫，今改。攻之，全戰屢敗，退守益都，蒙古築長圍困之。全糧援路窮，與兄福謀，福曰：「二人俱死，無益也。汝身係南北輕重，我當死守孤城。汝間道南歸，提兵赴援，可尋生路。」全曰：「數十萬勍敵，未易支也。全朝出，則城夕陷矣，不如兄歸。」於是全留青，福還楚。【考異】薛氏通鑑繫此事於六月，今從元史太祖紀及富珠哩傳。

45 庚午，工部侍郎兼崇政殿說書鄭清之，晚講讀通鑑漢朱穆嫉宦官恣横事，清之因言：「西漢士大夫得出入禁中，人主不專與婦寺相處。」帝曰：「朕觀成周之制，宮中宿衞盡用士大夫，使人君目見正人，耳聞正論，所以爲進德之基。西漢去古未遠，尙有成周遺意，使人君得親近士大夫，眞良規也！」歎羨久之。

46 徐晞稷罷，以劉琸爲淮東制置使。朝廷聞李全爲蒙古所圍，稍欲圖之；以晞稷畏懦，謀易帥。琸雅意建閫，使鎭江都統彭忲延譽，忲亦心覬代琸，慫恿尤力。故以琸代晞稷，忲代琸知盱眙。
47 冬，十月，甲申，程珌等奏寧宗御集閣請以寶章爲名，詔置學士、待制。
48 丙申，詔：「中外繫囚，杖以下釋之。」
49 辛丑，雷。詔輔臣曰：「連雨不止，朕深憂之。惟是寬卹刑獄，蠲放逋欠，悉已施行矣。可以惠及下民者，更議行一二事，庶幾感召和氣，速獲晴霽。」
50 壬寅，復詔大理寺、三衙、臨安府、兩浙軍州決繫囚。
51 庚戌，宰臣率百寮請御正殿，從之。
52 己卯，改湖州爲安吉州。
53 十一月，丙辰，始御紫宸殿。
54 詔曰：「朕以眇躬，嗣承大統，實戴皇太后覆育推佑之恩，豐功盛德，宜極尊崇。今將舉册寶禮，朕欲于未進奉之前，恭上尊號，可令輔臣擬定進呈。」
55 戊午，以倉部郎官潘檟爲大理少卿。詔曰：「朕爲天下國家之本在身，每於躬行之際，尤所致謹。比覽潘檟首疏，所奏深契朕心，可特除以示嘉獎。」

56劉琸至楚州，心知不能制馭盱眙四總管，惟以鎭江兵三萬自隨。夏全請從，琸素畏其狡，不許。彭忔自以資望視琸更淺，曰：「琸止夏全，是欲遺患盱眙。彼猶憚夏全，我何能用！」乃激夏全曰：「楚城賊黨，不滿三千，健將又在山東，劉制使圖之，收功在旦夕。太尉何不往赴事會？」夏全欣然，帥兵徑入楚城。時青亦自淮陰入屯城內。琸駭懼，勢不容卻，復就二人謀焉。【考異】齊東野語謂琸初至，軍聲頗振。不數日，措置乖方，南北軍已相疑，適忠義軍總管夏全自盱眙領五千人來。先是李全欲殺夏全，琸爲解免之，至是琸留以自衞，且資其軍以制李全。又云：命夏全封閉李全、劉全、張林等府庫，且出榜令北軍限三日出城。所載事蹟與宋史微異，今略之。

時傳李全已死；全妻楊妙眞使人行成於夏全曰：「將軍非山東歸附耶？狐死兔悲，李氏滅，將軍寧獨存？願將軍垂盼！」夏全許諾。妙眞盛飾出迎，與按行營壘，曰：「人言三哥死，吾一婦人，安能自立！便當事太尉爲夫，子女玉帛、干戈倉廩，皆太尉有，望卽領此，無多言也。」夏全心動，乃置酒歡甚，飲酣，就寢如歸，轉仇爲好。（更）與李福謀逐劉琸，遂圍楚州治，焚官民舍，殺守藏吏，取貨物。時琸精兵尙萬人，窘束不能發一令，太息而已。夜半，琸縋城僅免。鎭江軍與賊戰死者大半，將校多死，器甲錢粟悉爲賊有。張正忠不從賊，經妻子於庭，遂自焚。琸步至揚州，借兵自衞，猶劄揚州造旗幟，聞者大笑。

夏全既逐琸，暮歸，妙眞拒之。全恐其圖己，因大掠，趣盱眙，欲爲亂。盱眙將張惠、范成進閉城門，全不得入，狼狽降於金。金封全爲金源郡王。【考異】宋史李全傳，劉琸之敗在三年二月，薛氏通鑑繫於二年十一月，徐氏後編從傳作三年。按金史，正大三年十一月己丑，夏全自楚州來歸，封郡王，即宋寶慶二年，是作十一月者不誤也。嚴道甫謂金史封四人爲王，亦有舛誤，不如從傳。余謂此金史牽連書之耳。宋以姚翀代劉琸，而宋史本紀於三年正月已書姚翀朝辭。使劉琸未敗，何以遽易以翀乎？是劉琸之敗在二年之冬明矣。除授年月，本紀多較傳爲確，今從之。

57 蒙古主攻夏靈州，夏遣威明令公（威明，舊作嵬名，今改。）來援。蒙古主渡河，擊敗之。蒙古主駐鹽州川。

58 十二月，癸未，詔：「皇太后宜上尊號曰壽明皇太后，有司詳具儀注，朕當親率羣臣詣慈明殿奉上册寶。」

鄭清之晚講畢，宣坐，帝備言太后慈愛，且曰：「太后聖體康強，頤養大勝往日，此朕所以尤喜也。」

59 金人聞夏師屢敗，召陝西行省及陝州總帥完顏額爾克、（舊作訛可。）靈寶總帥赫舍哩約赫德（舊作紇石烈牙吾塔。）赴汴議兵事。又詔諭兩省曰：「倘邊方有警，內地可憂，若不早圖，恐成噬臍。旦夕事勢不同，隨機應變，若逐旋申奏，恐失事機，並從行省從宜規畫。」【考異】元史：太祖二十一年，皇子諤格德依（舊作窩闊台。）及察罕之師圍金南京，遣唐慶責歲幣於金。據金史哀宗紀，是年無南京被圍之事。按金人諱敗，本紀容有不盡載者，然至南京被圍，何至諱而不書！疑元史繫年有舛誤也，今闕之。

60 辛丑，獨大理寺、三衙、臨安府點檢提領酒所茶鹽賞錢。

61 癸卯，親饗太廟。

62 蒙古授張柔行軍千戶、保州等處都元帥。

63 蒙古富珠哩引兵入山東，先遣李喜遜招諭李全。全欲降，部將田世榮等不從，喜遜見殺。

64 金完顏彝少爲蒙古所掠，久之，與從兄色埒舊作斜烈，今改。殺蒙古監卒，奉母還金，補護衞，未幾，轉奉御。色埒以總領屯方城，彝隨往軍中，事皆預知之。色埒病，防軍葛宜翁與人相毆，就決於彝。彝察宜翁事不直，量笞之。宜翁素凶悍，恥以理屈受杖，鬱鬱死，語其妻曰：「必報陳和尚。」陳和尚，彝之小字也。妻訟彝以私忿侵官，故殺其夫，訴於臺省及近侍，彝繫獄。議者疑彝狃於禁近，必橫恣違法，當以大辟，金主不能決，繫久之。色埒入朝，金主怪其瘠甚，慰之曰：「卿寧以方城獄未決耶？吾行赦之矣。」是歲，色埒卒。金主聞之，馳赦彝曰：「有司奏汝以私忿殺人，汝兄死，失吾一名將。今以汝兄故，曲法赦汝，天下必有議我者。他日汝奮發立功名，國家得汝力，始以我爲不妄赦矣。」彝泣拜，悲動左右。乃以白衣領紫微軍都統。

續資治通鑑卷第一百六十四

賜進士及第兵部尚書兼都察院右都御史總督湖北湖南等處地方軍務兼理糧餉世襲二等輕車都尉 畢沅 編集

宋紀一百六十四 起彊圉大淵獻(丁亥)正月，盡屠維赤奮若(己丑)九月，凡二年有奇。

理宗建道備德大功復興烈文仁武聖明安孝皇帝

寶慶三年 金正大四年，蒙古太祖二十二年。(丁亥、一二二七)

1 春，正月，辛亥朔，發册寶于大慶殿，帝率羣臣上壽明皇太后尊號于慈明殿。

2 庚申，以册寶禮成，制楊谷、楊石並爲少傅。

3 壬戌，金增築中京城，浚汴城外壕。

4 劉琸上疏自劾，未幾死。

朝廷復欲安撫李全，以姚翀嘗與李全交歡，乃以爲淮東制置使。翀朝辭，帝曰：「南北皆吾赤子，何分彼此！卿其爲朕撫定之。」翀至楚州東，艤舟以治事，間入城，見楊妙眞，用徐晞稷故事，而禮過之。妙眞許翀入城，翀乃入，寄治僧寺中，極意娛之。

5己巳，詔曰：「朕每觀朱熹論語、中庸、大學、孟子註解，發揮聖賢之蘊，羽翼斯文，有補治道。朕方厲志講學，緬懷典刑，深用歎慕！可特贈太師，追封信國公。」旋改封徽國公。

6蒙古主留兵攻夏王城，自率兵渡河，攻金積石州。

7二月，癸未，詔銓部：「今後司法參軍，不許以諸司年勞出官人注授。諸道檢法官，照條格差法，憲司毋得妄辟。」從梁成大之奏也。

8甲申，淮西強勇三軍統制王鑑特添差兵馬鈐轄，以職事修舉故也。

9己亥，以鄂州諸軍副都統制賈俊捍禦西蜀勞效，進官一等。

10金赫舍哩約赫德(舊作紇石烈牙吾塔。)復平陽，獲馬三千。【考異】本紀作八千。今從約赫德傳。未幾，蒙古復攻取之。

11蒙古兵突入商州，殘朱陽、盧氏。金樞密院判官伊喇布哈舊作移剌蒲阿，今改。逆戰，至靈寶東，遇游騎十餘人，獲一人，餘皆散走。布哈乃以捷聞，賞世襲穆昆，(舊作謀克。)仍厚賜之，人共知其罔上而無敢言。

吏部郎中大興楊居仁上書，微及之；且言宰相宜擇人，金主怒曰：「相府非其人，御史、諫官當言，彼吏曹何與於此！」丞相薩布舊作賽不，今改。徐進曰：「天下有道，庶人猶得獻言，況在郎官！陛下有寬弘之德，故不應者猶言。使其言可用則行之，不可用不必示臣下也。」

金主意解，遂不問。【考異】移喇布哈奏靈寶之捷，本紀不書。本紀載布哈、約赫德復平陽，而蒲〔布〕哈傳不載。據約赫德之復平陽，未嘗與布哈偕也。今參酌書之。

12 金主之姨郕國夫人，不時出入宮闈，干預時事，監察御史曹州商衡上書極言。自是郕國夫人被召乃敢進見。

13 三月，庚戌，詔：「方春和時，郡縣長吏，其各勸農桑，抑末作，戒苛擾，俾斯民安土樂業，力本耕織，以成富庶，則予汝嘉。」

14 工部侍郎朱在，言人主學問之要，帝曰：「卿先卿中庸序言之甚詳。」又言孔子廟從祀去王雱畫像，帝曰：「亦曾有此例乎？」在曰：「惟其從祀不當公論，所以去之。」又言：「先臣四書印本，所在不同。」帝回顧，宣諭曰：「卿先卿四書註解，有補於治道，朕讀之不釋手，恨不與之同時。」

15 己巳，金徵夏稅二倍。

16 蒙古主擬取德順爲坐夏之所，德順無軍，金人甚恐。節度使海伸，舊作愛申，今改。識鳳翔進士馬肩龍可與謀事，遣〔遺〕書招之。肩龍欲行，或以德順決不可守，勸弗往，肩龍曰：「海伸平生未嘗識我，一見許爲知己。我知德順不可守，往則必死，然以知己故不得不爲之死耳。」既至，不數日受圍，城中止義兵、鄉兵八九千人。蒙古兵大集，海伸假肩龍鳳翔總管府判官，同守禦。凡攻守二十晝夜，城破，海仲死之，肩龍自剄。【考異】元史繫於四月，今從金史。

17 夏，四月，癸卯，朝獻景靈宮；甲辰，亦如之。

18 是月，蒙古主次龍德。時蒙古兵已破洮河、西寧二州，復遣將攻信都，拔之。

19 五月，壬子，以岳珂爲戶部侍郎，依前淮南總領兼制置使。

20 甲寅，蠲大理寺、三衙、臨安府贓賞錢。詔：「大理、三衙、臨安府、兩浙州軍，杖以下罪釋之。」

21 己巳，進讀高宗寶訓徹章，賜宰執經筵各官宴于祕書省，講讀修注官各進官一等。

22 李全在青州，突圍欲走，蒙古富珠哩（舊作孛魯。）遣兵邀擊，大敗之，斬首七千餘級。全退入城，城中食盡，全欲降，懼衆異義，乃焚香南向再拜，將自經，而使其黨鄭衍德等救己，曰：「譬如爲衣，有身，愁無袖耶？北歸未必非福。」全遂出降。蒙古諸將皆曰：「勢窮而降，非心腹也，不誅，後必爲患。」富珠哩曰：「不然。誅一人易耳，山東未降者尚多，全素得人心，殺之不足以立威，徒失民望。」表聞，蒙古主詔富珠哩使宜處之，乃以全爲山東、淮南、楚州行省，鄭衍德、田世榮副之。由是郡縣聞風款附。【考異】元史太祖紀：二十一年丙戌九月圍李全於益都，十二月李全降；富珠哩傳作十二月富珠哩引兵入齊，丁亥四月李全降；紀、傳互異。蓋紀述書之，當以傳爲正也。今從宋史李全傳。

23 蒙古兵破臨洮，總管圖們呼圖克們舊作陀滿胡土門，今改。被執，誘降，不從，殺之。【考異】元史本紀破臨洮在二月，今從金史紀、忠義傳。

24 蒙古遣唐慶使於金。

25 閏五月，甲申，蠲大理寺、三衙、臨安府及屬縣贓賞錢。

26 丁未，錄行在罪囚。

27 蒙古主避暑於六盤山。

28 先是金主集羣臣議與蒙古和，同判睦親府事撒（薩）哈連舊作撒合輦，今改。力排和議。左司諫陳規進曰：「兵難遙度，百聞不如一見。臣嘗任陝西官，近年又屢到陝西，兵將冗懦，恐不可用。」語未終，監察烏庫哩（舊作烏古論。）四和曰：「陳規之言非也。臣近至陝西，軍士勇銳，皆思一戰。」金主首肯。又泛言和事，規曰：「和固非上策，又不可必成。然方今事勢，不得不然，使彼難從，猶可以激厲將士，以待其變。」金主不以爲然。羣臣多以和爲便，乃詔行省斟酌發遣。至是乃遣前御史大夫完顏哈昭舊作合周，今改。爲議和使。

29 丙辰，金地震。

30 六月，戊申朔，日有食之。

31 劉慶福在山陽不自安，欲圖李福以贖罪，福亦謀殺慶福，互相猜忌。福稱疾不出，慶福往候，福殺之，納其首于姚翀，翀大喜。

楚州自夏全之亂，儲積無餘，綱運不續，賊黨籍籍謂福所致。福畏衆口，數見翀促之，翀謝以朝廷撥降未下。福乘衆怒，與楊妙眞謀，召翀飲，翀至而妙眞不出，就坐賓次，左右散去。福以翀命召諸幕客杜耒等，以妙眞命召翀二妾。諸幕客知有變，不得已而往。耒至八字橋，福兵腰斬之。又欲害翀，國安用救之，得免。【考異】宋史作鄭衍德救之，今從齊東野語。去鬢髮，縋城夜走，歸明州，死。

時江、淮之民，靡有寧居，史彌遠莫知爲計，帝亦置邊事於不問。於是廷議以淮亂相仍，遣帥必斃，欲輕淮而重江，楚州不復建閫，就以其帥楊紹雲兼制置，改楚州爲淮安軍，命通判張國明權守視之，若羈縻州然。

32 金完顏哈昭見蒙古主請和。蒙古主謂羣臣曰：「朕自去冬五星聚時，已嘗許不殺掠，遽忘下詔耶！今可布告中外，令彼行人亦知朕意。」

33 蒙古盡克夏城邑，其民穿鑿土石以避鋒鏑，免者百無一二，白骨蔽野。是月，夏國主晛力屈出降，遂縶以歸。夏立國二百餘年，抗衡宋、遼、金三國，偭鄉無常，視三國之強弱以爲異同，至是乃亡。

時諸將多掠子女財帛，耶律楚材獨取書數部，大黃兩駝而已。既而軍士病疫，唯得大黃可愈，楚材用之，所活萬人。

34 秋，七月，己丑，蒙古主殂于薩里川。疾革，謂左右曰：「金精兵在潼關，南據連山，北限大河，難以遽破。若假道于宋，宋、金世讎，必能許我，則下兵唐、鄧，直擣大梁。金急，必徵兵潼關，然以數萬之衆，千里赴援，人馬疲斃，雖至，弗能戰，破之必矣。」言訖而殂，年六十六。葬起輦谷，後追謚聖武皇帝，加謚法天啓運聖武皇帝，廟號太祖，在位二十二年。

太祖深沈有大略，用兵如神，故能滅國四十，遂平西夏。第四子圖壘（舊作拖雷。）監國。

35 蒙古兵自鳳翔向京兆，關中大震。

36 金以工部尚書師安石爲尚書右丞。旋以中丞烏克遜布吉、（舊作烏克孫卜吉，今改。）祭酒費摩阿固岱（舊作裴滿阿虎帶，今改。）兼司農卿。簽民兵，督秋稅，令民入保，爲遷避計。議者以爲蒙古兵未至而河南先擾，時事可知矣。

37 陞寶應爲州，而縣如故；辛卯，以鹽城、淮陰、山陽及寶應並隸寶應州。

38 丁酉，詔曰：「比者疾風甚雨，介于秋成。以朕之不德，上天示譴，夙夜震恐，慮切民瘼。訪聞畿甸多有飄損禾稻，毀害室廬，民居失業，必致流散，深可憐憫！被水州郡，速議賑濟，仍與放行竹木等稅及富室假貸，向去且令倚閣，庶幾貧富相資，以寬目前之急；倂其他賑卹事件，政令有司條具以聞。」

39 八月，丁未朔，李知孝言：「無逸一篇，其義精深；最切於人主之身者，曰集大命，結人心，保壽齡而已，望陛下留意。」

時政柄爲史彌遠所專，鄭清之勸帝深居講道學，而知孝等亦竊道學餘論，爲帝所許。

40 李全之黨，以軍糧不繼，屢有怨言。全將國安用、閻通相謂曰：「我曹米外日受銅錢二百，楚州物賤，可以自給。而劉慶福爲不善，怨仇相尋，使我曹無所衣食。」時張林、邢德亦在楚，自謂嘗受朝廷恩，中遭全間貳；今歸于此，豈可不與朝廷立事！王義深嘗爲全所辱，又自以賈涉帳前人，與彭義斌舉義不成而歸。五人聚計曰：「朝廷不降錢糧，爲有反者未除耳。」乃議殺李福及楊妙眞以獻，遂帥衆趣妙眞家，妙眞已易服往海州矣。福走出，邢德手刃之，相屠者數百人。

有郭統制者，殺全次子通及全妾劉氏，妄稱楊妙眞，函三首獻于楊紹雲，馳送臨安。傾朝皆喜，檄知盱眙軍彭㐲及總管張惠、范成進、時青併兵往楚州，便宜盡戮李全餘黨。㐲輕儇，不爲惠等所服，得檄，不自決，請制府及朝廷處之。朝議以時青望重，檄青區畫，青恐禍及，密遣人報全于青州，遷延不決。惠、成進以朝檄專委青而不及己，乃歸盱眙，設宴邀㐲，乘其醉，縛之渡淮，以盱眙降于金。金主封惠臨淄郡王，成進膠西郡王，俾惠專制河南，以拒蒙古，而使總帥完顏額爾克（舊作訛可。）戍之。【考異】金史哀宗紀：正大三年，十一月，夏全自楚州來歸。楚州王義深、張惠、范成進以城降，封四人爲郡王，改楚州爲平淮州。按白華傳，夏全自楚州來奔，全至後，盱眙、楚州王義深、張惠、范成進相繼以城降。是夏全一人降金，而與張惠等不同時也，本紀因封爵而連書之耳。今酌從宋史李全傳分書之。

41 金哈昭自蒙古還。金主聞蒙古主臨沒有止殺之言，遂以爲從此息兵，命有司罷防城及修城丁壯，凡軍需租調不急者權停。謂薩哈連曰：「諺云：『水深見長人。』朝臣或欲我一戰，汝獨言當靜以待之，與朕意合。今日有太平之望，皆汝謀也。先帝嘗言汝可用，可謂知人矣。」

42 金監察御史張特立言：「衞、鎬二宅，久加禁錮，棘圍柝警，如防寇盜。近降恩赦，謀反大逆，皆蒙湔雪，彼獨何罪，幽囚若是？世宗在天之靈，得無傷其心乎？皇嗣未立，未必不由此也。」又言：「方今三面受敵，百姓彫弊，宰執非才，臣恐中興之功，未可歲月期也。」當路者惡其言，特立旋外補。

43 丙辰，詔：「寧宗仁文哲武恭孝皇帝諡號，見今六字，依祖宗故事，宜加上十字爲一十六字。宰執、侍從、臺諫、兩省官、禮官集議，詳具典禮以聞。」

44 癸亥，詔吏部：「試邑兩經罷黜，毋得再注知縣、縣令。」從御史留元英請也。

45己巳，金萬年節，同知集賢院史公奕進大定遺訓，待制呂造進尙書要略。是日，大風，落左掖門鴟尾，壞丹鳳門扉，隕霜，禾盡隕（皆盡）。

46九月，賜留正謚曰忠宣。

47庚子，詔：「時青堅壁守淮，獨當一面，屢有戰捷，除武康軍節度使、左金吾上將軍、忠義都統制。」

48李全得時青報，慟哭，力告蒙古將富珠哩求南還，不許。全因斷一指以示之，誓還南必叛，富珠哩乃承制授全山東行省，得專制山東，歲獻金幣。

冬，十月，丙辰，全遂與蒙古宣差張國明及通事數人還楚州，服蒙古衣冠，文移紀甲子而無年號。楊紹雲聞其至，遂留揚州。國安用殺張林、邢德以自贖，郭統制亦爲全所殺。尋復誘殺時青，幷其衆。王義深奔金，金封爲東平郡王。

49己未，詔曰：「朕以眇躬，紹膺聖緒，今始郊見天地，兢兢寅畏，慮弗克任，以克期齊肅，庶幾對越無愧。凡百御事之臣，各宜恪謹攸司，毋或怠慢，以稱朕意。」

50辛酉，金陳規偕右拾遺李大節，劾薩哈連諂佞、招權、納賄及不公事，不報。

51甲子，以右監門衞大將軍與爽爲宜州觀察使，賜名貴謙，繼沂王後；千牛衞將軍孟均爲和州防禦使，賜名乃裕，繼景獻太子後。

52 十一月，丙子朔，以奉上寧宗徽號册寶告于宗廟、天地、社稷、宮觀。戊寅，發册寶于大慶殿，遣羣臣奉上于寧宗廟。

53 己卯，朝獻景靈宮。庚辰，祭饗太廟。辛巳，日南至，祀天地于圜丘。壬午，大赦。改明年爲紹定元年。

54 李全敗額爾克及慶善努（舊作慶山奴。）於龜山。金人皆謂盱眙不可守，金主不從。以淮南王招李全，全曰：「王義深、范成進，皆我部曲，而受王封，何以處我？」遂不受。

55 詔：「大理寺、三衙、臨安府屬縣決繫囚，兩浙州軍亦如之。蠲大理寺、三衙、臨安府點檢酒所贓賞錢。」

56 壬寅，詔：「布衣李心傳，特授從政郎，充祕閣校勘。」

57 甲辰，以雪寒糴貴，出豐儲倉米七萬石以紓民。

58 慶善努之敗於龜山也，金主置不問，商衡言：「自古敗軍之將，必正典刑，不爾，無以謝天下。」乃降慶善努爲定國軍節度使。

59 金戶部侍郎權尚書曹溫之女在掖庭，親舊干預權利，其家人塡委諸司，貪墨彰露，臺臣無敢言者。商衡歷數其罪，詔罷溫戶部，改太后府衞尉。衡再上章言：「溫果可罪，當貶逐，無罪則臣爲妄言，豈有是非不別而兩可之理！」金主爲之動容，出溫爲汝州防禦使。

60 十二月，金以李蹊參知政事。

61 辛亥，詔兩浙、江東、西、湖南、北州縣，申嚴遏米之禁。

62 蒙古兵入京兆，復破關外諸隘，至武、階，四川制置使鄭損棄沔州遁，三關不守。金人盡棄河北、山東關隘，唯併力守河南，保潼關，自洛陽、三門、孟津，東至邳州之雀鎮，東西二千餘里，立四行省，帥精兵二十萬以守禦之。議者請謹邊備以防南侵，帝命樞臣采其計。

63 蒙古史天澤在眞定，繕城壁，修武備。以高公、抱犢諸砦乃武仙之巢穴，帥兵破之，仙走入汲縣。天澤復取相、衞、蟻尖、武馬等砦。

64 蒙古兵破西和州，知州陳寅，率民兵晝夜苦戰，援兵不至，城遂破。寅妻杜氏，飲藥自殺，寅朝服望闕，焚香號泣曰：「臣始謀守此城，爲蜀藩籬，城之不存，臣死，分也。」再拜伏劍而死。寅，寶謨閣待制咸子也。

65 是歲，史彌遠訪將才於趙葵，葵以兄范對，遂以范爲淮東提刑兼知滁州。范曰：「弟而薦兄，不順。」以母老辭，上書彌遠曰：「淮東之事，日異月新。然有淮則有江，無淮則長江以北港汊蘆葦之處，敵人皆可潛師以濟，江面數千里，何從而防哉！今或謂巽詞厚惠可以啗賊，而不知陷彼款兵之計；或謂斂師退屯可以緩賊，而不知成彼深入之謀。或欲行淸野以嬰城，或欲聚烏合而浪戰，或以賊詞之乍順乍逆而爲喜懼，或以賊兵之乍進乍退而爲寬緊，皆失策也。失策則失淮，失淮則失江，而其失有不可勝悔者矣。夫有遏敵之兵，有游擊之兵，有討賊之兵。今寶應之逼山陽，天長之逼盱眙，須各增戍兵萬人，遣良將統之；賊來則堅壁以挫其鋒，不來則耀武以壓其境；而又覘釁伺隙，偏師掩其不備以示敢戰，使雖欲深入而畏吾之擣其虛，此遏寇之兵也。盱眙之寇，素無儲蓄，金人亦無以養之，不過分兵擄掠而食；當量出精兵，授以勇技，募土豪，出奇設伏以剿殺之，此游擊之兵也。維揚、金陵、合肥，各募二三萬人，人物必精，將校必勇，器械必利，教閱必熟，紀律必嚴，賞罰必公，必人人思親其上而死其長；信能行此，半年而可以强國，一年而可以討賊矣。賊既不能深入，擄掠無所獲，而又懷見討之恐，則必反而求贍於金；金無餘力及此，則必怨之怒之，吾於是可以嫁禍於金人矣。或謂揚州不可屯重兵，恐速賊禍，是不然。揚州，國之北門，一以統淮，一以蔽江，一以守運河，豈可無備哉！善守者敵不知所攻，今若設寶應、天長二屯以扼其衝，復重二三帥閫以張吾勢，賊將不知所攻，而敢犯我揚州哉！」朝廷乃召范㮚議，仍令知池州。

紹定元年金正大五年，蒙古皇子監國。（戊子、一二二八）

1春，正月，丙子朔，帝帥羣臣上壽明慈睿皇太后尊號于慈明殿。

2庚辰，金遣知開封府事完顏蒢依蘇舊作蔴斤出，今改。及楊居仁如蒙古弔慰。

[3]壬午，趙至道言：「江、淮州郡，妄征經過米舟，蘆蕩沙產，一例官租，山漆、魚池，創立約束，禁止商人買販。請下憲司嚴戒。」又言：「霪雨傾霔，撥科賑卹，而監司、守令，奉詔不虔。」梁成大言：「諸路屬縣，擅置廂房，囚繫無辜。長吏不遵法令，小民詿誤，罪不過杖，輒押出界，流離失業。請加禁約。」並從之。

[4]乙酉，楊谷、楊石並升少師。

[5]丁亥，雷。

[6]丙申，出豐儲倉米七萬石以紓民。

[7]二月，金大寒，雷，雨雪，木之華者皆死。

[8]丙午，梁成大言：「選人改官，舉主五員，內用職司一員，始爲及格。近奔競巧取者，或用職司三四員，甚至五員，而寒畯終身不得職司。請下吏部止用一員，過數毋令收使。」壬子，成大又言：「銓法，官吏交承，必避親嫌，宗室替頭，尤所不許，庶革前後積弊，宜下吏部謹守舊法。」並從之。

[9]癸丑，金詔有司：「以臨洮總管圖們呼圖克們塑像入褒忠廟，書死節子孫于御屏，量才官使。」

[10]丁卯，以潛邸，陞黔州爲紹慶府，成州爲同慶府。

11 三月，辛巳，陞寶應州山陽縣爲淮安州；改山陽縣爲淮安縣，與漣水縣並隸淮安州。

12 乙酉，金監察御史烏庫哩布嚕喇（舊作烏古論不魯剌。）劾近侍張文壽、張仁壽、李麟之受饋遺，金主曲赦其罪而出之。

13 辛卯，賜楊輔謚曰恭惠。

14 夏，四月，甲辰朔，金右丞師安石，請從臺諫言治張文壽等三姦罪，言之不已，金主怒，凡四日不視朝，遣人責安石曰：「汝便承取賢相，朕爲昏主止矣！」安石懼蒙任用，遽遭摧折，丙寅，疽發於腦而死，金主甚悼惜之。

15 金親衞軍王咬兒，酗酒，殺其孫，大理寺當以徒刑，特命斬之。

16 五月，戊寅，梁成大請申嚴薦舉法，除陞陟所知政績，姑從舊法改官，廉吏犯入己贓者，許舉主檢舉，從之。

17 六月，壬寅朔，日有食之。【考異】金史不書六月日食，今從宋史。

18 戊申，以薛極兼同知樞密院事。

19 戊午，錄行在繫囚。

20 壬戌，金以旱，赦雜犯死罪以下。

21 秋，七月，癸未，梁成大言：「州縣貪刻，或以微罪沒入富家貲產，不申憲司，掩歸私室；

自占估籍，必的有贓犯，匱乏郡計，請飭監司按奏以聞。」從之。

22 李全在海州，厚募人爲兵，不限南北，官軍多亡應之。天長民保聚爲十六砦，比歲失業，官賑之不能繼，壯者皆就募。射陽湖浮居數萬家，家有兵仗，侵掠不可制，其豪周安民、谷汝礪、王十五長之，亦蠭結水砦以觀成敗。

全知東南利舟師，謀習水戰，米商至，悉併舟買之，留其舵工，一以教十，遣人泛江湖市桐油黏筏，厚募南匠，大治舭艞船，自淮及海相望，至是與楊妙眞大閱戰艦于海洋。既而全趨青州，爲嚴實及石霄格（舊作小哥，今改。）邀擊，敗走，遂奪青崖崮據之。霄格，珪子也。全旋歸海州，治舟益急，驅諸崮人習水。

23 金薩哈連爲言路所劾，太后遣人責之曰：「汝諂事上，上之騎鞠，皆汝所教，再有聞，必大杖汝矣。」金主頗悟，出爲中京留守兼行樞密院事。

初，宣宗改河南府爲金昌府，號中京，又擬少室山爲御營，命人築之。至是薩哈連爲留守。

24 辛亥，留元英言：「諸路州軍僚屬私役禁軍，請下帥司約束，違者以聞。」從之。

25 八月，戊午，以久雨，決大理寺、三衙、兩浙路繫囚，杖以下罪釋之；蠲贓賞錢有差。

26 資政殿學士、知潭州曾從龍言：「州縣賑民之法有三：曰濟，曰貸，曰糶。濟不可常，惟貸與糴爲利可久。今請撥緡錢一十萬有奇，分下潭、湘十縣，委令佐糴米，置惠民倉，比附常平法。」從之。

27 甲子，金召拜甡舊作白撒，今改。還朝，拜尚書右丞，未幾，拜平章政事。拜甡居西垂幾十年，雖頗立微效，皆出諸將之力；恇怯無能，惟以儀體爲事，性復貪鄙。及爲相，專愎尤甚，嘗惡堂食不適口，以家膳自隨。

28 金增築歸德城，行樞密院擬工數百萬，金主遣白華往相役。華見行院李辛，語以民勞，朝廷愛養之意，減工三之一。

29 九月，甲戌，詔：「監司每歲行所部州縣慮囚，至來年正月歷偏。如屬縣非監司經由之處，委官分往，監司復行點檢，毋致冤濫。奉行不虔，御史臺覺察以聞。」

30 冬，十月，壬寅，李知孝言：「浙東倉司創餘姚斷塘鹽竈，擾生聚，漂良田，請行廢罷。」從之。

31 甲辰，朝獻景靈宮。

32 丁未，翰林學士、侍讀鄭清之講畢，帝曰：「近喜晴明，刈穫訖事。」清之言：「陛下敬天事親，皆極其至，今天意昭格，東朝悅豫，應驗若此。」帝曰：「然。」然其時江西、湖南、福建，寇盜並起，連破諸縣。

33乙酉，留元英言：「請下吏部，應銓量令官長貳，從容延接，訪問民事。其疾病、癃老者，準指揮施行。如不堪任職，貪酷，累被按劾者，與別注降等差遣，稱量能授官之意。」從之。

34辛亥，鄭清之同王暨進讀，帝曰：「朕觀漢、唐以下人主鮮克有終者，皆由不知道。」清之言：「聖見高明，可謂推本之論。」王暨講尚書，帝問曰：「夏桀不道，成湯放之，可以鑒矣，紂何爲復循其覆轍？」王暨曰：「惟上智與下愚不移。殷鑒不遠，在夏后之世，紂不能鑒，遂至滅亡，所謂下愚不移者也。」清之曰：「古人主不能以亂亡爲監，豈獨闇君庸主！漢武帝飫聞亡秦黷武之弊而窮征四夷，唐玄宗手鋤太平、逆韋之難而敗于女寵，猶未足怪；太宗英明創業，親見隋煬征遼亡國，乃縱兵鴨綠，迄無成功，有累盛德，是皆不能以覆轍爲戒。正如聖語由不知道，所以不能以道制欲爾。」王暨曰：「以古爲鑑，此言發于太宗，而身自違之。」帝曰：「非知之艱，行之爲艱。」

35壬子，趙至道言：「請行下諸路漕司，嚴飭和糴官吏，毋得多取增量，庶農民不憚與官爲市。」從之。

36十一月，李全至楚州，以糧少爲辭，遣海舟入平江、嘉興，實欲習海道以覘畿甸。然山東經理未定，而歲貢蒙古者不可缺，故外恭順朝廷以就錢糧，因以貿貨輸蒙古。朝廷亦以全往來山東，得稍寬北顧之憂，遣餉不輟。全日縱游說于朝，謂當復建閫山陽；又與金合從，約以盱眙與之，金亦遣使聘全，皆不遂。

37 庚辰，雷。

38 辛巳，金臣僚進宣宗實錄。

39 壬辰，蠲大理寺、三衙、臨安府鹽贓賞錢。癸巳，決大理寺、三衙、兩浙州軍繫囚。

40 十二月，庚子朔，日有食之。【考異】宋史不書十二月日食，今從金史。

41 辛亥，以薛極知樞密院事兼參知政事，葛洪參知政事，袁韶同知樞密院事，鄭清之端明殿學士、簽書樞密院事。

42 癸丑，江剛中言：「請戒飭文武臣僚官，各務體國同心。如守倅、令佐互申監司，卽事剖決曲直，毋致模稜並罷。其將帥或不協，制司作急區處，毋令兩虎自鬭。偏裨智勇過人，爲大將所忌者，舉薦之朝，別行推用，勿許占留一方。有警，四面皆從，毋得輒分疆界觀望。」從之。

43 金完顏莽依蘇、楊居仁以奉使不職，尙書省置獄；旋有旨釋之，備再使。權參知政事烏固遜（舊作烏古孫。）仲端言曰：「莽依蘇等，辱君命，失臣節，大不敬，宜償禮幣，誅之。」奏上，莽依蘇等免死，除名。壬子，完顏納紳（舊作奴申，今改。）改侍講學士，充蒙古國信使。

44 蒙古皇子圖壘聞燕京盜賊殺掠，遣塔齊爾（舊作塔察兒，今改。）耶律楚材窮治其黨，誅首惡十六人，羣盜屏迹。

紹定二年（金正大六年，蒙古太宗元年。）（己丑、一二二九）

1春，正月，庚辰，大理司直張珩論州縣檢驗、鞫獄四事。帝曰：「刑獄人命所係，豈容不謹！」

2甲申，從臣寮言，詔諸漕臣嚴察屬縣丞簿，依時過割二稅，從實銷注版籍，違者按劾。

3時李全反叛已著，史彌遠尙視爲緩圖，人不敢言。權兵部侍郎李宗勉累疏及之，又上言：「欲人謀之合，莫若通下情。人多好諂，揣所悅意則侈其言，度所惡聞則下其事，上既壅塞，下亦欺誣，而成敗得失之機，理亂安危之故，將孰從而上聞哉！不聞則不戒，及其事至，乃駭而圖之，抑已晚矣。欲財計之豐，莫若節國用。善爲國者，常使財勝事，不使事勝財。今山東之旅，坐糜我金穀，湖南、江右、閩中之寇，蹂踐我州縣，浮用泛用，又從而耗之，則漏卮難盈，蠹木易壞，設有緩急，必將窘于調度而事機失矣。欲邦本之固，莫若寬民力。州縣之間，聚斂者多，椎剝之風，浸以成習。民生窮蹙，怨憤莫伸，嘯聚山林，勢所必致。救焚拯溺，可不亟爲之謀哉！」

4金主欲討李全，召忠孝軍總領富察鼎珠，（舊作蒲察定住，今改。）經歷王仲澤，戶部郎中刁壁，權樞密判官白華，諭之曰：「李全據有楚州，睥睨山東，久必爲患。今北事稍緩，合乘此隙令鼎珠權監軍，率所統軍一千，別遣都尉司步軍萬人，以壁、仲澤爲參謀，同往沂、海招全，不從，則臨以兵，何如？」華曰：「李全借北兵之勢，要宋人供給餽餉，特一猾寇耳。老狐穴塚，待夜而出，何足介懷！我所慮者，蒙古之强耳。今蒙古有事，未暇南圖，一旦無事，必來攻我，與我爭天下者此也，全何預焉！若北方事定，全將聽命不暇；設更有非望，天下之人寧不知逆順，其肯去順而從逆乎！爲今計者，宜養士馬以備蒙古。」金主默然，良久曰：「俟朕更思。」明日，遣鼎珠還屯尉氏。

5 二月，金右司諫陳規，左拾遺李大節，上言三事：「一，將帥出兵，每爲近臣牽制，不得輒專；二，近侍送宣詔旨，公受賂遺，失朝廷體；三，罪同罰異，何以使人！」金主嘉納。

6 臣寮言：「請戒飭中外羣臣，各守禮義廉恥之維，堅安靖恬退之節，有不安意者，奏劾以聞。」又言：「今日士大夫學術之未純，皆基于岐道、法爲二致。宜明示意嚮以風在位，變易偏尙，卽道以行法，遵法以爲政，則學爲有用之學，道爲常行之道。」從之。

7 庚戌，命歲舉廉吏，申嚴保任之法，如犯姦贓，與之同罪。仍令監司、郡守覺察。

8 蒙古兵在陝西者，駸逼涇州，且阻慶陽糧道。金伊喇布哈奏：「陝西設兩行省，本以藩衞河南。今北軍之來，三年於茲，行省統軍馬二三十萬，未嘗對壘，亦未嘗得一折箭，何用行省！」時樞密院亦言於金主曰：「將來須用密院句當軍馬。」金主不語者久之。丙辰，以布哈權樞密院副使。旋以丞相薩布行尚書省事於關中，召平章政事哈達還朝。【考異】薩布行尚書省於關中，金史白華傳作五月，今從本紀酌書之。移布哈駐邠州，忠孝軍提控完顏彝率千騎屬焉。

9 辛酉，因臣寮言，嚴禁書尺干請、苞苴之弊。

10 甲子，侍講范楷進講易豐卦，因言：「當豐盛之時，聖人於諸爻有壅蔽不明之憂。」帝首肯，良久曰：「豐亨盛大之時，侈心易生。後遂至徇情肆慾，窮奢極靡，如秦皇、漢武，禍亂將作而不自知，此不可不戒也。」侍讀喬行簡曰：「陛下言及此，宗社之福。」帝曰：「只要心有所主。」于是講讀合辭贊曰：「聖學高明，此語尤切當。若心有所主，則一切不能惑矣。」

11 辛巳，監進奏院楊夢信，言縣宰催科之擾，帝曰：「財賦自有常數。」夢信曰：「常數固定，只緣簿書不明，所以有弊。」帝曰：「知縣在得人。」

12 辛卯，詔：「諸路憲司每歲將州縣繫囚瘐死最多者，具獄官姓名以聞，重與鐫降，」又詔：「今後州縣催科，必遵常制。縣令非才，擇佐官可任者委之，仍不許差州官及寄居權攝。」

13 癸巳，監進奏院桂如琥，言沿邊民兵可用，帝曰：「今日立功，多是民兵。」如琥曰：「民兵皆有戶籍稅產，又諳熟地利，故戰則有功。」帝曰：「然。」又論及擇將，帝曰：「今日將才難得。」對曰：「行伍間亦有人，往往軍將忌嫉，不得自伸。」帝曰：「軍將多是相忌。」又言屯田，帝曰：「荆襄所行如何？」對曰：「荆襄纔行數年，得穀已踰百萬斛。兩淮、西蜀，豈無可行之處！」帝曰：「然。」

14夏，四月，庚申，詔：「州縣闕官，不許豪民、罷吏借補官資權攝；小官請俸，不許積壓及以他物推支；民間二稅，合輸本色，不許抑令折納，倍數取贏。令臺諫監司覺察。」從臣寮請也。

15五月，詔：「成都、潼川路旱，制置司及各路監司疾速措置賑卹，務要實惠及民，仍攷察郡縣奉行勤惰以聞。」

16辛巳，賜進士黃朴以下五百七〔五〕十七人及第、出身。

17臣寮言：「近年文氣委苶，請申飭冑監師儒之官，專于訓導，使之通習經傳，攷訂義理，課試掄選，須合體格，去浮華穿鑿之弊。」從之。

18甲辰，詔：「戶絕之家，許從後立嗣，不得妄行籍沒。」從臣寮請也。

19辛亥，臣寮言：「浙西漕運，惟恃吳江石塘以捍水。近年修塘之兵，盡爲他役，隄岸頹毀，請下漕司抽回，以時補葺，委平江府通判主管，不得輒有抽差。」

20丁巳，臣寮言：「請令〔今〕後非軍期、大辟、劫寇等事，州不得差人下縣，縣不得差人下鄉，常令監司覺察。」從之。

21金隴州防禦使舒穆嚕棟爾舊作石抹多兒，今改。進黃鸚鵡，金主曰：「外方獻珍禽異獸，違物性，損人力，令勿復進。」

22 秋，七月，丙寅，詔：「廣西州縣應闕官，毋得以白身借補人充攝。」

23 戊辰，臣寮言：「自今起復士大夫，必甚不得已，出於特旨，監司、帥守不得妄有陳乞。」從之。

24 辛未，臣寮言：「請申飭有位，非休假，不許出謁；或實有幹故，先申尚書省，方許出城。」從之。

25 癸酉，知常德府袁申儒朝辭，論州縣奉催稅賦害民事，帝曰：「民力甚貧，皆是州縣不體愛民之意。卿到官，當以愛民爲先。」

26 辛巳，臣寮言：「請詔戶、刑部嚴行約束二廣監司、郡守，用刑須遵法律，毋得輕視人命。漕司買銀，須依時直，不得低價敷買；舶司每歲差官稽察，就委逐州通判，不許吏卒越界追擾生事。」從之。

27 金罷陝西行省軍中浮費，以完顏仲德（即呼沙呼，舊作忽斜虎。）知鞏昌府兼行總帥府事。時陝西諸郡已殘，仲德招集散亡，得軍數萬，依山爲柵，號令嚴肅，屯田積穀，人多歸之，一方獨得小康。

28 八月，丙申朔，詔：「戶部徧下諸路州軍，不得增收苗米，多量斛面；許越訴，仍令漕臣覺察。」從臣寮請也。

29丁酉，臣寮言：「州縣典獄官吏，或淹延久繫，或牽惹無辜，或奉上官而失本情，或行暴虐而取賄賂，宜飭諸路憲司禁戢懲勸。」從之。

30辛丑，進知靜江府趙崇模直敷文閣，以職事修舉故也。

31壬寅，監察御史留元英言：「二廣列郡及福建上四州，惟鹽是利，守令克剝，于常賦之外，籍戶口以敷鹽，民被其擾。近者汀口亦基於此。宜戒飭二廣、福建漕司，嚴察州縣，痛革前弊，仍令憲司歲行所部，許人陳訴。」從之。

32丙午，臣寮言：「州縣供攤、告訐二害，請今後凡追究不實者，許被害人越訴，仍令監司覺察。」從之。

33先是蒙古太祖伐金，定西域，攻城略地，第三子諤格德依舊作窩闊台，今改。之功居多，至是自和博舊作霍博，今改。來會喪。耶律楚材以太祖遺詔召諸王畢會，請立諤格德依，時圖壘舊作拖雷，今改。監國，諸王意猶豫未決。楚材言於監國曰：「此社稷大計，若不早定，恐生他變。」己未，圖壘與諸王奉諤格德依即位於和林東奎騰阿喇勒舊作庫鐵烏阿剌里，今改。之地。時庶事草創，禮儀簡率，楚材始定冊立禮儀，皇族諸王尊長，皆就班列以拜。又，中原新定，未有號令，長吏皆得自專生殺，楚材以為言，命禁絕之。

34金伊喇布哈再復澤、潞。

35九月，乙丑朔，詔：「禮部、國子監，上等上舍，必循舊法守年，不得用例徑赴殿試。」從臣寮請也。

36丁卯，台州水。

37壬申，臣寮言：「請明飭吏部，應曾經論罷之人，雖免約法，而贓狀顯白，並須經郊，方許參注。或被論未久，遇赦令，待後郊，庶令畏憚。」從之。

38丙子，祕書省正字王會龍言：「聖學深造自得，本之於致知、格物，達之於治國、平天下。」帝曰：「如是，則人主之學，當以致知爲力行之本。」又言：「宜裕民力，固邦本。」帝曰：「朕未嘗無愛民之心，但州縣不能奉行爾。」

39壬辰，進知臨安府趙立夫官一等，以和糴有勞也。

40金洮、河、蘭、會元帥郭斌進西馬二，金主詔曰：「卿武藝超絕，此馬可充戰用，朕乘此豈能盡其力，既入進，即尙廐物也，今以賜卿，其悉朕意。」

41金遣阿固岱歸蒙古太祖之賻。蒙古主曰：「汝主久不降，使先帝老于兵間，吾豈能忘也！賻何爲哉！」卻之。遂議伐金。